사회복지법제와 실천

Social Welfare Laws and Practice

사회복지법제와 실천

Social Welfare Laws and Practice(6th ed.)

고수현 저

dm 동문사

PREFACE

머리말

「사회복지사업법」 시행규칙 제3조(사회복지학 전공교과목과 사회복지관련 교과목 등) 개정에 따라 2020학년도부터는 기존의『사회복지법제』교과목 명칭이『사회복지법제와 실천』으로 개정이 되면서 법규 중심의 학습보다는 제도나 정책과 연계된 실천적 교수학습이 중요해지게 되었다. 따라서 이 책에서는 총 38개 사회복지 관련 법률을 대상으로 '실천'과 관련된 시행령이나 시행규칙을 포함하여 제도나 정책을 실천적으로 교수하거나 학습할 수 있도록 체계성을 유지하였다.

우선, 법제를 실정법 차원에서 구분해보면, 사회복지법제는 공법, 사법, 사회법 중에서 '노동 관련 법제'나 '경제 관련 법제'와 함께 사회법에 속하지만 공법과 사법이 혼합된 형태로 존재한다는 특징이 있다. 그러므로 국가가 자본주의 사회체제에서의 취약계층을 비롯한 국민의 생존권과 생활권을 보장하기 위한 사회보장정책이나 사회복지서비스제도를 통하여 개입하게 되는 법제들이 사회복지법제의 체계를 구성하게 된다. 따라서『사회복지법제와 실천』교과목은 이러한 '사회복지법제'를 중심으로 정책적이고 제도적인 실천을 논의하게 되는 교과목이라고 규정할 수 있다.

다음으로, 정책적이고 제도적인 실천의 대상이 되는 '사회복지법제'를 개념화해보면, 취약계층 등의 사회복지문제 현상을 해결하거나 예방하기 위한 사회규범을 전제로 국가가 물리적 강제력을 가진 강제규범이라고 규정할 수 있다. 그러므로 사회복지법제에서의 규범은 주로 근대 이후의 사회에서 국가라는 지배기구에 의하여 정립되고 강행(강제)되는 특징이 있으며, 국민들의 사회복지욕구 현상을 법적으로 규범화하여 사회적 정당성의 이념을 실천하는 데 목적이 있다. 이러한 사회적 정당성의 이념을 실천하고자 하는 사회복지법제는 한국에서도 제6공화국 이후의 정치적 민주화 기류에 힘입어 복지국가적인 정책기조 속에서 새롭게 입법화되거나 전면 개정되는 사례가 빈번해지고 있다.

아울러『사회복지법제와 실천』교과목은 대학의 사회복지학과나 법학 관련 학과에서 대부분 개설되어 있으며, 특히 사회복지사 1급 자격취득을 위한 국가시험 교과목으로서의 비중이 크다. 그러나 기존의 대학 교재나 학술서의 상당수가 새로 제정·개정된 법률을 다루고 있지 않거나, 법률 조항에만 한정하여 다룸으로써, 그 법률 조항의 구체적 실천이 이루어지는 시행령이나 시행규칙을 포괄하지 않는 문제점이 있다.

따라서 이 책은 도서출판 정민사에서『사회복지법제론』이라는 명칭으로 초판이 발간될 당시부터 사회복지법제와 실천의 비중과 중요성에 비추어 다음과 같은 초점을 두고 저술되었다. 그 결과 '사회복지법제' 분야의 유일한 '우수학술도서'로 선정(문화체육관광부장관)되어 지속적으로 개정해오며 독자들에게 선호되었다고 볼 수 있다.

첫째, 기존의 저서들이 공통적으로 공공부조법제, 사회보험법제, 사회복지서비스법제라는 사회보장법제의 분류체계에 맞추어 저술된 공통적 한계점에서 벗어나고자 하였다. 즉 법률 명칭에서는 '사회복지'라는 용어를 가지고 있지 않지만 내용적으로는 사회복지와 관련된 법제를 포함하여 다룸으로써 사회복지사 1급 국가시험이나 기타 국가시험 범주를 충족하도록 하였다.

둘째, 사회복지 관련 전문직이나 사회복지학도들이 실제적으로 공공정책부문이나 민간실천부문에서의 업무수행을 하거나 법제적 학습을 할 때 혼선이 없도록 지속적으로 개정하고 보완할 수 있는 저술방식을 채택하였다.

셋째, 전체적으로 영역별 5개 부문과 13개 장으로 편성하여 사회복지 개별 법률을 서술하는 과정에서 시행령·시행규칙을 포괄함으로써 말 그대로 법제(法制)와 실천(實踐)이 균형을 이루도록 하였다.

끝으로 이 책으로『사회복지법제와 실천』교과목을 강의하시는 교수님들이나 국가 자격시험 준비를 하는 독자 여러분의 건승을 기원하며, 새로 출간을 맡은 동문사의 임직원 여러분께도 감사의 말씀을 드린다.

2023년 9월
저자 고 수 현

CONTENTS

차 례

Part 02 국제사회복지법제와 사회복지기본법제의 실천

Part 03 공공부조법제와 사회보험법제의 실천

Part 04 사회복지서비스법제의 실천

Part 05 사회복지 관련 법제의 실천

PART 01

사회복지법제의 개관과 역사적 실천

Chapter 01

사회복지법제의 개요와 법원

1 법제의 개념과 이념

'사회복지법제'는 복지자본주의를 지향하는 국가의 양대 목적인 '자본축적'과 '사회적 정당성 확보'의 차원에서 취약계층을 포함한 모든 사회구성원의 복지와 삶의 질을 향상시키기 위한 목적으로 국가가 개입하는 법제를 다루는 영역으로 구성된다. 그리고 그 주요내용은 일반적인 법률이론이 개별적인 사회복지영역에서 응용되는 과정을 담게 된다. 따라서 『사회복지법제와 실천』 교과목은 기본적으로 일반적인 법제의 개념과 이념에 대한 이해를 시작으로 학습하여야 한다.

1) 법제의 개념과 원리

(1) 법과 법제의 개념

'법(law)'은 의미적으로는 법제(laws)의 영역에서 제도와 정책을 제외한 '법률(legislation)'의 개념에 해당하지만 구체적으로는 국가의 강제력이 따르는 사회규범을 말하며, 이에는 국가 및 공공기관이 제정한 법률, 명령(시행령), 규칙(시행규칙), 조례 등이 포함된다. 그러므로 '법'보다는 '법제'의 개념이 포괄적이고, '법률'보다는 '법'의 개념이 광의에 해당된다고 볼 수 있다. 하지만 실정법에서는 '법'과 '법률'이라는 명칭을 같이 사용하고 있다는 점에서 보면 양자 간에는 큰 차이가 없다.

예를 들어 '~법', '~에 관한 법률', '~에 관한 특례법' 등의 명칭이 실정법에서는 같이 사용되고 있는 것이다. 따라서 '법'과 '법률' 사이에는 일반적으로 효력의 우열도 있을 수 없다. '~법'이든 '~ 법률'이든 같은 제정, 개정절차를 거치기 때문이다. 다만, 실정법의 제명을 만들 때 언어학적으로 자연스럽게 표현하기 위하여 '~에 관한' '~를 위한' 등의 표현이 들어가게 되면 끝부분에 '법'이라는 명칭을 붙이는 것보다는 '법률'이라는 명칭을 붙이는 것이 낫다는 이유로 그렇게 정한 것으로 볼 수 있다.

그런데 법(法)을 정의하는 데는 법의 이념이나 목적, 형식, 근거, 제정절차, 용도, 기능, 타당성을 바라다보는 시각에 따라 논점이 달라질 수 있다. 그리고 규범이나 도덕과의 차이를 어떻게 정할 것인가에 따라서도 정의는 다를 수 있다.

따라서 법에 대한 정의(개념 구성)를 어렵게 만드는 주요한 문제점 및 논점을 보면 다음과 같다.[1]

첫째, 당위(Sollen)와 존재 문제의 논점이다. 이는 법철학에서 가장 오래되고 중요한 논점 중의 하나이다. 당위는 마땅히 해야 하는 규범(norm)[2]과 같은 것을 의미하고 특히 법실증주의 헌법 관점에서는 형이하학적이고 경험적인 당위성을 강조하게 된다. 그리고 존재는 인간생활에서 이루어지는 행위를 말하므로 법은 재판하는 사람이 어떻게 행동하느냐의 예측을 보여주는 것이라고 보는 견해나, 법도 또 하나의 경험적인 것이라고 보는 견해가 바로 존재성을 강조하는 것에 해당한다.

둘째, 외면성과 내면성 문제의 논점이다. 일반적으로 법을 사회규범으로 규정할 때 사회규범은 도덕규범·종교규범·습속규범 등의 내면적 규범에 비하여 외면적 규범에 해당된다는 것이다. 즉 도덕이나 종교, 그리고 습속은 개인의 양심을 구속하고 그것을 위반할 경우에는 내면적 법정에서 심판을 받게 되지

1) 김영준, '법', 『한국세계대백과사전 II권』, 서울 : 동서문화, 1995, p. 6504 참조 재수정.

2) 규범은 당위의 법칙이라고도 말할 수 있으며, 공동사회에서 지켜야 할 당위의 법칙 내지 사회규범에는 법, 도덕, 관습, 종교 등이 있다.

만 법은 외면적인 법규범에만 적합하면 외면적 법정에서 구속받지 않는다는 점이다. 그러나 외면적 법정에서도 고의와 과실을 구별하고 있는 것으로 보아 법도 내면성을 문제로 삼을 수 있다는 점에서 법을 외면적 규범으로만 규정하는 데는 어려운 점이 있다는 것이다.

셋째, 법을 주권자의 명령으로 보는 견해에서 오는 논점이 있다. 이러한 논점은 '주권자'와 '명령'에 대한 개념을 어떻게 정할 것인가에 따라 법의 정의가 달라질 수 있으며, 자연법을 부정하는 법실증주의 철학에서의 법사상이다. 영국의 법학자인 오스틴(J. Austin)은 주권자의 일반적인 명령만이 법이라고 보는 '법명령설'을 제기하였는데, 이에 따르면 자연법뿐만 아니라 관습법(common law)이나 국제법(international law)은 법이 아니라는 문제가 발생한다.

넷째, 강제성에 대한 논점이다. 법은 그 위반에 대한 강제가 수반되는 규범이라는 견해이다. 도덕은 의무의식에 바탕을 두고 지킬 필요가 수반되지만 사회규범인 법은 위반에 대한 강제성이 적용되는 것으로 보는 것이다. 그러나 전통사회의 경우 도덕적 양심을 위반한 경우에도 특정한 강제성을 적용하는 사례가 발생하게 될 때는 법을 강제성으로만 정의하는 데는 한계가 있다.

다섯째, 효력과 실효성에 대한 논점이다. 이는 실정법주의 사상에서 논의되는 견해로 법은 그것이 현실적으로 실행되고 있어야 실효성을 지닌다고 보는 것이다. 즉 어떤 규범을 강제적으로 제정하였다고 하더라도 상위규범에 의해 정당화될 수 있는 경우에 실제적인 효력을 지닌다고 보는 견해이다. 예를 들어, 현대 민주주의 국가체제에서도 시민혁명이나 군사혁명이 발생하게 되면 대부분의 법체계가 실효성을 잃게 되는 경우가 있기 때문에 해당 시대와 사회에서는 구체적이고 실질적인 효력을 가진 법규범이라고 볼 수 없는 것이다. 따라서 법은 효력과 실효성이 특정한 시대와 사회에서 사실로 받아들여지는 규범이어야 하며, 제정법, 관습법, 판례법, 조리 등을 포괄하는 실정법(positive law)이어야 한다는 것이다.

여섯째, 법 내용에 대한 정당성과 부당성에 대한 논점이다. 법학의 연구 대상을 실정법에만 국한시키는 입장인 법실증주의(legal positivism)의 견해에서는 법 내용이 정의(justice)나 정당성(just)에 맞지 않는 악법도 법이라고 인식한다. 따라서 정당성이 법의 조건이 될 수 없다고 보기 때문에 많은 자연법 사상가들의 자연법론(theory of natural law) 견해와는 충돌하게 된다.

일곱째, 법은 특정한 개인에게 특정 행동을 명하는 규범이 아니라 다수를 대상으로 하는 일반적인 규범이어야 한다는 일반성의 문제를 논할 때 법의 정의는 어려움이 있다. 이는 법 적용 대상의 한계문제로 법은 그 내용상 특정대상이 아니라 불특정대상이라는 일반성을 지니고 있어야 한다는 견해이다.

이제 이러한 법의 개념규정에 대한 주요 문제점에 기초하여 일반적인 법의 개념을 규정해 보면 다음과 같다.

첫째, 사람들의 단체적 공동생활을 유지하기 위해서는 사회구성원들의 합의에 기초하여 분쟁을 해소할 수 있는 규범이 필요한데, 이러한 법의 성격을 사회규범으로서의 법이라고 정의할 수 있다.

둘째, 한 사회 내에서 공동체적인 생활을 바람직하게 유지하기 위해서는 사회구성원들의 일탈행위를 막는 규범, 즉 '하여야 하거나 하여서는 안 되는' 행위들을 규제할 수 있는 행위규범을 법으로 정의할 수 있다.

셋째, 일단 행위규범으로 규정된 내용을 위반하는 행위에 대해서는 국가권력이 강제력을 가지고 일정한 제재를 가하게 될 때, 이는 도덕, 종교, 관습 등과 같은 다른 사회규범과는 구별되는 강제규범으로서의 법의 정의이다.

넷째, 국가가 강제력을 가지고 법 본인의 기능을 발휘할 수 있도록 하기 위해서는 일정한 조직들이 존재해야 한다. 즉 법을 제정하는 조직, 집행하는 조직을 만들고 국가로부터 일정한 권한을 부여받게 되는 조직규범으로서의 법의 정의이다.

다섯째, 법은 사람에 의해 만들어진 하나의 생활양식이며 문화라는 관점의 문화규범이라는 점이다. 문화규범으로서의 정의는 보편적인 법이념을 지향하는 절대적이고도 다양성에 기초한 상대적 규범이라는 특성이 있다.

법제(laws, 法制)는 법률과 제도를 아우르는 말로써, 풀어쓰면 법률의 제도 또는 체제(legislative system)를 가리키는 말이다. 그러므로 법제론(theory of laws, 法制論)이라고 하면 법과 제도에 관한 논의를 의미하게 되는 것이다. 법제는 고대국가에서 현대국가에 이르기까지 국가경영과 통치의 근간으로서 국가형성이나 유지의 이념[3]을 담고 있기 때문에 모든 제도나 정책은 '법령'이라는 형태로

3) 법치주의사상은 고대 그리스의 플라톤(Platon)의 저서인 『법률(*Laws*)』에서 엿볼 수 있는데, 그는 국가 지배체제를 철인에 의한 지배를 이상적으로 제시한 후 그 차선책으로 법의 지배를 들었다. 아리스토텔

제정·공포되고 시행되는 과정을 거치게 된다. 다시 말하면 현대국가에서는 국가의 중요한 정책과 제도가 법제정 과정을 통하여 구체화되고 그것이 국민들에게 전달되어 집행되는 행정과정으로 이어지게 된다.

(2) 법과 법제의 원리

오늘날 각 국가는 법치주의(legalism)를 최고 통치원리로 내세워 사람이나 폭력이 아닌 법제가 국민의 일상생활을 지배하도록 헌법으로 채택하고 있다. 그러므로 법치주의(法治主義)는 규정된 법에 따라 국가권력을 제한함으로써 자의적인 지배를 통제하는 것을 핵심으로 하게 된다. 일반적으로 법치주의는 그 사상적 연혁에 따라 '법의 지배(rule of law)'나 '법치국가(a constitutional state)의 원리'로 불리고 있다. 그러므로 법에 의한 지배(rule by law)와 같이 군주나 통치자가 법으로써 국민을 통제하고자 하는 원리가 아니라 공포되고 명확하게 규정된 법에 의해서 국가권력을 제한하고 통제하는 법치사상(legalism)을 의미한다. 즉 법치주의는 군주나 통치자의 폭력이나 자의적인 지배를 배격하는 것을 핵심원리로 한다.

우선 법의 지배(rule of law)원리는 고대 그리스의 민주정(民主政) 시대에 발현되어 고대 로마에서 체계화되었으며, 근세에 접어들어서는 유럽 등으로 전파되어 법의 지배론, 법의 우위론으로 발전하였다. 즉 영국에서 존왕(John, 1199~1216 재위)에게 귀족들이 압력을 가해 왕 또한 법의 지배에 구속되어야 한다는 내용을 규정한 대헌장(Magna Carta; the Great Charter of Freedoms, 1215), 청교도혁명으로 인한 권리청원(Petition of Rights, 1628),[4] 명예혁명으로 인한 권리장전(Bill of Rights, 1689)[5] 등이 제정된 것을 예로 들 수 있다.

특히 영국의 권리장전은 「신민의 권리와 자유 및 왕위계승에 관한 법」이라는 공식적 명칭으로 법제화되어 의회정치 확립의 기초가 되었고, 제임스 2세의

레스도 플라톤의 법사상을 이어 받아 법의 지배를 '욕망 없는 이성의 지배'로 표현하였다.

4) 1628년의 권리청원(權利請願)은 영국의 청교도혁명(Puritan Revolution)과 관련된 인권선언인데, 당시의 크롬웰 등의 의회파를 구성하고 있었던 청교도들이 찰스 1세에게 법률 위반 사례를 열거하며 불만을 표한 청원이다. 오늘날 영국 의회는 상원 및 하원으로 구성되는데 양원에서 통과된 법안에 국왕이 재가(Royal Assent)함으로써 입법권이 행사된다. 그러나 실제로 군주의 역할은 상징적이며, 상원의 권한도 축소되어 실질적인 권한 행사는 하원에서 이루어진다.

5) 권리장전(權利章典)은 영국권리장전(English Bill of Rights)이라고도 하는데, 영국 명예혁명의 결과 이루어진 인권선언이다. 이에 비해 1791년에 제임스 매디슨이 주도하여 아메리카합중국 헌법 제1조부터 제10조까지를 수정하여 연방정부의 권력을 제한했던 미국 권리장전이 있다.

절대왕정주의를 종식시키고 의회의 권리를 법제화시켰다는 점에서 의의가 있다. 아울러 미국의 버지니아 권리선언, 버지니아 권리장전(1776), 미국 독립혁명으로 인한 미국 독립선언(1776), 프랑스혁명으로 인한 프랑스 인권선언(1789)[6], 미국 헌법 권리장전(1791)에도 영향을 끼쳤다.

그리고 미국에서는 연방대법원이 위헌법률을 심사하는 사법권의 우위론으로 '법의 우위론'이나 '법의 지배론'이 전개되었다. 그러나 현대국가에서는 복지국가를 목표로 국가의 사회복지행정권이 확대되는 추세에 있기 때문에 사법권에 의한 법의 지배사상에 기반을 둔 국가기능의 우선에는 비판의 여지가 많다.

다음으로 법치국가론(法治國家論, rule of law) 사상은 주로 독일에서 전개된 법치주의를 말한다. 법치국가는 17세기에서 18세기 사이의 절대전제군주국가들을 칭하는 경찰국가나 관료통치국가론에 대비되는 사상이다. 즉 독일은 영국의 비교적 온건한 자유주의사상의 영향을 받았지만 18세기의 급격한 계몽주의의 확산과 더불어서 영국보다는 국가의 활동을 법질서 유지와 개인권의 보장에 한정하는 실질적 법치주의사상으로 발전하게 된 것이다.

다시 말하면 독일에서는 계몽주의 시대에 절대왕정의 권력이 타파되고 부르주아 세력이 중심이 된 의회가 법을 제정하여 지배하는 '형식적 법치주의'를 획득하였다. 그러나 제1차 세계대전(1914~1918) 이후 1993년 1월에 총회에 취임하여 의회를 장악한 아돌프 히틀러(Adolf Hitler, 1889~1945) 등 독재세력이 다수의 횡포를 부리거나 대중을 선동했던 것을 견제하는 것이 어려웠던 시기의 '형식적 법치주의'를 극복하기 위하여 '실질적 법치주의'로 나아가게 된 것이다.

즉 제2차 세계대전을 일으킨 히틀러의 나치스(Nazis)당의 독재국가체제가 무너짐으로써 기존의 외관상 법치국가인 '형식적 법치국가론'이 인간의 존엄성이 보장되는 '실질적 법치국가론'으로 거듭나는 과정을 거치게 되었던 것이다.

한편 프랑스의 법치주의 사상은 18세기 정치철학자 몽테스키외(Montesquieu, 1689~1755)가 4절판 1,086쪽 분량의 총 31권으로 발간한 『법의 정신』(1748)에서 살펴볼 수 있다. 그는 당시의 영국을 이상적인 법치국가로 내세우며, "누구도 법 위에 설 수 없다."는 전제에서 법치국가를 논하고 있다는 점에서 법치주의

6) 1789년의 프랑스 혁명은 루이 16세가 미국독립혁명 지원으로 인한 재정상의 문제를 타개하고자 성직자, 귀족, 평민 출신의 의원으로 구성된 신분제 의회였던 삼부회를 소집했고, 그중 평민회가 절대왕정에 대항하여 프랑스 전체를 대표하는 국민의회를 구성한 다음에 프랑스인권선언을 채택했다.

사상을 대변하는 것으로 볼 수 있는 것이다. 이러한 몽테스키외의 주장은 그보다 앞선 르네상스 시대 이탈리아의 정치사상가 마키아벨리(Machiavelli, 1469~1527)가 『군주론』에서 "군주는 여우의 지혜와 사자의 힘을 가져야 한다."는 주장을 한 것과는 상반되는 입장이다.

몽테스키외는 『법의 정신』(1748)에서 정부의 유형을 공화정(민주정 / 귀족정), 군주정, 전제정(독재정)으로 나누고, 전제정은 법을 무시하고 통치하기 때문에 망할 수밖에 없는 나라로 보았다. 이는 17세기 말 영국 철학자 존 로크(John Locke, 1632~1704)가 『시민정부론』(1690)에서 절대주의 국가주권을 제한하고자 삼권분립론(separation of powers)을 제창했던 것과는 맥을 같이 한다. 즉 몽테스키외는 20여 년간에 걸쳐 저술한 『법의 정신』에서 좀 더 철저한 입법·집행(행정)·재판(사법)의 '삼권분립론'을 완성한 것으로 볼 수 있다.

이렇듯 법치주의원리는 오늘날의 현대복지국가에 이르러 헌법을 정점으로 국민의 복지증진을 위한 다양한 법의 제정에 이념적인 배경이 되고 있으며, 정책과 제도의 방향설정에도 기능하고 있다.

2) 법제의 이념과 목적

법제나 법의 이념은 법의 목적, 정신, 취지 등을 의미하며, 법 해석을 위해서는 법의 이념을 잘 이해하는 것이 중요하다. 이때 '법'이라고 할 때는 모든 법을 포괄하는 '법'의 공통된 이념과 「헌법」, 「행정법」, 「사회복지사업법」 등의 '개별법'의 이념을 구분하여야 하는데, 개별 법률들은 법의 이념과 목적을 해당 개별법 속에서 규정하고 있기 때문이다. 여기에서 모든 법을 포괄하는 법으로서의 법의 공통된 이념과 목적을 정리하면 다음과 같다.

첫째, 법은 사회정의(social justice)의 실현이라는 이념과 목적을 가지고 있다. 즉 모든 사람이 차별 없이 기본권이 보장되고 평등하게 처우 받을 수 있도록 하는 정의(正義)의 이념이 있다. 일찍이 아리스토텔레스는 정의의 본질을 '평등'으로 보고, 모든 인간을 평등하게 취급하는 '평균적 정의'와 능력과 기여도에 따라 차등 대우하는 '배분적 정의'로 구분한 것을 예로 들 수 있다.

둘째, 정의가 공허하지 않고 바르게 존재하기 위해서는 합목적성(合目的性)을 가져야 한다. 합목적성의 어의는 목적에 맞도록 방향을 설정하는 것을 말하는 데, 법이 지켜야 할 가치 또는 기준으로는 자유, 평등, 질서, 번영 등이 있다.

셋째, 법이 사회정의, 합목적성의 이념을 추구하더라도 사람들이 사회생활에서 법에 의하여 보호받기 위해서는 법적 안정성(法的 安定性)이 있어야 한다. 즉 사회구성원들이 법의 권위를 믿고 안심하고 행동할 수 있는 상태를 유지하고 있어야 하는 것이다.

넷째, 법의 세 가지 이념인 정의, 합목적성, 법적 안정성이 상호모순이 되면서도 협력·보완하는 관계를 유지해야 하는 것 이외에 사회질서유지(社會秩序維持)라는 법의 목적이 필요하다. 사회질서는 법적 강제성을 통해서도 사회질서를 유지할 수도 있는데 벌금, 과태료, 징역 등의 벌칙이 사용될 수 있다.

2 사회복지법제의 체계

1) 일반 법체계하의 사회복지법제

일반적으로 법은 일정한 조직체계를 갖추고 있는데 인간 본성에 근거한 당위의 법으로서 일정한 제정절차를 거치지 않는 자연법(natural law)과 법제정 절차를 거치는 실정법(positive law)으로 양 대분할 수 있다. 그리고 법제정 절차를 거친 실정법의 경우에는 국내법(municipal law)과 국제법으로 체계화할 수가 있는데, 국제법(international law)은 국제단체에 의해 승인되어 국가 간에 적용되기 때문에 국내법에 비하여 입법절차나 원칙이 불완전한 것이 특징이다. 따라서 국제법은 관습법이 많은 기능을 하게 되며, 국제조약과 국제관습법이 효력을 가지고 제재를 하지만 체계성이 미약한 관계로 실제 적용에는 논란의 여지가 생긴다.

그러므로 사회복지법제도 국제법과 국내법으로 구분할 수 있으며, 국내법은 일반법체계로 보면 실정법에 속하며, 입법기관에서 제정절차를 거쳐 시행되는 제정법이 많고 일부 판례법도 적용될 수 있다.

(1) 법과 법제의 분류

법이나 법제를 분류(classification)할 때는 그 기준이 다양할 수 있는데, 크게는 국내법이냐 국제법이냐에 따라서 구분이 가능하다. 국내법은 해당 국가의 주권이 미치는 범위 내에서 효력을 가지고, 사인(私人)과 사인 간, 사인과 국가(공공단체) 간, 국가와 공공단체 간, 공공단체와 공공단체 간의 법률관계를 규율하게 된다. 여기에서 한 국가의 주권이 미치는 국내에서의 내국인과 외국인과의 생활관계는 국제사법(private international law)이 적용되는데 이는 국내법에 속한다.

이제 국내법을 중심으로 법제를 분류해보면 다음과 같이 세 가지 정도로 유형을 정리할 수 있다.

첫째, 공법, 사법, 사회법으로 구분이 가능하다. 공법(公法, public law)은 국가조직과 기능, 그리고 공익작용을 규율하는 법을 의미하는데, 이에는 실체법과 절차법이 있다. 공법으로서의 실체법(實體法, a substantial law)은 법이 실현하고자 하는 상태 자체의 법을 말하며, 헌법(憲法, constitution), 행정법(行政法, administrative law), 형법(刑法, criminal law), 상법(商法, commercial law) 등이 있다. 공법으로서의 절차법(節次法, procedural law)은 법을 실현시키는 절차, 수단의 법을 말하며, 「민사소송법」, 「형사소송법」, 「행정소송법」, 「부동산등기법」, 「파산법」이 해당된다. 사법(私法, private law)은 개인 상호 간의 권리와 의무관계를 규율하는 법으로 「민법」, 「상법」, 「회사법」, 「어음법」, 「수표법」 등이 있다. 그리고 사회법(社會法, social law)은 기본적으로는 사법에 속해야 하는 성격이지만 사회적 약자를 보호하기 위하여 국가가 간섭하는 법으로 공법과 사법의 성격이 혼합된 형태로 존재하며 「사회보장기본법」 등의 사회복지법제나 노동 관련 법, 경제법 등이 있다.

둘째, 일반법(보통법)이냐 특별법이냐의 구분이 가능하다. 일반법(general law)은 장소, 사람, 사물에 제한 없이 적용되는 법을 의미하며, 「헌법」, 「형법」, 「민법」 등이 이에 속한다. 특별법(special law)은 특별한 장소, 사람, 사물에 적용되는 법으로 「상법」, 「군법」, 「공무원법」, 「소년법」, 지방자치단체의 자치법규(조례, 규칙) 등이 해당된다.

셋째, 조직법인가 행위법인가의 구분이 될 수 있다. 조직법(organizational law)은 인간행위의 기초 및 수단이 될 조직과 제도를 규정한 법이고, 행위법(action law) 사회생활에 있어서 인간의 행위 자체를 규율하는 법을 의미한다.

(2) 사회복지법제의 위계적 체계

한국의 사회복지법제는 실정법으로서 헌법을 정점으로 하여 법률, 명령, 규칙, 훈령, 자치법규(조례, 규칙)의 위계적 체계를 구축하고 있다.

첫째, 헌법에서는 사회구성원들의 사회적 기본권인 생존권 보장과 최저생활을 보장하는 규정을 명시하고 있다.

둘째, 법률에서는 「사회보장기본법」, 「사회복지사업법」 등의 사회복지기본법제, 「국민기초생활보장법」, 「의료급여법」 등의 공공부조법제, 「국민연금법」, 「공무원연금법」 등의 연금보험법제, 「국민건강보험법」, 「노인장기요양보험법」 등의 건강보험법제, 「산업재해보상보험법」과 「고용보험법」 등의 노동보험법제, 「아동복지법」, 「노인복지법」 등의 사회복지서비스법제 등이 입법기관에서 제정되어 개별 법률의 제정취지와 목적을 달성하기 위한 규정을 조항으로 두고 있다.

셋째, 명령은 개별 법률에서 규정하고 있는 조항 중 위임 받은 사항에 관하여 시행령과 시행규칙으로 제정된다. 시행령은 대통령이 제정하고, 시행규칙은 사회복지업무 관련 주무부처 장관이 제정하게 되는데 일부 사회복지법제는 시행령과 시행규칙을 제정하고 있지 않는 경우도 있다.

넷째, 훈령은 명령과는 달리 법률의 수권이 없이 제정될 수 있는 행정권 자체의 고유한 권한이다.

다섯째, 조례는 지방정부(시·도 및 시·군·구)의 의회에서 제정하며, 규칙은 자치단체장이 조례에서 위임받은 사항에 대하여 제정하는 것이다.

2) 사회복지법제의 분류체계

사회복지법제의 체계는 국가나 학자에 따라 다양하게 분류될 수 있는데 일반적으로 사회복지법제는 국제법과 국내법으로 구분할 수 있다. 국제법은 국제간 사회보장협정, 국제기구의 사회복지조약, 국제사회복지권리선언 등이 포함되고, 국내법은 「사회보장기본법」과 「사회복지사업법」을 기본법으로 하여 개별법으로는 사회보험, 공공부조, 사회복지서비스, 사회복지 관련 법으로 분류할 수 있다.

(1) 국제법제에 의한 분류

국제법의 법원(法源)[7]은 국가 간 합의에 의하고 이는 국가 간의 관계를 규율하는 기능을 한다. 따라서 헌법에 의해 체결된 국제조약과 승인된 국제법규는 국내법과 같은 효력을 가지는 것으로 헌법상에서 규정하고 있다. 국제조약은 국제법의 주체 간에 일정한 권리의무를 구체화하기 위해 서면상으로 국제법의 규율에 따라 체결되는 국가 간의 합의이며, 협약, 협정, 규약, 조약, 규정, 제정서 등의 다양한 명칭으로 체결된다.

이 외에 선언, 헌장 등은 가입한 국가나 단체 등에게 적용되기는 하지만 일정한 권리의무가 규정되지는 않는다.

(2) 국내법제에 의한 분류

사회복지법제는 국내법제에 따라 분류할 경우 다양한 사회복지정책과 제도를 시행하는 근거법률로 존재하는 다양한 개별 법률들을 어떻게 체계적으로 구분할 것이냐의 관점에 따라 기존 학자들은 다양한 견해를 보인다.

김만두[8] 교수는 사회복지법의 대상과 범위를 좁은 의미로 인식하고 실정법상에서도 좁은 범주에서 사회복지법제를 구분하였다. 이는 "생활상의 곤란자 혹은 장애인, 즉 아동, 장애인, 노인, 모자 등으로 하여금 그 능력을 발휘할 수 있게 필요한 보호, 지도, 치료, 재활 등을 시행하기 위한 조직, 서비스, 재정, 권리실현 등에 대한 법률"로 사회복지법을 정의한 것에서도 연유한다.

김유성[9] 교수도 사회복지법제를 좁은 의미로 보고 그 상위개념으로 사회보장법을 제시한 후 보장제도를 기준으로 사회보험법, 공적부조법, 사회복지법으로 구분하여 사회복지법에는 「아동복지법」, 「모자보건법」, 「노인복지법」, 「장애인복지법」 등을 배치하고 있다. 이러한 견해는 박석돈[10] 교수의 경우에도 유사하지만 「사회복지사업법」에서 규정하고 있는 다양한 개별 법제를 사회보장제도의 영역 구분도 없이 전체를 사회복지서비스 영역에 따라 제시하고 있는

7) 법원(법의 근원)은 법의 존재형식 또는 현상상태를 말한다. 이에 비해 또 다른 뜻의 법원(법의 연원)은 법에 나타나있는 형식을 말한다. 즉 헌법·법률·대통령령 등의 성문법, 관습법이 법의 연원(淵源)이 된다.
8) 김만두, 『한국사회복지법제론』, 서울 : 홍익재, 1991.
9) 김유성, 『한국사회보장법론』, 서울 : 법문사, 1992.
10) 박석돈, 『사회복지서비스법』, 서울 : 삼영사, 2003.

문제가 있다.

전광석[11] 교수의 경우에는 사회복지법제를 사회보장법제의 체계에 따라 사회보험법, 사회보상법, 사회부조법, 사회복지 관련 법 체계로 분류하였다.

이러한 기존 학자들이 제시한 분류기준은 한국에서의 사회복지사업 영역의 변화나 확대 경향과도 상관이 있는 것으로 볼 수 있다. 그러나 1970년 1월에 「사회복지사업법」이 제정된 이후 1983년 5월에 1차 개정이 되면서 1983년도에 사회복지사 국가자격제도가 처음 시행된 이후 사회복지법제 역시 기존의 좁은 의미의 법체계가 보다 전문화·체계화되어 왔다는 점을 충분히 고려한 새로운 분류체계가 필요한 시점이라고 할 수 있다.

(3) 본서에서의 사회복지법제 분류

본서에서는 기존의 학자들의 좁은 의미에서의 사회복지법의 정의 경향이나, 사회복지법제라는 포괄적인 개념을 사회보장법이나 사회복지서비스법으로 한정하여 명칭함으로써 발생하는 비체계성과 모호함에서 탈피하고, 일본 후생성에서 감수한 사회복지법 체계[12]를 고려하여 새로운 분류체계를 채택하고자 한다.

즉 본서에서 다루는 사회복지법제는 기존의 사회보장법제나 사회복지서비스법제의 개념에서의 제한된 분류가 아니라 보다 넓은 의미의 사회복지법제를 포괄하였다. 그러므로 사회복지사 등의 사회복지전문직이 실천현장에서 급여대상자를 직접적으로 처우하거나 간접적으로 지원하는 행정행위의 근거법률로서의 체계를 담보할 수 있다.

이러한 맥락에서 우선 국제 사회복지법제 부문의 분류는 사회복지조약과 사회복지선언으로 나누어서 편제하였고, 국내 사회복지법제 부문에서는 사회복지기본법제와 포괄법제 부문에 「사회보장기본법」과 「사회복지사업법」, 「사회보장급여의 이용·제공 및 수급자 발굴에 관한 법률」을 배치하였다. 그 후 개별 사회복지법제는 사회보장제도의 영역에 따라 사회보험(연금보험, 건강보험, 노동보험), 공공부조, 사회복지서비스법제로 구분한 다음 사회복지영역 확산과 전문화 추세에 따른 사회

11) 전광석, 『한국사회보장법론』, 서울 : 법문사, 2002.

12) 일본 후생성에서 감수한 '사회복지6법'에서 분류한 방식은 행정대상, 편제, 욕구충족에 따라 분류하고 있고 그중에서 행정대상에 따라서는 사회복지일반과 서비스급여에 관련된 법제로 구분하고 있다.

복지 관련 법제를 포괄하기 위하여 사회복지서비스 관련 법제와 일반사회복지 관련 법제를 추가로 배치하였다.

이러한 범주의 채택과 분류기준은 사회복지를 최광의로 해석하여 노동이나 교육, 주택, 보건, 조세, 공해, 환경부문의 법제를 포함하는 견해에 비하면 중범위의 분류기준을 채택한 것으로 볼 수 있다. 아울러 실제적인 사회복지사업 영역에서는 사회보장 영역 이외에도 보편적이고 실용적으로 인식되는 사회복지 범주에서의 근거법률을 포함하는 새로운 사회복지법 체계라고 할 수 있다.

그리고 법률뿐만 아니라 시행령, 시행규칙에서 제시된 법률의 실천적인 조치내용까지도 체계적으로 다룸으로써, 법제(laws)와 실천(practice)이 균형을 유지하도록 배치하고 논의하였다.

3 사회복지법제의 법원

1) 사회복지법원의 의의

사회복지법제의 연원을 말하는 사회복지법원(source of social law)은 사회복지 법제들이 존재하는 형태나 형식을 말한다. 그런데 원래 종교적이고 문화적인 차원에서의 법(法)은 사람의 의식세계에 존재하는 준칙으로서 외형적으로 구체화되는 것은 아니다. 그러나 실천적 사회규범으로서 그 내용은 어떤 소재를 통하여 인식될 수 있는 것이어야만 한다. 따라서 법은 일정한 형식으로 나타나고 존재하여야 한다. 이와 같이 법을 인식할 수 있도록 하는 존재의 형식을 가리켜 법의 연원(淵源), 즉 법원(法源)이라고 한다.[13]

그러므로 일반적으로 법원(法源, 법의 근원)은 성문법과 불문법의 형식으로 존재하게 되는 것으로 규정할 수 있다. 좀 더 광의에서 법원을 정의하자면 법을 형성하는 원동력 또는 법규범 타당성의 근거 또는 근원을 의미하며, 다음과 같이 법원을 구분하여 정리할 수 있다.[14]

13) 곽윤직, 『민법총칙』, 서울 : 박영사, 1999. p. 18 참조.
14) 엄영진, 『법학입문』, 서울 : 대왕사, 1989.

첫째, 법을 형성하는 기관으로서 신, 군주, 국민 또는 국가 등을 들 수 있다.

둘째, 법을 구성하는 재료로서 종교, 도덕, 관습, 판례, 조리 등을 들 수 있다.

셋째, 법률 지식을 얻는 자료로서 법전, 판결기록, 학설, 저서, 논문 등을 들 수 있다.

넷째, 법이 존재하는 형식으로서 성문법과 불문법 등을 들 수 있다.

이러한 법원의 개념을 고려해보면 사회복지법원 역시 존재형식을 벗어난 다양한 의미에서 해석이 가능해진다. 그러나 사회복지학은 실천학문이라고 볼 때 사회복지학과 법학의 관점이 응용적으로 적용되는 분야인 사회복지법제는 일반적으로 법원의 존재나 표현형식에 따라 규정하는 것이 타당한 접근이라고 할 수 있다.

즉 사회복지법원은 성문법이나 불문법 형태로 존재하는 것이 보편적이고, 성문법의 경우는 사회복지 및 사회복지 관련 명칭으로 법명이 되어 있지 않더라도 해당 법률의 내용이 사회복지 및 사회복지 관련 내용으로 표현되어 있다면 사회복지법원으로 규정하거나 해석하는 것이 타당하다.

2) 사회복지법원의 종류

(1) 성문법원

성문법은 문자 형식으로 표현(written law)되고 일정한 형식과 절차에 따라 제정되므로 제정법(성문법)이다. 오늘날의 현대복지국가 대부분은 제정된 성문법을 원칙적으로 법원에서 인정하는 성문법주의(법률주의)를 채택하고 있으며, 극히 일부의 경우 불문법원을 병용하는 추세에 있다.

한국도 영미법계가 아닌 대륙법계의 성문법주의를 따르고 있는데, 성문법주의를 채택하는 이론적 근거는 다음과 같이 정리할 수 있다.[15)]

① 내용에 있어서 우월한 지배명령과 상대방의 복종을 요구하는 것이 있으면 예측가능성과 법적 안정성을 위하여 그 한계와 조건을 미리 명백히 해둘 필요가 있다.

② 사회복지법은 일반적으로 그 대상이 사람과 관련되어 있으므로 사회복지

15) 곽효문, 『사회복지법제론』, 서울 : 제일법규, 2000, p. 25 참조.

법의 집행과정에서 자칫하면 인권의 침해가 발생할 수 있는데, 국민의 인권과 관련된 내용은 성문법으로 규정하는 것이 옳다.

③ 사회복지급여의 성격은 대중적·계속적·최저생계비 이상의 보장을 띠고 있기 때문에 공정하게 집행되어야 한다.

④ 사회복지법은 그 법적 성질의 하나로 생존권적 기본권의 성격을 가지고 그 실현책임을 국가가 지도록 하고 있으므로 국가와 국민 사이에 권리와 의무를 분명히 해 둘 필요가 있기 때문이다.

이제 사회복지법제의 성문법원으로 제시할 수 있는 종류에 대하여 위계적으로 정리하면 다음과 같다.

첫째, 헌법(constitution)의 규정이다. 헌법은 한 국가의 근본법인데, 최초의 헌법은 미국연방헌법(1788)이다. 헌법에서 생존권 조항을 최초로 규정한 사례는 제1차 세계대전 종료 이후인 1919년 8월 독일 바이마르(Weimar)에서 열린 국민의회에서 제정된 독일공화국의 헌법이며, 한국 헌법에서도 인간의 존엄과 가치·행복추구권, 사회권, 생존권, 인간다운 생활을 할 권리 등의 규정을 두고 있다.

둘째, 법률(law)에서의 규정이다. 법률은 헌법이념에 적합해야 하고 하위명령이나 자치법규에 대해 우월한 형식적 효력을 가지므로 대부분의 사회복지 성문법원은 개별 법(법률)이 근간이 된다.

셋째, 명령(order)에서의 규정이다. 명령은 법률이념에 부합되어야 하고 개별 법률들은 대강의 조항을 두고 세부적인 규정은 명령에 위임하는 경우가 많다. 명령에는 대통령령, 총리령, 부령(장관령)이 있고 일반적으로 대통령령을 '시행령'이라 부르고 '시행규칙'은 총리령 혹은 부령을 일컫는 말이다.

넷째, 자치법규(regulations)에서의 규정이다. 자치법규는 지방자치단체가 법률과 명령의 범위 내에서 제정하는 자치규범으로 조례와 규칙이 있다. 일반적으로 자치법규는 지방자치단체의 행정권역 내에만 적용되는 규칙이며 사회복지 법원으로서는 보충적 효력을 가진다.

(2) 불문법원

불문법(common law)은 입법기관에 의해 제정되는 절차를 거치지 않았기 때문에 비제정법이다. 주로 영·미 법계에서 판례법주의를 따르며, 판례를 1차적인 법원으로 인정하고 있는 추세이다. 그러면 불문법원으로서의 사회복지법원을 정리해 보면 다음과 같다.

첫째, 관습법(common law)에서의 규정이다. 한국 대법원에서는 관습법을 인정하고 있으나 사회복지의 영역에서 관습법을 인정할 것인가에 대해서는 논란이 많다.

둘째, 판례법(case law)은 제정법이나 다른 형태의 법원들과 구별하는 법원을 일컬으며, 법원이 재판을 통하여 선언한 것이므로 영·미 법계에서는 구속력(binding force)이 강하다.

셋째, 조리(reason)는 사람의 상식으로 판단 가능한 본질적 이치를 말하며, 성문법, 관습법, 판례법이 없는 경우에는 조리가 보충적 법원이 될 수 있다.

Chapter 02

사회복지법제의 법률관계

1 사회복지의 권리성과 권리구제

1) 헌법의 생존권적 기본권 보장

사회복지법제는 국민의 생존에 필요한 기본권을 법률에 의하여 구체적으로 실현하는 것을 보장하고 있다. 이를 사회복지의 권리라고 하며 권리가 침해될 경우에는 권리구제를 받을 수 있도록 규정하고 있다. 즉 사회복지 관련 법률은 규율하는 사람과 사람 간의 행위관계를 말하는 법률관계에서 발생하는 문제를 행위주체와 객체의 입장에서 권리성을 규정하고 보장하고 있다.

따라서 사회복지의 권리성과 권리구제는 사회복지 관련 법률이 규율하는 사람과 사람 간의 행위관계를 말하는 법률관계에서 발생하는 문제를 행위주체와 객체의 입장에서 규정하고 보장하기 위한 것이다. 한국의 헌법에서는 생존권적 기본권(생존권)을 보장하고 있는데, 인간의 존엄가치와 행복추구권, 평등권 등의 포괄적 기본권과 사회보장수급권과 같은 사회적 기본권[1]이 있다. 이러한 기본권은 자국민 이외에도 상호주의에 입각한 외국인, 특정한 법인도 주체가 되어 보장받을 수 있다.

1) 사회적 기본권이란 사회권을 말하는 것으로, 독일 바이마르 헌법에서 처음 규정된 후 한국 헌법에서는 제10조, 제34조에서 규정하고 있다. 사회권은 생존권, 복지권, 생존권적 기본권, 생활권적 기본권, 사회권적 수익권으로도 지칭된다.

(1) 인간의 존엄가치와 행복추구권

1948년 7월 12일에 제정된 한국「헌법」은 그동안 8차에 걸쳐 개정되었는데 최근에는 1987년 10월 27일에 전부개정되어 시행되고 있으며, 국회의결과 국민투표에 의하여 개정·시행토록 되어 있다.[2] 현행「헌법」에서는 제1장 '총강'에 이어 제2장 '국민의 권리와 의무'의 제10조에서 "모든 국민은 인간으로서의 존엄과 가치를 가지며, 행복을 추구할 권리를 가진다. 국가는 개인이 가지는 불가침의 기본적 인권을 확인하고 이를 보장할 의무를 진다."는 규정을 두어 기본권 보장의 대원칙을 제시하고 있다.

우선 인간의 존엄과 가치는 국제연합(UN)의 '국제인권규약 A규약'의 전문에 명시적으로 규정한 이후, 제2차 세계대전 종료 후 독일, 일본 등의 헌법에서 명시적으로 규정하여 왔으며, 한국은 1962년 제3공화국 헌법 때 규정이 되었다. 아울러 행복추구권은 미국의 경우 1776년의 '버지니아 권리장전'에 규정되었고, 한국은 1980년 제5공화국 헌법에서부터 규정되었다. 여기에서의 행복추구권은 법적 성격이 자연권이며, 포괄적 권리의 성격을 띠고 있어서 행복추구를 위한 급부를 구하는 적극적 권리의 성격으로 보기보다는 국가의 간섭 없이 자유롭게 행복을 추구할 수 있는 성격으로 볼 수 있다.

이러한 인간의 존엄가치와 행복추구권은 국민의 가장 기본적인 인권, 즉 기본권으로서 개별적인 기본권인 평등권, 자유권, 사회보장수급권, 청구권적 기본권, 참정권 등으로 분파되는데 사회복지와 직접적 관련이 있는 기본권은 평등권과 사회보장수급권이라고 할 수 있다.

(2) 평등권과 사회보장수급권

한국「헌법」상의 생존권적 기본권으로서의 평등권을 규정한 조항으로는 제11조를 들 수 있는데 제1항에서 "모든 국민은 법 앞에 평등하다. 누구든지 성별·종교 또는 사회적 신분에 의하여 정치적·경제적·사회적·문화적 생활의 모든 영역에 있어서 차별을 받지 아니한다."고 규정하고 제2항에서는 "사회적 특수계급의 제도는 인정되지 아니하며, 어떠한 형태로도 이를 창설할 수 없

2) 헌법을 개정하기 위해서는 국회 재적의원 과반수 또는 대통령이 개정안을 발의해 20일 이상 공고 후 60일 이내 국회의결(재적의원 2/3 찬성)과 30일 이내 국민투표[국회의원 선거권자(유권자) 과반수의 투표와 투표자의 과반수 찬성]를 거쳐야 한다. 즉 헌법 개정에는 국회와 국민적 동의를 필요로 한다.

다."는 규정을 두고 있다.

사회보장수급권은 개별 법률에서 규정하는 사회복지수급권과는 다소의 구별이 요구되는데, 「헌법」 제34조에서는 제1항에서 "모든 국민은 인간다운 생활을 할 권리를 가진다."는 생존권(사회권)보장 원칙을 규정한 뒤, 제2항에서부터 제6항까지는 사회보장수급권을 구체적으로 명시하여 개별 법률에서의 사회복지수급권의 근거가 되고 있다. 즉 제2항에서는 "국가는 사회보장·사회복지의 증진에 노력할 의무를 진다."는 포괄적 복지수급권 내용을 두고 제3항에서부터는 개별 서비스 대상별 수급권을 규정하는 내용을 제시하고 있다.[3)]

2) 사회복지법제의 사회복지수급권

(1) 사회복지수급권의 규범적 구조

사회복지수급권은 헌법상에 규정된 사회보장수급권에 근거하여 개별적인 사회복지분야별로 규정되는 사회복지법제상의 수급권을 의미한다. 따라서 1차적인 기본권의 성격보다는 2차적인 사회권적인 기본권의 성격이 더욱 강하다고 할 수 있다.[4)]

사회복지수급권에는 사회권적 기본권의 규범적 구조로 구분해보면 실체적 권리, 수속적 권리, 절차적 권리가 있다.

첫째, 실체적 권리[5)]는 실정법에 의해 인정되는 권리인 사회복지급여청구권을 말하는 것으로, 사회보장제도의 영역인 사회보험, 공공부조, 사회서비스 및 관련 복지제도의 급여청구권이 있다.

둘째, 수속적 권리는 사회복지급여를 받기 위해 거쳐야 하는 수속과정(신청, 조사, 결정 등)이 수급권 보장을 위해 적합하게 진행될 것을 요구하는 권리를 말하는 것으로, 적법진행보장권, 급여정보권, 사회복지상담 및 조언권이 있다.

3) 헌법 제3항에서 "국가는 여자의 복지와 권익의 향상을 위하여 노력하여야 한다.", 제4항에서 "국가는 노인과 청소년의 복지향상을 위한 정책을 실시할 의무를 진다.", 제5항에서 "신체장애인 및 질병·노령, 기타의 사유로 생활능력이 없는 국민은 법률이 정하는 바에 의하여 국가의 보호를 받는다."는 규정을 두고 있고, 제6항에서도 "국가는 재해를 예방하고 그 위험으로부터 국민을 보호하기 위하여 노력하여야 한다."는 규정을 두고 있다.

4) 자유권적 기본권은 고전적 권리로 지칭되며, 생존권적이고 사회적·경제적 권리는 2차적인 기본권으로 보아진다.

5) 실체적 권리는 실정법에 의하여 인정되는 권리이고, 형식적 권리는 아직 실정법상으로 규정되지 않은 권리이다.

셋째, 절차적 권리는 사회복지급여의 실체적 권리를 보장하고 실현하기 위해 요구되는 의무와 강제에 대한 절차적 권리를 말하며, 사회복지급여쟁송권, 사회복지행정참여권, 사회복지입법청구권 등이 있다.

(2) 사회복지수급권자의 의무와 벌칙

사회복지수급권자에게 주어지는 의무는 사회보험료 부담(기여금, 부담금), 사회복지급여 실비부담, 사회복지급여 관련 신고의무 등이 있다.

첫째, 사회보험의 가입자 및 사용자는 보험료를 납부해야만 수급권을 인정받을 수 있다. 국민연금의 보험료는 사업장가입자의 경우 기여금은 사업장가입자 본인이, 부담금은 사용자가 부담한다. 국민건강보험의 보험료는 직장가입자는 사용자와 규정된 비율에 따라 부담하고, 보험료 납부는 사용자가 한다. 그리고 지역가입자의 보험료는 그 가입자가 속한 세대의 지역가입자 전원이 연대하여 부담한다. 고용보험과 산업재해보상보험의 보험료는 「고용보험 및 산업재해보상보험의 보험료징수 등에 관한 법률」에 따라 고용보험료는 사용자와 근로자가 규정된 비율에 따라 부담하고 보험료 납부는 사용자가 한다. 그리고 산업재해보상보험료는 전액 사용자가 부담하고 납부한다.

둘째, 사회복지급여 실비부담은 의료나 사회복지서비스 등의 현물급여를 이용하는 자에게 부과되는 금전적 자부담을 의미한다. 예를 들면, 건강보험(의료보험)의 피보험자 등이 의료기관(병원 등)에서 검진한 때에 국민건강보험공단 부담을 제외한 일부 금액을 환자가 부담하는 경우나 각종 사회복지서비스 수급자를 대상으로 서비스 기관이 실비를 어느 정도 부담토록 하는 경우가 여기에 해당한다. 그 외에도 국민기초생활보장법에 의한 수급자에게 정부가 공공부조를 한 경우에도 보장기관인 정부는 해당 수급자의 부양의무자가 있을 경우 보장비용을 징수할 수 있다.

셋째, 사회복지급여 관련 신고의무는 사회복지사무가 원활하게 수행될 수 있도록 수급권자나 수급권자와 관련된 자에게 각종 신고의무를 부과하고 그 의무위반사항에 대해서는 벌칙을 부과토록 규정하고 있다. 이는 사회복지실현 목적을 위반함에 따른 행정형벌과 질서벌을 일컫는 것으로, 위반자뿐만 아니라 사회복지사업의 경우에는 해당 법인과 그 대표자에게도 부과된다.

(3) 사회보장 및 사회복지수급권의 특징

헌법상의 사회보장수급권 이외에도 「사회보장기본법」 제9조에서는 "모든 국민은 사회보장에 관한 관계법령에서 정하는 바에 따라 사회보장급여를 받을 권리(사회보장수급권)를 가진다."는 규정을 두어 사회보장을 받을 권리를 두고 있다. 이 사회보장수급권은 상호주의 원칙에 따라 사회보장협정을 체결한 국가의 외국인에게도 제한적으로 적용되며, 제10조에서 제15조까지의 조항에 규정된 사회보장수급권의 특징을 정리하면 다음과 같다.

① 사회보장급여의 수준에 관한 내용은 다음과 같이 규정하고 있다.

가. 국가는 관계법령에서 정하는 바에 따라 최저생계비를 매년 공표하여야 한다.

나. 국가와 지방자치단체는 최저생계비와 「최저임금법」에 따른 최저임금을 고려하여 사회보장급여수준을 결정하여야 한다.

② 사회보장급여의 신청에 관한 내용은 다음과 같이 규정하고 있다.

가. 사회보장의 급여를 받고자 하는 자는 국가 또는 지방자치단체에 신청하여야 한다.

나. 사회보장급여를 신청하는 자가 다른 기관에 신청할 경우에는 당해 기관은 지체 없이 이를 정당한 권한이 있는 기관에 이송하여야 한다. 이 경우 정당한 권한이 있는 기관에 이송된 날을 사회보장급여의 신청일로 본다.

③ 사회보장수급권은 관계법령에서 정하는 바에 따라 타인에게 양도하거나 담보로 제공될 수 없으며, 이를 압류할 수 없다.

④ 사회보장수급권은 제한되거나 정지될 수 없다. 다만, 관계법령에서 따로 정하고 있는 경우에는 제한되거나 정지될 수 있는데, 그 목적에 필요한 최소한에 그쳐야 한다.

⑤ 사회보장수급권은 포기할 수 있으며 수급권의 포기를 취소할 수도 있다. 다만 관계법령에 위반되는 경우에는 포기할 수 없다.

⑥ 제3자의 불법행위에 의하여 피해를 입은 국민이 그로 인하여 사회보장수급권을 가지게 된 경우 사회보장제도를 운영하는 자는 그 불법행위의 책임이 있는 자에 대하여 관계법령에서 정하는 바에 따라 배상을 요구하는

구상권(right to indemnity)을 행사할 수 있다.

3) 사회복지법제의 권리구제

「사회보장기본법」 제39조에서는 “위법 또는 부당한 처분을 받거나 필요한 처분을 받지 못함으로써 권리 또는 이익을 침해받은 국민은 「행정심판법」에 따른 행정심판을 청구하거나 「행정소송법」에 따른 행정소송을 제기하여 그 처분의 취소 또는 변경 등을 청구할 수 있다.”는 권리규제 규정을 두고 있다.

이는 현행법상 행정쟁송제도가 행정청이 심판기관이 되는 이의신청 및 행정심판제도와 일반법원이 심판기관이 되는 행정소송제도가 있기 때문이다. 다음에서는 이의신청, 행정심판, 행정소송의 개념 및 절차, 종류에 대하여 정리하고자 한다.

(1) 이의신청

① 이의신청은 사회복지급여와 관련하여 부당한 행정처분을 받은 당사자가 해당 행정처분의 이의를 행정처분기관에 제출하는 권리구제제도를 말한다. 이의신청기간은 통상 행정처분이 있음을 안 날로부터 90일 이내, 처분이 있은 날로부터 180일 이내에 문서로 신청해야 한다. 그리고 이의신청의 대상은 국민의 권리의무에 직접적으로 관계되는 공권력 행사(처분)가 아닌 진정, 민원 차원은 해당이 되지 않는다.

② 이의신청의 종류에는 위법 또는 부당한 처분의 취소 또는 변경을 구하는 취소신청, 행정처분의 효력유무 또는 존재여부에 대한 확인을 구하는 신청인 무효 등 확인신청, 위법 또는 부당한 거부처분이나 부작위에 대하여 일정한 처분을 하도록 하는 신청인 의무이행신청이 있다.

③ 이의신청 결정의 종류에는 각하, 기각, 인용 등이 있다.

가. 각하는 요건심리를 한 결과 신청요건이 불비한 경우에 신청인이 주장한 이유 등의 내용을 심리하지 않고 신청 자체가 부적법하다고 판단하는 결정이다.

나. 기각은 신청요건에는 맞지만 본인심리에 의하여 신청 주장의 내용 및 이유 등을 검토·심리하고 그 불복의 내용이 이유 없다고 판단하

는 결정이다.

다. 인용은 내용심리를 하여 이의신청의 내용이 이유 있다고 판단하는 결정으로 신청인의 불복내용에 따라 전부 또는 일부 처분을 취소하게 된다.

(2) 행정심판

① 「행정심판법」 제1조에서는 "이 법은 행정심판 절차를 통하여 행정청의 위법 또는 부당한 처분[6]이나 부작위[7]로 침해된 국민의 권리 또는 이익을 구제하고, 아울러 행정의 적정한 운영을 꾀함을 목적으로 한다."고 행정심판을 개념화하고 있다.

② 행정심판을 청구하려는 자는 서면으로 심판청구서를 작성하여 피청구인이나 행정심판위원회에 제출하여야 한다. 행정심판은 처분이 있음에 알게 된 날부터 90일 이내에 청구하여야 하며 처분이 있었던 날부터 180일이 지나면 청구하지 못한다.

③ 행정심판의 종류는 취소심판, 무효 등 확인심판, 의무이행심판이 있다.

가. 취소심판은 행정청의 위법 또는 부당한 처분을 취소하거나 변경하는 행정심판이다.

나. 무효 등 확인심판은 행정청의 처분의 효력유무 또는 존재여부를 확인하는 행정심판이다.

다. 의무이행심판은 당사자의 신청에 대한 행정청의 위법 또는 부당한 거부처분이나 부작위에 대하여 일정한 처분을 하도록 하는 행정심판이다.

(3) 행정소송

① 「행정소송법」 제1조에서는 "이 법은 행정소송절차를 통하여 행정청의 위법한 처분, 그 밖에 공권력의 행사·불행사 등으로 인한 국민의 권리 또는 이익의 침해를 구제하고, 공법상의 권리관계 또는 법 적용에 관한 다

6) '처분'이란 행정청이 행하는 구체적 사실에 관한 법집행으로서의 공권력의 행사 또는 그 거부, 그 밖에 이에 준하는 행정작용을 말한다.

7) '부작위'란 행정청이 당사자의 신청에 대하여 상당한 기간 내에 일정한 처분을 하여야 할 의무가 있는데도 처분을 하지 아니하는 것을 말한다.

툼을 적정하게 해결함을 목적으로 한다."고 행정소송을 개념화하고 있다. 행정소송의 제소기간은 취소소송의 경우 처분 등이 있음을 안 날로부터 90일 이내에 제기하여야 하며, 처분 등이 있은 날부터 1년을 경과하면 이를 제기하지 못한다. 다만, 정당한 사유가 있는 때에는 그러하지 아니한다.

② 행정소송의 종류는 다음의 네 가지로 구분한다.

가. 항고소송은 행정청의 처분 등이나 부작위에 대하여 제기하는 소송으로 취소소송, 무효 등 확인소송, 부작위위법확인소송[8]으로 구분된다.

나. 당사자소송은 행정청의 처분 등을 원인으로 하는 법률관계에 관한 소송, 그 밖에 공법상의 법률관계에 의한 소송으로서 그 법률관계의 한쪽 당사자를 피고로 하는 소송이다.

다. 민중소송(민중쟁송)은 국가 또는 공공단체의 기관이 법률에 위반되는 행위를 한 때에 일반 주민이 직접 자기의 법률상 이익과 관계없이 그 시정을 구하기 위하여 제기하는 소송이다.

라. 기관소송은 국가 또는 공공단체의 기관 상호 간에 있어서의 권한의 존부 또는 행사에 관한 다툼이 있을 때 제기하는 소송이다.

③ 행정소송은 '행정심판전치주의'를 채택하고 있으나 위법한 행정처분의 취소나 변경을 청구하는 취소소송의 경우에는 행정청의 행정심판을 거치지 않고도 제기할 수 있다. 그리고 다음의 경우에도 행정심판을 거치지 않아도 된다.

가. 행정심판 청구가 있은 날로부터 60일이 지나도 재결이 없는 때
나. 처분의 집행 또는 절차의 속행으로 중대한 손해가 발생하는 때
다. 행정심판기관이 의결 또는 재결을 하지 못할 사유가 있는 때
라. 그 밖의 정당한 사유가 있는 때

---

8) 항고소송은 다음과 같이 세부적으로 구분된다.
① 취소소송 : 행정청의 위법한 처분을 취소 또는 변경하는 소송
② 무효 등 확인소송 : 행정청의 처분 등의 효력 유무 또는 존재 여부를 확인하는 소송
③ 부작위위법확인소송 : 행정청의 부작위가 위법하다는 것을 확인하는 소송

2 사회복지주체와 객체의 법률관계

1) 사회복지주체와 객체의 관계

사회복지의 법률관계는 사회복지주체와 객체 간의 권리-의무관계를 말한다. 권리-의무관계는 공법관계와 사법관계로 나눌 수 있고, 이는 사회복지주체와 객체를 기준으로 구분된다.

우선, 한국에서는 사회복지주체는 단일하지 않고 국가, 지방자치단체, 공공기관, 법인, 종교단체, 개인 등의 복지다원주의(welfare pluralism)적 관점에서 파악이 가능하다. 현대사회에서는 사회복지의 주체가 국가와 사회의 책임으로 귀착되고 있다는 점에서 본다면 대부분의 사회복지활동은 공적 사회복지주체에 의해 추진되지만 사회복지법인이나 비영리법인, 개인 등의 사적 사회복지주체도 있는 것이다.

사회복지객체는 사회복지활동의 대상을 말하는 것으로 일반적으로는 사회복지주체의 사회복지활동을 담당하는 사회복지사 등에 의해 서비스를 받게 되는 클라이언트(client)를 의미한다. 클라이언트는 각종 사회문제(반사회적 행위, 사회불평등, 사회해체) 등으로 인하여 사회적 욕구(물질적 욕구, 정서적 욕구)를 가진 사회취약계층이 주가 되며, 크게는 전체 국민이 사회복지대상이 되기도 한다. 따라서 사회복지주체와 객체 간에는 공법적이고 사법적인 관계가 발생한다.

2) 공적 사회복지(행정)주체

(1) 국가

국가(State)는 대개 법이라는 수단에 의해 분쟁을 해결하려는 개인들의 합의로 형성된다. 협의로서의 국가는 통치조직을 의미하지만 미국이나 호주 등에서는 더 큰 단위인 연방제(Federation)의 권위에 종속되어 주권이 없는 통치단위인 주(州) 단위를 나타내기도 한다. 이러한 국가는 법률상 하나의 인격을 가지는 것으로 간주되므로 법인으로서 법률관계의 주체가 된다. 국가가 행정주체가 되는 경우 실제로는 행정조직인 행정기관에 의해 권한이 행사된다. 아울러 행정기관은 그 권한행사방식에 따라 행정관청, 집행기관, 의결기관, 자문기관, 보조기관 등으로 분류된다.

(2) 공공단체

① 우선, 지방자치단체가 있다. 지방자치단체는 광역자치단체(시·도)와 기초자치단체(시·군·구)가 있으며, 사무의 공동처리를 위해 특별지방자치단체(지방자치단체조합)를 설립할 수 있다. 지방자치단체는 그의 지배권이 국가로부터 부여되며, 일정한 구역에 지배권을 가지므로 다른 공법인과는 다르다. 지방자치단체는 사회보험업무가 아닌 공공부조나 사회복지서비스 업무를 주로 담당하는 주체가 된다.

② 공공조합(공법상의 사단법인)이 있다. 공공조합은 공공사무를 보는 공법상의 사단법인으로 국가에서 위임한 특수한 행정사무를 처리하는 농지개량조합, 토지구획정리조합, 상공회의소 등이 있다.

③ 영조물법인이 있다. 영조물(營造物, public institution)은 특정한 국가목적에 제공된 인적·물적 종합시설을 말하며, 영조물에 공법상 법인격이 부여된 공공단체를 영조물법인이라고 한다. 즉 국가 및 공공단체 혹은 그로부터 특허를 받은 자가 공공목적을 수행할 수 있도록 정해진 인적·물적 시설을 영조물이라고 하며, 서울대학교병원 등 국립대병원, 적십자병원, 소년원, 한국조폐공사 등 공법상 법인격이 부여된 영조물법인이 있다.

④ 공법상의 재단법인이 있다. 이는 국가나 지방자치단체가 출연한 재산을 관리하기 위하여 설립된 재단으로 한국연구재단, 한국정신문화연구원, 한국노동연구원 등이 여기에 속한다.

⑤ 무자본 특수법인이 있다. 국가가 공역을 목적으로 특별법을 제정하여 무자본으로 설립하여 설립 이후에 관련법의 목적에 따라 기금을 조성하거나 자산을 취득하는 것이 일반적이다. 국민건강보험공단, 국민연금공단, 근로복지공단, 한국산업인력공단, 한국보훈복지의료공단, 한국장애인고용촉진공단 등의 공법인이 여기에 속한다.

3) 사적 사회복지주체

사회복지활동은 공공부조 영역을 제외한 사회보험과 사회서비스 영역은 정부의 직접적 활동보다는 공공단체나 민간단체에 위탁하는 경우가 많다. 이 경우에 공공단체가 아닌 민간단체나 개인이 수탁할 경우에는 사적 사회복지주체가 된다. 그러므로 사적 사회복지주체는 국가나 공공단체(지방자치단체, 공법인)가 아닌 사법인과 사인(개인)을 의미한다.

법인(artificial person, juridical person)의 종류는 공법인(a public judical person)과 사법인(private juristic person)으로 구분되는데 사회복지사업은 주로 사법인에 해당하는 '사회복지법인'에 의해 수행된다. 공법인은 광의로는 국가와 공공단체를 모두 포함하지만 협의로는 공공단체를 의미한다. 이에 비해 사법인은 공법인이 아니라 사법에 의해 설립되고 규율되는 법인이다. 그러므로 사회복지사업법상에서 설립되는 사회복지법인은 사법인 중 비영리법인에 속한다.

다음에서는 사법인(私法人) 체계에서의 사적 사회복지주체를 상술하고자 한다.

(1) 영리법인과 비영리법인

① 영리법인(profit organization)은 상법상의 합명회사, 합자회사, 주식회사, 유한회사, 유한책임회사 등의 구성원(사원) 이익을 목적으로 설립된 사단법인(corporative juridical person)을 말한다. 그러므로 재단법인은 영리법인이 될 수 없다.

② 비영리법인(non-profit organization)은 학술, 종교, 자선, 기예, 사교, 기타 영리 아닌 사업을 목적으로 하는 사단 또는 재단이 주무관청의 허가로서 설립된다. 즉 민법상의 법인으로서 재단법인과 사단법인으로 구분이 된다. 대부분의 사회복지시설은 비영리법인에 의해 운영되지만 유료사회복지시설을 운영하는 법인은 영리법인으로 운영될 수 있다.

(2) 재단법인과 사단법인

① 재단법인은 사람의 집단을 본체로 하는 사단법인과는 달리 재산을 본체로 하는 것이어서 재산이 있는 한 항구적인 사업을 할 수 있는 장점이 있다. 학술, 종교, 자선, 기예, 사교, 기타 비영리적인 사업을 목적으로 하

는 것만이 인정된다. 재단법인을 설립하기 위해서는 재산출연자가 재단법인의 기본규칙을 기재한 서면, 즉 '정관'을 작성하여 기명날인하고 주무관청의 허가를 득한 후 주된 사무소의 소재지 법원 등기소에서 설립등기를 해야 한다. 홀트아동복지재단, 한국복지재단, 한민족복지재단, 아산사회복지재단 등이 여기에 속한다.

② 사단법인 중 비영리사단법인은 학술, 종교, 자선, 기예, 사교와 기타의 영리가 아닌 사업을 목적으로 하여 2명 이상의 설립자가 법인의 근본규칙을 정한 정관을 작성한 후 주무관청의 허가를 얻어 주된 사무소의 소재지에서 설립등기를 해야 한다. 한편 법인이 되는 실체는 있으나 설립등기가 안 된 사단은 '권리능력이 없는 사단'이라고 한다. 사단법인은 업무집행기관인 대표와 이사, 사무 전반에 관한 결정권을 가지는 사원총회, 이사의 사무집행을 감독하는 기관인 감사가 있으며, 사회복지분야에도 사단법인 형태가 많다.

(3) 사회복지법인

사회복지법인은 사법인으로서 비영리법인에 해당하는데, 재단법인형태와 사단법인형태 모두를 포함하는 특성이 있다. 즉 「민법」에 의해 설립되는 재단법인과 사단법인 중에는 비사회복지법인과 사회복지법인(social welfare corporation)이 있지만, 「사회복지사업법」에 의해 설립되는 사회복지법인은 사단법인이나 재단법인보다 공익성이 강조된다. 아울러 기본재산의 출연과 정관의 작성, 주무관청의 허가 및 설립등기의 절차를 거쳐 법인으로 성립된다. 그리고 사회복지법인은 '시설운영법인'과 '지원법인'으로 다시 구분이 되는데, 시설운영법인은 시설의 설치 및 운용을 목적으로 하는 법인을 말하고, 지원법인은 시설설치 및 운영을 하지 않고 사회복지사업을 지원하는 것을 목적으로 한 법인이다.

3 사회복지사의 자격과 권리 · 의무

1) 사회복지사의 채용과 자격

(1) 사회복지사의 채용

① '사회복지사'는 '사회사업가' 혹은 '사회사업종사자'로 불리기 시작하여 1970년 1월에 제정된 「사회복지사업법」이 1983년 5월에 제1차 개정되면서 일본에서와 같이 '사회복지사(社會福祉士)'로 명칭이 개정되어 국가자격증이 발급되고 있다. 「사회복지사업법」의 제11조 제1항의 규정에 '사회복지에 관한 전문지식과 기술을 가진 자'를 사회복지사로 규정하고 있고, 영문표기는 'social worker'로 명칭하고 있는 것이다.

② 「사회복지사업법」 시행령 제6조 제1항에서는 다음의 업무를 수행하는 자를 사회복지사로 채용하도록 규정하고 있다. 이는 사회복지사의 전문성을 나타내는 규정이기도 하다.

가. 사회복지프로그램의 개발 및 운영
나. 시설 거주자의 생활지도 업무
다. 사회복지를 필요로 하는 자에 대한 상담업무

③ 사회복지사의 활동영역은 일반적으로 공적 사회복지영역의 사회복지전담공무원(사회보장급여의 이용 · 제공 및 수급권자 발굴에 관한 법률 제43조), 사회복지기관 및 시설영역의 민간 사회복지사, 병원이나 진료소 등의 의료사회복지사(Medical Social Worker), 정신병원, 정신요양시설 등 정신건강증진시설 영역의 정신건강사회복지사(Mental Health Social Worker), 학교사회복지사(School Social Worker)로 구분할 수 있다. 그리고 최근에는 사회복지사의 활동영역이 확장되는 추세에 있는데, 업무 중심으로 보면, 자원봉사활동관리전문가(Voluntary Activities Coordinator), 교정사회복지사(Correctional Social Worker), 군사회복지사(Military Social Worker), 산업사회복지사(Industrial Social Worker), 교육복지사(Educational Social Worker) 등의 영역도 있다.

(2) 사회복지사의 자격

① 사회복지사의 자격은 「사회복지사업법」 제11조 제2항에서 1·2급으로 규정[9]하고 있고, 1급 자격은 법 제11조 제3항의 규정에 의한 국가시험에 합격한 자로 규정하고 있다. 동법 시행령 제2조에서는 사회복지사의 등급별 자격기준을 규정하고 있는데, 2급에 관한 자격기준은 다음과 같다.

가. 「고등교육법」에 따른 대학원에서 사회복지학 또는 사회사업학을 전공하고 석사학위 또는 박사학위를 취득한 자. 다만, 대학에서 사회복지학 또는 사회사업학을 전공하지 아니하고 동 석사학위를 취득한 자는 보건복지부령이 정하는 사회복지학 전공교과목과 사회복지 관련 교과목 중 사회복지현장실습을 포함한 필수과목 6과목 이상(대학에서 이수한 교과목을 포함하되, 대학원에서 4과목 이상을 이수하여야 함), 선택과목 2과목 이상을 각각 이수한 경우에 한하여 사회복지사 자격을 인정한다.

나. 「고등교육법」에 따른 대학에서 보건복지부령이 정하는 사회복지학 전공교과목과 사회복지 관련 교과목을 이수(필수 10과목 30학점과 선택 7과목 21학점, 총 51학점)하고 학사학위를 취득한 자

다. 법령에서 「고등교육법」에 따른 대학을 졸업한 자와 동등 이상의 학력이 있다고 인정하는 자로서 보건복지부령이 정하는 사회복지학 전공교과목과 사회복지 관련 교과목을 이수한 자

라. 「고등교육법」에 따른 전문대학에서 보건복지부령이 정하는 사회복지학 전공교과목과 사회복지 관련 교과목을 이수한 자

마. 법령에서 「고등교육법」에 따른 전문대학을 졸업한 자와 동등 이상의 학력이 있다고 인정하는 자로서 보건복지부령이 정하는 사회복지학 전공교과목과 사회복지 관련 교과목을 이수한 자

바. 「고등교육법」에 따른 대학을 졸업(이와 동등 이상의 학력이 있는 경우를 포함)한 이후 보건복지부장관이 지정하는 교육훈련기관에서 12주 이상 사회복지사업에 관한 교육훈련을 이수한 자

사. 종전의 「사회복지사업법」(법률 제14923호로 개정되기 전의 것을 말함)에 따라 사

9) 2018년까지 3급 사회복지사 자격을 취득한 사람은 자격이 유지되며, 2019년부터는 1급과 2급 자격제도로 개정되었다.

회복지사 3급 자격증을 취득한 이후 3년 이상 사회복지사업의 실무경험이 있는 자

바. 외국의 대학 또는 대학원에서 사회복지학 또는 사회사업학을 전공하고 학사학위 이상의 학위를 취득한 자로서 등급별 자격기준과 동등 학력이 있다고 보건복지부장관이 인정하는 경우에는 당해 등급의 사회복지사 자격증을 교부할 수 있다.

② 사회복지사의 결격사유(사회복지사업법 제11조의2)는 다음과 같다.

가. 피성년후견인 또는 피한정후견인

나. 금고 이상의 형을 선고받고 그 집행이 끝나지 아니하였거나 그 집행을 받지 아니하기로 확정되지 아니한 사람

다. 법원의 판결에 따라 자격이 상실되거나 정지된 사람

라. 마약·대마 또는 향정신성의약품의 중독자

마. 「정신건강증진 및 정신질환자 복지서비스 지원에 관한 법률」 제3조 제1호에 따른 정신질환자. 다만, 전문의가 사회복지사로서 적합하다고 인정하는 사람은 그러하지 아니하다.

2) 사회복지사의 권리와 의무

(1) 사회복지사의 법적 지위

사회복지사의 법적 지위(신분)는 공공영역의 사회복지사와 민간영역의 사회복지사로 구분할 수 있다.

① 공공영역의 사회복지사는 사회복지사의 자격을 갖추고 주로 지방자치단체에서 근무하는 '사회복지전담공무원'을 의미한다. 따라서 사회복지전담공무원은 공무원 중에서도 특수경력직[10]이 아닌 '경력직'의 일반직 공무원의 사회복지직렬에 속하며, 대부분은 국가직이 아니라 지방직으로 근무하고 있다. 다만 중앙부처에서 시행하는 공무원 시험의 경우에는 국가직으로 선발된다.

② 민간영역의 사회복지사는 「근로기준법」에 의한 근로자로서의 지위와 「사

10) 특수경력직 공무원으로는 정무직, 별정직, 계약직, 고용직 공무원이 있으며, 경력직 공무원으로는 일반직, 특정직, 기능직 공무원이 있다.

회복지사업법」에 의한 사회복지전문직으로서의 법적 지위를 갖는다. 즉 사회복지사는 사용자와 원칙적으로 대등한 관계에서 근로계약을 체결하며, 사회복지사 자격증을 바탕으로 한 규정된 사회복지사업을 수행하게 된다.

(2) 사회복지사의 권한

① 공공영역의 사회복지전담공무원의 법적 권한은 다음과 같이 정리할 수 있다.

가. 신분과 관련된 권리로서 소청(訴請, request)제기권과 소송(訴訟, procedure)제기권이 있다. 소청이란 국가 또는 지방자치단체의 위법한 명령이나 처분에 의하여 불이익을 입은 자가 소청 심사위원회에 심사를 청구하는 행위이다. 이는 「국가공무원법」과 「지방공무원법」상에서 규정하고 있으며, 행정소송을 제기하기 전에 행정심판을 거쳐야 하는 '행정심판전치주의'를 채택하고 있다.

나. 직무집행과 관련되는 권리로서 직무수행권과 직위보유권이 있다. 사회복지전담공무원은 자신의 직무를 집행할 권리를 가지며, 타인이 직무집행을 방해하는 경우에는 형법상의 공무집행방해죄를 구성하게 된다. 그리고 직위보유권은 전문직이 자신에게 적합한 직위를 보유할 수 있는 권리로서 「사회보장급여의 이용·제공 및 수급권자 발굴에 관한 법률」 제43조에서는 사회보장사무 전담기구(동법 제42조)에서 사회보장에 관한 업무를 사회복지전담공무원이 담당하도록 규정하고 있다.

다. 재산상의 권리로서 보수청구권, 공무원연금 등의 사회보험청구권, 실비(수당, 운임, 숙박료, 식비 등)변상을 받을 권리가 있다.

라. 기타 교육을 받을 권리와 사생활비밀유지와 자유권을 가진다.

마. 그러나 사회복지전담공무원은 민간 사회복지사와는 달리 공무원이기 때문에 법적 권리가 제한되는 경우도 있다.

- 「헌법」 제33조 제2항에서는 "공무원인 근로자는 법률이 정하는 자에 한하여 단결권·단체교섭권·단체행동권을 가진다."고 규정하고

있어서 사회복지전담공무원에게는 제한적 규정을 두고 있다.

– 자유와 권리의 본질적인 침해를 받지 않은 범주에서 국가안전보장·질서유지·공공복리를 필요로 한 법률적 제한이 있을 수 있다.

② 민간영역의 사회복지사의 법적 권한은 법적으로 명확하게 규정하는 것이 아니라 그들이 종사하는 법인이나 기관의 운영규정에 따르는 경우가 있기 때문에 다소의 차이가 날 수가 있다. 그러나 대체적으로는 「근로기준법」이 근거법률이 되며, 사회복지전담공무원이 가지는 권리 차원에서 논의될 수는 있다.

가. 신분과 관련된 권리로서 주로 「근로기준법」과 법인의 정관에서 규정한 내용을 받는다. 즉 형의 선고나 징계처분에 의하지 않고는 본인의 의사에 반하여 휴직, 정직, 강임, 면직 등의 신분조치를 당하지 않을 권리가 있다. 만약에 신분조치를 받은 경우에도 본인의 의사에 반하여 불리한 처분을 받은 경우에는 이의신청을 하고 심사결과를 통보받을 권리가 있다.

나. 직무집행과 관련되는 권리로서는 「사회복지사업법」 제13조 등에 따라 사회복지법인이나 사회복지시설의 일정한 업무는 사회복지사에게 부여토록 하고 있다. 따라서 민간사회복지사로 부여된 직무수행 권리를 가진다고 볼 수 있다.

다. 재산상의 권리로서는 직무수행에 따르는 보수청구권, 국민연금 등의 사회보험청구권을 가지며 보수 이외에도 직무수행을 위한 실비변상 권리가 있다.

라. 기타 교육을 받을 권리와 사생활 비밀유지와 자유권을 가지며, 그리고 헌법상 보장된 근로 3권(단결권, 단체교섭권, 단체행동권)[11]을 가지는 것이 공무원과의 차이점이다.

11) 헌법상 근로 3권은 근로자들이 근로조건의 향상을 위하여 근로자가 자주적으로 근로자단체(노동조합)를 결성할 수 있는 자주적인 단결권, 노동조합의 대표가 근로조건에 대해 사용자와 단체협약을 체결하고 교섭할 수 있는 단체교섭권, 단체행동권을 가질 수 있는 권리를 의미한다. 근로 3권은 자유권적 성질과 사회권적 성질을 함께 가지며, 공무원과 교원(단체행동권은 없고 단체교섭권·단결권은 제한적), 방위사업체(단체행동권 없음) 등은 근로 3권에 있어서 제한을 받는다.

(3) 사회복지사의 의무

① 공적 영역의 사회복지전담공무원은 「국가공무원법」 및 「지방공무원법」에서 제시된 공무원으로서의 제반의무, 즉 성실의 의무, 복종의 의무 등과 금지사항인 겸직금지, 정치운동금지사항을 준수해야 한다.

② 민간사회복지사는 사회복지법인 등의 소속법인과 기관에서 정하는 내부규정을 준수할 의무가 부과된다.

③ 공적 영역과 민간영역의 사회복지사는 공히 「사회복지사업법」상에서 규정된 의무를 준수해야 하는데 제5조의 '인권존중 및 최대봉사의 원칙'과 제47조의 '비밀누설의 금지' 조항이 있다.

④ 한국사회복지사협회가 제정한 <사회복지사윤리강령>을 준수할 의무가 있다.

Chapter 03

사회복지법제의 역사

1 빈민법과 사회보험법제 역사

1) 사회복지법제 형성의 시대적 배경

서구의 사회역사를 시대적으로 구분하면 고대사회와 중세봉건사회에서 근대시민사회로, 근대시민사회에서 현대사회로 변천해온 것으로 구분할 수 있다. 시기적으로는 고대사회는 선사시대(the prehistoric age)를 거쳐서 인간이 문자를 사용하여 율령(律令, a law) 등을 기록하기 시작한 것으로 보는 기원전 8세기에서 4세기까지, 중세봉건사회는 서로마제국이 십자군 전쟁 등으로 멸망한 5세기에서부터 14세기까지로 볼 수 있다.

그리고 서양에서 근대사회는 15세기에서 18세기 후반까지를 말하는데, 영어로 '현대적인'이라는 의미가 있는 모던(modern)은 18세기 후반 이후부터 19세기 중반까지를 말하고, 20세기 후반부터는 포스트모던(postmodern)이라고 칭하는 것을 볼 때 현대사회는 역사적 기준점의 차이가 있으나 19~20세기가 그 시작점이라고 볼 수 있다.[1)]

1) 이러한 시대적 구분은 다양한 관점에서 달라질 수 있는데, 시대구분의 시작은 유럽의 르네상스시기부터 나타나기 시작한 것으로, 르네상스인들은 고전의 부활, 인문주의의 재탄생이 이루어진 자신들의 시대를 과거 그리스-로마시대와 연결시키기 위해 그리스-로마시기를 '고대'로 자신들의 시기를 '현대'라 부르고 그 중간시기를 '중세'라 부르는 '고대-중세-현대'의 3분법적 견해를 가지고 있었다. 이러한 3분법은

아울러 근대사회 가운데 근세에 해당되는 시대는 15~16세기의 르네상스시대와 17~18세기의 절대군주(절대왕정)시대가 있다. 그리고 미국독립혁명(1776)의 영향으로 프랑스대혁명(1789)이 일어난 이후 자유와 평등사상에 기초한 개인주의를 본위로 하는 근대시민법 등을 출현시킨 사회를 근대시민사회라고 하며, 법치국가(a law-governed country)시대라고도 칭한다. 특히 현대사회가 시작되는 20세기 초기에는 자본주의경제가 고도로 발전됨에 따라 법형식적으로는 자유와 평등이 최고의 가치가 되는 자유방임(laissez-faire) 사상이 풍미했다.

20세기 중엽에 와서는 다른 민족·국가의 영토를 침략하여 국가의 지배권을 확대시키려는 제국주의(帝國主義, imperialism) 확산과 더불어 1~2차에 걸친 세계대전으로 각 국가의 사회복지정책은 확산되지 못하였지만, 국민의 경제생활 향상과 생존권 보장을 위해 국민 생활에 적극적으로 간섭하고 국민을 보호하는 것을 목적으로 하게 되었다. 이에 제2차 세계대전 이후의 현대국가를 문화국가 또는 복지국가로 명칭을 하거나 사회적 법치국가라고 칭하게 된다. 이러한 국가 특성의 전환과정에서 법의 발전단계를 살펴보면, 사회복지법제의 기원과 형성과정을 이해할 수 있다.[2)]

이렇게 볼 때 사회복지법제의 시대적 배경은 주로 서구의 사회변천 역사에서 찾아볼 수 있으며, 사회복지정책이나 제도발달에서 보편적으로 거론되는 국가인 독일, 영국, 프랑스, 스웨덴, 미국 등의 주요 법제에서 그 기원을 찾는 것이 타당하다.

2) 영국의 빈민법과 공장법

헝가리 과학아카데미 소속의 학자 퀘르게(Ferge, 1989)는 사회복지정책의 역사를 빈민법 단계, 사회보험 단계, 복지국가 단계의 세 단계로 구분하였다.[3)] 여기에서 복지국가 단계는 제2차 세계대전 직후 영국에서 시작된 복지국가 발달의 역사에서 파악될 수 있다. 물론 법제적으로 '사회보장'이라는 용어를 사용

산업혁명으로 인하여 르네상스시대와 비교하여도 많은 변화가 이루어지자 산업혁명 이후를 '현대'로 설정하고 중세와 현대의 중간 시기를 '근대'라는 시대로 지칭하여 4분법으로 변화되었다. 그 외에도 '중세'와 '근대' 사이에 '근세' 시대를 배치하는 5분법적 관점도 있다.

2) 강희갑(2006), 『사회복지법제』, 경기 : 양서원. 재수정.

3) Ferge, Z.(1989), "Social Policy and the Economy", M. Bulmer et al. Eds., *The Goals of Social Policy*, London, Unwin.

한 사회보장법은 1935년의 미국 「사회보장법(Social Security Act)」이 세계 최초이었지만, 이는 경제대공황에 따른 수많은 실업자 발생과 빈곤의 일반화에 대응한 조치라고 볼 때 오늘날과 같은 사회보장제도를 바탕으로 한 복지국가의 단계로 파악하기에는 어려움이 있다. 이는 미국의 사회보장법 제정이 본격적인 복지국가의 이념을 배경으로 한 사회복지법제라고 볼 수 없는 이유가 된다.

(1) 빈민법

영국의 「빈민법(The Poor Law)」은 절대왕정시대인 1601년(엘리자베스 43년)에 제정되었지만 사실은 1349년 에드워드 3세(Edward Ⅲ)의 노동자조례(status of laborers)와 1531년의 헨리 8세(Henry Ⅷ)의 「빈민법(걸인 · 부랑자처벌법)」 등의 공적인 부조와 관련된 법령을 종합정리한 것이다. 중세시대인 1349년의 노동자조례(노동자칙령)는 지주들의 요구에 의해 발표되었는데, 지주들의 농업노동자 공급을 원활하게 하려는 시도로 이루어진 것이다. 즉 떠돌아다니는 부랑인에게는 단지 연민(pity)과 금품(alms)을 주는 것보다는 강제노동을 시키는 것이 오히려 낫다는 입장이었다.

그리고 절대왕정시대가 본격화되었던 1531년의 빈민법령은 헨리 8세가 빈민구제에 대한 적극적 조치를 한 공식적 법령이다. 헨리 8세는 중앙집권의 왕권강화를 위해 시장이나 치안판사(justice of the peace)를 교구(a district) 내에 파견하여 빈민조사를 하고 부랑인은 등록을 받아 구제토록 한 것이다. 그리고 1834년에 이르러서는 1601년 제정 「빈민법」에 의한 구빈비용을 줄이고 억압적 구빈정책을 완화하기 위한 「개정구빈법(Poor Law Reform of 1834)」 혹은 신빈민법이 제정된다.

(2) 공장법

영국에서 「공장법(Factory Act)」은 산업혁명이 한창이던 1802년에 최초로 제정된 이후, 1833년에는 근대적인 사회정책적 공장법이 새로 제정되었다. 1802년의 「공장법」은 유약자의 노동을 12시간으로 제한하였지만 산업혁명기의 최대 문제는 집중적인 노동시간 편성의 필요성으로 유명무실해졌다. 1833년의 「공장법」에서는 면 공업에서 9세 미만 아동의 노동을 금지하고 18세 이하 노동자의 노동 시간에 제한을 두도록 규정하게 되었다. 이후 다른 국가들도 영국의 법률을 참고로 해서 유사한 법을 제정하게 되었다.

그 후 1847년에 어린이와 부녀자의 노동시간을 10시간으로 제한하는 입법이 있었고, 프랑스에서는 1848년에 성인 남자에 한하여 12시간 노동제를 도입했다. 그리고 1866년 마르크스와 엥겔스가 주도하였던 국제노동자협회[4]는 8시간 노동제를 요구하고 나왔다. 20세기에 들어와서는 1917년 러시아 2월 혁명으로 러시아제국이 멸망된 후, 다시 레닌의 지도하에 10월 혁명(볼셰비키 혁명)으로 성립된 1917년의 소비에트 정부가 8시간 노동제를 채택함으로써 오늘날의 '주 5일 40시간' 노동제가 보편화되기에 이르렀다.

3) 서구 선진 국가의 사회보험법제

사회보험제도는 사회보장제도로 나아가는 시초가 되는데 서구 선진 각국에서의 사회보험법제의 형성과정을 보면 다음과 같다.

(1) 독일의 사회보험법제

독일에서의 사회보험입법은 1883년의 질병보험을 시작으로 1884년의 산업재해보상보험, 1889년의 노령폐질보험, 1927년의 실업보험의 순서로 이루어졌다. 독일은 영국에 비하여 후발 산업국가였지만 산업화를 조기에 달성하기 위한 전략으로 세계 최초로 사회보험제도를 실시하는 것을 내용으로 하는 사회보험법제를 제정한 것이다.

독일에서의 사회보험법제 형성의 시기는 프로이센(Preussen)이 1855년 오스트리아 전쟁과 1870년 프랑스 전쟁의 승리로 독일 전역을 통일함으로써 지주계층을 의미하는 융커(Junker) 지배계급이 신흥부르주아지의 도전인 권력분점 요구를 누르고 정치적 헤게모니(hegemony)를 유지하는 데 성공하였던 배경과 맞물린다.

즉 전쟁 이후의 하층계급인 제국 내의 노동자계급과 사회주의자들이 중심이

4) 국제노동자협회(International Workingmen's Association)는 별칭으로 제1인터내셔널(First International)로도 불리며, 1864년 9월 28일 런던 세인트 마틴 홀에서 최초의 국제적인 노동운동조직으로 결성되었으며, 1870년에는 마르크스파가 지도권을 장악하였으나, 1876년에 해체되고 1889년에는 제2인터내셔널이 조직되었다.

되어 융커계급과 부르주아지계급을 위협하는 상황에서 시작이 된 것이다. 이에 대한 대응책으로서의 당시 프러시아(프로이센) 제국의 재상이었던 비스마르크(Otto Eduard Leopold von Bismarck, 1815~1898)[5]가 사회주의자를 탄압하기 위한 '채찍'의 의미로서 '사회주의자 탄압법'을 제정하는 한편으로는 노동자계급의 사회통합을 위한 '당근'의 의미로서 '사회보험법제'를 제정한 것이었다.

이는 국가가 산업화를 달성하기 위하여 모든 계급을 사회보험제도를 통해 편제화(regimentation)시키고 의회를 무력화시키려는 전략으로 나왔다는 관점에서 본다면 세계 최초의 사회보험법제이기는 하지만 현대적인 사회보장제도의 의미에 속하는 사회보험과는 차원이 다르다고 볼 수 있다.

(2) 영국의 사회보험법제

영국에서의 사회보험법제는 1906년의 「노동쟁의법」, 1908년의 「노령연금법」[6], 1911년의 「국민보험법(the National Insurance Act)」이 도입되었으며, 1920년에 이르러 국민보험법은 「건강보험법(Health Insurance Act)」과 「실업보험법(Unemployment Insurance Act)」으로 분리되었다. 이 당시의 국민보험법은 1935년의 미국 「사회보장법(Social Security Act)」 도입과 유사한 의미가 있다고 볼 수 있다.

(3) 프랑스의 사회보험법제

프랑스에서는 1898년의 「산업재해보상보험법」을 시작으로 1910년의 노동자 및 농민연금제도, 1932년의 세계 최초의 가족수당제도 전국 실시, 1928년과 1930년의 「사회보험법」에 의한 제도 도입 등이 있다. 사회보험법제에서는 사회적 위험을 질병, 출산, 장애, 노령, 사망의 다섯 가지로 정하고, 의무적용대상자의 범위를 일정 소득 미만의 상공업 피고용자들로 제한하였다. 그리고 실업보험은 1958년에 가서야 성립되었다.

---

5) 프러시아 왕 빌헬름 1세(1861~1888 재위) 시기인 1862년에 수상이 된 철혈재상 오토 비스마르크(1815~1898)는 1866년에는 오스트리아, 1870년~1871년에 프랑스를 점령하였다. 그 결과 1871년에는 점령한 프랑스의 베르사유 궁전에서 빌헬름 1세가 스스로 황제로 칭하는 독일제국의 독립을 선언하고 유럽의 평화를 지향하게 된다. 그러나 그 후의 빌헬름 2세(1888~1918 재위)는 즉위 즉시 비스마르크를 해임(1890년)시키고 군비 강화와 해외 진출에 나서서 발칸반도나 아프리카에서 영국·프랑스와 각축을 벌이는데, 이것이 제1차 세계대전의 원인이 된다. 제1차 대전에서 패한 독일은 1918년에 바이마르공화국을 세워 1919년에 바이마르에서 국민회의를 열고 '바이마르 헌법'을 제정하였다.

6) 영국의 노령연금법은 한국의 「기초연금법」에서와 같이 정부재정(무갹출)으로 연금을 지급하는 제도였다.

(4) 스웨덴의 사회보험법제

오늘날 복지국가의 상징적인 의미로 지칭되고 있는 북유럽권의 스웨덴에서는 1913년에 「연금법(Pension Act)」[7]을 제정하여 세계 최초로 모든 국민에게 연금제도를 적용하였다. 이어서 1946년에는 1·2층 제도를 통합하여 보험료조달(사용자 전액 부담)의 보편적 기초연금으로 전환하였다. 이 연금제도는 기본적으로 모든 국민에게 기여방식에 의한 보험제도(독일식 제도)를 적용하되, 저소득노인에게는 정부재정으로 무갹출(무기여)연금을 지급하는 제도(영국식 제도)에 의하여 이를 보완하는 형태로 시행되었다.

그리고 1960년에는 2층제도로 부분적립식의 비례연금 재도입 및 무연금 및 저연금 수급자를 위한 소득조사 보충제도를 실시하였고, 1998년부터는 기초연금과 부분적립식의 비례연금을 폐지하고, 소득비례연금(Income pension, IP) + 완전적립식 개인저축계정방식의 부가연금(Premium pension, PP) 제도로 전환하였으며, 아울러 저연금 및 무연금 수급자에 대한 기초보장제도로서 종전의 보충제도를 대체하는 최저보증연금을 도입하였다.

2 복지국가의 사회보장법제 역사

1) 복지국가의 사회보장 이념

(1) 복지국가의 전개

영국의 모리스 브루스(Maurice Bruce)[8]가 1961년에 발간한 『복지국가의 도래(*The coming of the welfare state*)』의 서문에 의하면 '복지국가(welfare state)'라는 말은 1930년대 후반의 알프레드 짐먼(Alfred Zimmern)이 '권력국가(power state)'라는 말에 대비하여 사용한 것이 최초이다. 그 후 1941년에 윌리엄 템플(William Temple)이 『시민과 성직자(*Citizen and Churchman*)』라는 저서에서 나치스의 '전쟁국가(Warfare State)'

---

7) 자산조사방식 조세조달의 기초연금(1층) + 보험방식 적립식(개인전액부담)의 비례연금(2층) 도입하였다.

8) Maurice Bruce(1961), *The Coming of the Welfare State*, B. T. Batsford.

와 대조시켜 영국의 국가이념을 '복지국가(Welfare State)'라고 부르고 나서부터 일반에 사용된 것이다.

그리고 복지국가라는 말에 구체적 의미부여가 된 것은 1942년 영국에서 베버리지(Beveridge)가 「사회보험과 관련 서비스(*Social Insurance and allied Service*)」라는 이른바 <베버리지 보고서(Beveridge Report)>를 제출하고, 더 나아가 1944년에는 노동당정부에 의한 <완전고용에 관한 정부의 백서>가 발표되어, 광범위한 사회보장과 완전고용을 행하는 것이 국가의 책임이라고 보게 되었기 때문이다.

이와 같은 복지국가사상은 제2차 세계대전 후인 1945년에 처칠(Winston Churchill)이 이끈 보수당으로부터 정권을 인수한 애틀리(Attlee)의 영국노동당[9]에 의하여 구체화되었다. 노동당정부는 기간산업의 국유화와 경제의 계획화를 행하여 혼합경제화를 추진함과 더불어 광범한 사회보장과 완전고용을 실현하여 세계의 주목을 받았다.

이때부터 영국을 사회민주주의(社會民主主義, social democracy)에 바탕을 둔 복지국가의 대표적인 나라로 불리게 되었다. 복지국가의 대표국이라고 보게 된 또 하나의 나라는 북유럽의 스웨덴이다. 스웨덴에서는 1930년대의 세계적 대공황을 계기로 하여 경제의 계획화와 사회보장이 진전되었다. 스웨덴과 긴밀한 관계에 있는 다른 북구 제국인 노르웨이와 덴마크도 스웨덴과 똑같은 방향으로 나아가서 복지국가로 불리고 있다.[10]

(2) 사회보장의 이념화

복지국가의 사상인 사회보장이라는 용어가 오늘날과 같이 일반화된 직접적인 배경에는 국제노동기구(ILO)에서 1943년에 발표한 <사회보장의 접근(*Approaches to Social Security*)>과 영국의 <베버리지 보고서(*Beveridge Report*, 1942)> 및 프랑스의 사회보장계획인 <라로크 계획(*Laroque Plan*, 1945)>[11]이 있다.

9) 영국 노동당은 종전 이후 1979년 대처 행정부가 들어설 때까지 6차례의 총선승리와 19년간의 집권으로 보수당의 4차례 선거승리와 15년의 집권기간을 오히려 앞섰다.

10) 우재현 옮김, 丸尾直美(1979), 『福祉國家の話』(11판), 경진사, 1982 참고.

11) 1940년에 프랑스가 독일에 패배한 후 프랑스에서는 1943년 5월에 국가 레지스탕스 위원회가 설립되었다. 1944년 8월의 파리해방 직후 드골을 수반으로 하는 임시정부를 조직하였는데, 신정부의 중요한 임무 중의 하나가 전쟁과 나치즘의 위협으로부터 해방된 프랑스 국민의 생활불안을 제거해 주는 것이었으며, 구체적으로는 프랑스 사회보장계획을 책정하는 것이었다. 이 임무를 수행하기 위하여 설치된 임시정부의 노동사회보장성의 사회보험국 국장으로 취임한 라로크를 중심으로 하여 소위 라로크계획으로 알려진 프랑스 사회보장계획이 수립되었다.

❶ 국제노동기구의 사회보장에의 접근

국제노동기구(ILO)는 1919년 제1차 세계대전 종결 후 평화조약에 의해 설립된 기구이다. ILO가 사회보장과 관련되게 된 이유는 주로 노동자보호프로그램으로서의 사회보험제도 실현을 목적으로 활동하였기 때문으로 최저한의 국제기준을 만들어서 사회보장조약을 체결하거나 회원국들에 권고하는 임무를 가지고 있다. 그 예로 제2차 세계대전 중이었던 1941년 8월 14일 영국의 처칠 총리와 당시 비교전국이었던 미국의 루스벨트 대통령이 북대서양에서 5일간의 선상회의 끝에 공동선언으로 발표한 <대서양헌장(*The Atlantic Charter,* 1941)> 이후 11월 국제노동기구 총회에서는 대서양헌장에 대한 지지를 표명하였고, 1943년 3월에는 <사회보장의 길(*Approaches to Social Security*)>을 발표하였다. 그리고 1952년에는 「사회보장의 최저기준에 관한 조약」에서 사회보장에 관한 중요한 세 가지 원칙을 결의했다. 그 원칙은 대상의 보편성, 비용부담의 공평성, 급여수준의 적절성이다.

❷ 영국의 베버리지 보고서

처칠 수상과 미국 루스벨트 대통령의 북대서양 선상회담으로 1941년 8월에 발표된 대서양헌장으로 사회보장이라는 용어가 서구사회에서 통용된 후 영국에서는 베버리지가 1942년에 위원회활동의 성과물로 <사회보험과 관련 서비스에 관한 보고서>라는 명칭의 베버리지 보고서를 발표하였다. 이 보고서는 3원리 6원칙을 제시하고 있는데, 우선 3원리로는 보편주의적 포괄성의 원리, 동일갹출과 동일급여의 균일주의적 평등성의 원리, 국민최저한(national minimum standard)의 원리가 있다. 그리고 6원칙은 3원리에 따른 균일액의 최저생활급여, 균일액 보험료갹출, 행정책임의 통일, 적절한 급여액, 포괄성, 피보험자의 분류 등의 원칙이다. 아울러 베버리지는 당시 영국의 5대 사회악으로 궁핍(want), 질병(disease), 무지(ignorance), 불결(squalor), 태만(idleness)을 제시하고 사회보장의 3대 지주로 평화(peace), 소득보장(income security), 완전고용(full employment)을 들었다.

❸ 프랑스의 라로크 계획

라로크(Pierre Laroque)와 네테(Francis Nette)의 주도 하에 이루어진 1945년의 <라로크 계획(*Laroque Plan*)>[12]에 의한 프랑스의 사회보장제도는 '사회보험' 위주에서 '사회보장'으로 확대·이행시키고자 했는데, 이 계획의 주요골자는 「노동재해보상법」, 「사회보험법」, 「가족수당법」, 「노령부조법」 등에 바탕을 둔 기존의 사회보장기구를 단일금고제로 통일하고 전 국민으로 적용대상을 확대하자는 것이었다. 그러나 당시 프랑스의 사정상 수입이 없고 높은 갹출을 감당하지 못하는 상공업자와 농업인들의 반발로 적용상의 한계를 나타내게 되었다.

2) 서구 복지국가의 사회보장법제

(1) 미국의 사회보장법제

사회보장(Social Security)의 어원적 의미를 라틴어에서 보면 'Securus'에서 유래한 것으로 Se(=Without)와 cura(=care)가 합쳐진 것이다. 즉 사회적으로 걱정을 없게 한다는 뜻이다. 미국은 1920년대 후반과 1930년대 초반에 걸친 경제대공황으로 광범위한 실업자와 빈곤자가 발생하자 뉴딜(New Deal)정책의 하나로 루스벨트(Franklin Delano Roosevelt, 1933~1945 재임) 대통령 시기인 1935년에 세계 최초로 「연방사회보장법(Social Security Act)」을 제정하였다. 이 법은 미국식 복지국가의 권리장전으로도 불리며, 당시 미국 대법원이 뉴딜입법에 대해 부분적인 무효화 결정(위헌판결)을 내릴 정도로 혁명적인 요소들을 포함하고 있었다.[13] 그러나 사회보장법은 도울 가치 있는 빈곤자(deserving poor)만 연방정부에서 부조하고 민간기업 고용확대나 지방정부를 통한 재정지원방식을 채택하였기 때문에 영국과 같은 본격적인 복지국가 이념을 담은 법제로는 보기가 어렵다.

미국의 사회보장법 체제는 크게 사회보험법과 공공부조법, 사회복지서비스법으로 구성되며 미국 사회보장법은 자조(self-help)의 원리와 지방분권적인 특성을 가진다. 즉 사회보장프로그램에 근로의욕(work incentive)에 관한 규정을 두고,

12) 라로크 계획(Laroque Plan)을 일부에서는 라로크 보고서(Laroque Report) 혹은 피에르 보고서로 지칭하기도 하지만 라로크 보고서는 1960년에 라로크가 노인문제조사위원회의 위원장을 맡아 1962년에 발간한 보고서를 말한다.

13) Marmor, T. R. & Mashaw, J. L., eds.(1988), *Social Security : Beyond the Rhetoric of Crisis*, Princeton University Press.

보편주의보다는 선별주의적인 입장의 자조원리를 채택하고 행정조직보다는 민간의 전문적인 사회사업조직을 통하도록 하여 전국적인 통일성이 없고 전달체계가 복잡한 지방분권적 특성이 있다는 점이다.

(2) 프랑스의 사회보장법제

프랑스의 사회보장법제는 1945년의 사회개혁주체들(라로크 등)에 의해 사회보험 위주로 법제화되었는데 1945년의 「사회보장조직에 관한 명령」, 1946년의 「사회보장의 보편화에 관한 법」, 「가족수당법」, 「노령연금법」, 1958년의 실업보험, 1967년의 의료, 출산보험, 1978년의 일반조합 내의 개인보험제도 신설 등이 있다.

그러나 1990년대 중반 이후 전체 사회보장재원에서 사회보험료 수입이 감소하는 반면, 시민의 복지욕구는 노후소득보장이나 의료보장 그리고 저출산 문제 등으로 인해 지속적으로 증가하고 있는 상황에서 1990년 「재정법(la loi de finances)」 개편을 근거로 1991년부터 일반사회기여금 제도를 도입했다. 이 제도는 현재 사회보장에서 만성적 재정적자에 시달리는 세 정책 부문에 집중적으로 투입되고 있는 실정이어서 사회보장제도 개편이 논의되고 있다.

(3) 영국의 사회보장법제

영국은 1911년 「국민보험법」에서 세계 최초로 실업보험을 도입한 국가이지만 사회보장법제화는 베버리지 보고서라고 불리는 <사회보험과 그 관련 서비스에 관한 보고서(1942)>에서 찾을 수 있다. 이 보고서를 기초로 노동당정부가 1945년에 「가족수당법」, 1946년에 「국민보건서비스법(National Health Service Act)」, 「국민보험법(실업, 질병, 출산, 과부, 퇴직, 사망에 대한 급여)」, 1948년의 「국민부조법」, 「아동법」을 차례로 제정한 것이다.

이러한 영국의 사회보장 입법은 1979년 보수당인 대처(Margaret Thatcher, 1979~1990 재임) 정권이 들어서기 전까지 복지팽창기를 이행하는 데 근간이 되었지만 1980년에 보충급여제를 소득보조제[14]로 바꾼 후 1986년에는 사회보장제도가

14) 소득보조제도의 하나인 근로소득보조제도(Earned Income Tax Credit)는 저소득근로자의 근로의욕 고취 및 소득재분배를 위하여 일정 소득 미만의 가구에 대해 조세제도를 통하여 소득을 보조해 주는 제도로 미국, 영국 등 선진국에서 시행 중이다.

전면 개편되었다.

현대의 영국의 복지제도, 즉 사회보장제도는 국민의료제도(National Health Service, NHS), 사회서비스(Personal Social Service) 및 사회보장급여(Social Security Benefits)의 세 가지 축으로 이루어진다. 1948년에 도입된 국민의료제도(National Health Service, NHS)」는 저투자의 누적으로 인한 전반적 의료서비스의 질적 저하, 수술대기 환자 수 증가 등이 큰 사회문제로 등장하고 있고, 노인, 아동, 정신질환자, 장애인 등을 대상으로 하는 사회서비스(Personal Social Service)는 주거서비스, 주간보호, 재택서비스 및 각종 사회사업 서비스를 포함하며, 지역사회 당국과 보건, 복지부분의 각종 서비스 제공 주체가 긴밀한 연계를 이루면서 제공된다.

사회보장급여(Social Security Benefits)인 국민연금보험은 1992년 개정된 「사회보장부담 급여법(Social Security Contributions and Benefit Act)」에 의하여, 피용자에게 '노령연금', '실업급여(Jobseekers Allowance)', '능력상실급여(Incapacity Benefit)', '미망인급여' 및 '출산수당' 등을 지급하고 있다. 국민연금보험의 가장 중요한 급여는 '기초노령연금(Basic State Retirement Pension)'인데, 연금수급 연령은 2020년부터는 65세로 규정하고 있다.

(4) 독일의 사회보장법제

세계에서 처음으로 전국적 규모의 사회보험법이 제정된 것은 프로이센 제국의 비스마르크 재상에 의한 1883년의 「질병보험법」, 1884년의 「재해보험법」 및 1889년의 「장애노령보험법」이며, 이들 법률은 1911년에 「제국보험법(라이히 보험법)」으로 통일되었다. 그 후 독일은 제1차 세계대전(1914~1918) 후 군주제가 붕괴하고 1919년 국민의회가 구성된 후 바이마르 헌법(Weimar constitution)[15]에 사회적 기본권이 도입되어 사회보장을 위한 헌법적 근거를 마련하였다. 그러나 바이마르 공화국에 대한 불만으로 들어선 히틀러(Adolf Hitler, 1889~1945) 나치정권(1933~1945)[16]이 1945년의 제2차 세계대전(1939~1945)에서 패배하자 바이마르 헌

15) 바이마르 공화국 시기(1919~1933)의 헌법으로 독일에서 최초로 시행된 민주주의 헌법이다. 많은 기본권 조항을 포함하고 있으며, 제151조에는 "경제생활의 질서는 각인으로 하여금 인간다운 생활을 보장하는 것을 목적으로 하는 정의의 원칙에 합치하여야 한다."는 생존권 규정을 두었다.

16) 나치당(Nazi Party/National Socialist German Worker' Party)이 정치세력화된 것은 1929~1930년 사이 대공황의 여파로 실업이 급증하면서 바이마르공화국 정부에 대한 불만이 고조된 것에 기인한다.

법은 폐지되었다.

1990년 서독이 동독(1949~1990, 존속)을 통합하여 통일을 이룬 이후에는 서독에서 실시되고 있던 사회보장제도를 그대로 통합하였으나 통일비용부담으로 재정적 어려움을 겪었다. 오늘날의 독일 사회보장법제는 사회보험제도, 사회원호제도, 사회촉진제도, 사회부조제도로 구분할 수 있으며, 사회보험은 연금보험, 의료보험, 사고보험(재해보험), 실업보험, 수발(간병)보험의 5대 보험 제도를 가지고 있다.

3 한국의 구빈법과 사회보장법제 역사

1) 삼국시대~조선시대의 구빈법제

(1) 삼국시대의 구빈법제

삼국시대는 1세기 초에서 10세기 중엽까지 고구려(?~668), 백제(?~660), 신라(?~935)가 맞서 있던 시대이다. 세부적으로 보면, 7세기 중반 이후에 삼국은 건국 초기의 부족국가적인 틀에서 벗어나 고대 민족국가로서의 체제를 갖추기 시작한 후 신라(新羅)와 당나라의 연합세력에 의해 백제(百濟)와 고구려(高句麗)가 망하였다. 이후 신라는 고구려 유민과 연합하여 당나라 군대를 물리치고 통일신라시대(676~935)가 열린다.

그러나 이 시기에는 견훤이 892년에 후백제의 왕을 칭하고, 901년에 궁예가 철원을 중심으로 태봉(泰封)국의 왕을 칭함으로써 전개된 50여 년간의 후삼국시대가 포함이 된다. 그 와중에서 궁예의 태봉국이 망한 후 왕건이 918년에 세운 고려가 935년에 신라의 경순왕 투항에 이어서 936년에 후백제의 신검 왕이 일이천(一利川, 지금의 경북 구미시)에서 항복함으로써 936년 한반도를 통일하게 된다. 그러므로 삼국시대는 광의적으로 1세기 초에서 10세기 중반까지의 약 1000년

바이마르공화국 제2대 대통령이었던 힌덴부르크(Paul von Hindenburg)가 1933년에 히틀러를 내각의 총리로 임명하여 선거에서 44%를 득표하게 되자 히틀러는 제국의회에 수권법(授權法)을 통과시켜서 의회와 대통령으로부터 독립적인 정권을 이끌어갈 수 있게 되었다.

간의 시기이다.17)

삼국시대의 대표적인 구빈법제는 신라의 점찰보(占察寶)와 고구려의 고국천왕 16년(194)에 제정된 진대법(賑貸法)을 들 수가 있다. 진대법은 조선시대의 환곡법(還穀法)의 기원이 되는데, 토지가 없어 춘궁기에 양식과 곡식 씨앗이 없는 농민들을 보호하기 위해 3~7월 사이에 가구 수에 따라 관(官)에서 곡식을 대여한 후 추수기인 10월에 곡식을 회수한 구휼(救恤)제도이었다.

(2) 고려시대의 구빈법제

고려(高麗)시대는 통일된 민족사회로서 중앙집권적인 봉건사회를 완성시킨 시기이다. 시기적으로는 신라 왕족 출신으로 알려진 궁예(弓裔)가 송악군에서 후고구려를 건국하여 철원성으로 왕궁을 옮긴 태봉(泰封)의 궁예의 부하 장수로 있었던 고구려 유민 출신 왕건(王建)이 궁예가 피살된 후 918년에 고려를 건국하여 신라(935)와 후백제(936)를 통합하여 통일국가를 완성한 후, 1392년 이성계에 의해 고려의 제34대 공양왕이 폐위될 때까지의 약 470여 년간이다.

고려시대의 대표적인 구빈법제는 진대사업, 재면사업, 은면사업, 재해보호사업, 유민보호사업, 납속보관지제, 의료구제사업이 있다. 그리고 고려시대의 흉년에 곤궁한 사람들을 구제하는 5대 진휼사업으로는 은면지제(恩免之制), 재면지제(災免之制), 환과고독진대지제(鰥寡孤獨賑貸之制), 수한질여진대지제(水旱疾礪貸之制), 납속보관지제(納粟補官之制)를 들 수 있다. 이는 정인지의 「고려사」에 소개되고 있다.

첫째, 진대사업으로는 태조 때 빈민을 구제하기 위하여 곡식을 비축했던 창고인 흑창(黑倉)과 성종 5년(986)에 흑창이 의창(義倉)으로 변한 제도를 들 수 있다. 그리고 의창은 조선시대에 환곡(還穀) 또는 사창(社倉)제도로 바뀌었다. 이 외에도 같은 성종시기인 993년에 설치한 곡물가격 조절기능의 상평창(常平倉)과 그 이후에 유비창(有備倉)에서 토지를 소유한 가호(家戶)에서 일정한 미곡을 거두어서 흉년에 구휼했던 연호미법(煙戶米法)이 있었다.

---

17) 한국사에서는 거의 다루어지지 않지만 오늘날의 제주도에 위치한 탐라국(耽羅國)도 신화시대인 단군조선(BC 2333~BC 238) 성립 이전 시기(BC 2337)부터 제1대 고을나왕(高乙那王)에서 제45대 고자견왕(高自堅王, 934~938)까지 이어지다가 938년에 고려에 조공함으로써 성주 직위의 자치국이 된 후 1105년(고려 숙종)에 탐라국호의 명칭이 폐지된다. 그 후 조선 태종 때인 1402년에 탐라성주 고봉례(高鳳禮)가 성주직을 헌납한 후 '제주'라는 명칭이 공식화된다.

둘째, 재면사업으로는 재난 시에 이재민들에게 조세와 부역을 감면한 '면재법(免災法)'과 '손재면역법(損災免役法)'이 있었고, 은면사업으로는 3세로 불리는 조세(租稅), 공세(貢稅), 부역(賦役)을 감하거나 죄를 사하는 사면지제가 있었다.

셋째, 재해보호사업으로는 4궁(환, 과, 고, 독)[18]의 보호가 있었고, 유랑하는 유민(流民)보호사업으로는 행려자보호 등이 있었다.

넷째, 납속보관지제(納贖補官之制)는 충렬왕 원년(1275)에 궁핍해진 국가재정을 보충하기 위해 일정한 금품을 납입한 자에게 관직을 주었던 제도를 말한다.

다섯째, 의료 및 구제사업으로는 혜민국(惠民局), 동·서대비원(東西大悲院), 제위보(濟危寶), 구제도감(救濟都監), 진제도감(賑濟都監), 진제색(賑濟色), 구급도감(救急都監), 해아도감(孩兒都監)[19]을 들 수 있다.

이 중에서 상설구빈기관으로는 흑창, 제위보, 의창, 상평창, 동서대비원, 혜민국, 유비창을 들 수 있다.

(3) 조선시대의 구빈법제

조선시대는 이성계(태조)가 1388년(고려 우왕 14년)에 명나라의 요동을 정벌하기 위해 출정했던 위화도에서 회군하여 우왕을 폐위시키고, 창왕과 공양왕을 제위에 올린 후 결국 집권한 1392년부터 시작된다. 그리고 제26대 고종(1863~1907)[20] 시기의 러일전쟁(1904~1905)에서 승리한 일본이 조선의 외교권을 박탈한 1905년 11월 17일의 한일협상조약(을사늑약)에 이어서 제27대 마지막 순종(1907~1910) 시기인 1910년 8월 29일의 한일합병조약(경술국치)으로 일제강점기가 된 시기까지의 518년 정도의 역사이다. 조선시대의 구빈법제는 비황제도, 구황제도, 의료제도가 있었다.

첫째, 비황제도(備荒制度)로는 국가 차원의 환곡제도인 의창(태조 1년)과 민간 차원에서 의창과 동일한 목적으로 문종 1년(1451)에 설치되었던 사창(社倉)이 있다.

---

18) 환과고독(鰥寡孤獨)을 언급한 사람으로는 맹자와 정약용 등을 들 수 있는데, 아내가 없는 노인(鰥 : 홀아비), 남편이 없는 노인(寡 : 과부), 아비가 없는 어린 아이(幼而無父)를 칭하는 고(孤), 자식이 없는 노인(老而無子)을 칭하는 독(獨)을 말한다. 그러므로 '환과고독'에서 '독(獨)'을 그냥 '독거노인'으로 지칭하는 것은 부정확한 의미이다.

19) 해아도감은 충목왕 3년(1347)에 설치된 구빈기관으로 주로 젖먹이와 같은 어린아이들을 보호하고 양육하는 일을 맡아 보았던 최초의 관설 영아원에 해당한다.

20) 고종은 을미사변(1895년에 명성황후가 일제에 시해된 사건) 이후에 자주독립국가임을 밝히기 위해 1897년에 국호를 대한제국(1897~1910)으로 개칭하고 황제에 즉위하였으나 1907년 헤이그밀사사건을 구실로 일본에 의해 퇴위당하였다.

그리고 세조 4년(1458)에는 임시로 흉년에 대비한 상평창을 두었고, 인조 4년(1626)에는 진휼청으로 통합되었다. 이러한 상평창, 의창, 사창을 3창이라고 한다. 그러나 환곡제도는 연 1~2할의 이삭을 징수하는 것을 시작으로 했지만 점차 정치상의 문란과 겹쳐져 농민항쟁으로 폐지되었다. 고종 시기의 흥선대원군에 의해 환곡제도와 유사한 사창제가 면리 단위로 시행되었으나 고리대라는 문제는 여전하였다.

둘째, 구황제도(救荒制度)로는 사궁보호, 시식사업(무료급식사업), 진휼, 진대사업, 곡가조절을 위한 조적, 방곡사업, 양반계층의 생계가 곤란할 경우 관청에서 혼례나 장례비용 등을 부조했던 고조(顧助), 견감(蠲減), 관곡의 부족을 보충하기 위해 관직을 주고 기부를 받았던 원납(願納)사업, 계, 향약, 오가통(五家統)[21] 등을 통한 인보상조(隣保相助)사업이 있다.

셋째, 의료제도(醫療制度)에는 전의감, 혜민서, 동서대비원, 제생원, 활의원 등이 있다.

기타 조선 태종 때는 고려시대와 유사한 연호미법(煙戶米法)[22]을 실시하였고, 세종 원년(1418)에는 「이재민구제에 관한 교서」를 공포하였다. 아울러 1783년에 정조는 환·과·고·독의 사궁(四窮)과 유기아, 행걸아의 구제를 위한 「자휼전칙(字恤典則)」을 공포하였다.

2) 일제강점기~미군정기의 구호법제

(1) 일제강점기의 구호법제

일제강점기는 1910년 8월부터 1945년 8월까지의 36년간으로 1910년대의 무단통치기, 1920년대의 문화통치기(민족분열통치기), 1930년대 이후의 민족말살통치기로 나눌 수 있다. 이 시기의 조선구호법제는 일제 말기인 1944년 3월에 실시된 '조선구호령'을 들 수 있다. 이 법제는 제2차 세계대전 말기에 군사적

21) 오가작통법(五家作統法)은 1485년 한명회(韓明澮)에 의해 채택되었는데 5개의 호(戶)를 1개의 통(統)으로 구성하고 리(里)는 5개의 통으로 구성하며 면(面)은 3~4개의 리(里)로 구성하여 통에는 통주(統主) 또는 통수(統首)를 두어 조직을 강화하였다. 그리고 5가통을 중심으로 농경·질병·경조사들을 서로 돕고 치안을 함께 유지하도록 한 강제적인 상부상조법으로 볼 수 있다.

22) 고려와 조선 초기에 가뭄에 대비한 환곡(還穀)기관의 원곡(元穀)을 확보하기 위해 평시에 토지를 소유한 가호(家戶)에서 일정의 미곡을 거둔 세제를 말한다.

목적을 위하여 한국민에게 징병과 노무징용을 강요하면서, 일본에서 1932년부터 실시해왔던 '구호법'을 조선에도 확대하여 실시키로 하고, '모자보호법'과 '의료보호법'을 부분적으로 부가해서 종합화한 법제로 다음과 같이 정리할 수 있다.

첫째, 급여대상은 조선구호령 제1조에서 65세 이상의 노쇠자, 13세 이하의 유아, 임산부, 불구·폐질·질병·상이·기타 신체장애로 인하여 노동을 하기에 지장이 있는 자로 규정하고 있다.

둘째, 급여내용에 대한 규정은 제10조에서 생활부조, 의료, 조산, 생업부조가 규정되어 있으며, 제17조에는 장제부조(葬祭扶助)가 규정되어 있다.

셋째, 구호의 원칙으로는 신청주의에 의하고 자산조사를 거치도록 규정하고 있다. 아울러 구호방식은 거택(居宅)구호를 원칙으로 하고 예외적으로 구호시설이나 위탁시설, 개인가정에 수용할 수 있도록 규정하고 있다.

이러한 조선구호령의 의의는 형식적으로는 근대적 성격의 최초의 공공부조제도라고 할 수 있으며, 정부수립 후 1962년부터 1999년까지 시행된 「생활보호법」의 모태가 되기도 하였다.

(2) 미군정기의 구호법제

미군정기는 1945년 9월부터 1948년 8월까지의 3년간이다. 한국은 1945년 12월 27일 '모스크바 3상회의'의 결의로 5년 동안 4개국(미국·영국·중국·소련)에 의한 신탁통치가 결정되었으나 '남조선과도입법의원'[23) 등에서 반대로 신탁통치가 좌절되었다. 그 뒤 1947년 10월 미소공동위원회가 결렬됨에 따라 미국은 국제연합(UN)을 통하여 선거가 가능한 지역에서 선거를 하자는 제안을 하였고, 이에 따라 1948년 5월 10일 남한에서 총선거가 실시되었다. 이러한 과정을 거쳐 미군정은 종식되었고 8월 15일 대한민국 정부가 수립된 것이다.

미군정기의 구호법제는 다음과 같이 정리할 수 있다.

첫째, 형식적으로는 일본강점기의 관계법령을 계승하였으나 군정법령 및 구호준칙을 제정하여 월남한 피난민과 남한 거주의 요구호자에 대한 식량공급

23) 1946년 5월 미소공동위원회가 무기한 휴회하자 1946년 12월 12일 미군정에 의해 개원된 입법기관으로서 남조선과도입법의원은 미군정에 대한 한계에도 불구하고 남조선과도입법의원법, 하곡수집법, 미성년자노동보호법, 부일협력자·민족반역자·전범·간상배에 대한 특별조례법률 등을 제정하였다.

및 보건위생 등의 의료보호사업에 치중하였다.

둘째, 1946년에 제정된 구호준칙으로는 <후생국보 제3호>, <후생국보 제3A호>, <후생국보 제3C호>가 있다. 이 중에서 후생국보 제3호의 C항은 공적구호(public relief)를 규정하였는데 조선구호령과 유사한 내용이었다. 따라서 미군정기 구호정책은 임시적이고 보건후생적인 내용이 주로 실시되었다고 할 수 있다.

3) 대한민국의 사회보장법제

(1) 제1공화국 시기의 사회보장법제

1948년 8월 대한민국 정부 수립 후 1960년 3·15부정선거를 규탄한 4·19혁명으로 붕괴하기까지 약 12년간의 제1공화국 시기는 이승만 정부의 자유당이 집권하여 일제 잔재 청산을 위하여 '반민족행위특별조사위원회'가 만들어졌으나 친일경찰 등에 의해 해산되고 좌익과 우익 간의 대립이 격화되었다.

제1공화국 시기에는 반공정책을 시도하였으나 1950년 6월의 한국전쟁 발발로 인하여 수많은 전쟁이재민과 고아, 과부, 부상자 등이 발생하여 미국을 중심으로 한 외국민간원조단체가 주축이 된 공공부조적인 구호활동이 이루어진 시기이다. 이 시기의 법제로는 1949년 4월에 「대한적십자조직법」을 제정하여 대한적십자가 전쟁과 천재지변에 의한 피해자 구제나 의료구제사업 등을 할 수 있도록 하였고, 1949년 8월에는 조세 수입 이외의 구호자금을 조달하기 위하여 「후생복권 및 동 특별회계법」을 공포하기도 했다.

그리고 1950년의 「군사원호법」, 1953년의 「근로기준법」 제정이 있었고, 1952년 10월에 「후생시설운영요령」을 제정하여 시설운영과 지도감독준칙으로 삼았다. 따라서 제1공화국 시기의 복지정책은 한국전쟁으로 인한 고아 등의 전쟁이재민을 수용·보호하는 방식과 미국식 사회사업의 방식이 민간외원기관에 의해 도입된 시기로 볼 수 있다.

(2) 제2공화국 시기의 사회보장법제

제2공화국 시기는 1960년 4·19혁명에서부터 1961년 5·16군사정변으로 군정과 제3공화국이 성립될 때까지의 약 9개월간이다.[24] 즉 이승만 대통령이 물러나고 3차 개헌이 이루어져 제1공화국 시기의 대통령제가 의원내각제로 바뀐 시기이다. 제2공화국의 대통령은 국회에서 다수당인 민주당의 구파 출신인 윤보선이 되었고, 총리는 신파 출신인 장면(張勉, 1899~1966)이 맡았다. 제2공화국 시기의 사회복지입법으로서는 1961년 1월에 제정된 「공무원연금법」이 있다.

(3) 제3공화국 시기의 사회보장법제

제3공화국은 5·16군사정변에 의한 7개월간의 군정 이후 1962년 12월 17일 국민투표로 확정된 제5차 개정헌법에 따라 시작되어 1972년 10월 17일 개정된 이른바 유신헌법체제에 따라 제4공화국으로 바뀌게 된 시기까지 약 10년간이다. 제3공화국 시기는 군사정권의 정통성을 확보하기 위한 수단으로 경제성장과 산업화를 추구하는 정치적 환경의 영향으로 사회복지정책 부문에서는 적극적인 입법조치가 이루어지지 못했던 시기였다. 그러나 제5차 개정헌법에서는 제30조에서 모든 국민은 인간다운 생활을 할 권리를 가지고, 국가는 사회보장증진에 노력할 의무를 가지며, 생활능력이 없는 국민은 법률이 정하는 바에 의하여 국가의 보호를 받는다고 규정하고 있다. 개별적인 사회복지 관련 입법으로는 군정시기인 1961년 9월에 제정된 「갱생보호법」, 「고아입양특례법」, 1961년 11월에 제정된 「군사원호보상법」, 「윤락행위등방지법」, 1961년 12월에 제정된 「생활보호법」과 「아동복리법」, 1962년의 1월에는 「선원법」과 「선원보험법」이 제정되었으나 「선원보험법」은 시행되지 못하고 유사한 내용을 규정한 「선원법」에 통합하기로 함에 따라 2009년 2월 6일에 폐지되었다. 그리고 1962년 3월에 제정된 「재해구호법」, 1963년의 「군인연금법」, 「산업재해보상보험법」, 「사회보장에 관한 법률」, 「의료보험법」, 1968년의 「자활지도에 관한 임시조치법」, 1970년의 「사회복지사업법」 등이 있다.

(4) 제4공화국 시기의 사회보장법제

제4공화국은 1972년 10월의 유신헌법체제로 시작되어 박정희 대통령이 1979년 10월의 이른바 '10·26사건'으로 인하여 사망한 후, 신군부가 국보위체제에서 제5공화국을 출범시킨 1980년까지의 시기이다. 제4공화국 시기의 사

24) 이승만 대통령의 사임으로 인한 수석 국무위원인 허정(許政) 외무장관이 대통령 대행으로 있었던 시기를 포함한다.

회보장입법은 1973년의 「사립학교교원연금법」, 「국민복지연금법」, 1977년의 「의료보호법」, 「공무원 및 사립학교교원의료보험법」 등이 있다.

(5) 제5공화국 시기의 사회보장법제

제5공화국 시기는 1980년 10월의 간선제로 출범한 전두환 정부 시기로 1987년 12월의 직선제에 의한 노태우정부가 출범하기까지의 7년간인데, 빈곤으로부터 해방을 위한 '복지사회건설'을 국정지표로 제시했던 시기이다. 제5공화국 헌법인 제8차 개정헌법에서는 헌법의 기본권조항 가운데 행복추구권을 추가하고 "국가는 사회보장·사회복지의 증진에 노력할 의무를 진다."는 조항을 두어 제3공화국 헌법과 비교했을 때 '사회복지'라는 용어가 추가된 의미가 있다. 그리고 개별 법제의 제정으로서는 1980년에 「사회복지사업기금법」, 1981년에 「아동복리법」을 「아동복지법」으로 전면개정, 「심신장애자복지법」, 「노인복지법」, 1984년에 「진폐의 예방과 진폐근로자의 보호 등에 관한 법률」, 1986년에 「국민복지연금법」을 「국민연금법」으로 전면개정, 「최저임금법」, 「보호관찰법」이 제정된 것을 들 수 있다. 따라서 제5공화국 시기는 제3공화국 시기에 제정된 「생활보호법」, 「아동복리법」, 「윤락행위 등 방지법」에 이어서 「노인복지법」과 「심신장애자복지법」을 합쳐 '사회복지 5법 시대'로 칭해진다.

(6) 제6공화국 시기 이후의 사회보장법제

제6공화국 시기는 원칙적으로는 1987년 6월의 민주화항쟁에 따른 '6·29선언'으로 5년 단임의 대통령직선제로 바뀐 후의 1988년부터 1992년까지의 노태우 정부 시기를 말한다. 노태우 정부 시기는 정치적인 민주화와 함께 사회복지정책의 발전도 강화된 시기로 평가할 수 있다. 제6공화국 시기의 사회보장입법은 1989년의 「모자복지법」, 「심신장애자복지법」을 전면개정한 「장애인복지법」, 1991년의 「영·유아보육법」, 「청소년기본법」 제정과 1992년의 「사회복지사업법」 전면개정으로 일선행정기관에 사회복지전담공무원을 두고 시·군·구 단위에는 복지사무전담기구를 설치할 수 있는 규정이 마련되었다.

그리고 김영삼 정부(1993~1998), 김대중 정부(1998~2003), 노무현 정부(2003~2008), 이명박 정부(2008~2013), 박근혜 정부(2013~2017), 문재인 정부(2017~2022)도

헌법의 개정이 없이 5년 단임제 대통령제를 유지한 시기라는 점에서는 제6공화국에 속한다. 이 시기의 사회복지입법을 대통령 재임 시기별로 정리하면 다음과 같다.

우선 문민정부로 불린 김영삼 정부 시기에는 1995년의 「사회보장기본법」 제정, 「정신보건법」 제정, 1997년 「장애인·노인·임산부 등의 편의증진에 관한 법률」 제정, 「청소년보호법」 제정, 「가정폭력방지 및 피해자보호 등에 관한 법률」 제정이 있었다. 국민의 정부로 불린 김대중 정부 시기에는 1999년 기존의 「의료보험법」을 전면개정하여 「국민건강보험법」 제정, 「생활보호법」을 전면개정한 「국민기초생활보장법」 제정, 2000년의 「장애인고용촉진 및 직업재활법」 제정, 「의료보호법」을 전면개정한 2001년의 「의료급여법」, 2002년의 「모부자복지법」이 제정되었다.

참여정부로 불린 노무현 정부 시기에는 2004년의 「건강가정기본법」, 「청소년복지지원법」, 2005년의 「긴급복지지원법」, 2006년의 「식품기부활성화에 관한 법률」, 2007년의 「기초노령연금법」, 「노인장기요양보험법」, 「한부모가족지원법」 등이 제정되었다.

이명박 정부 시기에는 2008년에 「다문화가족지원법」, 2010년에 「장애인연금법」, 「성폭력방지 및 피해자보호 등에 관한 법률」, 2011년에 「장애인활동 지원에 관한 법률」, 「노숙인 등의 복지 및 자립지원에 관한 법률」, 「장애아동복지지원법」 등이 제정되었다.

박근혜 정부 시기에는 「주거급여법」, 「사회보장급여의 이용·제공 및 수급권자 발굴에 관한 법률」, 「발달장애인 권리보장 및 지원에 관한 법률」 등이 제정되었다. 그리고 주요 개정 법률로는 「기초노령연금법」을 개정한 「기초연금법」, 「정신보건법」을 개정한 「정신건강증진 및 정신질환자 복지서비스 지원에 관한 법률」과 「청소년복지지원법」이 일부개정되어 「사회복지사업법」에서 규정한 '사회복지사업' 영역으로 포함된 것을 들 수 있다.

그리고 문재인 정부 시기에는 「국민건강보험법」, 「기초연금법」, 「장애인연금법」, 「아동복지법」, 「사회복지사업법」 등이 개정되었다.

PART 02

국제사회복지법제와 사회복지기본법제의 실천

Chapter 04

국제사회복지법제

1 국제사회복지활동

1) 국제사회복지활동 문제

현대사회는 사회·경제·문화적인 영역에서 국제화(세계화)를 지향하고 있다. 한국은 과거 국외이주노동자가 많은 국가에 해당되었으나 2000년 이후부터는 외국인노동자들의 유입이 급속하게 증가하고 있다. 이러한 상황에서 나타나는 사회복지 문제는 국내외적으로 이주노동자들에 대한 생활환경과 노동환경에 대한 법적 지위, 고용주와의 관계, 산업재해, 각종 사회보험관계에 있어서 갈등현상이 심화되고 있다는 점이다.

이를 해결하기 위해서는 이주노동자의 인간다운 생활을 보장하고 노동이나 생활환경에서 발생할 수 있는 권리침해를 방지하기 위한 국제적인 사회복지조약 등(국제조약)에 많은 국가들이 비준하도록 하여 강제력을 확보하여야 하며, 특히 후발 자본주의 국가나 제3세계권의 이주노동자들의 인권보호 차원에서는 국제적인 사회복지권리선언(국제법규)을 통하여 강제성은 없지만 국제적인 규범을 지킬 수 있도록 요구할 필요가 있다.[1] 따라서 국제적인 사회복지급여기준

1) 국제사회복지법제는 주로 국제조약과 국제법규로 구분이 가능하다. 국제조약은 그 명칭이 ~협정, ~협약, ~조약, ~규약 등으로 지칭되고 해당 국가가 그 조약에 비준하면 법규범처럼 강제력(구속력)이 있다. 국제법규는 그 명칭이 ~선언, ~헌장 등으로 지칭되는데 도덕처럼 국제사회에서 지켜야 하는 규범이지

을 설정하고 상호 협정을 통하여 지켜나가는 국가적 활동이 확대되어야 할 시점에 와 있다.

이러한 관점에서 한국의 국가단체나 민간단체에서도 국제사회복지사업에 관한 관심을 통하여 국제사회복지증진활동을 확장해야 할 시점에 있다고 할 수 있다.

2) 국제사회복지활동 조직

(1) 국제사회복지 관련 기구

❶ 국제노동기구(ILO)

국제노동기구(International Labor Organization)는 제1차 세계대전(1914~1918) 종전 직후인 1919년 열린 파리 평화 회의와 뒤 이은 베르사유 조약[2]에 의해 국제평가 유지와 협력을 목적으로 국제연맹(League of Nations)과 함께 1920년에 설립되었다. 국제노동기구는 노동자의 근로조약이나 권고를 채택함으로써 근로조건 분야의 국제적인 기준을 제시하는 것이 주요 임무이며, 그 외 사회복지분야에서도 국제연합(UN)의 경제사회이사회와 협력하고 있다.

❷ 국제연합(UN)

국제연합(The United Nations, UN)은 제2차 세계대전(1939~1945) 후 평화와 안전의 유지, 국제우호관계의 증진, 경제적·사회적·문화적·인도적 문제에 관한 국제협력을 목적으로 1945년에 창설되었다. 즉 1920년에 설립되었다가 제1차 세계대전으로 붕괴된 국제연맹을 계승한 국제기구로써, 총회를 통하여 주요 사회복지 관련 선언이나 권고 등을 채택함으로써 사회복지나 인권분야 등의 국제적인 기준을 제시하고 있다. 특히 UN 산하의 유엔아동기금(UNICEF, 1946)은 아동인권위원회와 협력하에 개발도상국의 아동구호사업을 하고 있다.

만 지키지 않아도 강제력은 없다.

2) 1918년 10월 전쟁이 막바지에 이르자 독일이 연합국(31개국)에 휴전협상을 요구하여 베르사유궁전의 거울의 방에서 평화협정이 체결되었다. 이 조약으로 독일은 막대한 전쟁배상금을 부과받았고 영토가 축소되었다.

❸ 세계보건기구(WHO)

세계보건기구(World Health Organization, WHO)는 1948년에 국제연합(UN)의 특별기구로 설립되었으며, 전염병 및 기타 질병예방, 환경위생 및 영양 등에 대하여 국제적인 조사나 보급 활동을 하는 것이 주요 임무이다. 그 외 약품법 관련 사항과 장애인복지 분야에서도 국제적인 활동을 하고 있다.

❹ 경제협력개발기구(OECD)

경제협력개발기구(Organization for Economic Cooperation and Development, OECD)는 1961년부터 OECD설립협정이 효력을 발생(창립)하기 시작했고, 본질적으로 자문회의 성격을 가진다. 이 기구가 발행하는 <OECD observer> 잡지는 경제문제를 비롯해 관련된 사회문제들에 대한 유용한 정보자료를 싣고 있고 ILO, WHO, 관세 및 무역에 관한 일반협정기구(GATT) 등의 국제기구와 협력하여 경제·사회 분야의 논의 및 협력을 추진하고 있다. 회원국 수는 38개국이며, 한국은 1996년 12월 12일에 29번째 정회원국으로 가입하였다.

(2) 국제사회복지 관련 협회

❶ 국제사회보장협회(ISSA)

국제사회보장협회(International Social Security Association, ISSA)는 1927년에 각 국가에 질병보험제도를 확대·강화하기 위하여 창설되었고, ILO와 긴밀한 협력관계를 가지고 국제사회보장발전활동을 하고 있다. 한국은 1979년에 의료보험협회(현, 국민건강보험공단)가 처음 가입하였다.

❷ 국제사회복지협의회(ICSW), 국제사회복지교육협의회(IASSW), 국제사회복지사연맹(IFSW)

국제사회복지협의회(International Council of Social Welfare)는 사회복지에 관한 국제적인 협의체이며 한국사회복지협의회가 1959년 7월에 회원으로 가입하였다. 이 협의회는 사회보장을 개인이 그 자신의 능력이나 예견만으로는 그 자신이나 그의 가족을 보호할 수 없는 사회의 모든 우발적 사고에 대처하여 사회에 의하여 마련된 모든 보호조치라는 규정을 하고 있다.

국제적 사회복지교육단체로는 국제사회복지교육협의회(International Association of Schools of Social Work)가 있다. 한국은 1966년 3월에 한국사회사업학교협의회가 설립되어, 현재는 '한국사회복지교육협의회'로 명칭이 변경되어 운영되고 있다.

그리고 전 세계 80여 개국의 사회복지사협회가 회원으로 가입하고 있는 국제사회복지사연맹(International Federation of Social Workers)이 있으며, 한국은 1972년에 가입하여 활동하고 있다. 한편 IFSW에서는 매년 3월 셋째 주 화요일을 세계사회복지의 날(World Social Work Day)로 정하고 있다.

❸ 국제개발협회(IDA)

국제개발협회(International Development Association, IDA)는 1960년에 설립되었으며, 국제연합(UN)의 특별기구로 세계은행(IBRD)에 가맹하고 있지만 법적·재정적 독립성을 가지고 있다. IDA의 재원은 부유한 국가들의 출자와 기부금으로 이루어지고 후진국에 대해서는 구호활동이나 개발 프로젝트를 추진한다.

❹ 유럽연합(EU)

제2차 세계대전 이후 유럽의 정치적 통합을 목표로 1949년에 유럽협의회(Council of Europe)가 설립되었다. 그러나 크게 실효를 거두지 못하던 중에 1957년 로마조약에 의해 서유럽국가들의 경제협력기구인 유럽경제공동체(European Economy Community, EEC)가 설립되었으며, 회원국들의 사회보장제도 발전을 위해 1961년에 유럽사회헌장(European Social Charter)을 채택하였다.

그리고 1964년에는 유럽사회보장법전(European Code on Social Security)을 제정하였다. 1967년 7월에 유럽공동체(EC: European Community)로 개칭하였다. 그 후 1991년 12월 네덜란드의 마스트리히트 조약(Treaty of Maastricht)으로 EC는 EU(European Union)로 다시 명칭을 변경하였다.[3] 유럽연합(EU)은 1958년 EEC 시기에 제정되었던 <해외근로자의 사회보장(Social Security for Migrant Workers)에 관한 규칙>을 재정비하여 국가 간 사회복지활동을 하고 있다.

3) 1994년 2월 EC(유럽공동체)는 EU(유럽연합)로 개칭되었고, 한 국가처럼 입법-사법-행정부가 설치되어 초국가적(Super-Nationality) 기능을 추구하고 있다.

(3) 한국의 국제사회복지활동 단체

❶ 한국국제협력단(KOICA: Korea International Cooperation Agency)

한국국제협력단은 1991년 「한국국제협력단법」에 근거하여 설립되었으며, 외교부 산하의 정부출연기관이다. 따라서 민간사업단체로는 볼 수 없으며, 개발도상국을 상대로 대외무상협력사업을 전담하고 있다. 주요사업으로는 산업연수생초청사업, 전문인력파견사업, 해외봉사단파견사업[4] 등이다.

❷ 굿네이버스(Good Neighbors)와 월드비전(World Vision)

굿네이버스는 '한국이웃사랑회'로 1991년 설립되어 전 세계 25개국에 걸쳐 아동권리보호, 사회교육, 인적·물적 네트워크사업을 수행하고 있으며, 1996년에는 UN의 경제사회위원회(UN Ecosoc)로부터 포괄적 협의 지위를 부여받았다.

월드비전은 1950년 한국전쟁 중 미국인 밥 피얼스(Bob Piers) 목사와 한경직 목사에 의해 '한국선명회'로 설립되었으나 1999년부터 월드비전으로 명칭을 바꾸어 국제구호개발사업을 전개하고 있다. 주요사업으로는 변화를 가져오는 개발사업, 긴급구호사업, 옹호사업 등이며 전 세계 100여 개국에서 활동하고 있다.

❸ 코피온(COPION)

코피온(Cooperation and Participation in Overseas NGOs)은 1999년에 중앙일보에서 <국제 NGO 인턴 / 봉사단>으로 사업을 개시하였고, 2000년부터는 중앙일보사에서 독립하여 독자적인 비영리단체가 되면서 외교부 산하의 사단법인 형태로 활동하고 있다. 코피온은 유엔 경제사회이사회(UN UCOSOC)로부터 국제개발협력단체로 특별 지위를 부여받아 해외봉사단 파견사업, 국제개발협력사업, 지구시민교육사업 등을 하고 있다.

❹ 외국인노동자상담소

국내의 다양한 지역별 외국인노동자상담소나 센터들은 국제 사회복지활동 중에서 국내에 이주해온 외국인노동자들을 상대로 그들의 권익을 옹호하고 법

4) 코이카(KOICA)의 지원을 받은 해외봉사단원은 2014년 기준으로 약 50개국 2,000명 수준이다. 이들은 왕복항공권과 현지체류비(주거비, 활동비 등)를 지급받고 일정 기간의 봉사활동을 마치고 귀국하면 국내 정착지원금을 받을 수 있다.

률구조, 긴급의료구호, 직장알선, 임금체불문제해결 등의 서비스를 제공하고 있다. 주로 종교기관의 후원형태로 운영되고 있으며, 경우에 따라서는 프로그램 성격에 따라 일부 정부지원을 받는 수도 있다.

이 외에도 국제개발협력민간협의회(Korea NGO Council for Overseas Development Cooperation, KCOC) 등의 사단법인 형태의 해외원조나 기근지역 긴급구호활동단체가 국제사회복지활동을 하고 있다.

2 국제사회복지조약

1) 국제노동기구의 사회복지조약

(1) 사회보장의 최저기준에 관한 조약

국제 사회복지조약은 국제 사회복지기구 중 국제노동기구(International Labour Organization, ILO)[5]에 의해 주로 선도되고 있다. ILO는 1942년에 발표한 「사회보장에의 접근(*Approaches to Social Security*)」에서 "사회보장은 사회구성원이 부딪히는 일정한 위험에 대해서 사회가 적절한 조직을 통해 부여하는 보장"으로 규정하였다. 아울러 전체 국민을 사회보장 대상으로 삼고 최저생활보장, 모든 위험과 사고에 대해 보호받고, 공공기관을 통해 보장이 이루어져야 함을 제시하고 있다. 그 후 1944년에는 ① 소득보장의 권고, ② 의료보장의 권고, ③ 고용서비스의 권고를 사회보장법제 체계의 3대 기본요소로 채택하였다. 국제노동기구의 조약(Convention)과 권고(Recommendation)는 각 국가에 중요한 영향을 미치며, 회원국이 비준하면 조약은 강제성이 있으나 권고는 강제성이 없다.

「사회보장의 최저기준에 관한 조약(제102호 조약)」은 1952년 제네바에서 열린 ILO 제35차 총회에서 채택되었으며, 사회보장급여를 의료급여, 질병급여(상병급여, 상병수당)[6], 실업급여, 노령급여, 업무상 재해급여, 가족급여, 출산(모성)급여,

5) 국제노동기구는 제1차 세계대전 이후에 사회운동가들이 주도한 국제적인 노동자 보호를 호소하는 운동과 무역경쟁의 형평성 유지, 각국의 노동조합 운동 보장, 1917년의 러시아 혁명의 영향으로 노동문제가 정치적인 이슈가 된 상황에서 1919년에 결성되었다.

폐질급여, 유족급여의 9개로 정하여 적용과 기준을 제시하였다. 한국은 2018년 9월부터 '아동수당'을 도입하여 가족수당 등의 적용 및 기준에서 적합해졌지만 '상병수당'이 도입되지 않아 아직 비준하고 있지 못한 상태이다.

(2) 사회보장에 있어서 내국인 및 비내국인 균등처우에 관한 조약

국제노동기구(ILO)는 1962년 제네바에서 열린 제46차 총회를 거쳐 「사회보장에 있어서 내국인 및 비내국인 균등처우에 관한 조약(제118호 조약)」을 채택하였다. 이로써 비준국들에게 자국의 영토 내에 있는 다른 모든 비준국 국민에 대하여 자국의 사회보장법규에 의하여 자국민에게 주어지는 대우를 해줄 것을 규정하였다.

(3) 업무상 재해의 경우에 있어서의 보상에 관한 조약

국제노동기구(ILO)는 1964년 제네바에서 열린 제48차 총회에서 「업무상 재해의 경우에 있어서의 보상에 관한 조약」을 전체 회원국들에게 권고하였다.

(4) 장해, 노령 및 유족급부에 관한 조약

국제노동기구(ILO)는 1967년 제네바에서 열린 제51차 총회에서 장해, 노령 및 유족급부에 관한 조약을 회원국 중 비준국에게 규정하였다.

(5) 의료 및 질병급부에 관한 조약

국제노동기구(ILO)는 1969년 제네바에서 열린 제53차 총회에서 「의료 및 질병급부에 관한 조약」을 채택하고 회원국들에게 권고하였다.

2) 국제노동기구의 장애인의 직업재활 및 고용에 관한 협약

(1) 협약의 의의

「장애인의 직업재활 및 고용에 관한 협약(Convention Concerning Vocational Rehabilitation and Employment)」은 국제연합이 1981년을 '국제 장애인의 해'로 선포한 후 1984

6) OECD국가 중에서 스위스, 미국, 한국이 미도입된 상태이다.

년 6월 제네바에서 ILO 협약(제159호)으로 채택한 것이다.

(2) 협약의 적용

「장애인의 직업재활 및 고용에 관한 협약(Convention Concerning Vocational Rehabilitation and Employment)」은 1985년 6월부터 비준협약국에 적용이 강제되고 있다. 한국은 「장애인고용촉진 등에 관한 법률」이 1990년 1월에 제정된 후 1999년 11월에 비준서를 ILO에 기탁하고 2000년 11월부터 발효되고 있다.

3) 국제연합의 국제인권규약(A, B)

국제인권규약은 1948년 12월 10일 유엔(The United Nations) 총회[7]에서 당시 가입국 58개 국가 중 50개 국가가 찬성하여 채택된 세계인권선언(Universal Declaration of Human Rights, 1948)에서 제창된 이상을 실현하기 위하여 1966년 12월 제21차 국제연합(UN) 총회에서 채택된 후 10년이 지나 1976년에 전 회원국에 발효된 A, B규약을 말한다. 이는 1945년 유엔 창설[8] 이후 1946년에 유엔의 경제사회이사회(United Nations Economic and Social Council, ECOSOC)를 통해 유엔인권위원회(United Nations Commission on Human Rights, UNCHR)를 설립하여 국제적 인권기준을 마련한 것에 기초한다.

(1) 규약의 유형

❶ A규약(Part A)

A규약(Part A)은 <경제적·사회적·문화적 권리에 관한 국제규약(International Covenant on Economic, Social and Cultural Right, ICESCR)>으로 체약국들은 생존권적 기본권을 대상으로 노동기본권, 사회보장권, 생활향상권, 교육권 등을 입법 조치할 것을 내용으로 하고 UN인권이사회(Human Rights Committee)에 보고의무를 두었다. 그 세부 규정을 보면 다음과 같다.

① 당사국은 모든 사람의 권리의 증진과 준수를 위하여 노력하도록 함.

7) 1948년 12월 10일에 열린 유엔 총회에서는 매년 12월 10일을 '세계인권의 날'로 제정하였다.
8) UN은 제2차 세계대전 후의 평화를 확보하고 전쟁재발방지를 목적으로 1945년 10월 24일 정식 발족됐다. 1945년 6월 26일 50개 국가가 조인한 유엔헌장의 비준국이 이날(10월 24일)을 기준으로 과반수가 넘는 26개국이 되었기 때문이다. 26번째로 유엔헌장을 비준한 나라는 소련이었다.

② 경제적·사회적 및 문화적 권리를 향유함에 있어서 남녀에게 동등한 권리를 확보하도록 함.
③ 당사국은 근로의 권리를 인정함.
④ 당사국은 모든 사람이 사회보험을 포함한 사회보장에 관한 권리를 가지는 것을 인정함.
⑤ 당사국은 교육의 권리를 인정함.
⑥ 당사국은 문화생활에 참여할 권리 등을 인정함.
⑦ 당사국은 인권상황에 관한 보고서를 UN사무총장에게 제출하도록 함.
⑧ 경제사회이사회는 인권준수를 위하여 취한 조치 및 성취된 상황에 관하여 총회에 보고할 수 있도록 함.

❷ B규약(Part B)

B규약(Part B)은 <시민적·정치적 권리에 관한 국제규약(International Covenant on Civil and Political Rights, ICCPR)>으로 체약국들에게 자유권적 기본권을 전제로 인권심사위원회와 필요시 특별조정위원회를 설치할 것을 의무화하였다. 아울러 개인이 인권심사위원회에 청원할 수 있는 길도 가능하게 하였다.[9] 그 세부 규정을 보면 다음과 같다.

① 국가비상사태의 선포의 경우 규약에 반하는 조치를 취할 수 있으나 모든 사람에게 평등하게 적용되어야 하고 그러한 조치를 취할 경우 UN사무총장을 통하여 당사국에게 통지하도록 함.
② 사형의 선고를 받은 자는 사면·감형을 청구할 권리를 가짐.
③ 누구도 고문 기타 가혹한 취급 또는 형벌을 받지 아니하도록 함.
④ 계약상의 이행불능을 이유로 구금되지 아니하도록 함.
⑤ 모든 사람은 거주·이전의 자유를 가지며, 자국을 포함한 어떤 나라로부터 퇴거할 자유를 가짐.
⑥ 모든 사람은 표현의 자유를 가짐.
⑦ 혼인적령기의 남녀는 혼인을 하고, 가정을 구성할 권리가 인정됨.
⑧ 인권위원회를 설치하되 임기 4년의 18인의 위원으로 구성함.

9) B규약의 국제적 실시를 위한 기본제도는 보고제도(the Reporting System)와 통보제도(the Communication System)가 있다.

⑨ 당사국은 인권상황에 관한 보고서를 UN사무총장에게 제출하도록 함.
⑩ 모든 보고서는 인권이사회에 송부되며, UN사무총장은 인권이사회와 협의한 후 해당 전문기관에 그 사본을 송부할 수 있음.
⑪ 인권이사회는 보고서를 검토하고, 적당하다고 간주되는 의견을 당사국에 통보하며 필요한 경우 그 의견을 경제사회이사회에 제출할 수 있도록 함.

(2) 규약의 적용

① 세계인권선언(Universal Declaration of Human Rights, 1948)에 비하여 국제인권규약은 조약에 해당하므로 비준국에게는 법적 구속력이 있다.
② 한국은 1990년 4월에 A, B규약에 가입하면서, 항소권 보장, 결사의 자유, 일사부재리의 원칙 등 세 가지 규정을 유보하였다.

4) 국제연합의 기타 국제인권 관련 협약

(1) 모든 형태의 인종차별 철폐에 관한 국제협약

「모든 형태의 인종차별 철폐에 관한 국제협약(International Convention on the Elimination of All Forms of Racial Discrimination)」은 1965년 12월에 뉴욕에서 열린 국제연합의 총회 결의에 의해 채택되어 1969년 1월부터 발효되었다. 한국은 1979년 1월부터 발효되어 적용받고 있다.

(2) 여성에 대한 모든 형태의 차별철폐에 관한 협약

「여성에 대한 모든 형태의 차별철폐에 관한 협약」은 1979년 12월에 뉴욕에서 열린 국제연합 총회 결의에 의해 채택되어 1981년 9월부터 발효되고 있다. 한국은 1985년 1월부터 발효되어 적용받고 있다.

이 외에도 국제인권 관련 협약에는 「고문 및 기타 잔혹한, 비인도적 또는 굴욕적 처우나 형벌금지규약」 등이 있다.

5) 국제연합의 아동의 권리에 관한 협약

(1) 협약의 의의

국제연맹이 1924년에 제정한 <아동권리에 관한 제네바 선언>이 1959년에 국제연합(UN)의 <아동권리선언(1959)>으로 바뀐 후, 「아동의 권리에 관한 협약(UNCRC: United Nations Convention on the Rights of the Child)」은 전 세계 아동의 경제, 사회, 문화에 대한 권리를 규정하는 국제협약의 의미로 1989년 11월 20일에 국제연합의 총회에서 채택되었다.

(2) 협약의 적용

「아동의 권리에 관한 협약(UNCRC)」은 전문과 54개 조항으로 구성되어 1990년 9월부터 발효되었다. 협약은 만 18세 미만의 아동을 '보호대상'이 아니라 '권리의 주체'라고 표현하고 있다. 국제인권규약의 A규약(Part A)과 B규약(Part B)에 인정되는 제반 권리를 아동에 대해 규정하고 의견표명권, 놀이·여가의 권리 등 아동의 인권과 권리 확보를 위한 구체적 사항들이 적용된다.

UN의 아동권리에 관한 협약(UNCRC)에는 현재 196개국이 가입하여 195개국이 비준하여 가장 많은 비준국을 가진 UN인권협약이며, 미국은 1995년 2월에 서명하였지만 유일하게 비준하지 않은 국가로 남아 있다. 한편 한국은 1990년 9월에 협약에 서명하고 1991년 11월 20일에 비준하여 조약 당사국으로 적용받고 있다.

6) 국가 간의 사회보장협정

(1) 사회보장협정의 의의

사회보장협정은 국가 간 인적교류 과정에서 발생하는 연금제도의 이중적용 부담과 연금 가입기간 분산에 따른 수급권 제한 문제를 해소하기 위해 국가 간 체결하는 조약으로써, 해외진출 우리 기업 및 근로자의 해외 연금보험료 부담 완화와 국민연금 가입자의 국내외 급여수급권 개선에 기여하며, 나아가 한국 기업의 해외진출 및 외국자본의 국내유치에도 일부 도움이 되는 제도이다. 따라서 국내법과 같은 효력을 가진다.

(2) 사회보장협정의 유형과 협정 현황

2023년 기준으로 한국과 사회보장협정을 체결한 국가는 전체 42개국이며, 이는 향후에도 증가할 전망인데, 사회보장협정은 가입기간 합산협정과 보험료 면제협정으로 구분할 수 있다.

❶ 가입기간 합산협정(totalization agreement)

가입기간 합산협정은 사회보장협정의 주요 목적인 연금제도의 이중가입 방지와 가입기간 합산을 모두 규정한 포괄적인 사회보장협정이다. 협정 당사국을 오가며 근로 또는 자영하는 사람들은 동일한 활동에 대해서 한 국가의 연금제도에만 가입하면 되고, 연금 가입기간이 양국으로 분리되어 양국 또는 한 국가로부터 연금을 받지 못하는 경우 상대국 가입기간을 합산하여 비례연금을 받을 수 있도록 규정하고 있다.

한국이 가입기간 합산(보험료 면제 포함) 협정을 맺은 국가는 1999년 5월부터 캐나다, 미국, 독일, 헝가리, 프랑스, 오스트레일리아, 체코, 아일랜드, 벨기에, 폴란드, 슬로바키아, 불가리아, 루마니아, 오스트리아, 덴마크, 인도, 스페인, 튀르키예, 스웨덴, 브라질, 핀란드, 퀘벡[10], 페루, 룩셈부르크, 슬로베니아 등이다.

❷ 보험료 면제협정(contributions only agreement)

보험료 면제협정은 사회보장협정의 주요 목적 중 이중가입 방지만을 규정한 협정이다. 양국을 오가며 근로하거나 자영하는 사람이 한 국가의 연금제도에만 가입하고 보험료를 납부하는 규정만 있고 가입기간 합산을 통해 급여수급권을 개선하는 규정은 없다. 한국이 보험료 면제협정만을 맺은 국가는 1976년 8월부터 이란, 영국, 네덜란드, 일본, 이탈리아, 우즈베키스탄, 몽골, 중국, 스위스, 칠레 등이다.

10) 캐나다의 퀘벡 지역의 경우는 불어를 사용하며, 캐나다 연금 대신에 퀘벡연금제도를 실시하고 있어서 별도로 양해각서가 체결(협정)되었다.

3 국제사회복지선언

1) 국제연맹의 아동권리에 관한 제네바선언

(1) 선언의 의의

아동의 권리사상은 1922년 아동복리회(Save the Children Fund)의 창설자인 에글랜타인 잽(Eglantyne Jebb) 여사에 의해 성문화된 <아동권리선언(Declaration of the Rights of the Children)>으로부터 시작이 되었으며, 에글랜타인 잽 여사의 5개조로 된 선언문이 제1차 세계대전 이후 창설되었던 국제연맹(League of Nations)[11] 총회(1924년)에서 <아동의 권리에 관한 제네바선언(Declaration of Geneva)>으로 채택되었다.

(2) 선언의 내용

① 전문과 5개조의 본문으로 구성되어 있다.

② 전문에서는 "모든 국가의 남녀와 인류가 아동에 대하여 최선의 것을 주어야 할 의무를 진다는 것을 인정하고, 인종·국적·신념에 관한 어떠한 사유에도 관계없이 모든 아동에게 다음과 같은 사항을 보장할 것을 선언하고 자기의무로서 수락한다."는 기본이념을 제시하고 있다.

2) 국제연합의 아동권리선언

(1) 선언의 의의

제2차 세계대전 이후 1945년에 창설된 유엔은 1959년 11월 20일에 국제연맹 당시의 아동권리에 관한 제네바선언을 재검토하고, 아동의 최선의 이익을 보장하기 위하여 전문과 10개조로 된 본문으로 된 <아동의 권리선언(UN

11) 국제연맹은 제1차 세계대전 직후인 1920년에 미국 윌슨 대통령의 제창에 따라 국제 평화 유지와 협력의 촉진을 목적으로 창설한 국가 간의 연합체로 스위스 제네바에 본부를 두고 국제 분쟁의 평화적 처리에 크게 공헌하였으나 1945년 국제연합의 창설로 1946년에 해체하였다. 국제연합은 미국 뉴욕에 본부를 두고 있으며, 한국은 1991년 9월 18일에 북한과 동시 가입하였다.

Declaration on the Rights of the Child)>을 채택하였다. 이는 아동과 청소년의 권리신장에 국제적으로 기여한 의의가 있다. 한편, 한국은 국제연합의 아동권리선언이 채택된 1959년 5월 5일에 2016년에 선포된 '아동권리헌장'의 전신인 <어린이헌장>을 선포한 바 있다.

(2) 선언의 내용

① 아동권리선언은 유엔 헌장과 세계인권선언의 이념에 따라 작성되었다.
② 전문과 10개조의 본문으로 구성되어 제네바선언에 비해 내용이 확대되었다.
③ 성장과정에 있는 아동인 사회적 약자에 대한 인권보장을 위하여 특별한 조치와 배려를 해야 할 필요성을 기본정신으로 하고 있다.
④ 아동으로 구제나 보호의 대상이 아니라 인권이나 자유의 주체로서 파악하려고 하는 선언이다.

3) 국제연합의 장애인권리선언

(1) 선언의 의의

<장애인권리선언(The Declaration of the Rights of Disabled Persons)>은 1975년 12월 9일 UN의 제30차 총회(The General Assembly)에서 결의된 선언으로, 장애인은 본 선언에 제시된 모든 권리를 누리도록 권장하고 있다. <세계인권선언>에 입각한 이들의 권리는 어떠한 예외도 없이, 인종, 피부색, 성, 언어, 종교, 정치 혹은 기타의 의견, 국가 또는 사회적 신분, 빈부, 출생, 장애인 자신이나 그 가족이 처해진 상황에 따라 구별이나 차별 없이 모든 장애인에게 인정된다.

(2) 선언의 내용

① 장애인(disabled person)이라 함은 신체적 혹은 정신적 능력 면에서 선천적이나 후천적 결함으로 인하여 정상적인 개인적 혹은 사회적 생활을 스스로는 완전히 혹은 부분적으로 영위할 수 없는 사람을 의미한다.
② 장애인들은 이 선언에 제시된 모든 권리를 향유할 수 있어야 한다.

③ 장애인은 인간으로서 존엄성이 존중받을 권리를 타고 난다.
④ 장애인들은 다른 사람과 동등한 시민권과 정치권을 가진다.
⑤ 장애인들은 자립하기 위해서 만들어진 시책을 활용할 자격을 가지고 있다.
⑥ 장애인들은 필요한 모든 치료, 서비스, 교육, 훈련, 기술적 원조를 받을 권리를 가진다.
⑦ 장애인들은 경제적·사회적 보장을 받을 권리가 있다.
⑧ 장애인들은 국가계획에서 고려될 특별 요구를 가진다.
⑨ 장애인들은 가족생활을 할 권리가 있다.
⑩ 장애인들은 착취와 규제와 처우에서 보호되어야 한다.
⑪ 장애인들은 적절한 법적 원조를 받을 수 있어야 한다.
⑫ 장애인들과 그들의 가족들 및 지역사회에게 모든 적절한 수단을 통해 이 선언에 포함된 권리를 충분히 알릴 수 있어야 한다.

4) 대서양헌장

(1) 선언의 의의

<대서양헌장(Atlantic Charter)>은 제2차 세계대전 중인 1941년 8월 14일에 연합국인 영국의 처칠 총리와 당시 비교전국이었던 미국의 루스벨트 대통령이 북대서양의 선상에서 5일간의 회의 끝에 독일-이탈리아-일본 3국동맹의 전쟁 진행 방향을 논의한 후에 8개항의 원칙으로 구성된 공동선언 발표 내용을 말한다. 이는 '대서양선언'이라고도 하며, 구소련을 위시한 33개 국가가 승인하였고, 전후에 발족된 국제연합(UN)결성 공동선언(1942. 1. 1)의 기초가 되었다.

(2) 선언의 내용

① 나치(Nazi)[12)]의 폭정을 파괴한 다음에는 모든 인류의 공포와 결핍으로부터의 자유(freedom from fear and want)라는 슬로건을 지향한다.
② 세계의 모든 국가들이 종교적인 이유뿐만 아니라 현실적 이유 때문에 폭

12) 민족사회주의 독일노동자당(National Socialist German Workers' Party)은 1919년부터 1945년까지 존재했던 독일의 정당이다.

력의 사용을 포기할 것을 지향한다.

③ 노동조건의 개선 및 경제적 향상과 사회보장을 위한 국제협력의 도모를 지향한다.

5) 국제노동기구의 필라델피아선언(국제노동기구헌장)

(1) 선언의 의의

<국제노동기구헌장(The Constitution of the International Labor Organization)>은 제1차 세계대전 이후 1919년 국제노동기구(ILO) 창립 시에 제정되었으나, 제2차 세계대전 후 1944년에 미국 동부지역인 필라델피아에서 열린 ILO 제26회 총회에서 당초의 헌장을 보완하여 선언하게 된다. 이를 다른 이름으로 '필라델피아선언(Declaration of Philadelphia)'으로 명칭하고 있다.

(2) 선언의 내용

① 이 선언(국제노동기구헌장)은 사회보장의 원칙 및 전쟁에서 발생하는 제 문제를 심의하여 결과적으로 소득보장에 관한 권고, 의료보호에 관한 권고, 군대 및 전시고용으로부터 풀려난 자에 대한 소득보장 및 의료에 관한 권고를 채택하였다.

② 이 선언에서는 다음과 같은 ILO의 활동원칙을 규정하는 내용을 담고 있다.

가. 노동은 상품이 아니다.

나. 표현과 결사의 자유는 진보를 위한 불가결한 요건이다.

다. 일부의 빈곤은 사회 전체의 번영에 있어 위험요인이 된다.

라. 어려움을 해결하기 위해 정부, 사용자, 노동자 대표들이 국제적 협력을 해야 한다.

6) 세계노동조합연맹의 국제사회보장헌장

(1) 선언의 의의

<국제사회보장헌장(International Social Security Charter)>은 1945년에 설립된 세계

노동조합연맹(WFTD)의 제5차 회의(1961년)에서 채택되어 사회보장을 노동자의 권리라고 선언한 헌장이다. 국제 사회보장헌장은 전문에서 “사회보장은 모든 노동자의 기본적 권리를 구성하고 있다.”고 노동조합의 입장을 선언하였다.

(2) 선언의 내용

① 사회적 보호는 법률에 의해 보장되는 정치적·경제적 차원의 인권 표현이다.

② 사회보장에 관해 무기여 원칙, 의료의 사회화 원칙, 완결성의 원칙, 포괄성의 원칙, 무차별보장의 원칙 등은 사회보장 기본원칙이다.

③ 노동자에 대한 완전한 생계보장과 불의의 사회적 재앙에 대비한 보호 및 예방적 대책이 사회보장이다.

Chapter 05

사회복지기본 및 포괄법제

1 사회보장기본법

1) 사회보장기본법의 개관

(1) 법제정 목적과 개요

「사회보장기본법」은 사회보장의 이념, 기본원칙, 범위 등을 규정하여 사회보장 입법의 지침으로 기능하게 하려는 목적으로 제정한 법이다. 한국의 사회복지법 체계는 '사회보장법전'이나 '사회복지법전' 등과 같이 통합된 법전 체계가 아니라 개별적인 법률로 되어 있기 때문에 「사회보장기본법」은 개별적인 사회보장 관련 법률을 지배하는 기본적인 법이념과 원칙, 권리와 의무관계, 용어의 정의 등을 제공하여 사회복지법의 체계를 일관성 있게 유지하는 기능을 수행한다.

따라서 이 법은 사회보장에 관한 국민의 권리와 국가 및 지방자치단체의 책임을 정하고 사회보장제도에 관한 기본원칙과 범위 등을 규정함으로써 사회복지기본법 및 포괄법제로서의 기능을 한다.

사회보장의 이념은 모든 국민이 인간다운 생활을 할 수 있도록 최저생활을 보장하고 국민 개개인이 생활수준을 향상시킬 수 있도록 제도와 여건을 조성하여, 그 시행에 있어 형평과 효율의 조화를 도모함으로써 복지사회를 실현하는 것을 기본으로 한다.

이 법의 연혁을 보면 1963년 11월 5일에 「사회보장에 관한 법률(법률 제1437호)」이 제정되었으나 전문 7개조밖에 갖추지 못하였으며, 사회보장위원회에 관한 규정[1] 이외에는 상징적 의미밖에 없었다.[2] 그 후 1995년 12월 30일에 새로운 법 형식으로 제정된 「사회보장기본법」은 제1조에서 "사회보장에 관한 국민의 권리와 국가 및 지방자치단체의 책임을 정하고 사회보장정책의 수립·추진과 관련 제도에 관한 기본적인 사항을 규정함으로써 국민의 복지증진에 기여함을 목적으로 한다."라고 이념을 제시하고 있다.

한국에서 근대적인 사회보장법이 생성된 지 약 60여 년이 지났지만, 괄목한 변화는 지난 30년간에 이루어졌는데, 선진적인 5대 사회보험제도(국민연금, 국민건강보험, 산업재해보상보험, 고용보험, 노인장기요양보험)가 모두 실시되고 있고, 공공부조제도인 국민기초생활보장제도가 정비되었으며, 각종 사회복지서비스제도가 실시되고 있다. 이로써 현대적인 사회보장제도로서의 형식적인 제도는 거의 갖추었다고 볼 수 있으며, 적용대상의 보편성에서 볼 때에도 적어도 모든 국민이 필요한 사회보장제도의 적용을 받을 수 있게 되었다고 할 수 있다.

(2) 법률용어의 정의

① '사회보장'이란 출산, 양육, 실업, 노령, 장애, 질병, 빈곤 및 사망 등의 사회적 위험으로부터 모든 국민을 보호하고 국민 삶의 질을 향상시키는 데 필요한 소득·서비스를 보장하는 사회보험, 공공부조, 사회서비스를 말한다.

② '사회보험'이란 국민에게 발생하는 사회적 위험을 보험의 방식으로 대처함으로써 국민의 건강과 소득을 보장하는 제도를 말한다.

③ '공공부조'란 국가와 지방자치단체의 책임하에 생활 유지 능력이 없거나

---

1) 제4조(사회보장위원회)에서는 다음과 같은 규정을 두고 있었다.
① 사회보장에 관한 중요사항에 대한 자문에 응하게 하기 위하여 보건사회부장관소속하에 사회보장위원회를 둔다.
② 보건사회부장관은 사회보장에 관한 계획을 수립하고자 할 때에는 미리 위원회의 자문을 거쳐야 한다.

2) 이 법에서는 "사회보장이라 함은 사회보장에 의한 제 급여와 무상으로 행하는 공적부조를 말한다."고 규정하고 있어서 현재의 개념인 "사회보험, 공공부조, 사회복지서비스 및 관련 복지제도를 말한다."와 비교해보면 극히 제한적 범주에 한정하고 있다.

생활이 어려운 국민의 최저생활을 보장하고 자립을 지원하는 제도를 말한다.

④ '사회서비스'란 국가·지방자치단체 및 민간부문의 도움이 필요한 모든 국민에게 복지, 보건의료, 교육, 고용, 주거, 문화, 환경 등의 분야에서 인간다운 생활을 보장하고 상담, 재활, 돌봄, 정보의 제공, 관련 시설의 이용, 역량 개발, 사회참여 지원 등을 통하여 국민의 삶의 질이 향상되도록 지원하는 제도를 말한다.

⑤ '평생사회안전망'이란 생애주기에 걸쳐 보편적으로 충족되어야 하는 기본욕구와 특정한 사회위험에 의하여 발생하는 특수욕구를 동시에 고려하여 소득·서비스를 보장하는 맞춤형 사회보장제도를 말한다.

⑥ '사회보장 행정데이터'란 국가, 지방자치단체, 공공기관 및 법인이 법령에 따라 생성 또는 취득하여 관리하고 있는 자료 또는 정보로서 사회보장 정책 수행에 필요한 자료 또는 정보를 말한다.

(3) 법률수행의 책임과 범위

① 사회보장에 관한 다른 법률을 제정하거나 개정하는 경우에는 이 법에 부합되도록 하여야 한다.

② 국가와 지방자치단체는 국가 발전의 수준에 부응하고 지속가능한 사회보장제도를 확립하고 매년 이에 필요한 재원을 조달하여야 한다. 아울러 국가는 사회보장제도의 안정적인 운영을 위하여 중장기 사회보장 재정 추계를 격년으로 실시하고 이를 공표하여야 한다.

③ 국가와 지방자치단체는 가정이 건전하게 유지되고 그 기능이 향상되도록 노력하여야 한다.

④ 국가와 지방자치단체는 사회보장제도를 시행할 때에 가정과 지역공동체의 자발적인 복지활동을 촉진하여야 한다.

⑤ 모든 국민은 자신의 능력을 최대한 발휘하여 자립·자활(自活)할 수 있도록 노력하고 국가의 사회보장정책에 협력하여야 한다.

⑥ 국내에 거주하는 외국인에게 사회보장제도를 적용할 때에는 상호주의의 원칙에 따르되, 관계 법령에서 정하는 바에 따른다.

2) 사회보장의 조치내용

(1) 사회보장의 권리

① 모든 국민은 사회보장에 관한 관계 법령에서 정하는 바에 따라 사회보장급여를 받을 권리(사회보장수급권)를 가진다.

② 국가는 모든 국민이 건강하고 문화적인 생활을 유지할 수 있도록 사회보장급여의 수준 향상을 위하여 노력하여야 한다. 그리고 국가는 관계 법령에서 정하는 바에 따라 최저보장수준과 최저임금을 매년 공표하여야 하며, 국가나 지방자치단체는 최저생계비와 「최저임금법」에 따른 최저임금을 고려하여 사회보장급여의 수준을 결정하여야 한다.

③ 사회보장급여를 받으려는 자는 관계 법령에서 정하는 바에 따라 국가나 지방자치단체에 신청하여야 한다. 이때 사회보장급여를 신청하는 자가 다른 기관에 신청한 경우에는 그 기관은 지체 없이 이를 정당한 권한이 있는 기관에 이송하여야 한다. 이 경우 정당한 권한이 있는 기관에 이송된 날을 사회보장급여의 신청일로 본다.

④ 사회보장수급권은 관계 법령에서 정하는 바에 따라 타인에게 양도하거나 담보로 제공할 수 없으며, 이를 압류할 수 없다.

⑤ 사회보장수급권은 제한되거나 정지될 수 없다. 다만, 관계 법령에서 따로 정하고 있는 경우에는 제한되거나 정지될 수 있다. 사회보장수급권이 제한되거나 정지되는 경우에는 제한 또는 정지하는 목적에 필요한 최소한에 그쳐야 한다.

⑥ 사회보장수급권은 정당한 권한이 있는 기관에 서면으로 통지하여 포기할 수 있으며, 포기를 취소할 수 있다. 단, 사회보장수급권을 포기하는 것이 타인에게 피해를 주거나 사회보장에 관한 관계 법령에 위반되는 경우에는 사회보장수급권을 포기할 수 없다.

⑦ 제3자의 불법행위에 의하여 피해를 입은 국민이 그로 인하여 사회보장수급권을 가지게 된 경우 사회보장제도를 운영하는 자는 그 불법행위의 책임이 있는 자에 대하여 관계 법령에서 정하는 바에 따라 수급된 금액의 배상을 청구하는 구상권(求償權, right of indemnity)을 행사할 수 있다.

(2) 사회보장계획의 수립

① 보건복지부장관은 관계 중앙행정기관의 장과 협의하여 위원회의 심의를 거쳐 사회보장 증진을 위한 기본계획을 5년마다 수립하여야 하며, 기본계획에는 다음의 사항이 포함되어야 한다.

가. 국내외 사회보장환경의 변화와 전망

나. 사회보장의 기본목표 및 중장기 추진방향

다. 주요 추진과제 및 추진방법

라. 필요한 재원의 규모와 조달방안

마. 사회보장 관련 기금 운용방안

바. 사회보장 전달체계

사. 그 밖에 사회보장정책의 추진에 필요한 사항

② 기본계획은 사회보장위원회와 국무회의의 심의를 거쳐 확정한다.

③ 보건복지부장관 및 관계중앙행정기관의 장은 사회보장 기본계획을 기초로 하여 사회보장과 관련된 소관 주요 시책의 추진방안을 매년 수립·시행하여야 한다.

(3) 사회보장위원회의 운영

① 사회보장에 관한 주요 시책을 심의하기 위하여 국무총리 소속으로 사회보장위원회를 둔다.

② 위원회는 위원장 1명과 부위원장 3명을 포함하여 위원 30명 이내(행정안전부장관, 고용노동부장관, 여성가족부장관, 국토교통부장관 포함)로 구성한다. 이때 위원장은 국무총리가 되고 부위원장은 기획재정부장관, 교육부장관 및 보건복지부장관이 되며, 위원은 다음의 사람으로 한다.

가. 대통령령으로 정하는 관계 중앙행정기관의 장

나. 다음의 사람 중에서 대통령이 위촉하는 사람

- 근로자를 대표하는 사람
- 사용자를 대표하는 사람
- 사회보장에 관한 학식과 경험이 있는 사람
- 변호사 자격이 있는 사람

다. 위원의 임기는 2년으로 한다. 다만, 공무원인 위원의 임기는 그 재임 기간으로 하며, 기관단체의 대표자 자격으로 위촉된 경우에는 임기를 대표의 지위를 유지하는 기간으로 한다.

라. 위원회를 효율적으로 운영하고 위원회의 심의 사항을 보다 전문적으로 검토하기 위하여 위원회에 실무위원회를 둔다. 아울러 보건복지부에 사무국을 둔다.

마. 실무위원회는 위원장 1명을 포함한 30명 이내의 위원으로 구성한다. 아울러 실무위원회에는 분야별 전문위원회를 두며, 전문위원회 위원장은 실무위원회 위촉위원 중에서 실무위원회의 위원장이 임명한다.

- 실무위원회의 위원장은 보건복지부차관이 되고, 실무위원회의 위원은 보건복지부장관이 관계 중앙행정기관의 고위공무원단에 속하는 일반직공무원 중에서 임명·위촉하거나, 사회보장, 지역사회복지, 경제, 고용 등 복지 분야의 전문지식과 경험이 풍부한 전문가 중에서 위촉한다.
- 실무위원회 위원의 임기는 2년으로 한다. 다만 공무원인 실무위원의 임기는 그 재임 기간으로 한다.

③ 사회보장위원회는 다음 각 호의 사항을 심의·조정한다.

가. 사회보장 증진을 위한 기본계획

나. 사회보장 관련 주요 계획

다. 사회보장제도의 평가 및 개선

라. 사회보장제도의 신설 또는 변경에 따른 우선순위

마. 둘 이상의 중앙행정기관이 관련된 주요 사회보장정책

바. 사회보장급여 및 비용 부담

사. 국가와 지방자치단체의 역할 및 비용 분담

아. 사회보장의 재정추계 및 재원조달 방안

자. 사회보장 전달체계 운영 및 개선

차. 제32조 제1항에 따른 사회보장통계

카. 사회보장정보의 보호 및 관리

타. 그 밖에 위원장이 심의에 부치는 사항

(4) 사회보장제도의 운영

❶ 사회보장제도의 운영원칙

① 국가와 지방자치단체가 사회보장제도를 운영할 때에는 이 제도를 필요로 하는 모든 국민에게 적용하여야 한다.

② 국가와 지방자치단체는 사회보장제도의 급여 수준과 비용 부담 등에서 형평성을 유지하여야 한다.

③ 국가와 지방자치단체는 사회보장제도의 정책 결정 및 시행 과정에 공익의 대표자 및 이해관계인 등을 참여시켜 이를 민주적으로 결정하고 시행하여야 한다.

④ 국가와 지방자치단체가 사회보장제도를 운영할 때에는 국민의 다양한 복지 욕구를 효율적으로 충족시키기 위하여 연계성과 전문성을 높여야 한다.

❷ 사회보장제도의 운영역할

① 국가는 지방자치단체와 사회보장에 관한 책임과 역할을 합리적으로 조정하여야 한다.

② 사회보험은 국가의 책임으로 시행함을 원칙으로 하고, 공공부조와 사회복지서비스는 국가와 지방자치단체의 책임으로 시행함을 원칙으로 하되, 국가와 지방자치단체의 재정 형편 등을 고려하여 이를 협의·조정할 수 있다.

❸ 사회보장제도의 비용부담

① 사회보장비용의 부담은 각각의 사회보장제도에 대한 역할 분담에 따라 국가, 지방자치단체 및 민간부문 간에 합리적으로 조정되어야 한다.

② 사회보험에 드는 비용은 사용자, 피용자(被傭者) 및 자영업자가 부담하는 것을 원칙으로 하되, 관계 법령에서 정하는 바에 따라 국가가 그 비용의 일부를 부담할 수 있다.

③ 공공부조 및 관계 법령에서 정하는 일정 소득수준 이하의 국민에 대한 사회복지서비스에 드는 비용의 전부 또는 일부는 국가와 지방자치단체가 부담한다.

④ 부담 능력이 있는 국민에 대한 사회복지서비스에 드는 비용은 그 수익자가 부담함을 원칙으로 하되, 관계 법령에서 정하는 바에 따라 국가와 지방자치단체가 그 비용의 일부를 부담할 수 있다.

❹ 사회보장제도의 전달체계

① 국가와 지방자치단체는 지역적으로 고루 분포되고 기능에 따라 균형이 이루어지도록 사회보장 전달체계를 마련하여야 한다.

② 국가와 지방자치단체는 사회보장 전달체계의 효율적 운영에 필요한 조직, 인력, 예산 등을 갖추어야 한다.

③ 국가와 지방자치단체는 공공부문과 민간부문의 사회보장전달체계가 효율적으로 연계되도록 노력하여야 한다.

❺ 사회보장제도의 권리구제

사회보장과 관련하여 위법 또는 부당한 처분을 받거나 필요한 처분을 받지 못함으로써 권리 또는 이익을 침해받은 국민은 「행정심판법」에 따른 행정심판을 청구하거나 「행정소송법」에 따른 행정소송을 제기하여 그 처분의 취소 또는 변경 등을 청구할 수 있다.

2 사회복지사업법

1) 사회복지사업법의 개관

(1) 법제정 목적과 개요

「사회복지사업법」은 1970년 1월 1일에 사회복지사업에 관한 기본적 사항을 규정하여 그 운영의 공정적절을 기함으로써 사회복지의 증진을 도모함을 목적으로 제정(법률 제2191호)[3]되어 개정을 거듭해오면서 「사회보장기본법」과 함께 사

3) 제정 당시의 법률 제2조(정의)에서는 "사회복지사업이라 함은 다음의 사업을 말한다."고 규정되어 있어서 오늘날의 다양한 사업영역과 비교해보면 극히 제한적 범주를 다루고 있다.
① 생활보호법에 의한 각종 보호사업 및 복지시설의 운영을 목적으로 하는 사업

회복지의 기본법 및 포괄법으로서의 위치를 점하고 있다.

따라서 「사회복지사업법」은 사회복지사업에 관한 기본적 사항을 규정하여 사회복지를 필요로 하는 사람의 인간다운 생활을 할 권리를 보장하고 사회복지의 전문성을 높이며, 사회복지사업의 공정·투명·적정을 기하고, 지역사회복지의 체계를 구축함으로써 사회복지의 증진에 이바지함을 목적으로 각종 사회복지사업을 총괄하는 기능을 한다.

특히 「사회복지사업법」에서는 사회복지사업을 전문적으로 수행할 수 있는 사회복지전문직에 대한 규정을 두고 있는데 1970년에 제정된 사회복지사업법 및 시행규칙에서는 '사회복지사업종사자'라는 자격제도를 처음으로 규정하게 되었다. 즉 사회복지법인, 시설, 인력 등에 관한 사항을 규정함으로써 1970년대 초까지 주로 외원기관에 의존하고 있었던 민간 사회복지서비스 분야가 정부의 지도감독이나 재정지원의 대상이 아니었던 상태에서 정부 개입의 필요성과 일정 부분은 사회가 책임을 져야 하는 필수적인 사회복지제도의 부분으로 국가가 인식하게 되었다는 것을 의미한다.

그리하여 사회복지전문직은 '사회복지사업종사자'라는 명칭으로 일괄적으로 묶여졌으며 자격기준이 「사회복지사업법 시행령」에 명시되었다. 사회복지사업종사자 자격증은 시·도지사를 경유하여 보건사회부에서 교부하기 시작하였으며, 1972년 8월 9일 「사회복지사업법 시행령」 개정으로 시·도지사에 위임 교부하게 되었다. 그러나 당시의 기준은 단순히 사회복지사업에 7년 이상의 실무경험만으로, 혹은 정부의 사회사업훈련기관에서 8개월 이상의 훈련만으로도 사회복지사업종사자 자격을 취득할 수 있게 되어 있는 수준이었다.

사회복지사업종사자 자격제도는 1980년대 중반부터의 대학에서 사회복지학을 전공한 전문인력이 많이 배출됨에 따라 폐지되고 1983년에 「사회복지사업법」 제1차 개정으로 '사회복지사' 자격제도가 신설되었다. 이에 1985년 3월 1일 사회복지사업법 시행규칙 개정으로 한국사회복지협의회에서 자격증 발급업무를 위탁받아 한국사회복지협의회장 명의로 자격증을 교부하다가 1990년 11월 19일 사회복지사업법 시행규칙 개정으로 보건사회부장관 명의로 변경하였

② 아동복리법에 의한 각종 복지사업 및 복지시설의 운영을 목적으로 하는 사업
③ 윤락행위등방지법에 의한 각종 선도사업 및 복지시설의 운영을 목적으로 하는 사업
④ 사회복지상담재해구호·부랑인선도·직업보도·노인휴양·린보무료숙박·라완치자사회복귀사업 등 각종 복지사업 및 복지시설의 운영 등을 목적으로 하는 사업

으며, 1999년 1월 1일 사회복지사업법 개정으로 자격증 교부 업무가 한국사회복지사협회로 이관되어 보건복지부장관 명의로 사회복지사 자격증이 교부되고 있다.

(2) 법률용어의 정의

① 법 제2조(정의) 제1호에서 규정된 '사회복지사업'이라 함은 다음 31개 법률(2020년 기준)에 의한 보호·선도 또는 복지에 관한 사업과 사회복지상담·부랑인 및 노숙인보호·직업보도·무료숙박·지역사회복지·의료복지·재가복지·사회복지관운영·정신질환자 및 한센병력자 사회복귀에 관한 사업 등 각종 복지사업과 이와 관련된 자원봉사활동 및 복지시설의 운영 또는 지원을 목적으로 하는 사업을 말한다.

가. 국민기초생활보장법
나. 아동복지법
다. 노인복지법
라. 장애인복지법
마. 한부모가족지원법
바. 영유아보육법
사. 성매매방지 및 피해자보호 등에 관한 법률
아. 정신건강증진 및 정신질환자 복지서비스 지원에 관한 법률
자. 성폭력방지 및 피해자보호 등에 관한 법률
차. 입양특례법
카. 일제하 일본군위안부 피해자에 대한 생활안정지원 및 기념사업 등에 관한 법률
타. 사회복지공동모금회법
파. 장애인·노인·임산부 등의 편의증진 보장에 관한 법률
하. 가정폭력방지 및 피해자보호 등에 관한 법률
거. 농어촌주민의 보건복지증진을 위한 특별법
너. 식품 등 기부 활성화에 관한 법률
더. 의료급여법

러. 기초연금법
머. 긴급복지지원법
버. 다문화가족지원법
서. 장애인연금법
어. 장애인활동 지원에 관한 법률
저. 노숙인 등의 복지 및 자립지원에 관한 법률
처. 보호관찰 등에 관한 법률
커. 장애아동복지지원법
터. 발달장애인 권리보장 및 지원에 관한 법률
퍼. 청소년복지지원법
허. 그 밖에 대통령령으로 정하는 법률[4)]

② '지역사회복지'란 주민의 복지증진과 삶의 질 향상을 위하여 지역사회 차원에서 전개하는 사회복지를 말한다.

③ '사회복지법인'이라 함은 사회복지사업을 행할 목적으로 설립된 법인을 말한다.

④ '사회복지시설'이라 함은 사회복지사업을 행할 목적으로 설치된 시설을 말한다.

⑤ '사회복지관'이란 지역사회를 기반으로 일정한 시설과 전문인력을 갖추고 지역주민의 참여와 협력을 통하여 지역사회복지문제를 예방하고 해결하기 위하여 종합적인 복지서비스를 제공하는 시설을 말한다.

⑥ '사회복지서비스'라 함은 국가·지방자치단체 및 민간부문의 도움을 필요로 하는 모든 국민에게 「사회보장기본법」 제3조 제4호에 따른 사회서비스 중 사회복지사업을 통한 서비스를 제공하여 삶의 질이 향상되도록 제도적으로 지원하는 것을 말한다.

⑦ '보건의료서비스'라 함은 국민의 건강을 보호·증진하기 위하여 보건의료인이 행하는 모든 활동을 말한다.

4) 「건강가정기본법」, 「북한이탈주민의 보호 및 정착지원에 관한 법률」, 「자살예방 및 생명존중문화 조성을 위한 법률」, 「장애인·노인 등을 위한 보조기기 지원 및 활용촉진에 관한 법률」이 있다.

(3) 법률수행의 책임과 범위

① 복지와 인권증진의 책임범주는 다음과 같다.

가. 국가와 지방자치단체는 사회복지서비스를 증진하고, 서비스를 이용하는 사람에 대하여 인권침해를 예방하고 차별을 금지하며 인권을 옹호할 책임을 진다.

나. 국가와 지방자치단체는 사회복지서비스와 보건의료서비스를 함께 필요로 하는 사람에게 이들 서비스가 연계되어 제공되도록 노력하여야 한다.

다. 국가와 지방자치단체, 그 밖에 사회복지사업을 하는 자는 사회복지를 필요로 하는 사람에 대하여 그 사업과 관련한 상담, 작업치료(作業治療), 직업훈련 등을 실시하고 필요한 경우에는 주민의 복지 욕구를 조사할 수 있다.

라. 국가와 지방자치단체는 도움을 필요로 하는 국민이 본인의 선호와 필요에 따라 적절한 사회복지서비스를 제공받을 수 있도록 사회복지서비스 수요자 등을 고려하여 사회복지시설이 균형 있게 설치되도록 노력하여야 한다.

마. 국가와 지방자치단체는 민간부문의 사회복지 증진활동이 활성화되고 국가 및 지방자치단체의 사회복지사업과 민간부문의 사회복지 증진활동이 원활하게 연계될 수 있도록 노력하여야 한다.

바. 국가와 지방자치단체는 사회복지를 필요로 하는 사람의 인권이 충분히 존중되는 방식으로 사회복지서비스를 제공하고 사회복지와 관련된 인권교육을 강화하여야 한다.

사. 국가와 지방자치단체는 사회복지서비스를 이용하는 사람이 긴급한 인권침해 상황에 놓인 경우 신속히 대응할 체계를 갖추어야 한다.

아. 국가와 지방자치단체는 시설 거주자 또는 보호자의 희망을 반영하여 지역사회보호체계에서 서비스가 제공될 수 있도록 노력하여야 한다.

② 이 법에 따라 복지업무에 종사하는 사람은 그 업무를 수행할 때에 사회복지를 필요로 하는 사람을 위하여 인권을 존중하고 차별 없이 최대로 봉사하여야 한다(인권존중 및 최대 봉사의 원칙).

③ 시설설치방해금지에 관한 내용은 다음과 같다.

가. 누구든지 정당한 이유 없이 사회복지시설의 설치를 방해하여서는 아니 된다.

나. 시장·군수·구청장(자치구의 구청장을 말함)은 정당한 이유 없이 사회복지시설의 설치를 지연시키거나 제한하는 조치를 하여서는 아니 된다.

2) 사회복지사업의 조치내용

(1) 사회복지사, 사회복지자원봉사활동

❶ 사회복지사

① 보건복지부장관은 사회복지에 관한 전문지식과 기술을 가진 자에게 사회복지사의 자격증을 교부할 수 있다.

② 사회복지사 1급의 자격증을 교부받고자 하는 자는 국가시험에 합격하여야 한다.

③ 다음의 어느 하나에 해당하는 자는 사회복지사가 될 수 없다(사회복지사의 결격사유).

가. 금치산자 또는 한정치산자

나. 금고 이상의 형의 선고를 받고 그 집행이 종료되지 아니하였거나 그 집행을 받지 아니하기로 확정되지 아니한 자

다. 법률 또는 법원의 판결에 의하여 자격이 상실 또는 정지된 자

라. 마약·대마 또는 향정신성의약품의 중독자

④ 사회복지법인 및 사회복지시설을 설치·운영하는 자는 대통령령이 정하는 바에 의하여 사회복지사를 그 종사자로 채용하여야 한다. 다만, 대통령령이 정하는 사회복지시설은 그러하지 아니한다.

⑤ 보건복지부장관은 사회복지사의 자질 향상을 위하여 필요하다고 인정하는 경우 사회복지사에 대하여 교육받을 것을 명할 수 있다. 다만, 사회복지법인 또는 사회복지시설에 종사하는 사회복지사는 정기적으로 인권에 관한 내용이 포함된 보수교육을 받아야 한다.

⑥ 사회복지법인 또는 사회복지시설을 운영하는 자는 그 법인 또는 시설에

종사하는 사회복지사에 대하여 교육을 이유로 불이익한 처분을 하여서는 아니 된다.

❷ 사회복지자원봉사활동의 지원·육성

① 국가와 지방자치단체는 사회복지 자원봉사활동을 지원·육성하기 위하여 다음 각 호의 사항을 실시하여야 한다.

가. 자원봉사활동의 홍보 및 교육

나. 자원봉사활동 프로그램의 개발·보급

다. 자원봉사활동 중의 재해에 대비한 시책의 개발

라. 그 밖에 자원봉사활동의 지원에 필요한 사항

② 국가와 지방자치단체는 위의 가항 사항을 효율적으로 수행하기 위하여 사회복지법인이나 그 밖의 비영리법인·단체에 이를 위탁할 수 있다.

(2) 사회복지법인과 사회복지협의회

❶ 사회복지법인의 설립허가

① 사회복지법인을 설립하고자 하는 자는 대통령령이 정하는 바에 의하여 시·도지사의 허가를 받아야 한다.

② 설립된 법인은 주된 사무소의 소재지에서 설립등기를 하여야 한다.

❷ 사회복지법인의 임원

① 사회복지법인은 대표이사를 포함한 이사 7인 이상과 감사 2인 이상을 두어야 한다.[5)]

② 법인은 이사 정수의 3분의 1(소수점 이하는 버림) 이상을 다음의 어느 하나에 해당하는 기관이 제7조 제2항 각 호(제2호, 제3호 및 제5호 제외)의 어느 하나에 해당하는 사람 중 2배수로 추천한 사람 중에서 선임하여야 한다.

가. 시·도사회보장위원회(사회보장에 관한 전문적 지식이나 경험을 가진 사람, 사회보장을 필요로 하는 사람의 이익을 대표하는 사람, 지역사회보장협의체의 대표자, 비영리민간단체에서 추천한 사람, 사회복지공동모금회 지회에서 추천한 사람)

나. 지역사회보장협의체(사회보장에 관한 학식과 경험이 풍부한 사람, 비영리민간단체에서

---

5) 사회복지분야의 6급 이상 공무원으로 재직하다 퇴직한 지 2년이 경과하지 아니한 사람은 퇴직 전 3년 동안 소속하였던 기초자치단체가 관할하는 법인의 임원이 될 수 없다.

추천한 사람, 복지위원의 대표자)

③ 이사회의 구성에 있어서 대통령령이 정하는 특별한 관계[6)]에 있는 자가 이사 현원의 5분의 1을 초과할 수 없다.

④ 이사의 임기는 3년으로 하고 감사의 임기는 2년으로 하되, 각각 연임할 수 있다.

⑤ 외국인인 이사는 이사 현원의 2분의 1 미만이어야 한다.

⑥ 법인은 임원을 임면하는 경우에는 보건복지부령이 정하는 바에 의하여 지체 없이 이를 시·도지사에게 보고하여야 하며, 만약 이사 또는 감사 중에 결원이 생겼을 경우에는 2개월 이내에 보충하여야 한다.

⑦ 감사는 이사와 '③'항에 따른 특별한 관계에 있는 사람이 아니어야 하며, 감사 중 1명은 법률 또는 회계에 관한 지식이 있는 사람 중에서 선임하여야 한다.

⑧ 이사는 법인이 설치한 사회복지시설의 장을 제외한 시설직원을 겸할 수 없으며, 감사는 법인의 이사, 시설장, 직원을 겸할 수 없다. 다만, 대통령령으로 정하는 일정 규모 이상의 법인은 시·도지사의 추천을 받아 「주식회사의 외부감사에 관한 법률」 제3조 제1항에 따른 감사인에 속한 사람을 감사로 선임하여야 한다.

6) '대통령령이 정하는 특별한 관계에 있는 자'라 함은 다음의 자를 말한다.
① 출연자
② 출연자 또는 이사와 다음의 어느 하나에 해당하는 친족. 다만, 출연자 또는 이사가 출가녀이면 남편과의 관계에 의한다.
가. 6촌 이내의 부계혈족과 4촌 이내의 부계혈족의 처
나. 3촌 이내의 부계혈족의 남편 및 자녀
다. 3촌 이내의 모계혈족과 그 배우자 및 자녀
라. 처의 3촌 이내의 부계혈족 및 그 배우자
마. 배우자(사실상 혼인관계에 있는 자 포함)
바. 입양자의 생가의 직계존속
사. 출양자 및 그 배우자와 출양자의 양가의 직계비속
아. 혼인 외의 출생자의 생모자
자. 2촌 이내의 부계혈족의 배우자의 2촌 이내의 부계혈족
③ 출연자 또는 이사의 사용인, 그 밖에 고용관계에 있는 자(출연자 또는 이사가 출자에 의하여 사실상 지배하고 있는 법인의 사용인, 그 밖에 고용관계에 있는 자 포함)
④ 출연자 또는 이사의 금전, 그 밖에 재산에 의하여 생계를 유지하는 자 및 그와 생계를 함께하는 자
⑤ 출연자 또는 이사가 재산을 출연한 다른 법인의 이사

❸ 사회복지법인의 재산

① 법인은 사회복지사업의 운영에 필요한 재산을 소유하여야 한다.

② 법인의 재산은 보건복지부령이 정하는 바에 의하여 기본재산과 보통재산으로 구분하며, 기본재산은 그 목록과 가액을 정관에 기재하여야 한다.

③ 법인은 기본재산에 관하여 다음의 하나에 해당하는 경우에는 시·도지사의 허가를 받아야 한다. 다만, 보건복지부령으로 정하는 사항에 대하여는 그러하지 아니한다.

가. 매도·증여·교환·임대·담보제공 또는 용도 변경하고자 할 때

나. 보건복지부령이 정하는 금액 이상을 1년 이상 장기차입하고자 할 때

④ 법인이 매수·기부채납, 후원 등의 방법으로 재산을 취득한 때에는 지체없이 이를 법인의 재산으로 편입조치하여야 한다. 이 경우 법인은 그 취득사유, 취득재산의 종류·수량 및 가액을 매년 보건복지부장관에게 보고하여야 한다.

❹ 사회복지법인설립허가 취소·합병

① 시·도지사는 법인이 다음의 하나에 해당할 때에는 기간을 정하여 시정명령을 하거나 설립허가를 취소할 수 있다. 특히 거짓이나 그 밖의 부정한 방법으로 설립허가를 받은 때에는 설립허가를 취소하여야 한다.

가. 거짓이나 그 밖의 부정한 방법으로 설립허가를 받은 때

나. 설립허가 조건에 위반한 때

다. 목적달성이 불가능하게 된 때

라. 목적사업 외의 사업을 한 때

마. 정당한 사유 없이 설립허가를 받은 날부터 6월 이내에 목적사업을 개시하지 아니하거나 1년 이상 사업실적이 없을 때

바. 법인이 운영하는 시설에서 반복적 또는 집단적 성폭력범죄가 발생한 때

사. 법인 설립 후 기본재산을 출연하지 아니한 때

아. 임원 정수를 위반한 때

자. 임원의 해임명령을 이행하지 아니한 때

차. 기타 이 법 또는 이 법에 의한 명령이나 정관에 위반한 때

② 설립허가를 취소하는 경우는 다른 방법으로 감독목적을 달성할 수 없거나 시정을 명한 후 6월 이내에 법인이 이를 이행하지 아니한 경우에 한한다.

③ 해산한 법인의 잔여재산은 정관이 정하는 바에 의하여 국가 또는 지방자치단체에 귀속된다.

④ 국가 또는 지방자치단체에 귀속된 재산은 사회복지사업에 사용하거나 유사한 목적을 가진 법인에게 무상으로 대부하거나 무상으로 사용·수익하게 할 수 있다. 다만, 해산한 법인의 이사 본인 및 그와 대통령령이 정하는 특별한 관계에 있는 자가 이사로 있는 법인에 대하여는 그러하지 아니한다.

⑤ 법인은 시·도지사의 허가를 받아 이 법에 의한 다른 법인과 합병할 수 있다. 법인이 합병하는 경우 합병 후 존속하는 법인 또는 합병에 의하여 설립된 법인은 합병에 의하여 소멸된 법인의 지위를 승계한다.

❺ 사회복지법인의 수익사업

① 법인은 목적사업의 경비에 충당하기 위하여 필요한 때에는 법인의 설립목적 수행에 지장이 없는 범위 안에서 수익사업을 할 수 있다.

② 법인은 수익사업으로부터 생긴 수익을 법인 또는 그가 설치한 사회복지시설의 운영 외의 목적에 사용할 수 없다.

③ 수익사업에 관한 회계는 법인의 다른 회계와 구분하여 계리하여야 한다.

❻ 사회복지협의회의 설치와 운영

① 사회복지에 관한 조사·연구와 각종 복지사업을 조성하기 위하여 전국단위의[7] 한국사회복지협의회와 시·도 단위의 시·도사회복지협의회를 두

7) 한국사회복지협의회는 다음의 업무를 행한다.
① 사회복지에 관한 조사연구 및 정책건의
② 사회복지에 관한 교육훈련
③ 사회복지에 관한 자료수집 및 간행물 발간
④ 사회복지에 관한 계몽 및 홍보
⑤ 자원봉사활동의 진흥
⑥ 사회복지사업에 종사하는 자의 교육훈련과 복지증진
⑦ 사회복지에 관한 학술도입과 국제사회복지단체와의 교류

며, 필요한 경우에는 시·군·구 단위의 시·군·구사회복지협의회를 둘 수 있다.

② 중앙협의회, 시·도협의회 및 시·군·구협의회는 이 법에 의한 사회복지법인으로 하되, 재산소유에 대한 규정은 이를 적용하지 아니한다.

③ 사회복지협의회는 다음의 업무를 수행한다.

가. 사회복지에 관한 조사·연구 및 정책 건의

나. 사회복지 관련 기관·단체 간의 연계·협력·조정

다. 사회복지 소외계층 발굴 및 민간사회복지자원과의 연계·협력

라. 대통령령으로 정하는 사회복지사업의 조성 등

(3) 사회복지시설

❶ 사회복지시설의 설치

① 국가 또는 지방자치단체는 사회복지시설을 설치·운영할 수 있다.8)

② 국가 또는 지방자치단체 외의 자가 시설을 설치·운영하고자 하는 때에는 보건복지부령이 정하는 바에 의하여 시장·군수·구청장에게 신고하여야 한다. 다만, 제40조의 규정에 의하여 폐쇄명령을 받고 3년이 경과되지 아니한 자는 시설의 설치·운영 신고를 할 수 없다.

③ 국가 또는 지방자치단체가 설치한 시설은 필요한 경우 사회복지법인 또는 비영리법인에게 위탁하여 운영하게 할 수 있다.

④ 시설을 설치·운영하는 자는 보건복지부령으로 정하는 재무·회계에 관한 기준에 따라 시설을 투명하게 운영하여야 한다.

⑤ 사회복지시설 중 사회복지관은 지역사회의 특성과 지역주민의 복지욕구를 고려하여 서비스 제공 등 지역복지증진을 위한 사업을 실시할 수 있다.

⑥ 사회복지관은 모든 지역주민을 대상으로 사회복지서비스를 실시하되, 다음의 지역주민에게 우선 제공하여야 한다.

---

⑧ 보건복지부장관이 위탁하는 사회복지에 관한 업무

⑨ 기타 중앙협의회의 목적달성에 필요하여 정관으로 정하는 사항

8) 사회복지분야의 6급 이상 공무원으로 재직하다 퇴직한 지 2년이 경과하지 아니한 사람은 퇴직 전 3년 동안 소속하였던 기초자치단체가 관할하는 시설의 장이 될 수 없다.

가. 「국민기초생활보장법」에 따른 수급자 및 차상위계층
나. 장애인, 노인, 한부모가족 및 다문화가족
다. 직업 및 취업 알선이 필요한 사람
라. 보호와 교육이 필요한 유아·아동 및 청소년
마. 그 밖에 사회복지관의 사회복지서비스를 우선 제공할 필요가 있다고 인정되는 사람

❷ 사회복지시설의 안전점검

① 시설의 장은 시설에 대하여 정기 및 수시안전점검을 실시하여야 한다.
② 시설의 장은 정기 또는 수시안전점검을 한 후 그 결과를 시장·군수·구청장에게 제출하여야 한다.
③ 시장·군수·구청장은 필요한 경우 시설의 운영자로 하여금 시설의 보완 또는 개·보수를 요구할 수 있으며 이 경우 시설의 운영자는 이에 응하여야 한다.
④ 국가 또는 지방자치단체는 예산의 범위 안에서 안전점검, 시설의 보완 및 시설의 개·보수에 소요되는 비용의 전부 또는 일부를 보조할 수 있다.

❸ 시설운영위원회의 운영

① 시설의 운영에 관한 다음의 사항을 심의하기 위하여 시설운영위원회를 둔다.
가. 시설운영계획의 수립·평가에 관한 사항
나. 사회복지 프로그램의 개발·평가에 관한 사항
다. 시설종사자의 근무환경 개선에 관한 사항
라. 시설거주자의 생활환경 개선 및 고충처리 등에 관한 사항
마. 시설과 지역사회와의 협력에 관한 사항
바. 그 밖에 시설의 장이 부의하는 사항
② 시설운영위원회의 위원은 다음의 어느 하나에 해당하는 사람 중에서 관할 시장·군수·구청장이 임명하거나 위촉한다(5~10인, 임기 3년).
가. 시설의 장
나. 시설거주자 대표

다. 시설거주자의 보호자 대표
라. 시설종사자의 대표
마. 해당 시·군·구 소속의 사회복지업무를 담당하는 공무원
바. 후원자 대표 또는 지역주민
사. 공익단체에서 추천한 사람
아. 그 밖에 시설의 운영 또는 사회복지에 관하여 전문적인 지식과 경험이 풍부한 사람

③ 시설의 장은 다음의 사항을 시설운영위원회에 보고하여야 한다.
가. 시설의 회계 및 예산·결산에 관한 사항
나. 후원금 조성 및 집행에 관한 사항
다. 그 밖에 시설운영과 관련된 사건·사고에 관한 사항

❹ 시설의 개선, 사업의 정지, 폐쇄

보건복지부장관, 시·도지사 또는 시장·군수·구청장은 시설이 다음의 하나에 해당할 때에는 그 시설의 개선, 사업의 정지, 시설의 장의 교체를 명하거나, 시설의 폐쇄를 명할 수 있다.

① 시설이 설치기준에 미달하게 된 때
② 사회복지법인 또는 비영리법인이 설치·운영하는 시설의 경우 그 사회복지법인 또는 비영리법인의 설립허가가 취소된 때
③ 설치목적의 달성, 기타 사유로 계속하여 운영될 필요가 없다고 인정할 때
④ 회계부정이나 불법행위, 기타 부당행위 등이 발견된 때
⑤ 신고를 하지 아니하고 시설을 설치·운영한 때
⑥ 운영위원회를 설치 또는 운영하지 아니한 때
⑦ 정당한 이유 없이 보고 또는 자료제출을 하지 아니하거나 거짓으로 한 때
⑧ 정당한 이유 없이 검사·질문을 거부·방해하거나 기피한 때

❺ 사회복지시설의 평가

① 「사회복지사업법」 제43조의2(시설의 평가)의 규정에 따라 보건복지부장관 및 시·도지사는 3년마다 1회 이상 시설에 대한 평가를 실시하여야 한다.
② 시설의 평가 기준은 시행규칙 제27조(시설의 서비스 최저기준)에서 다음과 같은

시설의 서비스 최저기준을 제시하고 있다.

가. 시설이용자의 인권

나. 시설의 환경

다. 시설의 운영

라. 시설의 안전관리

마. 시설의 인력관리

바. 지역사회 연계

사. 서비스의 과정 및 결과

아. 그 밖에 서비스 최저기준 유지에 필요한 사항

③ 서비스 최저기준 대상 시설의 범위는 다음에서와 같다. 다만, 시설의 규모, 제공하는 서비스의 특성, 이용자 수 등을 고려하여 보건복지부장관이 정하는 시설은 제외한다.

가. 「사회복지사업법」 제2조 제1호 각 목의 법률에 따른 사회복지시설

나. 사회복지관

❻ 사회복지관의 설치

① 사회복지관은 지역사회의 특성과 지역주민의 복지욕구를 고려하여 서비스 제공 등 지역복지증진을 위한 사업을 실시할 수 있다.

② 사회복지관은 모든 지역주민을 대상으로 사회복지서비스를 실시하되, 다음 각 호의 지역주민에게 우선 제공하여야 한다.

가. 「국민기초생활보장법」에 따른 수급자 및 차상위계층

나. 장애인, 노인, 한부모가족 및 다문화가족

다. 직업 및 취업 알선이 필요한 사람

라. 보호와 교육이 필요한 유아·아동 및 청소년

마. 그 밖에 사회복지관의 사회복지서비스를 우선 제공할 필요가 있다고 인정되는 사람

(4) 재가복지서비스

❶ 재가복지서비스의 제공

① 국가 또는 지방자치단체는 보호대상자가 다음의 어느 하나에 해당하는

재가복지서비스를 제공받도록 할 수 있다.

가. 가정봉사서비스 : 가사 및 개인활동을 지원하거나 정서활동을 지원하는 서비스

나. 주간·단기보호서비스 : 주간·단기보호시설에서 급식 및 치료 등 일상생활의 편의를 낮 동안 또는 단기간 동안 제공하거나 가족에 대한 교육 및 상담을 지원하는 서비스

② 시장·군수·구청장은 제33조의5에 따른 보호대상자별 서비스 제공 계획에 따라 보호대상자에게 사회복지서비스를 제공하는 경우 시설 입소에 우선하여 재가복지서비스를 제공하도록 하여야 한다.

❷ 보호대상자의 보호자에 대한 지원

① 국가 또는 지방자치단체는 보호가 결정된 보호대상자를 자신의 가정에서 돌보는 자에게 보건복지부령이 정하는 바에 의하여 그 보호자의 부담을 경감하기 위한 상담을 실시하거나 금전적 지원 등을 할 수 있다.

② 국가 또는 지방자치단체는 재가복지서비스를 필요로 하는 가정 또는 시설에서 보호대상자가 일상생활을 영위하기 위하여 필요한 각종 편의를 제공하는 가정봉사원을 양성하도록 노력하여야 한다.

(5) 기타 조치사항

① 이 법에 의한 복지조치에 필요한 비용을 부담한 지방자치단체의 장, 기타 시설을 운영하는 자는 그 혜택을 받은 본인 또는 그 부양의무자로부터 대통령령이 정하는 바에 의하여 그가 부담한 비용의 전부 또는 일부를 징수할 수 있다.

② 사회복지법인의 대표이사와 시설의 장은 아무런 대가 없이 무상으로 받은 금품, 기타 자산의 수입·지출 내용과 관리에 명확성이 확보되도록 하여야 한다.

③ 사회복지사는 사회복지에 관한 전문지식과 기술을 개발·보급하고 사회복지사의 자질 향상을 위한 교육훈련 및 사회복지사의 복지증진을 도모하기 위하여 한국사회복지사협회[9]를 설립한다.

9) 사회복지사협회는 다음의 업무를 행한다.

3 사회보장급여의 이용·제공 및 수급권자 발굴에 관한 법률

1) 사회보장급여의 이용·제공 및 수급권자 발굴에 관한 법률의 개관

(1) 법제정 목적과 개요

「사회보장급여의 이용·제공 및 수급권자 발굴에 관한 법률」(약칭 : 사회보장급여법)은 법률 제12935호로 2014년 12월 30일 제정되어 2015년 7월 1일부터 시행된 법률이다.

이 법률의 제정 이유를 보면, 늘어나는 복지예산과 서비스의 다양화에도 불구하고 현행 복지전달체계가 중앙행정기관별·지방자치단체별로 분절 운영되어 서비스의 효율적 연계를 기대하기 어렵고, 같은 대상자에게 복지혜택이 중복하여 제공되거나 복지소외계층이 발생하는 경우를 해소하고자 하는 것으로 나타나 있다. 특히, 2014년 2월 26일에 서울 송파구에서 생활고를 비관한 세 모녀가 동반 자살하는 사건이 발생한 것을 계기로 복지급여의 사각지대를 해소하기 위한 목적으로 제정되었기 때문에 이른바 '세 모녀법'으로도 칭한다.

이 법률에서는 「사회보장기본법」에 따른 사회보장급여의 신청, 조사, 결정·지급, 사후관리에 이르는 복지대상자 선정과 지원에 필요한 일련의 절차 및 방법 등에 관한 사항을 구체적으로 규정하고 있다. 아울러 소외계층을 발굴하기 위한 신고의무, 보호대상자에게 필요한 급여의 직권신청, 보호계획 수립·지원, 상담·안내·의뢰 등 수급권자 보호를 강화하고 복지사각지대를 해소하기 위한 방안을 제도적으로 보완하는 내용을 담고 있다.

그 외에도 중앙행정기관·지방자치단체 및 관련 공공기관 간 정보의 연계를 통하여 복지행정 업무를 전자적으로 지원하는 사회보장정보시스템의 원활한 운영을 뒷받침함으로써 복지사업의 효과성을 제고에 관한 내용을 담고 있다.

---

① 사회복지사에 대한 전문지식 및 기술의 개발·보급
② 사회복지사의 전문성 향상을 위한 교육훈련
③ 사회복지사제도에 대한 조사연구·학술대회 개최 및 홍보·출판사업
④ 국제사회복지단체와의 교류·협력
⑤ 보건복지부장관이 위탁하는 사회복지사업에 관한 업무
⑥ 기타 협회의 목적달성에 필요한 사항

이는 중앙행정기관과 지방자치단체 간의 유기적인 연계와 통일성을 기하여 지역 단위의 종합적 사회보장과 지역 간 균형발전을 실현하기 위한 방안 및 지원체계를 정립하여 궁극적으로는 국민이 자신에게 적합한 복지혜택을 선택할 수 있도록 하는 맞춤형 서비스를 제공함으로써 국민의 복지체감도를 향상시키려는 목적으로 볼 수 있다.

(2) 법률용어의 정의

① '사회보장급여'란 보장기관이 「사회보장기본법」 제3조 제1호에 따라 제공하는 현금, 현물, 서비스 및 그 이용권을 말한다.
② '수급권자'란 「사회보장기본법」 제9조에 따른 사회보장급여를 제공받을 권리를 가진 사람을 말한다.
③ '수급자'란 사회보장급여를 받고 있는 사람을 말한다.
④ '지원대상자'란 사회보장급여를 필요로 하는 사람을 말한다.
⑤ '보장기관'이란 관계 법령 등에 따라 사회보장급여를 제공하는 국가기관과 지방자치단체를 말한다.

(3) 법률수행의 책임과 범위

① 보장기관의 장은 사회보장급여의 제공을 결정한 때에는 필요한 경우 다음 각 호의 사항이 포함된 수급권자별 사회보장급여 제공계획을 수립하여야 한다. 이 경우 수급권자 또는 그 친족이나 그 밖의 관계인의 의견을 고려하여야 한다.
가. 사회보장급여의 유형·방법·수량 및 제공기간
나. 사회보장급여를 제공할 기관 및 단체
다. 동일한 수급권자에 대하여 사회보장급여를 제공할 보장기관 또는 관계 기관·법인·단체·시설이 둘 이상인 경우 상호 간 연계방법
라. 사회보장 관련 민간 법인·단체·시설이 제공하는 복지혜택과 연계가 필요한 경우 그 연계방법

② 보장기관의 장은 지원계획에 따라 사회보장급여가 제공될 수 있도록 노력하여야 하며, 필요한 경우 사회보장급여 제공결과를 정기적으로 평가

하고 그 결과에 따라 지원계획을 변경할 수 있다.

③ 보장기관의 장은 수급권자의 지원계획 수립·변경 시 사회보장정보시스템을 통하여 수급자격을 확인할 수 있다.

④ 보장기관의 장은 지원계획의 실행을 위하여 필요하다고 판단되는 최소한의 정보를 관계 보장기관과 공유할 수 있으며, 필요한 경우 수급권자의 동의를 받아 대통령령으로 정하는 법인·단체·시설과 공유할 수 있다.

⑤ 보장기관의 장은 지원계획 수립·이행 등의 전문성 향상을 지원하기 위하여 교육, 컨설팅 등 필요한 업무를 「공공기관의 운영에 관한 법률」에 따른 공공기관 등 관계 기관에 위탁할 수 있다.

⑥ 이 법에 따른 처분에 이의가 있는 수급권자 등은 그 처분을 받은 날로부터 90일 이내에 처분을 결정한 보장기관의 장에게 이의신청을 할 수 있다. 다만, 정당한 사유로 인하여 그 기간 내에 이의신청을 할 수 없음을 증명한 때에는 그 사유가 소멸한 때부터 60일 이내에 이의신청을 할 수 있다.

⑦ 보장기관의 장은 이의신청을 받은 날부터 10일 이내에 그 이의신청에 대하여 결정하고 그 결과를 신청인에게 지체 없이 통지하여야 한다. 다만, 부득이한 사유로 정하여진 기간 이내에 결정할 수 없을 때에는 그 기간의 만료일 다음 날부터 기산하여 10일 이내의 범위에서 연장할 수 있으며, 연장 사유를 신청인에게 통지하여야 한다.

2) 지역사회보장의 조치내용

(1) 지역사회보장계획의 수립·시행·평가

① 지역사회보장계획의 수립에 대한 내용은 다음과 같다.

가. 특별시장·광역시장·특별자치시장·도지사·특별자치도지사 및 시장(「제주특별자치도 설치 및 국제자유도시 조성을 위한 특별법」에 따른 행정시장을 포함)·군수·구청장은 지역사회보장에 관한 계획을 4년마다 수립하고, 매년 지역사회보장계획에 따라 연차별 시행계획을 수립하여야 한다. 이 경우 「사회보장기본법」에 따라 5년마다 수립되는 사회보장에 관한

기본계획과 연계되도록 하여야 한다.

나. 시장·군수·구청장은 해당 시·군·구의 지역사회보장계획(연차별 시행계획을 포함)을 지역주민 등 이해관계인의 의견을 들은 후 수립하고, 제41조에 따른 지역사회보장협의체의 심의와 해당 시·군·구 의회의 보고(보고의 경우 「제주특별자치도 설치 및 국제자유도시 조성을 위한 특별법」에 따른 행정시장은 제외)를 거쳐 시·도지사에게 제출하여야 한다.

다. 시·도지사는 제출받은 시·군·구의 지역사회보장계획을 지원하는 내용 등을 포함한 특별시·광역시·특별자치시·도·특별자치도 지역사회보장계획을 수립하여, 시·도사회보장위원회의 심의와 해당 시·도 의회의 보고를 거쳐 보건복지부장관에게 제출하여야 한다. 이 경우 보건복지부장관은 제출된 계획을 사회보장위원회에 보고하여야 한다.

라. 시·도지사 또는 시장·군수·구청장은 지역사회보장계획을 수립할 때 필요하다고 인정하는 경우에는 사회보장 관련 기관·법인·단체·시설에 자료 또는 정보의 제공과 협력을 요청할 수 있다.

마. 보장기관의 장은 지역사회보장계획의 수립 및 지원 등을 위하여 지역 내 사회보장 관련 실태와 지역주민의 사회보장에 관한 인식 등에 관하여 필요한 조사를 실시할 수 있으며, 시·도지사 및 시장·군수·구청장은 지역사회보장계획 수립 시 지역사회보장조사 결과를 반영할 수 있다.

바. 보건복지부장관 또는 시·도지사는 지역사회보장계획의 내용이 대통령령으로 정하는 사유에 해당하는 경우에는 시·도지사 또는 시장·군수·구청장에게 그 조정을 권고할 수 있다. 이 경우 보건복지부장관은 관계 중앙행정기관의 장의 의견을 들을 수 있다.

사. 지역사회보장계획의 수립 및 지역사회보장조사의 시기·방법 등에 필요한 사항은 대통령령으로 정한다.

② 시·군·구 지역사회보장계획의 내용에는 다음 사항이 포함되어야 한다.

가. 지역사회보장 수요의 측정, 목표 및 추진전략

나. 지역사회보장의 목표를 점검할 수 있는 지표(지역사회보장지표)의 설정 및 목표

다. 지역사회보장의 분야별 추진전략, 중점 추진사업 및 연계협력 방안
라. 지역사회보장 전달체계의 조직과 운영
마. 사회보장급여의 사각지대 발굴 및 지원 방안
바. 지역사회보장에 필요한 재원의 규모와 조달 방안
사. 지역사회보장에 관련한 통계 수집 및 관리 방안
아. 지역 내 부정수급 발생 현황 및 방지대책
자. 그 밖에 대통령령으로 정하는 사항

③ 시·도 지역사회보장계획의 내용에는 다음 사항이 포함되어야 한다.
가. 시·군·구의 사회보장이 균형적이고 효과적으로 추진될 수 있도록 지원하기 위한 목표 및 전략
나. 지역사회보장지표의 설정 및 목표
다. 시·군·구에서 사회보장급여가 효과적으로 이용 및 제공될 수 있는 기반 구축 방안
라. 시·군·구 사회보장급여 담당 인력의 양성 및 전문성 제고 방안
마. 지역사회보장에 관한 통계자료의 수집 및 관리 방안
바. 시·군·구의 부정수급 방지대책을 지원하기 위한 방안
사. 그 밖에 지역사회보장 추진에 필요한 사항

④ 특별자치시 지역사회보장계획은 다음 각 호의 사항을 포함하여야 한다.
가. 제1항 각 호의 사항
나. 사회보장급여가 효과적으로 이용 및 제공될 수 있는 기반 구축 방안
다. 사회보장급여 담당 인력의 양성 및 전문성 제고 방안
라. 그 밖에 지역사회보장 추진에 필요한 사항

⑤ 지역사회보장계획의 시행·평가에 대한 내용은 다음과 같다.
가. 시·도지사 또는 시장·군수·구청장은 지역사회보장계획을 시행하여야 한다.
나. 시·도지사 또는 시장·군수·구청장은 지역사회보장계획을 시행할 때 필요하다고 인정하는 경우에는 사회보장 관련 민간 법인·단체·시설에 인력, 기술, 재정 등의 지원을 할 수 있다.
다. 보건복지부장관은 시·도 지역사회보장계획의 시행결과를, 시·도지사

는 시·군·구 지역사회보장계획의 시행결과를 각각 보건복지부령으로 정하는 바에 따라 평가할 수 있다.

라. 시·도지사는 지역사회보장계획의 평가를 시행한 경우 그 결과를 보건복지부장관에게 제출하여야 한다. 보건복지부장관은 이를 종합·검토하여 사회보장위원회에 보고하여야 한다.

마. 보건복지부장관 또는 시·도지사는 사회보장사업의 수행에 필요한 비용을 지원할 수 있으며, 이 경우 평가결과를 반영할 수 있다.

(2) 시 · 도사회보장위원회

① 시·도지사는 시·도의 사회보장 증진을 위하여 시·도사회보장위원회를 둔다.

② 시·도사회보장위원회는 다음의 업무를 심의·자문한다.

가. 시·도의 지역사회보장계획 수립·시행 및 평가에 관한 사항

나. 시·도의 지역사회보장조사 및 지역사회보장지표에 관한 사항

다. 시·도의 사회보장급여 제공에 관한 사항

라. 시·도의 사회보장 추진과 관련한 중요 사항

마. 제41조 제7항에 따른 읍·면·동 단위 지역사회보장협의체의 구성 및 운영에 관한 사항(특별자치시에 한정한다)

바. 사회보장과 관련된 서비스를 제공하는 관계 기관·법인·단체·시설과의 연계·협력 강화에 관한 사항(특별자치시에 한정)

사. 그 밖에 위원장이 필요하다고 인정되는 사항

③ 시·도사회보장위원회는 다음 각 호의 사람 중에서 호선된 위원장 1명을 포함하여 시·도지사가 임명 또는 위촉한 15명 이상 40명 이하의 위원으로 구성한다.

가. 사회보장에 관한 전문적 지식이나 경험을 가진 사람

나. 사회보장 관련 기관 및 단체의 대표자

다. 사회보장을 필요로 하는 사람의 이익 등을 대표하는 사람

라. 지역사회보장협의체의 대표자

마. 비영리민간단체에서 추천한 사람

바. 사회복지공동모금지회에서 추천한 사람

사. 제41조 제7항에 따른 읍·면·동 단위 지역사회보장협의체의 위원장(특별자치시에 한정, 공동위원장이 있는 경우에는 민간위원 중에서 선출된 공동위원장)

아. 사회보장에 관한 업무를 담당하는 공무원

④ 다음의 하나에 해당하는 자는 시·도사회보장위원회의 위원이 될 수 없다.

가. 미성년자

나. 피성년후견인, 피한정후견인

다. 파산선고를 받고 복권되지 아니한 사람

라. 법원의 판결에 따라 자격이 상실되거나 정지된 사람

마. 금고 이상의 실형을 선고받고 그 집행이 끝나거나(집행이 끝난 것으로 보는 경우를 포함) 집행이 면제된 날부터 3년이 지나지 아니한 사람

바. 금고 이상 형의 집행유예를 선고받고 그 유예기간 중에 있는 사람

사. 「사회복지사업법」 제2조 제1호의 사회복지사업 또는 그 직무와 관련하여 「아동복지법」 제71조, 「보조금 관리에 관한 법률」 제40조부터 제42조까지 또는 「형법」 제28장·제40장(제360조 제외)의 죄를 범하거나 이 법을 위반하여 다음의 어느 하나에 해당하는 사람

- 100만 원 이상의 벌금형을 선고받고 그 형이 확정된 후 5년이 지나지 아니한 사람
- 금고 이상 형의 집행유예를 선고받고 그 유예기간이 끝난 날부터 7년이 지나지 아니한 사람
- 금고 이상의 실형을 선고받고 그 집행이 끝나거나(집행이 끝난 것으로 보는 경우를 포함) 집행이 면제된 날부터 7년이 지나지 아니한 사람

아. 「성폭력범죄의 처벌 등에 관한 특례법」 제2조의 성폭력범죄(「성폭력범죄의 처벌 등에 관한 특례법」 제2조 제1항 제1호는 제외) 또는 「아동·청소년의 성보호에 관한 법률」 제2조 제2호의 아동·청소년대상 성범죄를 저지른 사람으로서 형 또는 치료감호를 선고받고 확정된 후 그 형 또는 치료감호의 전부 또는 일부의 집행이 끝나거나(집행이 끝난 것으로 보는 경우를 포함) 집행이 면제되거나 집행의 유예기간이 끝난 날부터 10년이 지나

지 아니한 사람

⑤ 시·도사회보장위원회의 조직·운영에 필요한 사항은 보건복지부령으로 정하는 바에 따라 해당 시·도의 조례로 정한다.

⑥ 지역사회보장위원회의 위원 임기는 2년으로 하되, 위원장은 한 차례만 연임할 수 있다.

(3) 시 · 군 · 구 지역사회보장협의체

① 시장·군수·구청장은 지역의 사회보장을 증진하고, 사회보장과 관련된 서비스를 제공하는 관계 기관·법인·단체·시설과 연계·협력을 강화하기 위하여 해당 시·군·구에 지역사회보장협의체를 둔다.

② 특별자치시장 및 시장·군수·구청장은 읍·면·동 단위로 읍·면·동의 사회보장 관련 업무의 원활한 수행을 위하여 해당 읍·면·동에 읍·면·동 단위 지역사회보장협의체를 둔다. 읍·면·동 단위 지역사회보장협의체의 조직·운영에 필요한 사항은 보건복지부령으로 정하는 바에 따라 해당 특별자치시 및 시·군·구의 조례로 정한다.

③ 시·군·구 지역사회보장협의체는 다음의 업무를 심의·자문한다.

가. 시·군·구의 지역사회보장계획 수립·시행 및 평가에 관한 사항

나. 시·군·구의 지역사회보장조사 및 지역사회보장지표에 관한 사항

다. 시·군·구의 사회보장급여 제공에 관한 사항

라. 시·군·구의 사회보장 추진에 관한 사항

마. 읍·면·동 단위 지역사회보장협의체의 구성 및 운영에 관한 사항

바. 그 밖에 위원장이 필요하다고 인정하는 사항

④ 지역사회보장협의체의 위원은 위원장을 포함하여 총 10명 이상 40명 이하로 구성하며, 다음 각 호의 사람 중 시장·군수·구청장이 임명 또는 위촉하며 위원장은 위원 중에서 호선하되, 공무원인 위원과 위촉위원 각 1명을 공동위원장으로 선출할 수 있다. 다만, 제40조 제4항에 해당되는 사람은 위원이 될 수 없다.

가. 사회보장에 관한 학식과 경험이 풍부한 사람

나. 지역의 사회보장 활동을 수행하거나 서비스를 제공하는 기관·법인·

단체·시설의 대표자

다. 「비영리민간단체지원법」 제2조의 비영리민간단체에서 추천한 사람

라. 읍·면·동 단위 지역사회보장협의체의 위원장

마. 사회보장에 관한 업무를 담당하는 공무원

⑤ 지역사회보장협의체의 업무를 효율적으로 수행하기 위하여 지역사회보장협의체에 실무협의체를 둔다. 실무협의체 위원은 10명 이상 40인 이하의 위원으로 구성한다.

⑥ 제1항부터 제5항까지에 규정된 사항 외에 지역사회보장협의체, 실무협의체 및 읍·면·동 단위 지역사회보장협의체의 조직·운영에 필요한 사항은 보건복지부령으로 정하는 바에 따라 해당 시·군·구의 조례로 정한다. 이에 따라 지역사회보장협의체의 위원장은 지역사회보장협의체의 효율적인 심의·자문을 위하여 전문위원회를 구성·운영할 수 있다. 아울러 실무협의체의 위원장은 지역의 사회보장 관련 기관·법인·단체·시설 간 연계·협력을 강화하기 위하여 실무분과를 구성·운영할 수 있다.

⑦ 지역사회보장협의체와 실무협의체의 위원의 임기는 2년으로 하되, 위원장은 한 차례만 연임할 수 있다. 다만, 공무원인 위원의 임기는 그 재직기간으로 한다.

(4) 읍·면·동 지역사회보장협의체

① 읍·면·동 단위 지역사회보장협의체는 읍장·면장·동장과 다음 각 호의 어느 하나에 해당하는 사람 중에서 읍장·면장·동장의 추천을 받아 시장·군수·구청장이 위촉하는 사람으로 성별을 고려하여 구성한다.

가. 지역의 사회보장 활동을 수행하거나 서비스를 제공하는 기관·법인·단체·시설 또는 공익단체의 실무자

나. 사회보장에 관한 업무를 담당하는 공무원

다. 「비영리민간단체 지원법」 제2조에 따른 비영리민간단체에서 추천한 사람

라. 법 제44조 제1항에 따른 복지위원

마. 「지방자치법」 제4조의2 제4항에 따른 행정리의 이장 및 같은 조 제5

항에 따른 행정동의 하부 조직으로 두는 통의 통장

바. 주민자치위원, 자원봉사단체 구성원

사. 그 밖에 관할 지역의 사회보장 증진에 열의가 있는 사람

② 읍·면·동 단위 지역사회보장협의체 위원은 읍·면·동별로 각 10명 이상으로 한다.

③ 읍·면·동 단위 지역사회보장협의체의 위원장은 위원 중에서 호선하되, 읍장·면장·동장과 민간위원 중에서 각 1명을 공동위원장으로 선출할 수 있다.

④ 읍·면·동 단위 지역사회보장협의체 위원의 임기는 2년으로 하며 연임할 수 있다. 다만, 공무원인 위원의 임기는 그 재직기간으로 한다.

(5) 사회보장사무전담기구

① 시장·군수·구청장은 사회보장에 관한 업무를 효율적으로 수행하기 위하여 관련 조직, 인력, 관계 기관 간 협력체계 등을 마련하여야 하며, 필요한 경우에는 사회보장에 관한 사무를 전담하는 기구를 별도로 설치할 수 있다.

② 사회보장사무 전담기구는 사회보장정보시스템을 활용하여 수급권자에게 필요한 정보를 종합 안내하고, 사회보장급여에 대한 신청 등이 편리하게 이루어질 수 있도록 운영되어야 한다.

③ 사회보장사무 전담기구의 사무 범위, 조직 및 운영 등에 필요한 사항은 해당 시·군·구의 조례로 정한다.

(6) 사회복지전담공무원

① 사회복지사업에 관한 업무를 담당하게 하기 위하여 시·도, 시·군·구, 읍·면·동 또는 사회보장사무 전담기구에 사회복지전담공무원을 둘 수 있다.

② 사회복지전담공무원은 「사회복지사업법」 제11조에 따른 사회복지사의 자격을 가진 사람으로 하며, 그 임용 등에 필요한 사항은 대통령령으로 정한다.

③ 사회복지전담공무원은 사회보장급여에 관한 업무 중 취약계층에 대한 상담과 지도, 생활실태의 조사 등 보건복지부령으로 정하는 사회복지에 관한 전문적 업무를 담당한다.

④ 국가는 사회복지전담공무원의 보수 등에 드는 비용의 전부 또는 일부를 보조할 수 있다.

(7) 지역사회보장균형발전지원센터

① 보건복지부장관은 시·도 및 시·군·구의 사회보장 추진 현황 분석, 지역사회보장계획의 평가, 지역 간 사회보장의 균형발전 지원 등의 업무를 효과적으로 수행하기 위하여 지역사회보장균형발전지원센터를 설치·운영할 수 있다.

② 보건복지부장관은 지역사회보장균형발전지원센터의 운영을 관련 전문기관에 위탁할 수 있다.

③ 지역사회보장균형발전지원센터의 설치·운영과 운영의 위탁 등에 필요한 사항은 보건복지부령으로 정한다.

3) 사회보장급여의 환수와 사회보장정보

(1) 사회보장급여의 환수

① 수급자가 급여신고를 고의로 회피하거나 속임수 등의 부정한 방법으로 사회보장급여를 받거나 타인으로 하여금 사회보장급여를 받게 한 경우에는 사회보장급여를 제공한 보장기관의 장은 그 비용의 전부 또는 일부를 그 사회보장급여를 받거나 받게 한 자(부정수급자)로부터 징수할 수 있다.

② 보장기관의 장은 수급권이 없는 자에게 사회보장급여를 제공하거나 그 변경·중지로 인하여 수급자에게 이미 제공한 사회보장급여 중 과잉지급분이 발생한 경우에는 즉시 이를 제공받은 사람에 대하여 그 전부 또는 일부의 반환을 명하여야 한다. 다만, 이를 이미 소비하였거나 그 밖에 수급자에게 부득이한 사유가 있는 때에는 그 반환을 면제할 수 있다.

③ 제1항 및 제2항에 따라 징수 또는 반환받을 금액은 각각 그 사회보장급

여를 받거나 받게 한 자 또는 부양의무자에게 통지하여 이를 징수하고, 이에 응하지 아니하는 경우 국세 체납처분의 예 또는 「지방세외수입금의 징수 등에 관한 법률」에 따라 징수한다.

④ 제1항부터 제3항까지에 따른 징수 및 반환명령의 대상, 범위, 방법 등은 대통령령으로 정한다.

(2) 사회보장정보 및 사회보장시스템의 이용

① 보장기관의 장은 업무를 효율적으로 수행하기 위하여 수급권자의 선정 및 급여관리 등에 관한 업무를 효율적으로 수행할 수 있도록 2010년부터 구축된 사회보장정보시스템(사회복지통합관리망)을 이용하거나 관할 업무시스템과 사회보장정보시스템을 연계하여 이용할 수 있다. 이 경우 보장기관의 장은 사회보장정보시스템을 이용하여 처리하고자 하는 자료 또는 정보와 그 범위, 처리 목적·방식, 해당 자료 또는 정보의 보유기관(정보보유기관) 등을 특정하여 보건복지부장관과 협의하여야 한다.

② 보건복지부장관은 사회보장의 사각지대를 해소하기 위하여 사회보장정보시스템을 통하여 처리된 정보를 보장기관의 장에게 제공할 수 있으며, 보장기관의 장은 필요한 경우 지원대상자의 동의를 받아 대통령령으로 정하는 법인·단체·시설의 장이 활용할 수 있도록 지원할 수 있다.

③ 보장기관이 아닌 다른 기관이 사회보장정보시스템의 이용 및 제공 목적 외의 용도로 사회보장정보를 이용하려는 경우에는 정보보유기관의 장의 심사를 거쳐 보건복지부장관의 승인을 받아야 한다.

④ 제2항에 따라 보건복지부장관이 사회보장정보를 제공하는 경우에는 이용 목적을 고려하여 필요 최소한의 사회보장정보를 제공하여야 한다.

⑤ 제1항부터 제4항까지에 규정된 사항 외에 사회보장정보시스템의 이용 범위·방법 및 절차 등은 대통령령으로 정한다.

PART

03

공공부조법제와 사회보험법제의 실천

Chapter 06_공공부조법제

Chapter 07_연금보험법제

Chapter 08_건강보험법제 / 노동보험법제

Chapter 06 공공부조법제

1 국민기초생활보장법 / 긴급복지지원법

1) 국민기초생활보장법

(1) 국민기초생활보장법의 개관

❶ 법제정 목적과 개요

「국민기초생활보장법」은 생활이 어려운 자에게 필요한 급여를 행하여 이들의 최저생활을 보장하고 자활을 조성하는 것을 목적으로 제정되었다. 국민기초생활보장제도는 가족이나 스스로의 힘으로 생계를 유지할 능력이 없는 최저생계비(minimum cost of living, 最低生計費) 이하의 절대 빈곤층 국민에게 자산조사를 거쳐 생계, 교육, 의료, 주거 등의 급여를 통해 기초적 생활을 국가가 보장해 주고, 근로능력이 있는 자에게는 체계적인 자활지원서비스를 제공하여 자활·자립을 지원해 주는 제도이다.[1)]

❷ 법제정 배경과 경과

「국민기초생활보장법」의 전신인 「생활보호법」은 1961년 12월 31일 제정되어 수차례의 개정과정을 거치면서 빈곤계층에게 생계보호, 의료보호 등의 생활보

1) 보건복지부(2009), 『보건복지백서』, p. 84 재수정.

호제도를 40여 년간 수행해온 근거가 되어 왔다. 그러나 1997년 말에 닥쳐온 외환경제위기는 대량실업으로 인한 빈곤인구의 양산으로 이혼, 아동·노인의 유기, 가출, 노숙, 자살, 결식아동의 증가 등 각종 사회병리현상을 가져와 빈곤문제가 사회적 문제로 부각되었다.

이러한 경제위기 상황에서 최후의 사회안전망으로서 제 역할을 하지 못하게 된 「생활보호법」의 한계에 따라 최저생계비 이하 저소득층의 기초생활을 국가가 보장할 필요성이 대두되었다. 이에 1998년 45개 시민단체가 '국민기초생활보장법 제정추진연대회의'를 구성하여 법률제정을 청원하게 된 경과과정을 거쳐 여당과 야당, 정부 등 전 국민적 합의를 바탕으로 「국민기초생활보장법」을 제정(1999.9.7)하였다.

이후 각계 대표, 전문가, 공무원 등으로 이루어진 '국민기초생활보장 추진준비단'을 구성해 1년간의 준비기간을 거쳐, 2000년 10월 1일 국민기초생활보장제도가 시행되었다.

「국민기초생활보장법」의 제정은 시혜적 단순 보호차원의 생활보호제도로부터 저소득층에 대한 국가의 책임을 강화하는 생활보장시책으로의 대전환을 의미하며, 보호가 필요한 절대빈곤층의 기초생활을 국가가 보장하되, 종합적 자활·자립서비스의 체계적 지원을 통해 생산적 복지를 구현하는 데 그 의의가 있다. 국민기초생활보장법의 주요 특징을 살펴보면 다음과 같다.

첫째, 최저생활보장에 대한 헌법상의 권리를 실체적으로 규정한 법률로서 큰 의의를 가진다. 과거 생활보호법에서는 복지를 어려운 사람을 도와주는 시혜적 보호로 생각하였으나, 「국민기초생활보장법」이 제정되면서 복지는 국민의 권리이며 국가의 의무로 보는 복지철학의 대전환을 가져오게 된 것이다.

둘째, 최저생계비 이하인 국민기초생활을 국가가 보장한다는 점이다. 「생활보호법」에서는 근로능력이 있는 자에게는 생계비를 지원하지 않았으나, 「국민기초생활보장법」에서는 근로능력의 유무에 관계없이 국가의 보호를 필요로 하는 빈곤선 이하의 국민은 최저생활을 보장받게 되었다.

셋째, 근로능력이 있는 국민에게는 체계적인 자활지원서비스를 제공하여 일할 수 있도록 하는 생산적 복지를 구현한다는 점이다. 기초생활을 권리로서 보장하되, 근로능력이 있는 사람에게 노동의 기회를 부여함으로써 개인의 능력을 최대한 발휘하게 하여 개인의 행복추구는 물론 이웃과 사회 그리고 국가에 이바지할 수 있도록 하여 궁극적으로 사회통합을 지향하고 있다.2)

❸ 법률용어의 정의

이 법에서 사용하는 용어의 정의는 다음과 같다.

① '수급권자'란 이 법에 따른 급여를 받을 수 있는 자격을 가진 사람을 말한다.

② '수급자'란 이 법에 따른 급여를 받는 사람을 말한다.

③ '수급품'이란 이 법에 따라 수급자에게 지급하거나 대여하는 금전 또는 물품을 말한다.

④ '보장기관'이란 이 법에 따른 급여를 실시하는 국가 또는 지방자치단체를 말한다.

⑤ '부양의무자'란 수급권자를 부양할 책임이 있는 사람으로서 수급권자의 1촌의 직계혈족 및 그 배우자를 말한다. 다만, 사망한 1촌의 직계혈족의 배우자는 제외한다.

⑥ '최저보장수준'이란 국민의 소득·지출 수준과 수급권자의 가구 유형 등 생활실태, 물가상승률 등을 고려하여 법 제6조에 따라 급여의 종류별로 공표하는 금액이나 보장수준을 말한다.

⑦ '최저생계비'란 국민이 건강하고 문화적인 생활을 유지하기 위하여 필요한 최소한의 비용으로서 제20조의2 제4항에 따라 보건복지부장관이 3년마다 계측하는 금액을 말한다.

⑧ '개별가구'란 이 법에 따른 급여를 받거나 이 법에 따른 자격요건에 부합하는지에 관한 조사를 받는 기본단위로서 수급자 또는 수급권자로 구성된 가구를 말한다. 이 경우 개별가구의 범위 등 구체적인 사항은 대통령령으로 정한다.

⑨ '소득인정액'이란 보장기관이 급여의 결정 및 실시 등에 사용하기 위하여 산출한 개별가구의 소득평가액과 재산의 소득환산액을 합산한 금액을 말한다.

⑩ '차상위계층'이란 수급권자(제14조의2에 따라 수급권자로 보는 사람은 제외)에 해당하

2) 보건복지부(2009), 『보건복지백서』, p. 85 재수정.

지 아니하는 계층으로서 소득인정액이 대통령령으로 정하는 기준 이하인 계층을 말한다.

⑪ '기준 중위소득'이란 보건복지부장관이 급여의 기준 등에 활용하기 위하여 중앙생활보장위원회의 심의·의결을 거쳐 고시하는 국민 가구소득의 분위를 기초생활수급자(0분위)를 제외하고 가장 낮은 '1분위'에서 가장 높은 '10분위'로 나눈 후 그 중위값을 말한다.

❹ 법률수행의 책임과 범위

① 급여의 기본원칙

가. 이 법에 의한 급여는 수급자가 자신의 생활의 유지·향상을 위하여 그 소득·재산·근로능력 등을 활용하여 최대한 노력하는 것을 전제로 이를 보충·발전시키는 것을 기본원칙으로 한다.

나. 부양의무자의 부양과 다른 법령에 의한 보호는 이 법에 의한 급여에 우선하여 행하여지는 것으로 한다. 다만, 다른 법령에 의한 보호의 수준이 이 법에서 정하는 수준에 이르지 아니하는 경우에는 나머지 부분에 관하여 이 법에 의한 급여를 받을 권리를 잃지 아니한다.

② 급여의 기준

가. 이 법에 의한 급여는 건강하고 문화적인 최저생활을 유지할 수 있는 것이어야 한다.

나. 이 법에 의한 급여의 기준은 수급자의 연령, 가구규모, 거주지역, 그 밖의 생활여건 등을 고려하여 급여의 종류별로 보건복지부장관이 정하거나 급여를 지급하는 중앙행정기관의 장이 보건복지부장관과 협의하여 정한다.

다. 보장기관은 이 법에 의한 급여를 개별가구를 단위로 하여 행하되, 특히 필요하다고 인정하는 경우에는 개인을 단위로 하여 행할 수 있다.

라. 지방자치단체인 보장기관은 해당 지방자치단체의 조례로 정하는 바에 따라 이 법에 따른 급여의 범위 및 수준을 초과하여 급여를 실시할 수 있다. 이 경우 해당 보장기관은 보건복지부장관 및 소관 중앙행정기관의 장에 알려야 한다.

③ 최저보장수준의 결정 등

가. 보건복지부장관 또는 소관 중앙행정기관의 장은 급여의 종류별 수급자 선정기준 및 최저보장수준을 결정하여야 한다.

나. 보건복지부장관 또는 소관 중앙행정기관의 장은 매년 8월 1일까지 중앙생활보장위원회의 심의·의결을 거쳐 다음 연도의 급여종류별 수급자 선정기준 및 최저보장수준을 공표하여야 한다.

(2) 기초생활보장의 급여내용

❶ 생계급여

① 생계급여는 수급자에게 의복·음식물 및 연료비와 기타 일상생활에 기본적으로 필요한 금품을 지급하여 그 생계를 유지하게 하는 것으로 한다.

② 생계급여는 금전을 지급함으로써 행한다. 다만, 이에 의할 수 없거나 이에 의하는 것이 적당하지 아니하다고 인정하는 경우에는 물품을 지급함으로써 행할 수 있다.

③ 생계급여는 수급자의 주거에서 행한다. 다만, 수급자가 그 주거가 없거나 주거가 있어도 그곳에서는 급여의 목적을 달성할 수 없는 경우 또는 수급자가 희망하는 경우에는 수급자를 제32조의 규정에 의한 보장시설이나 타인의 가정에 위탁하여 급여를 행할 수 있다.

❷ 주거급여

① 주거급여는 수급자에게 주거안정에 필요한 임차료, 유지수선비, 기타 대통령령이 정하는 수급품을 지급하는 것으로 「주거급여법」에 따라 국토교통부에서 주관한다.

② 주거급여의 기준 및 지급절차 등에 관하여 필요한 사항은 보건복지부령으로 정한다.

❸ 의료급여

① 의료급여는 수급자에게 건강한 생활을 유지하는 데 필요한 각종 검사 및 치료 등을 지급하는 것으로 한다.

② 의료급여 수급권자는 부양의무자가 없거나, 부양의무자가 있어도 부양능

력이 없거나 부양을 받을 수 없는 사람으로서 그 소득인정액이 제20조 제2항에 따른 중앙생활보장위원회의 심의·의결을 거쳐 결정하는 금액(의료급여 선정기준) 이하인 사람으로 한다. 이 경우 의료급여 선정기준은 기준 중위소득의 100분의 40 이상으로 한다.

③ 의료급여에 필요한 사항은 따로 법률에서 정한다.

❹ 교육급여

① 교육급여는 교육부 소관업무로서, 수급자에게 입학금·수업료·학용품비, 기타 수급품을 지원하는 것으로 하되, 학교의 종류·범위 등에 관하여 필요한 사항은 대통령령으로 정한다.

② 교육급여는 금전 또는 물품을 수급자 또는 수급자의 친권자나 후견인에게 지급함으로써 행한다. 다만, 보장기관이 필요하다고 인정하는 경우에는 수급자가 재학하는 학교의 장에게 수급품을 지급할 수 있다.

❺ 해산급여

① 해산급여는 수급자에게 다음의 급여를 행하는 것으로 한다.

가. 조산(助産)

나. 분만 전과 분만 후의 필요한 조치와 보호

② 해산급여는 보건복지부령이 정하는 바에 따라 보장기관이 지정하는 의료기관에 위탁하여 행할 수 있다.

③ 해산급여에 필요한 수급품은 보건복지부령이 정하는 바에 따라 수급자나 그 세대주 또는 세대주에 준하는 자에게 지급한다. 다만, 그 급여를 의료기관에 위탁하는 경우에는 수급품을 그 의료기관에 지급할 수 있다.

❻ 장제급여

① 장제급여는 수급자가 사망한 경우 사체의 검안·운반·화장 또는 매장, 기타 장제조치를 행하는 것으로 한다.

② 장제급여는 보건복지부령이 정하는 바에 따라 실제로 장제를 행하는 자에게 장제에 필요한 비용을 지급함으로써 행한다. 다만, 이에 의할 수 없거나 이에 의하는 것이 적당하지 아니하다고 인정하는 경우에는 물품을

지급함으로써 행할 수 있다.

❼ 자활급여

① 자활급여는 수급자의 자활을 조성하기 위하여 다음의 급여를 행하는 것으로 한다.

가. 자활에 필요한 금품의 지급 또는 대여

나. 자활에 필요한 근로능력의 향상 및 기능습득의 지원

다. 취업 알선 등 정보의 제공

라. 자활을 위한 근로기회의 제공

마. 자활에 필요한 시설 및 장비의 대여

바. 창업교육, 기능훈련 및 기술·경영지도 등 창업지원

사. 자활에 필요한 자산형성 지원

아. 기타 대통령령이 정하는 자활조성을 위한 각종 지원

② 자활급여는 관련 공공기관·비영리법인·시설, 그 밖에 대통령령이 정하는 기관에 위탁하여 이를 행할 수 있다. 이 경우 그에 소요되는 비용은 보장기관이 이를 부담한다.

③ 보장기관은 수급자 및 차상위자의 자활의 촉진에 필요한 다음의 사업을 수행하게 하기 위하여 사회복지법인 등 비영리법인과 단체를 법인 등의 신청을 받아 지역자활센터로 지정할 수 있다. 이 경우 보장기관은 법인 등의 지역사회복지사업 및 자활지원사업의 수행능력·경험 등을 고려하여야 한다.

가. 자활의욕 고취를 위한 교육

나. 자활을 위한 정보제공·상담·직업교육 및 취업 알선

다. 생업을 위한 자금융자 알선

라. 자영창업 지원 및 기술·경영지도

마. 자활기업의 설립·운영 지원

바. 기타 자활을 위한 각종 사업

④ 특별자치도지사·시장·군수·구청장(자치구의 구청장)은 자활지원사업의 효율적인 추진을 위하여 지역자활센터, 「직업안정법」 제2조의2 제1호의 직업안정기관, 「사회복지사업법」 제2조 제4호의 사회복지시설의 장 등과 상시

적인 협의체계를 구축하여야 한다.

⑤ 수급자 및 차상위자는 상호 협력하여 자활기업을 설립·운영할 수 있다. 자활기업은 조합 또는 「부가가치세법」상의 2인 이상의 사업자로 설립한다.

(3) 보장기관과 급여실시

❶ 기초생활보장급여 보장기관

① 「국민기초생활보장법」에 의한 급여는 수급권자 또는 수급자의 거주지를 관할하는 특별시장·광역시장·도지사·특별자치도지사와 시장·군수·구청장이 행한다. 다만, 주거가 일정하지 아니한 경우에는 수급권자 또는 수급자가 실제 거주하는 지역을 관할하는 특별자치도지사·시장·군수·구청장이 행한다.

② 위의 규정에 불구하고 보건복지부장관과 시·도지사는 수급자를 각각 국가 또는 당해 지방자치단체가 경영하는 보장시설에 입소하게 하거나 다른 보장시설에 위탁하여 급여를 행할 수 있다.

③ 수급권자 또는 수급자가 거주지를 변경하는 경우의 처리방법과 보장기관 상호 간의 협조, 기타 업무처리에 관하여 필요한 사항은 보건복지부령으로 정한다.

④ 보장기관은 수급권자·수급자·차상위계층에 대한 조사와 수급자 결정 및 급여의 실시 등 이 법에 의한 보장업무를 수행하게 하기 위하여 「사회복지사업법」 제14조의 규정에 의한 사회복지전담공무원을 배치하여야 한다. 이 경우 제15조의 규정에 따른 자활급여 업무를 수행하는 사회복지전담공무원은 따로 배치하여야 한다.

❷ 생활보장위원회

① 이 법에 의한 생활보장사업의 기획·조사·실시 등에 관한 사항을 심의·의결하기 위하여 보건복지부와 시·도 및 시·군·구에 각각 생활보장위원회를 둔다. 다만, 시·도 및 시·군·구에 두는 생활보장위원회는 그 기능을 담당하기에 적합한 다른 위원회가 있고 그 위원회의 위원이 자격을 갖춘 경우에는 시·도 또는 시·군·구의 조례로 정하는 바에 따라 그 위

원회가 생활보장위원회의 기능을 대신할 수 있다.

② 보건복지부에 두는 중앙생활보장위원회는 다음의 사항을 심의·의결한다.

가. 기초생활보장 종합계획의 수립

나. 소득인정액 산정방식과 기준중위소득의 결정

다. 급여종류별 수급자 선정기준과 최저보장수준의 결정

라. 급여기준의 적정성 등 평가 및 실태조사에 관한 사항

마. 제18조의3 규정에 의한 자활기금의 적립·관리 및 사용에 관한 지침의 수립

바. 기타 위원장이 회의에 부치는 사항

③ 중앙생활보장위원회는 위원장을 포함하여 16인 이내의 위원으로 구성하고 위원은 보건복지부장관이 다음의 어느 하나에 해당하는 자 중에서 위촉·지명하며 위원장은 보건복지부장관으로 한다.

가. 공공부조 또는 사회복지와 관련된 학문을 전공한 전문가로서 대학의 조교수 이상인 자 또는 연구기관의 연구원으로 재직 중인 자 5명 이내

나. 공익을 대표하는 자 5명 이내

다. 관계행정기관 소속 3급 이상 공무원 또는 고위공무원단에 속하는 일반직공무원 5명 이내

④ 시·도 및 시·군·구 생활보장위원회의 위원은 시·도지사 또는 시장·군수·구청장이 다음의 어느 하나에 해당하는 자 중에서 위촉·지명하며 위원장은 당해 시·도지사 또는 시장·군수·구청장으로 한다. 다만, 다른 위원회가 생활보장위원회의 기능을 대신하는 경우 위원장은 조례로 정한다.

가. 사회보장에 관한 학식과 경험이 있는 자

나. 공익을 대표하는 자

다. 관계행정기관 소속의 공무원

❸ 급여의 신청

① 수급권자와 그 친족, 기타 관계인은 관할 특별자치도지사·시장·군수·구청장에게 수급권자에 대한 급여를 신청할 수 있다.

② 사회복지전담공무원은 이 법에 의한 급여를 필요로 하는 자가 누락되지

아니하도록 하기 위하여 관할지역에 거주하는 수급권자에 대한 급여를 직권으로 신청할 수 있다. 이 경우 수급권자의 동의를 구하여야 하며 이를 수급권자의 신청으로 볼 수 있다.

③ 수급권자 등이 급여를 신청할 경우 사회복지 전담공무원은 신청한 사람이 급여에 관한 정보의 부족 등으로 불리한 입장에 놓이지 아니하도록 수급권자의 선정기준, 급여의 내용 및 신청방법 등을 알기 쉽게 설명하여야 한다.

④ 시장·군수·구청장은 신청자에게 급여 신청의 철회나 포기를 유도하는 행위를 하여서는 아니 된다.

⑤ 급여신청을 할 때나 사회복지전담공무원이 급여신청을 하는 것에 수급권자가 동의한 때에는 수급권자와 부양의무자는 다음의 자료 또는 정보의 제공에 대하여 동의한다는 서면을 제출하여야 한다.

가. 「금융실명거래 및 비밀보장에 관한 법률」 제2조 제2호 및 제3호에 따른 금융자산 및 금융 거래의 내용에 대한 자료 또는 정보 중 예금의 평균잔액과 그 밖에 대통령령으로 정하는 자료 또는 정보

나. 「신용정보의 이용 및 보호에 관한 법률」 제2조 제1호에 따른 신용정보 중 채무액과 그 밖에 대통령령으로 정하는 자료 또는 정보

다. 「보험업법」 제4조 제1항 각 호에 따른 보험에 가입하여 납부한 보험료와 그 밖에 대통령령으로 정하는 자료 또는 정보

⑥ 급여의 신청방법 및 절차 등에 관하여 필요한 사항은 보건복지부령으로 정한다.

❹ 신청에 의한 조사

① 시장·군수·구청장은 제21조의 규정에 의한 급여신청이 있는 경우에는 사회복지전담공무원에게 급여의 결정 및 실시 등에 필요한 다음의 사항을 조사하게 하거나 수급권자에게 보장기관이 지정하는 의료기관에서 검진을 받게 할 수 있다.

가. 부양의무자의 유무 및 부양능력 등 부양의무자와 관련된 사항

나. 수급권자 및 부양의무자의 소득·재산에 관한 사항

다. 수급권자의 근로능력·취업상태·자활욕구 등 자활지원계획수립에 필

요한 사항

라. 기타 수급권자의 건강상태·가구특성 등 생활실태에 관한 사항

② 시장·군수·구청장은 신청한 수급권자 또는 그 부양의무자의 소득·재산 및 건강상태 등을 확인하기 위하여 필요한 자료의 확보가 곤란한 경우 보건복지부령이 정하는 바에 따라 수급권자 또는 부양의무자에게 필요한 자료의 제출을 요구할 수 있다.

③ 시장·군수·구청장은 급여의 결정 또는 실시 등을 위하여 필요한 경우에는 조사를 관계기관에 위촉하거나 수급권자 또는 그 부양의무자의 고용주, 기타 관계인에게 이에 관한 자료의 제출을 요청할 수 있다.

④ 보장기관이 제1항 각 호의 조사를 실시하기 위하여 금융·국세·지방세·토지·건물·건강보험·국민연금·고용보험·출입국·병무·교정 등 관련 전산망 또는 자료를 이용하고자 할 경우에는 관계기관의 장에게 협조를 요청할 수 있다. 이 경우 관계기관의 장은 정당한 사유가 없는 한 이에 응하여야 한다.

⑤ 시장·군수·구청장은 수급자 및 수급자에 대한 급여의 적정성을 확인하기 위하여 매년 연간조사계획을 수립하고 관할구역의 수급자를 대상으로 매년 1회 이상 정기적으로 조사를 실시하여야 하며, 특히 필요하다고 인정하는 경우에는 보장기관이 지정하는 의료기관에서 검진을 받게 할 수 있다. 다만, 보건복지부장관이 정하는 사항은 분기마다 조사를 실시하여야 한다.

⑥ 보건복지부장관은 「금융실명거래 및 비밀보장에 관한 법률」과 「신용정보의 이용 및 보호에 관한 법률」에도 불구하고 수급권자와 그 부양의무자가 제출한 동의 서면을 전자적 형태로 바꾼 문서에 의하여 금융기관 등(「금융실명거래 및 비밀보장에 관한 법률」 제2조 제1호에 따른 금융기관, 「신용정보의 이용 및 보호에 관한 법률」 제25조에 따른 신용정보집중기관)의 장에게 금융정보·신용정보 또는 보험정보의 제공을 요청할 수 있다.

⑦ 보건복지부장관은 확인조사를 위하여 필요하다고 인정하는 경우 「금융실명거래 및 비밀보장에 관한 법률」과 「신용정보의 이용 및 보호에 관한 법률」에도 불구하고 대통령령으로 정하는 기준에 따라 인적사항을 기재한 문서 또는 정보통신망으로 금융기관 등의 장에게 수급자와 부양의무자의

금융정보 등을 제공하도록 요청할 수 있다.

⑧ 금융정보 등의 제공을 요청받은 금융기관 등의 장은 「금융실명거래 및 비밀보장에 관한 법률」과 「신용정보의 이용 및 보호에 관한 법률」에도 불구하고 명의인의 금융정보 등을 제공하여야 한다.

⑨ 금융정보 등을 제공한 금융기관 등의 장은 금융정보 등의 제공사실을 명의인에게 통보하여야 한다. 다만, 명의인의 동의가 있는 경우에는 「금융실명거래 및 비밀보장에 관한 법률」과 「신용정보의 이용 및 보호에 관한 법률」에도 불구하고 통보하지 아니할 수 있다.

⑩ 시장·군수·구청장은 급여의 종류별 수급자 선정기준의 변경 등에 의하여 수급권자의 범위가 변동함에 따라 다음 연도에 이 법에 의한 급여가 필요할 것으로 예측되는 수급권자의 규모를 조사하기 위하여 보건복지부령이 정하는 바에 따라 차상위계층에 대하여 조사를 실시할 수 있다.

❺ 급여의 결정·실시

① 시장·군수·구청장은 조사를 한 때에는 지체없이 급여실시의 여부와 급여의 내용을 결정하여야 한다.

② 차상위계층을 조사한 시장·군수·구청장은 규정된 급여개시일이 속하는 월에 급여실시 여부와 급여내용을 결정하여야 한다.

③ 시장·군수·구청장은 급여실시 여부와 급여내용을 결정한 때에는 그 결정의 요지, 급여의 종류·방법 및 급여의 개시시기 등을 서면으로 수급권자 또는 신청인에게 통지하여야 한다.

④ 신청인에 대한 제3항의 통지는 급여의 신청일로부터 30일 이내에 하여야 한다. 다만, 다음의 어느 하나에 해당하는 경우에는 신청일로부터 60일 이내에 통지할 수 있다. 이 경우 통지서에 그 사유를 명시하여야 한다.

가. 부양의무자의 소득·재산 등의 조사에 시일을 요하는 특별한 사유가 있는 경우

나. 수급권자 또는 부양의무자가 조사나 자료제출요구를 거부·방해 또는 기피하는 경우

⑤ 급여실시 및 내용이 결정된 수급자에 대한 급여는 급여의 신청일부터 개시한다. 다만, 보건복지부장관과 소관중앙행정기관의 장이 매년 결정·공

표하는 급여의 종류별 수급자 선정기준의 변경으로 인하여 매년 1월에 새로이 수급자로 결정되는 자에 대한 급여는 해당연도의 1월 1일을 그 급여개시일로 한다.

⑥ 시장·군수·구청장은 급여실시 여부의 결정 전이라도 수급권자에게 급여를 하여야 할 긴급한 필요가 있다고 인정될 때에는 규정된 급여의 일부를 행할 수 있다.

⑦ 보장기관은 수급자의 소득·재산·근로능력 등에 변동이 있는 경우에는 직권 또는 수급자나 그 친족, 기타 관계인의 신청에 의하여 그에 대한 급여의 종류·방법 등을 변경할 수 있다.

⑧ 보장기관은 수급자가 다음의 어느 하나에 해당하는 경우에는 급여의 전부 또는 일부를 중지하여야 한다.

가. 수급자에 대한 급여의 전부 또는 일부가 필요 없게 된 때

나. 수급자가 급여의 전부 또는 일부를 거부한 때

다. 근로능력이 있는 수급자가 조건을 이행하지 않는 경우 조건을 이행할 때까지 근로능력이 있는 수급자 본인의 생계급여의 전부나 일부를 지급하지 아니할 수 있다.

❻ 기타 조치내용

① 수급자의 권리와 의무에 관한 사항은 다음과 같다.

가. 수급자에 대한 급여는 정당한 사유 없이 불리하게 변경할 수 없다.

나. 수급자에게 지급된 수급품과 이를 받을 권리는 압류할 수 없다.

다. 수급자는 급여를 받을 권리를 타인에게 양도할 수 없다.

라. 수급자는 수급지역·세대의 구성에 변동이 있거나 현저한 변동이 있는 때에는 지체 없이 관할보장기관에 이를 신고하여야 한다.

② 수급자나 급여 또는 급여변경의 신청을 한 자는 그 결정의 통지를 받은 날부터 60일 이내에 시장·군수·구청장(교육급여는 시·도교육감)의 처분에 대하여 이의가 있는 경우에는 당해 보장기관을 거쳐 시·도지사에게 서면 또는 구두로 이의를 신청(시·도교육감은 자체 처리함)할 수 있다. 이 경우 구두로 이의신청을 접수한 보장기관의 공무원은 이의신청서를 작성할 수 있도록 협조하여야 한다. 이의신청을 받은 시장·군수·구청장은 10일 이내

에 의견서와 관계서류를 첨부하여 이를 시·도지사에게 송부하여야 한다.

③ 시·도지사가 시장·군수·구청장으로부터 이의신청서를 송부받은 때에는 30일 이내에 필요한 심사를 하고 이의신청을 각하하거나 당해 처분을 변경 또는 취소하거나 기타 필요한 급여를 명하여야 한다(시 · 도교육감은 자체 처리함).

④ 시·도지사의 처분 등에 대하여 이의가 있는 자는 그 처분 등의 통지를 받은 날부터 60일 이내에 시·도지사를 거쳐 보건복지부장관에게 서면 또는 구두로 이의신청을 할 수 있다(주거급여 또는 교육급여는 소관중앙행정기관의 장에게 이의신청해야 함). 이 경우 구두로 이의신청을 접수한 보장기관의 공무원은 이의신청서를 작성할 수 있도록 협조하여야 한다.

⑤ 보건복지부장관 또는 중앙행정기관의 장은 이의신청서를 송부받은 때에는 30일 이내에 필요한 심사를 하고 이의신청을 각하 또는 기각하거나 당해 처분의 변경 또는 취소의 결정을 하여야 한다.

⑥ 속임수나 기타 부정한 방법에 의하여 급여를 받거나 타인으로 하여금 급여를 받게 한 경우에는 보장비용을 지급한 보장기관은 그 비용의 전부 또는 일부를 그 급여를 받은 자 또는 급여를 받게 한 자로부터 징수할 수 있다.

⑦ 보장기관은 급여의 변경 또는 급여의 정지·중지에 따라 수급자에게 이미 지급한 수급품 중 과잉지급분이 발생한 경우에는 즉시 수급자에 대하여 그 전부 또는 일부의 반환을 명하여야 한다. 다만, 이미 이를 소비하였거나 기타 수급자에게 부득이한 사유가 있는 때에는 그 반환을 면제할 수 있다.

⑧ 속임수나 기타 부정한 방법에 의하여 급여를 받거나 또는 타인으로 하여금 급여를 받게 한 자는 1년 이하의 징역, 1천만 원 이하의 벌금, 구류 또는 과료에 처한다.

⑨ 보장시설의 장은 위탁받은 수급자에게 종교상의 행위를 강제할 수 없으며, 수급자의 급여위탁을 정당한 사유 없이 거부한 자나 종교상의 행위를 강제한 자는 300만 원 이하의 벌금, 구류 또는 과료에 처한다.

(4) 보장시설과 급여의무

❶ 보장시설

'보장시설'이란 규정된 급여를 실시하는 「사회복지사업법」에 따른 사회복지시설로서 다음 각 호의 시설 중 보건복지부령으로 정하는 시설을 말한다.

① 「장애인복지법」의 장애인거주시설

② 「노인복지법」의 노인주거복지시설 및 노인의료복지시설

③ 「아동복지법」에 따른 아동복지시설 및 통합 시설

④ 「정신건강증진 및 정신질환자 복지서비스 지원에 관한 법률」에 따른 정신요양시설 및 정신재활시설

⑤ 「노숙인 등의 복지 및 자립지원에 관한 법률」의 노숙인재활시설 및 노숙인요양시설

⑥ 「가정폭력방지 및 피해자보호 등에 관한 법률」에 따른 가정폭력피해자 보호시설

⑦ 「성매매방지 및 피해자보호 등에 관한 법률」에 따른 성매매피해자 등을 위한 지원시설

⑧ 「성폭력방지 및 피해자보호 등에 관한 법률」에 따른 성폭력피해자보호시설

⑨ 「한부모가족지원법」의 한부모가족복지시설

⑩ 「사회복지사업법」의 사회복지시설 중 결핵 및 한센병요양시설

⑪ 그 밖에 보건복지부령으로 정하는 시설

❷ 급여의무

① 보장시설의 장은 보장기관으로부터 수급자에 대한 급여를 위탁받은 경우에는 정당한 사유 없이 이를 거부하여서는 아니 된다.

② 보장시설의 장은 위탁받은 수급자에게 보건복지부장관 및 소관 중앙행정기관의 장이 정하는 최저기준 이상의 급여를 실시하여야 한다.

③ 보장시설의 장은 위탁받은 수급자에게 급여를 실시할 때 성별·신앙 또는 사회적 신분 등을 이유로 차별대우를 하여서는 아니 된다.

④ 보장시설의 장은 위탁받은 수급자에게 급여를 실시할 때 수급자의 자유

로운 생활을 보장하여야 한다.

⑤ 보장시설의 장은 위탁받은 수급자에게 종교상의 행위를 강제하여서는 아니 된다.

2) 긴급복지지원법

(1) 긴급복지지원법의 개관

❶ 법제정 목적과 개요

「긴급복지지원법」은 생계곤란 등의 위기상황에 처하여 도움이 필요한 사람을 신속하게 지원함으로써 이들이 위기상황에서 벗어나 건강하고 인간다운 생활을 하게 함을 목적으로 한다. 긴급복지지원제도는 가구의 주 소득자가 사망, 행방불명, 구금시설 수용 등으로 소득을 상실하였거나, 가구구성원이 중한 질병 또는 부상을 당하거나, 화재로 주거를 상실하는 등의 사유로 생계유지가 어렵게 된 저소득층을 적극 발굴하여 생계, 의료, 주거비 등을 우선적으로 지원하고 사후에 지원의 적정성 여부를 조사하는 응급 복지지원제도이다.

❷ 법제정 배경과 경과

2004년 12월 대구광역시 동구 불로동에서 5세 남자아이가 사망한 채 장롱 속에서 발견된 사건이 발생하였다. 이 사건의 가정은 생활고와 질병으로 어려움이 있었으나 아이의 아버지가 타인에게 적극적으로 도움을 요청하지 않았고, 주위에서도 이러한 사정을 행정기관에 알릴 생각을 미처 하지 못했던 것으로 알려졌다.

이 사건은 긴급복지지원제도의 도입배경이 되었으며, 그 경과과정을 보면 다음과 같다.

첫째, 주 소득자가 소득을 상실했거나 가족 중 누군가 중한 질병 또는 부상을 당하여 치료비가 많이 드는 예기치 못한 위기에 처한 가구를 신속히 구조할 수 있는 체계를 구축해야 한다는 사회적 인식이 형성되었다.

둘째, 긴급상황이 확인될 경우 복잡한 절차 없이 최대한 빨리 필요한 지원을 실시할 수 있는 제도가 마련되어야 한다는 점이다. 신속한 현장조사를 통해 지원의 필요성이 인정되면 우선적으로 지원을 실시하고 차후에 그 지원의 적정

여부를 판단하는 선지원제도의 필요성이 제기되었고, 2005년 3월부터 공청회, 관계부처 협의, 입법예고, 국무회의 의결 등의 절차를 거쳐 2005년 12월 23일 「긴급복지지원법」을 제정·공포한 후, 2006년 3월 24일부터 긴급복지지원제도가 본격적으로 시행되었다.[3)]

❸ 법률용어의 정의

이 법에서 '위기상황'이란 본인 또는 본인과 생계 및 주거를 같이 하고 있는 가구구성원이 다음의 어느 하나에 해당하는 사유로 인하여 생계유지 등이 어렵게 된 것을 말하며, 이는 긴급지원의 대상자를 말한다.

① 주소득자가 사망, 가출, 행방불명, 구금시설에 수용되는 등으로 소득을 상실한 경우

② 중한 질병 또는 부상을 당한 경우

③ 가구구성원으로부터 방임(放任) 또는 유기(遺棄)되거나 학대 등을 당한 경우

④ 가정폭력을 당하여 가구구성원과 함께 원만한 가정생활을 하기 곤란하거나 가구구성원으로부터 성폭력을 당한 경우

⑤ 화재 등으로 인하여 거주하는 주택 또는 건물에서 생활하기 곤란하게 된 경우

⑥ 보건복지부령으로 정한 기준에 따라 지방자치단체의 조례로 정한 사유가 발생한 경우

⑦ 그 밖에 보건복지부장관이 정하여 고시하는 사유가 발생한 경우

❹ 법률수행의 책임과 범위

① 이 법에 따른 지원은 위기상황에 처한 사람에게 일시적으로 신속하게 지원하는 것을 기본원칙[4)]으로 한다.

② 「재해구호법」, 「국민기초생활보장법」, 「의료급여법」, 「사회복지사업법」, 「가정폭력방지 및 피해자보호 등에 관한 법률」, 「성폭력방지 및 피해자보호 등에 관한 법률」 등 다른 법률에 따라 이 법에 따른 지원 내용과 동일한 내용의 구호·보호 또는 지원을 받고 있는 경우에는 이 법에 따른 지원을

---

3) 보건복지부(2009), 『보건복지백서』, p. 91 재수정.

4) 긴급복지지원의 기본원칙으로는 선지원 후처리원칙, 단기지원원칙, 타법률지원 우선의 원칙, 현물지원 우선의 원칙, 가구단위 지원의 원칙이 있다.

하지 아니한다.

③ 국가 및 지방자치단체는 위기상황에 처한 사람을 찾아내어 최대한 신속하게 필요한 지원을 하도록 노력하여야 한다.

④ 국가 및 지방자치단체는 이 법에 따른 지원 후에도 위기상황이 해소되지 아니하여 계속 지원이 필요한 것으로 판단되는 사람에게는 다른 법률에 따른 구호·보호 또는 지원을 받을 수 있도록 노력하여야 한다.

⑤ 국가 및 지방자치단체는 제2항에 따른 구호·보호나 지원이 어렵다고 판단되면 민간기관·단체와의 연계를 통해 구호·보호나 지원을 받을 수 있도록 노력하여야 한다.

⑥ 이 법에 따른 지원대상자는 위기상황에 처한 사람으로서 이 법에 따른 지원이 긴급하게 필요한 사람으로 한다.

⑦ 국내에 체류하고 있는 외국인 중 대통령령[5]으로 정하는 사람이 제5조에 해당하는 경우에는 긴급지원대상자가 된다.

(2) 긴급복지지원의 조치

❶ 긴급지원기관

① 이 법에 따른 지원은 긴급지원대상자의 거주지를 관할하는 시장(「제주특별자치도 설치 및 국제자유도시 조성을 위한 특별법」 제17조 제2항에 따른 행정시장 포함)·군수·구청장이 한다. 다만, 긴급지원대상자의 거주지가 분명하지 아니한 경우에는 제7조에 따른 지원요청 또는 신고를 받은 시장·군수·구청장이 한다.

② 제1항 단서에도 불구하고 거주지가 분명하지 아니한 사람에게 제7조에 따른 지원요청 또는 신고가 특정지역에 집중되는 경우에는 보건복지부령으로 정하는 바에 따라 긴급지원기관을 달리 정할 수 있다.

---

5) 「긴급복지지원법」 제5조의2에 따라 법 제5조에 따른 긴급지원대상자가 될 수 있는 외국인은 다음의 어느 하나에 해당하는 사람으로 한다.
① 대한민국 국민과 혼인 중인 사람
② 대한민국 국민인 배우자와 이혼하거나 그 배우자가 사망한 사람으로서 대한민국 국적을 가진 직계존비속을 돌보고 있는 사람
③ 「출입국관리법」 제76조의2에 따라 난민(難民)의 인정을 받은 사람
④ 본인의 귀책사유 없이 화재, 범죄, 천재지변으로 피해를 입은 사람
⑤ 그 밖에 보건복지부장관이 긴급한 지원이 필요하다고 인정하는 사람

③ 시장·군수·구청장은 이 법에 따른 긴급지원사업을 수행할 담당공무원을 지정하여야 한다.

❷ 긴급지원요청 및 신고

① 긴급지원대상자와 친족, 그 밖의 관계인은 구술 또는 서면 등으로 관할 시장·군수·구청장에게 이 법에 따른 지원을 요청할 수 있다.

② 누구든지 긴급지원대상자를 발견한 경우에는 관할 시장·군수·구청장에게 신고하여야 한다.

③ 다음의 어느 하나에 해당하는 사람은 진료·상담 등 직무수행 과정에서 긴급지원대상자가 있음을 알게 된 경우에는 관할 시장·군수·구청장에게 이를 신고하고, 긴급지원대상자가 신속하게 지원을 받을 수 있도록 노력하여야 한다.

가. 「의료법」에 따른 의료기관의 종사자

나. 「유아교육법」, 「초·중등교육법」 및 「고등교육법」에 따른 교원

다. 「국가공무원법」 및 「지방공무원법」에 따른 공무원

라. 「장애인활동 지원에 관한 법률」 제20조에 따른 활동지원기관의 장 및 그 종사자와 같은 법 제26조에 따른 활동지원인력

마. 그 밖에 긴급지원대상자를 발견할 수 있는 자로서 보건복지부령으로 정하는 자

❸ 현장 확인 및 지원 / 위기상황의 발굴

① 시장·군수·구청장은 제7조에 따른 지원요청 또는 신고를 받거나 위기상황에 처한 사람을 찾아낸 경우에는 지체 없이 긴급지원담당공무원이 긴급지원대상자의 거주지 등을 방문하여 위기상황을 확인토록 하여야 한다.

② 시장·군수·구청장은 위기상황을 확인하기 위하여 필요한 경우에는 관할 경찰관서, 소방관서 등 관계 행정기관의 장에게 협조를 요청할 수 있다. 이 경우 관계 행정기관의 장은 정당한 사유가 없으면 그 요청에 따라야 한다.

③ 시장·군수·구청장은 제1항에 따른 현장 확인 결과 위기상황 발생이 확

인된 사람에 대해 지체 없이 제9조에 따른 지원의 종류 및 내용을 결정하여 지원하여야 한다.

④ 현장을 확인하는 긴급지원담당공무원은 권한을 표시하는 증표를 지니고 이를 관계인에게 내보여야 한다.

⑤ 국가 및 지방자치단체는 위기상황에 처한 사람에 대한 발굴조사를 연 1회 이상 정기적으로 실시하여야 한다.

⑥ 조사의 내용·절차·방법 등에 관하여 이 법에서 정하는 사항을 제외하고는 「행정조사기본법」에서 정하는 바를 따른다.

❹ 금융정보 등의 제공동의

긴급지원대상자 및 가구구성원은 다음의 자료 또는 정보의 제공에 대하여 동의한다는 서면을 제출하여야 한다.

① 「금융실명거래 및 비밀보장에 관한 법률」에 따른 금융자산 및 금융거래의 내용에 대한 자료 또는 정보 중 예금의 평균잔액과 그 밖에 대통령령으로 정하는 자료 또는 정보

② 「신용정보의 이용 및 보호에 관한 법률」에 따른 신용정보 중 채무액과 그 밖에 대통령령으로 정하는 자료 또는 정보

③ 「보험업법」에 따른 보험에 가입하여 납부한 보험료와 그 밖에 대통령령으로 정하는 자료 또는 정보

❺ 긴급지원의 종류 및 내용

① 금전 또는 현물 등의 직접지원

가. 생계 지원 : 식료품비·의복비 등 생계유지에 필요한 비용 또는 현물 지원

나. 의료 지원 : 각종 검사 및 치료 등 의료서비스 지원

다. 주거 지원 : 임시거소 제공 또는 이에 해당하는 비용 지원

라. 사회복지시설 이용 지원 : 「사회복지사업법」에 따른 사회복지시설 입소 또는 이용서비스 제공이나 이에 필요한 비용 지원

마. 교육 지원 : 초·중·고등학생의 수업료, 입학금, 학교운영지원비 및 학용품비 등 필요한 비용 지원

바. 그 밖의 지원 : 연료비나 그 밖에 위기상황의 극복에 필요한 비용 또는 현물 지원

② 민간기관·단체와의 연계 등의 지원

가. 「대한적십자사조직법」에 따른 대한적십자사, 「사회복지공동모금회법」에 따른 사회복지공동모금회 등의 사회복지기관·단체와의 연계 지원

나. 상담·정보제공, 그 밖의 지원

❻ 긴급지원심의위원회

① 다음의 사항을 심의·의결하기 위하여 시(「제주특별자치도 설치 및 국제자유도시 조성을 위한 특별법」 제15조 제2항에 따른 행정시 포함)·군·구에 긴급지원심의위원회를 둔다.

가. 긴급지원연장 결정

나. 긴급지원의 적정성 심사

다. 긴급지원의 중단 또는 지원비용의 환수 결정

라. 그 밖에 긴급지원심의위원회의 위원장이 회의에 부치는 사항

② 긴급지원심의위원회는 위원장 1명을 포함한 15명 이내의 위원으로 구성한다.

③ 위원장은 시장·군수·구청장이 되고, 위원은 다음의 어느 하나에 해당하는 사람 중에서 시장·군수·구청장이 임명하거나 위촉한다. 이 경우 '가'호 및 '나'호에 해당하는 사람이 2분의 1 이상 되도록 구성하여야 한다.

가. 사회보장에 관한 학식과 경험이 있는 사람

나. 「비영리민간단체지원법」 제2조에 따른 비영리민간단체에서 추천한 사람

다. 해당 시·군·구 또는 관계 행정기관 소속의 공무원

라. 해당 시·군·구 지방의회가 추천하는 사람

④ 시·군·구에 「국민기초생활보장법」에 따른 생활보장위원회가 있는 경우 그 위원회는 조례로 정하는 바에 따라 긴급지원심의위원회의 기능을 대신할 수 있다.

2 의료급여법 / 주거급여법

1) 의료급여법

(1) 의료급여법의 개관

❶ 법제정 목적과 개요

「의료급여법」은 생활이 어려운 자에게 「국민기초생활보장법」에서 규정된 급여내용 중의 하나인 의료급여를 실시함으로써 국민보건의 향상과 사회복지의 증진에 이바지함을 목적으로 한다. 의료급여제도는 생활유지능력이 없거나 경제능력을 상실한 사람들을 대상으로 정부가 의료서비스를 제공하는 공공부조 제도로, 저소득층의 의료보장을 통한 건강증진과 복지향상을 목적으로 하는 사회보장제도의 하나이다.6)

❷ 법제정 배경과 경과

의료급여사업의 배경을 보면 1961년 제정된 「생활보호법」에 근거를 둔 무료 진료의 제공을 시초로 1977년 1월 4일에 '의료보호에 관한 규칙'을 보건사회 부령으로 제정·시행하다가 1979년 1월 1일부터는 「의료보호법」에 따라 의료 보호사업이 시행되었다. 그 후 2001년 「의료급여법」의 시행에 따라 최저생계비 이하의 빈곤계층 등은 의료급여 수급권자로 선정하여 상대적으로 저렴한 비용으로 의료이용을 할 수 있도록 하고 있다. 이는 질병으로 인한 사회적 비용을 경감시키는 기능을 하기도 한다.

1977년부터 의료보호라는 이름으로 시작된 의료급여제도는 어려운 국가재정에도 불구하고 대상자 및 급여범위를 지속적으로 확대하는 등 저소득층을 위한 의료보장제도로서 많은 발전을 거듭해 왔다. 그러나 제도 시행 초기의 의료보호 대상자들은 진료지역 및 진료일수에 제한이 있었고, 지정된 의료기관을 통해서만 진료를 받을 수 있는 등 의료이용에 상당한 제약이 가해졌을 뿐만 아니라 보호수준도 건강보험에 비하여 낮은 수준이었다.

6) 보건복지부(2009), 『보건복지백서』, p. 104 재수정.

이러한 차이를 해소하기 위하여 보호기간을 단계적으로 확대하는 등 지속적으로 의료급여의 보장성 강화와 제도 개선을 위한 조치를 하였으며, 2007년 7월부터 1종 수급권자에 대한 건강생활유지비 지원 및 본인부담금 신설, 선택병의원제와 자격관리시스템 도입 등 제도 개선이 이루어졌다.

❸ 법률용어의 정의

① '수급권자'라 함은 이 법에 따라 의료급여를 받을 수 있는 자격을 가진 자를 말한다.

② '의료급여기관'이라 함은 수급권자에 대한 진료·조제 또는 투약 등을 담당하는 의료기관 및 약국 등을 말한다.

③ '부양의무자'라 함은 수급권자를 부양할 책임이 있는 자로서 수급권자의 1촌의 직계혈족 및 그 배우자를 말한다.

④ 이 법에 의한 수급권자는 다음과 같다.

가. 「국민기초생활보장법」에 의한 수급자

나. 「재해구호법」에 의한 이재민

다. 「의사상자 등 예우 및 지원에 관한 법률」에 따른 의상자 및 의사자 유족

라. 「입양특례법」에 의하여 국내에 입양된 18세 미만의 아동

마. 「독립유공자예우에 관한 법률」 및 「국가유공자 등 예우 및 지원에 관한 법률」, 「보훈보상대상자 지원에 관한 법률」의 적용을 받고 있는 자와 그 가족으로서 국가보훈부장관이 의료급여가 필요하다고 요청한 자 중 보건복지부장관이 의료급여가 필요하다고 인정한 자

바. 「무형문화재보전 및 진흥에 관한 법률」에 의하여 지정된 중요무형문화재의 보유자(명예보유자 포함) 및 그 가족으로서 문화재청장이 의료급여가 필요하다고 요청한 자 중 보건복지부장관이 의료급여가 필요하다고 인정한 자

사. 「북한이탈주민의 보호 및 정착지원에 관한 법률」의 적용을 받고 있는 자와 그 가족으로서 보건복지부장관이 의료급여가 필요하다고 인정한 자

아. 「5·18민주화운동 관련자 보상 등에 관한 법률」 제8조의 규정에 의하

여 보상금 등을 받은 자와 그 가족으로서 보건복지부장관이 의료급여가 필요하다고 인정하는 자

자. 「노숙인 등의 복지 및 자립지원에 관한 법률」에 따른 노숙인 등

차. 「난민법」에 따른 난민인정자로서 「국민기초생활보장법」 제5조의 수급권자의 범위에 해당하는 자

카. 그 밖에 생활유지의 능력이 없거나 생활이 어려운 자로서 대통령령으로 정하는 자

(2) 의료급여의 전달체계

❶ 의료급여 보장기관

① 이 법에 의한 의료급여에 관한 업무는 수급권자의 거주지를 관할하는 특별시장·광역시장·도지사와 시장·군수·구청장이 행한다.

② 주거가 일정하지 아니한 수급권자에 대한 의료급여업무는 그가 실제 거주하는 지역을 관할하는 시장·군수·구청장이 행한다.

③ 보건복지부장관, 특별시장·광역시장·도지사 및 시장·군수·구청장은 수급권자의 건강관리 능력 향상 및 합리적 의료이용 유도 등을 위하여 사례관리를 실시할 수 있다.

❷ 의료급여심의위원회

① 이 법에 의한 의료급여사업의 실시에 관한 사항을 심의하기 위하여 보건복지부와 특별시·광역시·도와 시·군·구에 각각 의료급여심의위원회를 둔다. 다만, 시·도 및 시·군·구에 두는 의료급여심의위원회의 경우에는 그 기능을 담당하기에 적합한 다른 위원회가 있고 그 위원회의 위원이 규정된 자격을 갖춘 경우 시·도 또는 시·군·구의 조례로 각각 정하는 바에 따라 그 위원회로 하여금 의료급여심의위원회의 기능을 수행하게 할 수 있다.

② 보건복지부에 두는 중앙의료급여심의위원회는 다음의 사항을 심의한다.

가. 의료급여사업의 기본방향 및 대책 수립에 관한 사항

나. 의료급여기준 및 수가에 관한 사항

다. 그 밖에 보건복지부장관 또는 위원장이 부의하는 사항

③ 중앙의료급여심의위원회는 위원장을 포함하여 10인 이내의 위원으로 구성하고 위원은 보건복지부장관이 다음의 어느 하나에 해당하는 자 중에서 위촉·지명하며 위원장은 보건복지부차관으로 한다.

가. 공익을 대표하는 자(의료보장에 관한 전문가로서 대학의 조교수 이상인 자 또는 연구기관의 연구원으로 재직 중인 자)

나. 의약계를 대표하는 자 및 사회복지계를 대표하는 자

다. 관계 행정기관 소속의 3급 이상 공무원

④ 시·도 및 시·군·구 의료급여심의위원회의 위원은 특별시장·광역시장·도지사 또는 시장·군수·구청장이 다음의 어느 하나에 해당하는 자 중 위촉·지명하며 위원장은 당해 특별시장·광역시장·도지사 또는 시장·군수·구청장으로 한다. 다만, 다른 위원회가 의료급여심의위원회의 기능을 대신하는 경우 위원장은 조례로 정한다.

가. 의료보장에 관한 학식과 경험이 있는 자

나. 공익을 대표하는 자

다. 관계행정기관 소속의 공무원

⑤ 의료급여심의위원회는 심의와 관련하여 필요한 경우 보장기관에 대하여 그 소속공무원의 출석이나 자료의 제출을 요청할 수 있다. 이 경우 당해 보장기관은 정당한 사유가 없는 한 이에 응하여야 한다.

⑥ 보건복지부와 시·도 및 시·군·구에 두는 의료급여심의위원회의 기능과 각 의료급여심의위원회의 구성·운영 등에 관하여 필요한 사항은 대통령령으로 정한다.

(3) 의료급여의 내용과 재정

❶ 의료급여의 내용

① 이 법에 의한 수급권자의 질병·부상·출산 등에 대한 의료급여의 내용은 다음과 같다.

가. 진찰·검사

나. 약제·치료재료의 지급

다. 처치·수술과 그 밖의 치료

라. 예방·재활

마. 입원

바. 간호

사. 이송과 그 밖의 의료목적의 달성을 위한 조치

② 의료급여의 방법·절차·범위·상한 등 의료급여의 기준에 관하여는 보건복지부령으로 정하고, 의료수가기준과 그 계산방법 등에 관하여는 보건복지부장관이 정한다.

③ 보건복지부장관은 의료급여의 기준을 정함에 있어 업무 또는 일상생활에 지장이 없는 질환 등 보건복지부령이 정하는 사항은 의료급여의 대상에서 제외할 수 있다.

④ 시장·군수·구청장은 수급권자에게 의료급여증을 발급하여야 한다. 다만, 부득이한 사유가 있는 경우에는 의료급여증에 갈음하여 의료급여증명서를 발급하거나 보건복지부령으로 정하는 바에 따라 의료급여증을 발급하지 아니할 수 있다.

⑤ 의료급여증의 유효기간은 매년 1월 1일부터 12월 31일까지로 한다. 다만, 다른 법령에서 의료급여기간이 정하여진 경우에는 그 정하여진 기간으로 한다.

❷ 의료급여기관

① 의료급여는 다음의 의료급여기관에서 행한다. 이 경우 보건복지부장관은 공익 또는 국가시책상 의료급여기관으로 적합하지 아니하다고 인정하는 때에는 대통령령이 정하는 바에 따라 의료급여기관에서 제외할 수 있다.

가. 「의료법」에 따라 개설된 의료기관

나. 「지역보건법」에 따라 설치된 보건소·보건의료원 및 보건지소

다. 「농어촌 등 보건의료를 위한 특별조치법」에 따라 설치된 보건진료소

라. 「약사법」에 따라 등록된 약국 및 한국희귀의약품센터

② 의료급여기관은 다음과 같이 구분하되, 의료급여기관별 진료범위는 보건복지부령으로 정한다.

가. 제1차 의료급여기관

- 「의료법」에 따라 시장·군수·구청장에게 개설신고를 한 의료기관

- 「지역보건법」에 따라 설치된 보건소·보건의료원 및 보건지소
- 「농어촌 등 보건의료를 위한 특별조치법」에 따라 설치된 보건진료소
- 「약사법」에 따라 등록된 약국 및 한국희귀의약품센터

나. 제2차 의료급여기관 : 「의료법」에 따라 시·도지사가 개설허가를 한 의료기관

다. 제3차 의료급여기관 : 제2차 의료급여기관 중에서 보건복지부장관이 지정하는 의료기관

③ 의료급여기관은 정당한 이유 없이 이 법에 의한 의료급여를 거부하지 못한다.

④ 특별시장·광역시장·도지사 또는 특별자치도지사·시장·군수·구청장은 제1항 각 호의 규정에 의한 의료급여기관이 개설·설치되거나 개설·설치된 의료급여기관의 신고·허가 및 등록사항 등에 변경이 있는 때에는 보건복지부령이 정하는 바에 따라 그 내용을 다음의 전문기관에게 알려야 한다.

가. 의료급여에 소요된 비용의 심사·조정업무를 위탁받은 전문기관

나. 급여비용의 지급업무를 위탁받은 전문기관

⑤ 제3차 의료급여기관의 지정기준 및 지정절차 등에 관하여 필요한 사항은 보건복지부령으로 정한다.

⑥ 의료급여기관별 진료범위는 다음과 같다.

가. 제1차 의료급여기관(약국 제외)에서 행할 수 있는 진료의 범위

- 간단한 외과적 처치, 그 밖의 통원치료가 가능한 질병의 진료
- 장기치료가 필요한 만성질환으로서 입원할 필요가 없는 질병의 진료
- 질병상태·이송거리 및 이송시간을 고려할 때 환자를 다른 의료급여기관으로 이송을 하여서는 환자의 생명에 위험이 초래되는 경우의 입원진료
- 제1차 의료급여기관에서 입원진료를 받는 것이 수급권자에게 유리하다고 판단하여 보건복지부장관이 정하여 고시하는 입원진료

–「지역보건법」에 의한 보건의료원에서의 입원진료
– 제2차 의료급여기관 또는 제3차 의료급여기관으로부터 회송 받은 환자의 진료

나. 약국에서 행할 수 있는 조제의 범위
– 처방전에 의한 조제
– 약사법 제23조 제3항 단서의 규정에 의하여 처방전에 의하지 아니한 직접 조제

다. 제2차 의료급여기관에서 행할 수 있는 진료의 범위
– 제3조 제1항 각 호의 어느 하나에 해당하는 경우의 진료
– 제1차 의료급여기관 또는 다른 제2차 의료급여기관으로부터 의뢰받은 환자의 진료
– 당해 의료급여기관에 입원하였던 환자로서 퇴원 후 경과의 관찰이 필요한 환자의 진료
– 제3차 의료급여기관으로부터 회송 받은 환자의 진료

라. 제3차 의료급여기관에서 행할 수 있는 진료의 범위
– 법 제3조 제1항 제1호부터 제6호까지에 해당하는 경우의 진료
– 제2차 의료급여기관 또는 다른 제3차 의료급여기관으로부터 의뢰받은 환자의 진료
– 당해 의료급여기관에 입원하였던 환자로서 퇴원 후 경과의 관찰이 필요한 환자의 진료

❸ 의료급여의 비용과 재정

① 급여비용은 대통령령이 정하는 바에 따라 그 전부 또는 일부를 의료급여기금에서 부담하되, 의료급여기금에서 일부를 부담하는 경우 그 나머지의 비용은 본인이 부담한다. 그리고 급여비용의 청구와 지급에 대한 규정은 다음과 같다.

가. 의료급여기관은 의료급여기금에서 부담하는 급여비용의 지급을 시장·군수·구청장에게 청구할 수 있다.

나. 급여비용의 청구를 하고자 하는 의료급여기관은 급여비용심사기관에 급여비용의 심사청구를 하여야 하며, 심사청구를 받은 급여비용심사

기관은 이를 심사한 후 지체 없이 그 내용을 시장·군수·구청장 및 의료급여기관에 알려야 한다.

다. 심사의 내용을 통보받은 시장·군수·구청장은 지체 없이 그 내용에 따라 급여비용을 의료급여기관에 지급하여야 한다. 이 경우 수급권자가 이미 납부한 본인부담금이 과다한 경우에는 의료급여기관에 지급할 금액에서 그 과다하게 납부된 금액을 공제하여 이를 수급권자에게 반환하여야 한다. 다만, 그 반환하여야 할 금액이 1천 원 미만인 경우에는 그러하지 아니한다.

라. 시장·군수·구청장은 급여비용을 지급함에 있어 제2항의 규정에 의한 급여비용심사기관이 의료급여의 적정 여부를 평가하여 시장·군수·구청장에게 알린 경우에는 그 평가결과에 따라 급여비용을 가산 또는 감액 조정하여 지급한다.

마. 시장·군수·구청장은 「산업재해보상보호법」에 따른 근로복지공단이 이 법에 따라 의료급여를 받을 수 있는 자에게 「산업재해보상보험법」 제40조에 따른 요양급여를 지급한 후 그 지급결정이 취소된 경우로서 그 요양급여의 비용을 청구하는 경우에는 그 요양급여가 이 법에 따라 실시할 수 있는 의료급여에 상당한 것으로 인정되면 그 의료급여에 해당하는 금액을 지급할 수 있다.

② 이 법에 의한 급여비용의 재원에 충당하기 위하여 시·도에 의료급여기금을 설치하고 기금은 다음 재원으로 조성한다.

가. 국고보조금

나. 지방자치단체의 출연금

다. 대지급금

라. 부당이득금

마. 과징금

바. 당해 기금의 결산상 잉여금 및 그 밖의 수익금

③ 기금은 일반회계와 구분하여 별도의 계정을 설정하여 관리하여야 한다.

④ 기금은 급여비용, 급여비용의 대불에 소요되는 비용, 제33조 제2항의 규정에 의한 업무 위탁 시 소요되는 비용, 그 밖의 의료급여업무에 직접 소

요되는 비용으로서 보건복지부령이 정하는 비용에 한하여 이를 사용하여야 한다.

2) 주거급여법

(1) 주거급여법의 개관

❶ 법제정 목적과 개요

「주거급여법」은 생활이 어려운 사람에게 주거급여를 실시하여 국민의 주거안정과 주거수준 향상에 이바지함을 목적으로 한다. 즉 「국민기초생활보장법」에 따른 기초생활보장제도가 박근혜 정부 시기에 개별 급여체계로 개편됨에 따라 급여내용(급여종류)의 하나인 '주거급여' 수급권자의 범위, 임차료 및 수선유지비의 지급 기준 등 주거급여의 실시를 위하여 필요한 사항을 규정하기 위하여 2014년 1월 24일에 제정되고 2015년 1월 1일부터 시행된 법률이다.

그러나 수급자의 불편 및 일선기관의 업무상 혼란을 방지하기 위해 주거급여의 신청 및 지급결정 절차 등의 일반적인 사항은 「국민기초생활보장법」을 따르도록 하고, 주거급여는 저소득 임차가구에게 지급하는 임차료와 저소득 자가가구에게 지급하는 수선유지비로 하고, 주거급여의 수급권자는 부양의무자가 없거나 부양의무자가 있어도 부양능력이 없거나 부양을 받을 수 없는 사람으로서 소득인정액이 국토교통부장관이 정하는 기준 이하인 사람으로 정하도록 규정하고 있다. 그 밖에도 주거급여법에서는 임대차계약 등의 신청조사·확인조사, 임차료의 지급 중지, 보조 업무의 전산화를 위한 정보시스템의 구축·운용, 금융정보 등의 제공, 주거급여의 부담, 비용의 징수 및 반환명령, 금융정보 등의 누설 등에 대한 벌칙 등 주거급여의 실시를 위하여 필요한 사항을 정하는 내용을 담고 있다.

❷ 법률용어의 정의

이 법에서 사용하는 용어의 뜻은 다음과 같다.

① '주거급여'란 「국민기초생활보장법」 제7조 제1항 제2호의 주거급여로서 주거안정에 필요한 임차료, 수선유지비, 그 밖의 수급품을 지급하는 것을 말한다.

② '수급권자'란 주거급여를 받을 수 있는 자격을 가진 사람을 말한다.
③ '수급자'란 주거급여를 받는 사람을 말한다.
④ '수급품'이란 이 법에 따라 수급자에게 지급하거나 대여하는 금전 또는 물품을 말한다.
⑤ '보장기관'이란 주거급여를 실시하는 국가 또는 지방자치단체를 말한다.
⑥ '부양의무자'란 수급권자를 부양할 책임이 있는 사람으로서 수급권자의 1촌의 직계혈족 및 그 배우자를 말한다.
⑦ '소득인정액'이란 「국민기초생활보장법」 제2조 제9호의 소득인정액을 말한다.
⑧ '주택 등'이란 「주택법」 제2조 제1호의 주택 및 같은 조 제4호의 준주택을 포함하여 거주를 목적으로 하는 시설을 말하며, 그 범위와 종류는 국토교통부장관이 정한다.

❸ 법률수행의 책임과 범위

① 국가와 지방자치단체는 다음 각 호의 사항을 고려하여 주거급여에 관한 정책을 수립·시행하여야 한다.
가. 수급자가 쾌적하고 안전한 주거생활을 할 수 있도록 할 것
나. 주거급여에 필요한 재원을 조성할 것
② 주거급여에 관하여 이 법에서 정하지 아니한 사항에 대하여는 「국민기초생활보장법」에 따른다.
③ 수급권자는 부양의무자가 없거나 부양의무자가 있어도 부양능력이 없거나 부양을 받을 수 없는 사람으로 소득인정액이 국토교통부장관이 정하는 기준 이하인 사람으로 한다.
④ 부양의무자가 있어도 부양능력이 없거나 부양을 받을 수 없는 경우는 국민의 소득·지출 수준 등을 고려하여 대통령령으로 정한다.
⑤ 주거급여는 수급권자 또는 수급자의 거주지를 관할하는 특별시장·광역시장·특별자치시장·도지사·특별자치도지사와 시장·군수·구청장이 실시한다.
⑥ 수급권자나 수급자가 거주지를 변경하는 경우의 처리방법과 보장기관 간의 협조, 그 밖에 업무처리에 필요한 사항은 국토교통부령으로 정한다.

(2) 주거급여의 조치

❶ 주거급여 보장기관

① 주거급여는 수급권자 또는 수급자의 거주지를 관할하는 특별시장·광역시장·특별자치시장·도지사·특별자치도지사와 시장·군수·구청장이 실시한다.

② 수급권자나 수급자가 거주지를 변경하는 경우의 처리방법과 보장기관 간의 협조, 그 밖에 업무처리에 필요한 사항은 국토교통부령으로 정한다.

③ 보장기관은 수급권자·수급자에 대한 조사와 수급자 결정 및 급여의 실시 등 이 법에 따른 보장업무를 수행하기 위하여 「사회복지사업법」 제14조에 따른 사회복지전담공무원을 배치하여야 한다.

❷ 임차료의 지급

① 임차료는 타인의 주택 등에 거주하는 사람으로서 국토교통부장관이 정하는 사람에게 지급한다.

② 임차료의 지급기준은 국토교통부장관이 수급자의 가구규모, 소득인정액, 거주형태, 임차료 부담수준 및 제3항의 지역별 기준임대료 등을 고려하여 정한다.

③ 국토교통부장관은 임차료의 지급수준을 정하기 위하여 가구규모, 「주거기본법」 제17조의 최저주거기준 등을 고려하여 지역별 기준임대료를 정할 수 있다.

④ 임차료는 「국민기초생활보장법」 제27조의2 제1항에 따라 수급자 명의의 지정된 계좌로 지급하여야 한다. 다만, 수급자가 국가, 지방자치단체, 한국토지주택공사 또는 지방공기업이 임대하는 주택 등을 임차한 경우에는 해당 수급자와 임대차계약을 체결한 임대인 명의의 지정된 계좌로 지급할 수 있으며, 국토교통부령으로 정하는 불가피한 사유가 있는 경우에는 국토교통부령으로 정하는 바에 따라 그 지급방법을 달리할 수 있다.

❸ 수선유지비의 지급

① 수선유지비는 주택 등을 소유하고 그 주택 등에 거주하는 사람에게 지급한다.

② 수선유지비의 지급기준은 국토교통부장관이 수급자의 가구규모, 소득인정액, 수선유지비 소요액, 주택의 노후도 등을 고려하여 정한다.

③ 수선유지비를 현금으로 지급하는 경우에는 「국민기초생활보장법」 제27조의2 제1항에 따라 수급자 명의의 지정된 계좌로 지급하여야 한다. 다만, 국토교통부령으로 정하는 불가피한 사유가 있는 경우에는 국토교통부령으로 정하는 바에 따라 그 지급방법을 달리할 수 있다.

④ 수선유지비의 지급 절차 및 방법 등에 관하여 필요한 사항은 국토교통부령으로 정한다.

❹ 주거급여의 실시와 재정부담

① 특별자치시장·특별자치도지사·시장·군수·구청장이 임차료의 지급 신청을 받아 「국민기초생활보장법」 제22조 제1항의 신청에 의한 조사를 하는 경우 다음 각 호의 사항을 포함하여 조사할 수 있다.

가. 해당 주택 등의 임대차계약에 관한 사항

나. 그 밖에 임차료의 지급에 필요한 사항으로서 국토교통부령으로 정하는 사항

② 특별자치시장·특별자치도지사·시장·군수·구청장이 수선유지비의 지급 신청을 받아 신청조사를 하는 경우 다음 각 호의 사항을 포함하여 조사할 수 있다.

가. 해당 주택 등의 구조 안전성, 방수, 단열 등 물리적 상태에 관한 사항

나. 그 밖에 수선유지비의 지급에 필요한 사항으로서 국토교통부령으로 정하는 사항

③ 특별자치시장·특별자치도지사·시장·군수·구청장은 주거급여의 적정성을 확인하기 위하여 매년 연간 조사계획을 수립하여 다음의 사항을 '확인조사'하여야 한다.

가. 임대차계약에 관한 사항

나. 주택 등의 물리적 상태에 관한 사항

다. 그 밖에 주거급여 실시에 필요한 사항으로서 국토교통부령으로 정하는 사항

④ 조사의 주기 등 확인조사에 필요한 사항은 국토교통부장관이 정한다.

⑤ 특별자치시장·특별자치도지사·시장·군수·구청장은 신청조사 및 확인조사를 주택임대, 주택개량 등 주거복지 업무의 전문성과 경험을 갖춘 기관에 의뢰할 수 있다.

⑥ 신청조사 및 확인조사에 따른 의뢰기관, 의뢰의 내용·범위 등에 관하여 필요한 사항은 국토교통부장관이 정한다.

⑦ 특별자치시장·특별자치도지사·시장·군수·구청장과 신청조사 및 확인조사를 의뢰받아 수행하는 기관은 신청조사 및 확인조사에 필요한 경우 수급권자·수급자, 그 밖의 관계인에게 임대차계약을 증명하는 자료 등 국토교통부령으로 정하는 자료의 제출을 요구할 수 있다.

⑧ 신청조사 및 확인조사를 하는 사람은 필요한 경우 수급자의 주거에 출입하여 거주 여부 및 주택 등의 상태 등을 조사할 수 있다. 이 경우 신청조사 및 확인조사를 하는 사람은 그 권한을 표시하는 증표를 지니고 이를 관계인에게 보여주어야 한다.

⑨ 보장기관 등은 신청조사 및 확인조사를 위하여 토지·건물 등 관련 전산망 또는 자료를 이용하려는 경우에는 관계기관의 장에게 협조를 요청할 수 있다. 이 경우 관계기관의 장은 특별한 사유가 없으면 이에 따라야 한다.

3 기초연금법 / 장애인연금법

1) 기초연금법

(1) 기초연금법의 개관

❶ 법제정 목적과 개요

「기초연금법」은 노인이 후손의 양육과 국가 및 사회의 발전에 이바지하여 온 점을 고려하여 생활이 어려운 65세 이상의 노인[7]에게 조세를 통한 기초연금을 지급함으로써 노후의 생활안정을 지원하고 복지를 증진함을 목적으로 한다.

노년기에 경험하게 되는 가장 큰 어려움 중의 하나가 빈곤으로, 실질적으로 은퇴하는 연령과 연금수급연령을 의미하는 공식적인 은퇴연령 간에 상당한 시차가 있는 사회에서는 노년기 빈곤의 위험에 대비한 제도 마련이 보다 절실히 요구된다. 그러나 우리 사회는 아직 공적인 노후소득보장제도가 충분히 정립되어 있지 못한 상태이다.

그 결과 공적인 노후소득보장제도의 실효성이 낮아, 미래 세대뿐만 아니라 현 세대의 노인들 대부분이 공적인 노후소득보장제도의 사각지대에 처하게 되고 그들 중 상당수가 빈곤 상태에 놓여있다.

이러한 문제의식하에 국민연금과 관련된 일련의 논의가 제도적 사각지대를 해소하는 방향으로 진행되면서 기초연금제도의 도입 논의가 등장하기 시작하였으며, 2014년 7월 1일부터는 기존의 기초노령연금제도가 기초연금제도로 개정되어 시행되고 있다. 따라서 기초연금제도는 빈곤한 노인계층을 위한 공공부조제도로 볼 수 있지만 국민연금제도의 개선 및 보완이라는 큰 맥락 속에서 이해될 수 있다.

❷ 법제정 배경과 경과

기초연금제도는 「기초노령연금법」에 의한 기초노령연금제도가 2014년 7월에 시행된 「기초연금법」에 의해 개정된 제도이다. 따라서 개정 이전의 기초노령연금의 배경을 보면, 2007년 4월, 생활이 어려운 노인의 생활안정을 지원하여 복지를 증진하기 위한 기초노령연금제도 도입을 내용으로 하는 「기초노령연금법」이 2007년 4월에 통과되었다. 기초노령연금제도는 2008년 1월부터 70세 이상 노인 중 소득인정액 하위 60%에 해당하는 노인을 대상으로 시행되었으며 2008년 7월부터는 65세 이상으로, 2009년 1월부터는 65세 이상 노인 중 소득인정액 하위 70%로 지급대상을 지속적으로 확대하여 「기초연금법」으로 개정한 이후에도 유지되고 있다.

7) 기초연금은 사회보험과는 달리 개인이 가입하는 방식이 아니라 일정한 자산조사를 거쳐 일정소득 이하의 노인을 중심으로 급여대상자가 선정되는 방식이므로 공공부조적인 성격이 강하다.

❸ 법률용어의 정의

① '기초연금 수급권(受給權)'이란 이 법에 따른 기초연금을 받을 권리를 말한다.

② '기초연금 수급권자'란 기초연금 수급권을 가진 사람을 말한다.

③ '기초연금 수급자'란 이 법에 따라 기초연금을 지급받고 있는 사람을 말한다.

④ '소득인정액'이란 본인 및 배우자의 소득평가액과 재산의 소득환산액을 합산한 금액을 말한다.

❹ 법률수행의 책임과 범위

① 기초연금 수급자 선정

가. 보건복지부장관은 65세 이상인 사람 중 기초연금 수급자가 100분의 70 수준이 되도록 한다.

나. 수급자 대상에서 「공무원연금법」, 「사립학교교직원연금법」, 「군인연금법」, 「별정우체국법」에 따른 연금 수급자, 배우자, 유족연금 수급자와 「국민연금과 직역연금의 연계에 관한 법률」에 의한 직역재직기간이 10년 이상인 경우의 연계퇴직연금 또는 연계퇴직유족연금 수급자에게는 기초연금을 지급하지 않는다.

② 기초연금액의 산정

가. 기초연금 수급권자에 대한 기초연금의 금액은 기준연금액과 국민연금 급여액 등을 고려하여 산정한다.

나. 기준연금액은 보건복지부장관이 그 전년도의 기준연금액에 대통령령으로 정하는 바에 따라 전국소비자물가변동률을 반영하여 매년 고시한다. 이 경우 그 고시한 기준연금액의 적용기간에 관하여는 「국민연금법」 제51조 제3항을 준용한다.

다. 기초연금 수급권자 중 다음의 연금 수급권자에게 지급하는 기초연금액은 제4항에 따라 산정한 금액으로 한다.

- 「국민연금법」에 따른 노령연금 수급권자 또는 분할연금 수급권자
- 「북한이탈주민의 보호 및 정착지원에 관한 법률」에 따른 국민연금 수급권자

라. 본인과 그 배우자가 모두 기초연금 수급권자인 경우에는 각각의 기초연금액에서 기초연금액의 100분의 20에 해당하는 금액을 감액한다.

③ 기초연금의 지급신청

가. 연금을 지급받고자 하는 자 또는 그 친족, 그 밖의 관계인은 보건복지부장관 또는 지방자치단체의 장에게 급여를 신청할 수 있다. 이 경우 보건복지부장관 또는 지방자치단체의 장은 조사 결과에 따라 지체 없이 연금의 지급 여부를 결정하여야 한다.

나. 연금수급희망자와 그 배우자는 신청을 할 때 다음의 자료 또는 정보제공에 대하여 동의한다는 서면을 제출하여야 한다.

- 「금융실명거래 및 비밀보장에 관한 법률」에 따른 금융자산 및 금융거래의 내용에 대한 자료 또는 정보 중 예금의 평균잔액과 그 밖에 대통령령으로 정하는 자료 또는 정보
- 「신용정보의 이용 및 보호에 관한 법률」에 따른 신용정보 중 채무액과 그 밖에 대통령령으로 정하는 자료 또는 정보
- 「보험업법」에 따른 보험에 가입하여 납부한 보험료와 그 밖에 대통령령으로 정하는 자료 또는 정보

다. 연금의 신청권자·신청방법·절차 및 지급과 금융정보제공에 따른 동의의 방법·절차 등에 관하여 필요한 사항은 대통령령으로 정한다.

라. 보건복지부장관 또는 지방자치단체의 장은 수급권의 발생 또는 상실을 확인하기 위하여 연금을 신청한 자, 수급권자, 수급자, 그 배우자 및 고용주에 대하여 필요한 서류나 그 밖에 소득·재산 등에 관한 자료의 제출을 요구할 수 있으며, 소속공무원으로 하여금 수급권자 등의 주거, 그 밖의 필요한 장소에 출입하여 서류 등을 조사하게 하거나 관계인에게 필요한 질문을 하게 할 수 있다.

마. 보건복지부장관 또는 지방자치단체의 장은 조사 또는 기초연금사업을 수행하기 위하여 필요한 금융정보, 신용정보, 보험정보, 국세·지방세·토지·건물·건강보험·국민연금·출입국 등에 관한 자료의 제공을 관계 기관의 장에게 요청할 수 있다. 이 경우 자료의 제공을 요청

받은 관계기관의 장은 특별한 사유가 없는 한 이에 응하여야 한다.

바. 보건복지부장관 또는 지방자치단체의 장은 수급권자 또는 수급자가 관련 서류 또는 자료의 제출을 거부하거나 조사·질문을 거부·방해 또는 기피하는 경우에는 연금지급의 신청을 각하하거나 연금지급의 결정을 취소·중지 또는 정지할 수 있다.

④ 금융정보 등의 제공

가. 보건복지부장관은 「금융실명거래 및 비밀보장에 관한 법률」 및 「신용정보의 이용 및 보호에 관한 법률」에도 불구하고 연금수급희망자와 그 배우자가 제출한 동의 서면을 전자적 형태로 바꾼 문서에 의하여 금융기관 등(「금융실명거래 및 비밀보장에 관한 법률」에 따른 금융기관, 「신용정보의 이용 및 보호에 관한 법률」 제25조에 따른 신용정보집중기관)의 장에게 금융정보·신용정보 또는 보험정보의 제공을 요청할 수 있다.

나. 보건복지부장관은 수급자(배우자 포함)의 수급권 심사를 위하여 필요하다고 인정하는 경우 「금융실명거래 및 비밀보장에 관한 법률」 및 「신용정보의 이용 및 보호에 관한 법률」에도 불구하고 대통령령으로 정하는 기준에 따라 인적사항을 기재한 문서 또는 정보통신망으로 금융기관 등의 장에게 금융정보 등을 제공하도록 요청할 수 있다.

다. 금융정보 등의 제공요청을 받은 금융기관 등의 장은 「금융실명거래 및 비밀보장에 관한 법률」 및 「신용정보의 이용 및 보호에 관한 법률」에도 불구하고 명의인의 금융정보 등을 제공하여야 한다.

라. 금융정보 등을 제공하는 금융기관 등의 장은 「금융실명거래 및 비밀보장에 관한 법률」 및 「신용정보의 이용 및 보호에 관한 법률」에도 불구하고 금융정보 등의 제공 사실을 명의인에게 통보하지 아니할 수 있다. 다만, 명의인의 요구가 있을 때에는 통보하여야 한다.

마. 금융정보 등의 제공요청과 제공은 「정보통신망 이용촉진 및 정보보호 등에 관한 법률」에 따른 정보통신망을 이용하여야 한다. 다만, 정보통신망의 손상 등 불가피한 경우에는 그러하지 아니한다.

(2) 기초연금의 급여내용

❶ 기초연금의 지급

① 기초연금은 수급권자로 결정된 경우 연금을 신청한 날이 속하는 달부터 수급권이 소멸한 날이 속하는 달까지 매월 정기적으로 지급한다.

② 기초연금은 그 지급을 정지하여야 할 사유가 발생한 때에는 그 사유가 발생한 날이 속하는 달의 다음달부터 그 사유가 소멸한 날이 속하는 달까지는 이를 지급하지 아니한다.

③ 수급자가 사망한 경우 수급자에게 지급하여야 할 연금으로서 아직 지급되지 아니한 것이 있을 때에는 수급자의 사망 당시 생계를 같이 한 부양의무자(배우자와 직계비속 및 그 배우자)는 미지급 연금을 청구할 수 있다. 이 경우 보건복지부장관 또는 지방자치단체의 장은 지체 없이 그 지급 여부를 결정하여야 한다.

④ 특별자치도·시·군·구 사회복지시설이 다른 특별자치도·시·군·구 관할구역에 소재하는 사회복지시설인 경우에는 그 시설에 입소하고 있는 수급자에게 다음에 정하는 바에 따라 연금을 지급한다.

가. 사회복지시설을 설치·관리하는 특별자치도·시·군·구에서 입소한 수급자 : 해당 시설을 설치·관리하는 특별자치도지사·시장·군수·구청장이 연금을 지급한다.

나. 사회복지시설이 소재한 특별자치도·시·군·구에서 입소한 수급자 : 해당 시설이 소재한 지역을 관할하는 특별자치도지사·시장·군수·구청장이 연금을 지급한다.

⑤ 수급자가 금고 이상의 형을 선고받고 그 집행이 종료되지 아니하거나 집행을 받지 아니하기로 확정되지 아니한 기간 동안에는 연금의 지급을 정지한다.

⑥ 수급권자는 다음의 어느 하나에 해당하게 된 때에 수급권을 상실한다.

가. 사망한 때

나. 국적을 상실하거나 국외로 이주한 때

다. 수급요건에 해당하지 아니하게 된 때

⑦ 보건복지부장관 또는 지방자치단체의 장은 수급권이 없는 자가 연금을

지급받은 경우에는 대통령령으로 정하는 바에 따라 지급액을 징수하여야 한다. 지급액을 납부하여야 할 자가 이를 납부하지 아니하는 때에는 국세 또는 지방세 체납처분의 예에 따라 징수한다.

⑧ 수급권은 이를 양도·압류하거나 담보에 제공할 수 없다. 연금으로 지급받은 금품은 이를 압류할 수 없다.

⑨ 수급권자의 자격인정, 그 밖에 이 법에 따른 처분에 이의가 있는 자는 보건복지부장관 또는 지방자치단체의 장에게 이의신청을 할 수 있다. 이의신청은 그 처분이 있음을 안 날부터 90일 이내에 서면으로 하여야 한다. 다만, 정당한 사유로 인하여 그 기간 이내에 이의신청을 할 수 없음을 증명한 때에는 그 사유가 소멸한 때부터 60일 이내에 이의신청을 할 수 있다.

❷ 기초연금의 지급정지

특별자치시장·특별자치도지사·시장·군수·구청장은 기초연금 수급자가 다음의 어느 하나의 경우에 해당하면 그 사유가 발생한 날이 속하는 달의 다음 달부터 그 사유가 소멸한 날이 속하는 달까지는 기초연금의 지급을 정지한다.

① 기초연금 수급자가 금고 이상의 형을 선고받고 교정시설 또는 치료감호시설에 수용되어 있는 경우

② 기초연금 수급자가 행방불명되거나 실종되는 등 대통령령으로 정하는 바에 따라 사망한 것으로 추정되는 경우

③ 기초연금 수급자의 국외 체류기간이 60일 이상 지속되는 경우. 이 경우 국외 체류 60일이 되는 날을 지급 정지의 사유가 발생한 날로 본다.

④ 그 밖에 가호부터 다호까지의 경우에 준하는 경우로서 대통령령으로 정하는 경우

❸ 기초연금액의 환수

① 특별자치시장·특별자치도지사·시장·군수·구청장은 기초연금을 받은 사람이 다음 각 호의 어느 하나에 해당하는 경우에는 지급한 기초연금액을 대통령령으로 정하는 바에 따라 환수하여야 한다. 이 경우 '가'호에 해당하는 경우에는 지급한 기초연금액에 대통령령으로 정하는 이자를 붙여

환수한다.

가. 거짓이나 그 밖의 부정한 방법으로 기초연금을 받은 경우

나. 기초연금의 지급이 정지된 기간에 대하여 기초연금이 지급된 경우

다. 그 밖의 사유로 기초연금이 잘못 지급된 경우

② 특별자치시장·특별자치도지사·시장·군수·구청장은 제1항에 따라 환수할 기초연금액의 환수 대상자에게 지급할 기초연금액이 있는 경우 그 지급할 기초연금액을 환수금과 상계(相計)할 수 있다.

③ 특별자치시장·특별자치도지사·시장·군수·구청장은 고지를 받은 사람이 그 기한까지 환수금을 내지 아니하면 기한을 정하여 대통령령으로 정하는 바에 따라 독촉하여야 한다.

④ 특별자치시장·특별자치도지사·시장·군수·구청장은 독촉을 받은 사람이 그 기한까지 환수금을 내지 아니하면 지방세 체납처분의 예에 따라 징수한다.

❹ 기초연금 지급비용의 부담

① 국가는 지방자치단체의 노인인구 비율 및 재정 여건 등을 고려하여 기초연금의 지급에 드는 비용 중 100분의 40 이상 100분의 90 이하의 범위에서 대통령령으로 정하는 비율에 해당하는 비용을 부담한다.

② 제1항에 따라 국가가 부담하는 비용을 뺀 비용은 특별시·광역시·특별자치시·도·특별자치도와 시·군·구가 상호 분담한다. 구체적인 국가부담비율은 지방자치단체의 재정자주도와 노인인구 비율을 고려하여 다음 표의 구분에 따르며, 나머지 자치단체가 부담하는 부담비율은 노인인구 비율 및 재정여건 등을 고려하여 보건복지부장관과 협의하여 시·도의 조례[8] 및 시·군·구의 조례로 정한다.

8) 서울시의 경우는 광역시와 자치구가 각각 50%를 분담하며, 대구시는 광역시가 60%, 자치구가 40%를 분담하고 있으며, 지방정부의 재정자주도에 따라 다소 다르다.

〈국가가 부담하는 기초연금 지급 비용의 비율〉

구분		지방자치단체의 노인인구 비율		
		14% 미만	14~20% 미만	20% 이상
지방자치단체의 재정 자주도	100분의 90 이상	100분의 40	100분의 50	100분의 60
	100분의 80 이상 100분의 90 미만	100분의 50	100분의 60	100분의 70
	100분의 80 미만	100분의 70	100분의 80	100분의 90

2) 장애인연금법

(1) 장애인연금법의 개관

❶ 법제정 목적

「장애인연금법」은 장애로 인하여 생활이 어려운 중증장애인에게 장애인연금을 지급함으로써 중증장애인의 생활안정 지원과 복지 증진 및 사회통합을 도모하는 데 이바지함을 목적으로 2010년 4월 12일에 제정(2010.7.1 시행)되었다.[9)]

❷ 법률용어의 정의

① ‘중증장애인’이란 「장애인복지법」에 따라 등록한 장애인[10)] 중 근로능력이 상실되거나 현저하게 감소되는 등 장애 정도가 중증인 사람으로서 대통령령으로 정하는 사람을 말한다.

② ‘수급권’이란 이 법에 따라 장애인연금을 받을 수 있는 자격을 말한다.

③ ‘수급권자’란 수급권을 가진 사람을 말한다.

④ ‘수급자’란 이 법에 따라 장애인연금을 받는 사람을 말한다.

⑤ ‘소득인정액’이란 수급권자와 그 배우자의 소득평가액과 재산의 소득환산액을 합산한 금액을 말한다.

⑥ ‘수급권자와 그 배우자의 소득평가액’이란 수급권자와 그 배우자의 실제 소득에도 불구하고 장애인연금의 지급 결정 및 실시 등에 사용하기 위하

9) 장애인연금은 사회보험과는 달리 개인이 가입하는 방식이 아니라 일정한 자산조사를 거쳐 일정 소득 이하의 노인을 중심으로 급여대상자가 선정되는 방식이므로 공공부조적 성격이 강하다.

10) 1988년부터 도입된 장애인등급(1~6급)에 따라 차별화된 서비스를 제공하던 장애인등급제를 2019년 7월에 30년 만에 폐지하고, 장애인에게 적정 서비스를 지원하기 위해 ‘장애인 서비스지원 종합조사’ 제도를 도입했다.

여 산출한 금액을 말한다.

⑦ '재산의 소득환산액'이란 수급권자와 그 배우자의 재산가액에 재산의 소득환산율을 곱하여 산출한 금액을 말한다. 이 경우 수급권자와 그 배우자의 재산 범위, 재산가액의 산정기준, 재산의 소득환산율, 그 밖에 재산의 소득환산액 산정방식에 필요한 사항은 보건복지부령으로 정한다.

❸ 법률수행의 책임과 범위

① 법률수행을 위한 국가 및 지방자치단체의 책무는 다음과 같다.

가. 국가 및 지방자치단체는 장애인연금이 중증장애인의 생활안정을 지원하고 복지를 증진하는 데 필요한 수준이 되도록 최대한 노력하여야 하며, 매년 필요한 재원을 조달하여야 한다.

나. 국가 및 지방자치단체는 장애인연금의 지급에 따라 계층 간 소득 역전 현상이 발생하지 아니하고 근로 의욕 및 저축 유인이 저하되지 아니하도록 최대한 노력하여야 한다.

② 수급자 선정기준액은 18세 이상의 중증장애인 중 수급자가 100분의 70 수준이 되도록 한다.

③ 수급권자의 범위는 18세 이상 64세까지의 중증장애인(1급, 2급, 3급 중복)으로서 소득인정액이 그 중증장애인의 소득·재산·생활수준과 물가상승률 등을 고려하여 보건복지부장관이 정하여 고시하는 금액 이하인 사람으로 한다. 다만, 20세 이하로서 「초·중등교육법」 제2조에 따른 학교에 재학 중인 사람은 제외하며, 65세부터는 기초연금 수급권자로 전환된다.

④ 수급자 대상에서 「공무원연금법」, 「사립학교교직원연금법」, 「군인연금법」, 「별정우체국법」에 의한 연금 수급자, 그 배우자 및 유족연금 수급자와 「국민연금과 직역연금의 연계에 관한 법률」에 의한 직역재직기간이 10년 이상의 연계퇴직연금 또는 연계퇴직유족연금수급자에게는 장애인연금을 지급하지 않는다.

(2) 장애인연금의 급여내용

❶ 장애인연금의 종류와 급여액

① 장애인연금의 종류는 다음과 같다.

가. 기초급여 : 근로능력의 상실 또는 현저한 감소로 인하여 줄어드는 소득을 보전하여 주기 위하여 지급하는 급여

나. 부가급여 : 장애로 인하여 추가로 드는 비용의 전부 또는 일부를 보전하여 주기 위하여 지급하는 급여

② 기초급여액은 보건복지부장관이 그 전년도 기초급여액에 대통령령으로 정하는 바에 따라 전국소비자물가변동률을 반영하여 매년 고시한다. 그리고 부가급여액은 월정액으로 하며, 수급권자와 그 배우자의 소득 수준 및 장애로 인한 추가비용 등을 고려하여 대통령령으로 정한다.

③ 수급권자와 그 배우자가 모두 기초급여를 받는 경우에는 각각의 기초급여액에서 기초급여액의 100분의 20에 해당하는 금액을 감액한다.

④ 소득인정액과 기초급여액을 합한 금액이 선정기준액 이상인 경우에는 대통령령으로 정하는 바에 따라 기초급여액의 일부를 감액하여 지급할 수 있다.

❷ 장애인연금의 신청

① 수급권자는 관할 특별자치도지사·시장·군수·구청장(자치구의 구청장을 말함)에게 장애인연금의 지급을 신청할 수 있다.

② 특별자치도·시·군·구 소속공무원은 이 법에 따른 장애인연금을 필요로 하는 사람이 누락되지 아니하도록 관할 지역에 거주하는 수급권자에 대한 장애인연금의 지급을 신청할 수 있다. 이 경우 그 수급권자의 동의를 받아야 하며, 그 동의는 수급권자의 신청으로 본다.

③ 장애인연금을 신청할 때나 특별자치도·시·군·구 소속공무원이 장애인연금을 신청하는 것에 수급권자가 동의하였을 때에는 수급권자와 그 배우자는 다음의 자료 또는 정보의 제공에 동의한다는 뜻을 서면으로 제출하여야 한다.

가. 「금융실명거래 및 비밀보장에 관한 법률」에 따른 금융자산 및 금융거

래의 내용에 대한 자료 또는 정보 중 예금의 평균잔액과 그 밖에 대통령령으로 정하는 자료 또는 정보

나. 「신용정보의 이용 및 보호에 관한 법률」에 따른 신용정보 중 채무액과 그 밖에 대통령령으로 정하는 자료 또는 정보

다. 「보험업법」에 따른 보험에 가입하여 납부한 보험료와 그 밖에 대통령령으로 정하는 자료 또는 정보

④ 보건복지부장관 또는 특별자치시장·특별자치도지사·시장·군수·구청장은 중증장애인에게 수급권자의 범위, 장애인연금의 종류·내용·신청방법 등 장애인연금 관련 정보를 제공하여야 한다. 이 경우 장애인연금 신청의 방법 및 절차와 동의의 방법 및 절차 등에 관하여 필요한 사항은 대통령령으로 정한다.

❸ 장애인연금의 지급결정

① 특별자치도지사·시장·군수·구청장은 법 제9조에 따라 조사를 하였을 때에는 지체 없이 장애인연금 지급의 여부와 내용을 결정하여야 한다.

② 특별자치도지사·시장·군수·구청장은 장애인연금 지급의 여부와 내용을 결정하였을 때에는 그 결정의 요지, 장애인연금의 종류 및 지급 개시시기 등을 서면으로 수급권자에게 통지하여야 한다.

③ 수급권자에 대한 통지는 장애인연금 지급의 신청일로부터 30일 이내에 하여야 한다.

④ 다음의 어느 하나에 해당하는 경우에는 신청일로부터 60일 이내에 통지할 수 있다. 이 경우 통지서에 그 사유를 분명하게 밝혀야 한다.

가. 수급권자와 그 배우자의 소득·재산의 조사 및 수급권자의 장애등급의 재심사에 시일이 필요한 특별한 사유가 있는 경우

나. 수급권자 등이 제9조에 따른 조사나 자료제출 요구를 거부·방해 또는 기피하는 경우

❹ 금융정보 등의 제공

① 보건복지부장관은 「금융실명거래 및 비밀보장에 관한 법률」과 「신용정보의 이용 및 보호에 관한 법률」에도 불구하고 수급권자와 그 배우자가 제출한

동의 서면을 전자적 형태로 바꾼 문서로 「금융실명거래 및 비밀보장에 관한 법률」에 따른 금융기관이나 「신용정보의 이용 및 보호에 관한 법률」에 따른 신용정보집중기관의 장에게 금융정보·신용정보 또는 보험정보의 제공을 요청할 수 있다.

② 보건복지부장관은 수급자의 사후관리를 위하여 필요하다고 인정하는 경우 「금융실명거래 및 비밀보장에 관한 법률」과 「신용정보의 이용 및 보호에 관한 법률」에도 불구하고 대통령령으로 정하는 기준에 따라 인적사항을 기재한 문서로 또는 정보통신망을 통하여 금융회사 등의 장에게 수급자와 그 배우자의 금융정보 등의 제공을 요청할 수 있다.

③ 금융정보 등의 제공을 요청받은 금융회사 등의 장은 「금융실명거래 및 비밀보장에 관한 법률」과 「신용정보의 이용 및 보호에 관한 법률」에도 불구하고 명의인의 금융정보 등을 제공하여야 한다.

④ 금융정보 또는 보험정보를 제공한 「금융실명거래 및 비밀보장에 관한 법률」에 따른 금융기관의 장은 그 정보의 제공 사실을 명의인에게 통보하여야 한다. 다만, 명의인이 동의하는 경우에는 「금융실명거래 및 비밀보장에 관한 법률」에도 불구하고 통보하지 아니할 수 있다.

⑤ 금융정보 등의 제공 요청 및 제공은 「정보통신망 이용촉진 및 정보보호 등에 관한 법률」에 따른 정보통신망을 이용하여야 한다. 다만, 정보통신망이 손상되는 등 불가피한 경우에는 그러하지 아니한다.

❺ 장애인연금의 지급기간과 시기

① 특별자치시장·특별자치도지사·시장·군수·구청장은 장애인연금의 지급이 결정되면 해당 수급권자에게 장애인연금을 신청한 날이 속하는 달부터 수급권이 소멸한 날이 속하는 달까지 매월 정기적으로 지급한다.

② 장애인연금은 그 지급을 정지하여야 할 사유가 발생한 경우에는 그 사유가 발생한 날이 속하는 달의 다음 달부터 그 사유가 소멸한 날이 속하는 달까지는 지급하지 아니한다.

③ 장애인연금 지급의 방법 및 절차에 필요한 사항은 대통령령으로 정한다.

④ 수급자가 사망한 경우 그 수급자에게 지급되어야 할 장애인연금으로서 아직 지급되지 아니한 것이 있을 때에는 수급자의 사망 당시 생계를 같

이 한 유족의 청구에 의하여 그 미지급 장애인연금을 지급한다.

⑤ 특별자치시장·특별자치도지사·시장·군수·구청장은 수급자의 신청이 있는 경우에는 장애인연금을 수급자 명의의 지정된 계좌(장애인연금수급계좌)로 입금하여야 한다. 다만, 정보통신장애나 그 밖에 대통령령으로 정하는 불가피한 사유로 장애인연금수급계좌로 이체할 수 없을 때에는 현금 지급 등 대통령령으로 정하는 바에 따라 장애인연금을 지급할 수 있다.

❻ 장애인연금의 수급권소멸과 지급정지

① 수급권자가 다음의 어느 하나에 해당하게 되면 그 수급권은 소멸한다.

가. 사망한 경우

나. 국적을 상실하거나 외국으로 이주하기 위하여 출국하는 경우

다. 제4조 제1항에 따른 수급요건에 해당하지 아니하게 된 경우

라. 장애등급의 변경 등으로 중증장애인에 해당하지 아니하게 된 경우

② 특별자치도지사·시장·군수·구청장은 수급자가 다음의 어느 하나에 해당하게 되면 장애인연금의 지급을 정지한다.

가. 수급자가 금고 이상의 실형을 선고받고 「형의 집행 및 수용자의 처우에 관한 법률」 또는 「치료감호법」에 따른 교정시설 또는 치료감호시설에 수용 중인 경우

나. 수급자가 행방불명 또는 실종 등의 사유로 사망한 것으로 추정되는 경우

다. 수급자의 해외체류기간이 180일 이상 지속되어 사실상 국적 상실 또는 국외 이주에 해당하는 경우

❼ 장애인연금의 환수와 이의신청

① 특별자치도지사·시장·군수·구청장은 이 법에 따라 장애인연금을 받은 자가 다음의 어느 하나에 해당되면 그가 받은 장애인연금의 전부 또는 일부를 환수하여야 한다.

가. 거짓이나 그 밖의 부정한 방법으로 장애인연금을 받은 경우

나. 장애인연금 수급자가 장애인연금 수급사유가 소급하여 소멸한 경우

다. 잘못 지급된 경우

② 특별자치도지사·시장·군수·구청장은 장애인연금을 반환하여야 할 사람이 기간 내에 이를 반환하지 아니하면 국세 또는 지방세 체납처분의 예에 따라 징수할 수 있다.

③ 특별자치도지사·시장·군수·구청장은 장애인연금을 징수할 때 반환하여야 할 자가 행방불명되거나 재산이 없거나 그 밖의 불가피한 사유가 있어 환수가 불가능하다고 인정할 때에는 결손처분을 할 수 있다.

④ 장애인연금의 지급 결정이나 그 밖에 이 법에 따른 처분에 이의가 있는 사람은 특별자치도지사·시장·군수·구청장에게 이의신청을 할 수 있다. 이의신청은 그 처분이 있음을 안 날부터 90일 이내에 서면으로 할 수 있다.

⑤ 수급자에게 장애인연금으로 지급된 금품이나 이를 받을 권리는 압류할 수 없다. 그리고 수급자는 장애인연금을 받을 권리를 다른 사람에게 양도하거나 담보로 제공할 수 없다.

❽ 장애인연금 지급비용의 부담

① 국가가 특별시·광역시·도·특별자치도별로 부담하는 장애인연금 비용의 비율은 다음에서와 같다.

가. 특별시 : 100분의 50

나. 광역시·도·특별자치도 : 100분의 70

② 국가가 부담한 금액을 뺀 금액에 대해서는 특별시·광역시·도·특별자치도 및 시·군·구가 상호 분담하되, 그 부담비율은 특별시·광역시·도의 조례[11]로 정한다.

11) 시·도 조례에서는 기초자치단체의 재정여건과 장애인 인구비율에 따라 단계별로 차등을 두는 방법으로 장애인연금 지급비용을 부담하도록 규정하는 경우가 많다.

Chapter 07

연금보험법제

1 국민연금법

1) 국민연금법의 개관

(1) 법제정 목적과 개요

「국민연금법」은 1973년 12월 24일에 제정된 「국민복지연금법」이 그 시행을 미루어 오다가 국민의 노령, 장애 또는 사망에 대하여 연금급여를 실시함으로써 국민의 생활안정과 복지 증진에 이바지하는 것을 목적으로 1986년 12월 31일에 「국민연금법」으로 개칭하여 전부 개정되었다.

국민연금제도는 소득활동을 하는 사람이 소득활동시기에 보험료를 납부하였다가 나이가 들거나, 갑작스런 사고나 질병으로 사망 또는 장애를 입어 소득활동이 중단된 경우, 본인이나 유족에게 연금을 지급함으로써 안정된 생활을 할 수 있도록 해 주는 소득보장제도이다. 또한, 국민연금제도는 사회보험원리에 따라 가입이 강제되고 보험료율과 연금지급에 대한 내용이 법률로 정해지며 국가의 책임 아래 운영된다는 점에서 민간보험과는 구분된다.

이러한 국민연금제도는 경제발전으로 평균수명은 연장된 반면 핵가족화로 노인부양의식이 약화됨에 따라 노후소득보장을 사회적으로 해결하기 위해 1988년 1월 1일부터 시행되었다. 도입 당시 상시 10인 이상의 근로자를 사용하는 사업장에 대하여 실시한 후 1992년 1월부터는 5인 이상으로 확대되고, 1995년 7월부터는 농어촌지역 주민에게까지 확대하였으며, 1999년 4월부터는 도시지역 주민에게까지 확대함으로써 전국민 연금시대가 개막되었다.

그 후 2003년 7월부터는 지역가입자 중 5인 미만 사업장의 가입자와 비정규직 근로자를 사업장가입자로 단계적으로 편입하였고, 2006년 1월부터 당연적용사업장은 근로자 1인 이상 사업장으로 확대하여 적용하고 있다.[1)]

그리고 2012년 7월부터는 근로자 수 10인 미만의 소규모 사업장의 저임금(월평균보수 35~125만 원) 근로자들과 사업주에게는 국민연금 보험료와 고용보험 보험료의 50% 또는 30%를 할인하여 국가에서 지원하는 '두루누리 사회보험 지원사업'을 시행하고 있다.

(2) 법률용어의 정의

① '근로자'란 직업의 종류가 무엇이든 사업장에서 노무를 제공하고 그 대가로 임금을 받아 생활하는 자(법인의 이사와 그 밖의 임원 포함)를 말한다. 다만, 대통령령으로 정하는 자는 제외한다.

② '사용자(使用者)'란 사업주나 사업경영자를 말한다.

③ '소득'이란 일정한 기간 근로를 제공하여 얻은 수입에서 대통령령으로 정하는 비과세소득을 제외한 금액 또는 사업 및 자산을 운영하여 얻는 수입에서 필요경비를 제외한 금액을 말한다. 이 경우 국민연금 가입자의 종류에 따른 소득 범위는 대통령령으로 정한다.

④ '평균소득월액'이란 매년 사업장가입자 및 지역가입자 전원의 기준소득월액을 평균한 금액을 말하며, 그 산정방법은 대통령령으로 정한다.

⑤ '기준소득월액'이란 연금보험료와 급여를 산정하기 위하여 가입자의 소득월액을 기준으로 하여 대통령령으로 정하는 금액을 말하며, 그 결정방법 및 적용기간 등에 관하여는 대통령령으로 정한다.

⑥ '사업장가입자'란 사업장에 고용된 근로자 및 사용자로서 제8조에 따라 국민연금에 가입된 자를 말한다.

⑦ '지역가입자'란 사업가입자가 아닌 자로서 제9조에 따라 국민연금에 가

1) 보건복지부(2009), 『보건복지백서』, pp. 452-453 재수정.

입된 자를 말한다.

⑧ '임의가입자'란 사업장가입자 및 지역가입자 외의 자로서 제10조에 따라 국민연금에 가입된 자를 말한다.

⑨ '임의계속가입자'란 국민연금 가입기간이 20년 미만인 가입자가 제13조 제1항에 따라 가입자로 된 자를 말한다.

⑩ '연금보험료'란 국민연금사업에 필요한 비용으로서 사업장가입자의 경우에는 부담금 및 기여금의 합계액을, 지역가입자·임의가입자 및 임의계속가입자의 경우에는 본인이 내는 금액을 말한다.

⑪ '부담금'이란 사업장가입자의 사용자가 부담하는 금액을 말한다.

⑫ '기여금'이란 사업장가입자가 부담하는 금액을 말한다.

⑬ '사업장'이란 근로자를 사용하는 사업소 및 사무소를 말한다.

(3) 법률수행의 책임과 범위

① 국민연금사업에 관한 다음 사항을 심의하기 위하여 보건복지부에 국민연금심의위원회를 둔다.

가. 국민연금제도 및 재정 계산에 관한 사항

나. 급여에 관한 사항

다. 연금보험료에 관한 사항

라. 국민연금기금에 관한 사항

마. 그 밖에 국민연금제도의 운영과 관련하여 보건복지부장관이 회의에 부치는 사항

② 국민연금심의위원회는 위원장·부위원장 및 위원으로 구성하되, 위원장은 보건복지부차관이 되고, 부위원장은 공익을 대표하는 위원 중에서 호선하며, 위원은 임기 2년으로 다음 구분에 따라 보건복지부장관이 지명하거나 위촉한다.

가. 사용자를 대표하는 위원으로서 사용자 단체가 추천하는 자 4명

나. 근로자를 대표하는 위원으로서 근로자 단체가 추천하는 자 4명

다. 지역가입자를 대표하는 위원으로서 다음의 자

– 농어업인 단체가 추천하는 자 2명

– 농어업인 단체 외의 자영자 관련 단체가 추천하는 자 2명
– 소비자단체와 시민단체가 추천하는 자 2명

라. 공익을 대표하는 위원으로서 국민연금에 관한 전문가 5명

③ 국민연금심의위원회의 구성 및 운영 등에 필요한 사항은 대통령령으로 정한다.

④ 국민연금 가입대상은 국내에 거주하는 국민으로서 18세 이상 60세 미만인 자는 국민연금 가입대상이 된다. 다만, 「공무원연금법」, 「군인연금법」 및 「사립학교교직원연금법」을 적용받는 공무원, 군인 및 사립학교교직원, 그 밖에 대통령령으로 정하는 자는 제외한다.

⑤ 가입자는 사업장가입자, 지역가입자, 임의가입자 및 임의계속가입자로 구분한다.

2) 국민연금의 가입대상자

(1) 사업장가입자

① 사업의 종류, 근로자의 수 등을 고려하여 대통령령으로 정하는 사업장의 18세 이상 60세 미만인 근로자와 사용자는 당연히 사업장가입자가 된다. 다만, 다음의 어느 하나에 해당하는 자는 제외한다.

가. 「공무원연금법」, 「사립학교교직원연금법」 또는 「별정우체국법」에 따른 퇴직연금, 장해연금 또는 퇴직연금일시금이나 「군인연금법」에 따른 퇴역연금, 상이연금, 퇴역연금일시금을 받을 권리를 얻은 자.

나. 「국민기초생활보장법」에 따른 수급자는 본인의 희망에 따라 사업장가입자가 되지 아니할 수 있다.

② 국민연금에 가입된 사업장에 종사하는 18세 미만 근로자는 자기가 원하면 사용자의 동의를 받아 사업장가입자가 될 수 있다.

③ 사업장가입자는 다음의 어느 하나에 해당하게 된 날의 다음 날에 자격을 상실한다. 다만, 위 ①항의 '가'호에 해당되는 특수직역연금 수급자의 경우에는 그에 해당하게 된 날에 자격을 상실한다.

가. 사망한 때

나. 국적을 상실하거나 국외로 이주한 때

다. 사용관계가 끝난 때

라. 60세가 된 때

마. 제6조 단서에 따른 국민연금 가입 대상 제외자에 해당하게 된 때

(2) 지역가입자

① 사업장가입자가 아닌 자로서 18세 이상 60세 미만인 자는 당연히 지역가입자가 된다. 다만, 다음의 어느 하나에 해당하는 자는 제외한다.

가. 다음의 어느 하나에 해당하는 자의 배우자로서 별도의 소득이 없는 자

- 제6조 단서에 따라 국민연금 가입대상에서 제외되는 자
- 사업장가입자, 지역가입자 및 임의계속가입자
- 노령연금 수급권자 및 퇴직연금 등 수급권자

나. 퇴직연금 등 수급권자. 다만, 퇴직연금 등 수급권자가 「국민연금과 직역연금의 연계에 관한 법률」 제8조에 따라 연계 신청을 한 경우에는 그러하지 아니한다.

다. 18세 이상 27세 미만인 자로서 학생이거나 군 복무 등의 이유로 소득이 없는 자(연금보험료를 납부한 사실이 있는 자 제외)

라. 「국민기초생활보장법」에 따른 생계급여, 의료급여수급자

마. 1년 이상 행방불명된 자

② 지역가입자는 다음의 어느 하나에 해당하게 된 날의 다음 날에 자격을 상실한다. 다만, '다'호와 '라'호의 경우에는 그에 해당하게 된 날에 그 자격을 상실한다.

가. 사망한 때

나. 국적을 상실하거나 국외로 이주한 때

다. 제6조 단서에 따른 국민연금 가입 대상 제외자에 해당하게 된 때

라. 사업장가입자의 자격을 취득한 때

마. 제9조 제1호에 따른 배우자로서 별도의 소득이 없게 된 때

바. 60세가 된 때

(3) 임의가입자

① 다음의 어느 하나에 해당하지 않는 자로서 18세 이상 60세 미만인 자는 보건복지부령으로 정하는 바에 따라 국민연금공단에 가입을 신청하면 임의가입자가 될 수 있다.

가. 사업장가입자

나. 지역가입자

② 임의가입자는 보건복지부령으로 정하는 바에 따라 국민연금공단에 신청하여 탈퇴할 수 있다.

③ 임의가입자는 다음의 어느 하나에 해당하게 된 날의 다음 날에 자격을 상실한다.

가. 사망한 때

나. 국적을 상실하거나 국외로 이주한 때

다. 탈퇴 신청이 수리된 때

라. 60세가 된 때

마. 대통령령으로 정하는 기간(3개월) 이상 계속하여 연금보험료를 체납한 때

바. 사업장가입자 또는 지역가입자의 자격을 취득한 때

사. 국민연금 가입 대상 제외자에 해당하게 된 때

(4) 임의계속가입자

① 다음의 어느 하나에 해당하는 자는 65세가 될 때까지 보건복지부령으로 정하는 바에 따라 국민연금공단에 가입을 신청하면 임의계속가입자가 될 수 있다. 이 경우 가입 신청이 수리된 날에 그 자격을 취득한다.

가. 국민연금 가입자 또는 가입자였던 자로서 60세가 된 자

나. 대통령령으로 정하는 직종에 종사하거나 종사하였던 근로자로서 다음의 어느 하나에 해당하는 사람 중 노령연금을 지급받지 않는 사람

- 노령연금수급권을 취득한 사람
- 「국민복지연금법」 개정 법률에 따라 특례노령연금 수급권을 취득한 사람

② 임의계속가입자는 보건복지부령으로 정하는 바에 따라 국민연금공단에 신청하면 탈퇴할 수 있다.

③ 임의계속가입자는 다음의 어느 하나에 해당하게 된 날의 다음날에 그 자격을 상실한다.

가. 사망한 때

나. 국적을 상실하거나 국외로 이주한 때

다. 탈퇴 신청이 수리된 때

라. 대통령령으로 정하는 기간(3개월) 이상 계속하여 연금보험료를 체납한 때

3) 국민연금의 급여내용

(1) 노령연금

① 노령연금 수급권자에 대한 내용은 다음과 같다.

가. 가입기간이 10년 이상인 가입자 또는 가입자였던 자에 대하여는 60세[2](특수직종근로자는 55세)가 된 때부터 그가 생존하는 동안 노령연금을 지급한다.

나. 가입기간이 10년 이상인 가입자 또는 가입자였던 자로서 55세 이상인 자가 대통령령으로 정하는 소득이 있는 업무에 종사하지 아니하는 경우 본인이 희망하면 제1항에도 불구하고 60세가 되기 전이라도 본인이 청구한 때부터 그가 생존하는 동안 일정한 금액의 연금(조기노령연금)을 받을 수 있다.

② 노령연금액에 대한 내용은 다음과 같다.

가. 노령연금액은 다음의 구분에 따른 기본연금액에 부양가족연금액을 더한 금액으로 한다.

– 가입기간이 20년 이상인 경우 : 기본연금액

– 가입기간이 10년 이상 20년 미만인 경우 : 기본연금액의 1천분의 500에 해당하는 금액에 가입기간 10년을 초과하는 1년(1년 미만이면

2) 1953년생부터 출생연도에 따라 급여연령이 단계적으로 상향되며, 1969년생 이후는 65세가 되어야 노령연금 수급연령에 해당한다(단, 조기노령연금은 60세임).

매 1개월을 12분의 1년으로 계산)마다 기본연금액의 1천분의 50에 해당하는 금액을 더한 금액

나. 조기노령연금액은 가입기간에 따른 노령연금액 중 부양가족연금액을 제외한 금액에 수급연령별로 다음의 구분에 의한 비율(청구일이 연령도달일이 속한 달의 다음 달 이후인 경우에는 1개월마다 1천분의 5를 더함)을 곱한 금액에 부양가족연금액을 더한 금액으로 한다.

- 55세부터 지급받는 경우에는 1천분의 700
- 56세부터 지급받는 경우에는 1천분의 760
- 57세부터 지급받는 경우에는 1천분의 820
- 58세부터 지급받는 경우에는 1천분의 880
- 59세부터 지급받는 경우에는 1천분의 940

다. 노령연금 수급권자가 대통령령으로 정하는 소득이 있는 업무에 종사하면 60세 이상 65세 미만(특수직종근로자는 55세 이상 60세 미만)인 기간에는 노령연금액(부양가족연금액은 제외)에서 일정한 금액을 뺀 금액을 지급한다. 이 경우 빼는 금액은 노령연금액의 2분의 1을 초과할 수 없다.

라. 혼인기간(배우자의 가입기간 중의 혼인기간만 해당)이 5년 이상인 자가 다음의 어느 하나에 해당하게 되면 그때부터 그가 생존하는 동안 배우자였던 자의 노령연금을 분할한 일정한 금액의 분할연금[3]을 받을 수 있다. 분할연금액은 배우자였던 자의 노령연금액(부양가족연금액은 제외) 중 혼인 기간에 해당하는 연금액을 균등하게 나눈 금액으로 하며, 분할연금은 이혼 후 3년 이내에 청구하여야 한다.

- 배우자와 이혼하였을 것

---

3) ① 분할연금 수급권은 그 수급권을 취득한 후에 배우자였던 자에게 생긴 사유로 노령연금 수급권이 소멸·정지되어도 영향을 받지 아니한다.
② 수급권자에게 2 이상의 분할연금 수급권이 생기면 제56조에도 불구하고 2 이상의 분할연금액을 합산하여 지급한다. 다만, 2 이상의 분할연금 수급권과 다른 급여(노령연금을 제외함. 이하 이 항에서 같음)의 수급권이 생기면 그 2 이상의 분할연금 수급권을 하나의 분할연금 수급권으로 보고 본인의 선택에 따라 분할연금과 다른 급여 중 하나만 지급하고 선택하지 아니한 분할연금 또는 다른 급여의 지급은 정지된다.
③ 분할연금 수급권자는 제72조 제1항에 따른 유족연금을 지급할 때 노령연금 수급권자로 보지 아니한다.
④ 분할연금 수급권자에게 노령연금 수급권이 발생한 경우에는 제56조에도 불구하고 분할연금액과 노령연금액을 합산하여 지급한다.

– 배우자였던 사람이 노령연금 수급권자일 것
– 60세가 되었을 것

(2) 장애연금

① 장애연금 수급권자에 대한 내용은 다음과 같다.

가. 가입자 또는 가입자였던 자가 질병이나 부상으로 신체상 또는 정신상의 장애가 있고 다음 각 호의 요건을 충족하는 경우에는 장애 정도를 결정하는 기준이 되는 날(장애결정 기준일)부터 그 장애가 계속되는 기간 동안 장애 정도에 따라 장애연금을 지급한다.

– 해당 질병 또는 부상의 초진일 당시 연령이 18세(다만, 18세 전에 가입한 경우에는 가입자가 된 날을 말함) 이상이고 노령연금의 지급 연령 미만일 것
– 해당 질병 또는 부상의 초진일 당시 연금보험료를 낸 기간이 가입대상기간의 3분의 1 이상일 것
– 해당 질병 또는 부상의 초진일 5년 전부터 초진일까지의 기간 중 연금보험료를 낸 기간이 3년 이상일 것. (다만, 가입대상기간 중 체납기간이 3년 이상인 경우는 제외한다.)
– 해당 질병 또는 부상의 초진일 당시 가입기간이 10년 이상일 것

나. 장애결정 기준일은 다음에서 정하는 날로 한다.

– 초진일부터 1년 6개월이 지나기 전에 완치일이 있는 경우 : 완치일
– 초진일부터 1년 6개월이 지날 때까지 완치일이 없는 경우 : 초진일부터 1년 6개월이 되는 날의 다음 날
– 제2호에 따른 초진일부터 1년 6개월이 되는 날의 다음 날에 장애연금의 지급 대상이 되지 아니하였으나, 그 후 그 질병이나 부상이 악화된 경우 : 장애연금의 지급을 청구한 날(노령연금 지급연령 전에 청구한 경우만 해당)과 완치일 중 빠른 날

다. 장애연금의 수급권이 소멸된 사람이 장애연금 수급권을 취득할 당시의 질병이나 부상이 악화된 경우 : 청구일과 완치일 중 빠른 날

라. '가'호에 따라 장애연금의 지급 대상이 되는 경우에도 불구하고 다음

의 어느 하나에 해당되는 경우에는 장애연금을 지급하지 아니한다.

- 초진일이 제6조 단서에 따라 가입 대상에서 제외된 기간 중에 있는 경우
- 초진일이 국외이주·국적상실 기간 중에 있는 경우
- 반환일시금을 지급받은 경우

마. 장애 정도에 관한 장애등급은 1급, 2급, 3급 및 4급으로 구분하되, 등급 구분의 기준과 장애 정도의 심사에 관한 사항은 대통령령으로 정한다.

② 장애연금액에 대한 내용은 다음과 같다.

가. 장애연금액은 장애등급에 따라 다음의 금액으로 한다.

- 장애등급 1급에 해당하는 자에 대하여는 기본연금액에 부양가족연금액을 더한 금액
- 장애등급 2급에 해당하는 자에 대하여는 기본연금액의 1천분의 800에 해당하는 금액에 부양가족연금액을 더한 금액
- 장애등급 3급에 해당하는 자에 대하여는 기본연금액의 1천분의 600에 해당하는 금액에 부양가족연금액을 더한 금액4)

나. 장애연금 수급권자에게 다시 장애연금을 지급하여야 할 장애가 발생한 때에는 전후의 장애를 병합(倂合)한 장애 정도에 따라 장애연금을 지급한다. 다만, 전후의 장애를 병합한 장애 정도에 따른 장애연금이 전의 장애연금보다 적으면 전의 장애연금을 지급한다.

다. 공단은 장애연금 수급권자의 장애 정도를 심사하여 장애등급이 다르게 되면 그 등급에 따라 장애연금액을 변경하고, 장애등급에 해당되지 아니하면 장애연금 수급권을 소멸시킨다.

(3) 유족연금

① 유족연금 수급자에 대한 내용은 다음과 같다.

가. 다음의 어느 하나에 해당하는 사람이 사망하면 그 유족에게 유족연금을 지급한다.

4) 장애등급 4급에 해당하는 자는 기본연금액의 1천분의 2,250에 해당하는 금액을 일시보상금으로 지급한다.

- 노령연금 수급권자
- 가입기간이 10년 이상인 가입자 또는 가입자였던 자
- 연금보험료를 낸 기간이 가입대상기간의 3분의 1 이상인 가입자 또는 가입자였던 자
- 사망일 5년 전부터 사망일까지의 기간 중 연금보험료를 낸 기간이 3년 이상인 가입자 또는 가입자였던 자. 다만, 가입대상기간 중 체납기간이 3년 이상인 사람은 제외한다.
- 장애등급이 2급 이상인 장애연금 수급권자

나. 유족연금을 지급받을 수 있는 유족은 제72조 제1항 각 호의 사람이 사망할 당시 그에 의하여 생계를 유지하고 있던 다음 각 호의 자로 한다. 이 경우 가입자 또는 가입자였던 자에 의하여 생계를 유지하고 있던 자에 관한 인정 기준은 대통령령으로 정한다.

- 배우자
- 자녀(다만, 25세 미만이거나 장애등급 2급 이상인 자만 해당)
- 부모(배우자의 부모를 포함하며, 다만, 60세 이상이거나 장애등급 2급 이상인 자만 해당)
- 손자녀(다만, 19세 미만이거나 장애등급 2급 이상인 자만 해당)
- 조부모(배우자의 조부모를 포함하며, 다만, 60세 이상이거나 장애등급 2급 이상인 자만 해당)

② 유족연금은 위의 순위에 따라 '최우선 순위자'에게만 지급한다. 다만, 유족의 수급권이 소멸되거나 정지되면 다음 순위의 유족에게 지급한다. 만약 같은 순위의 유족이 2명 이상이면 그 유족연금액을 똑같이 나누어 지급하되, 지급방법은 대통령령으로 정한다.

③ 유족연금액과 수급권에 대한 내용은 다음과 같다.[5)]

가. 유족연금액은 가입기간에 따라 다음의 금액에 부양가족연금액을 더한 금액으로 한다. 다만, 노령연금 수급권자가 사망한 경우의 유족연금액은 사망한 자가 지급받던 노령연금액을 초과할 수 없다.

- 가입기간이 10년 미만이면 기본연금액의 1천분의 400에 해당하는

5) 국민연금의 유족연금액은 중복조정을 위해 본인(유족)이 수급자일 경우에는 산정된 유족연금액의 20%만 급여된다. 그러므로 본인의 연금수급액이 유족연금액보다 낮을 경우에는 유족연금만 선택하는 것이 유리하다.

금액

- 가입기간이 10년 이상 20년 미만이면 기본연금액의 1천분의 500에 해당하는 금액
- 가입기간이 20년 이상은 기본연금액의 1천분의 600에 해당하는 금액

나. 유족연금 수급권자가 다음의 어느 하나에 해당하게 되면 그 수급권은 소멸한다.

- 수급권자가 사망한 때
- 배우자인 수급권자가 재혼한 때
- 자녀나 손자녀인 수급권자가 다른 사람에게 입양되거나 파양된 때
- 장애등급 2급 이상에 해당하지 아니한 자녀 또는 손자녀인 수급권자가 19세가 된 때
- 장애로 수급권을 취득한 자가 장애등급 2급 이상에 해당하지 아니하게 된 때

다. 아울러 부모, 손자녀 또는 조부모인 유족의 유족연금 수급권은 가입자 또는 가입자였던 자의 사망 당시의 태아가 출생하여 수급권을 갖게 되면 소멸한다.

라. 유족연금의 수급권자인 배우자에 대하여는 수급권이 발생한 때부터 3년 동안 유족연금을 지급한 후 55세가 될 때까지 지급을 정지한다. 다만, 그 수급권자가 다음의 어느 하나에 해당하면 지급을 정지하지 아니한다.

- 장애등급이 2급 이상인 경우
- 가입자 또는 가입자였던 자의 18세 미만인 자녀 또는 장애등급 2급 이상인 자녀의 생계를 유지한 경우
- 대통령령으로 정하는 소득이 있는 업무에 종사하지 아니하는 경우

마. 유족연금의 수급권자인 배우자의 소재를 1년 이상 알 수 없는 때에는 유족인 자녀의 신청에 의하여 그 소재불명의 기간 동안 그에게 지급하여야 할 유족연금은 지급을 정지한다.

바. 배우자 외의 자에 대한 유족연금의 수급권자가 2명 이상인 경우 그 수급권자 중에서 1년 이상 소재를 알 수 없는 자가 있으면 다른 수급권자의 신청에 따라 그 소재불명의 기간에 해당하는 그에 대한 유족연금의 지급을 정지한다.

(4) 반환일시금과 사망일시금

① 가입자 또는 가입자였던 자가 다음의 어느 하나에 해당하게 되면 본인이나 그 유족의 청구에 의하여 반환일시금을 지급받을 수 있다.

가. 가입기간이 10년 미만인 자가 60세가 된 때

나. 가입자 또는 가입자였던 자가 사망한 때. (다만, 가입자 또는 가입기간이 10년 이상인 가입자였던 자가 사망한 때에는 유족연금이 지급되지 아니하는 경우만 해당한다.)

다. 국적을 상실하거나 국외로 이주한 때

② 반환일시금의 액수는 가입자 또는 가입자였던 자가 납부한 연금보험료(사업장가입자 또는 사업장가입자였던 자의 경우 사용자의 부담금 포함)에 대통령령으로 정하는 이자를 더한 금액으로 한다.

③ 반환일시금의 지급을 청구할 경우 유족의 범위와 청구의 우선순위 등에 관하여는 유족연금수급 순위를 준용한다.

④ 반환일시금의 수급권은 다음의 어느 하나에 해당하면 소멸한다.

가. 수급권자가 다시 가입자로 된 때

나. 수급권자가 노령연금의 수급권을 취득한 때

다. 수급권자가 장애연금의 수급권을 취득한 때

라. 수급권자의 유족이 유족연금의 수급권을 취득한 때

⑤ 가입자 또는 가입자였던 자가 사망한 때에 가입자에 의해 생계를 유지해 왔던 유족이 없으면 그 배우자·자녀·부모·손자녀·조부모 또는 형제자매에게 사망일시금을 지급한다. 다만, 가입자 또는 가입자였던 자가 사망한 때에 실종 등으로 인하여 행방을 알 수 없는 자에게는 사망일시금을 지급하지 아니하며, 배우자·자녀·부모·손자녀·조부모 또는 형제자매가 없는 경우에는 4촌 이내의 방계혈족(傍系血族)으로서 가입자 또는 가입자였던 자에 의하여 생계를 유지하고 있던 자에게 사망일시금을 지급한다.

⑥ 사망일시금을 받을 자의 순위는 배우자·자녀·부모·손자녀·조부모 또는 형제자매 및 4촌 이내의 방계혈족 순으로 한다. 이 경우 순위가 같은 사람이 2명 이상이면 똑같이 나누어 지급하되, 그 지급방법은 대통령령으로 정한다.

4) 국민연금의 전달체계

(1) 국민연금공단 설치

① 보건복지부장관의 위탁을 받아 제1조의 목적을 달성하기 위한 사업을 효율적으로 수행하기 위하여 국민연금공단을 설립한다.

② 국민연금공단은 다음의 업무를 한다.

가. 가입자에 대한 기록의 관리 및 유지

나. 연금보험료의 부과

다. 급여의 결정 및 지급

라. 가입자, 가입자였던 자 및 제50조에 따른 수급권자를 위한 노후설계 상담, 소득활동 지원 및 자금의 대여와 복지시설의 설치·운영 등 복지증진사업

마. 가입자 및 가입자였던 자에 대한 기금증식을 위한 자금대여사업

바. 이 법 또는 다른 법령에 따라 위탁받은 사항

사. 그 밖에 국민연금사업에 관하여 보건복지부장관이 위탁하는 사항

③ 국민연금공단은 법인으로 한다.

④ 국민연금공단은 임원으로 이사장 1명, 상임이사 3명 이내, 이사 7명, 감사 1명을 두되, 이사에는 사용자 대표, 근로자 대표, 지역가입자 대표 각 1명 이상과 당연직 이사로서 보건복지부에서 국민연금 업무를 담당하는 3급 국가공무원 또는 고위공무원단에 속하는 일반직 공무원 1명이 포함되어야 한다.

⑤ 이사장은 보건복지부장관의 제청으로 대통령이 임면(任免)하고, 상임이사·이사(당연직 이사 제외) 및 감사는 이사장의 제청으로 보건복지부장관이 임면한다.

⑥ 임원의 임기는 3년으로 한다. 다만, 당연직 이사의 임기는 그 재임기간으로 하고, 기금이사의 임기는 계약기간으로 한다.

⑦ 다음의 어느 하나에 해당하는 자는 공단의 임원이 될 수 없다.

가. 금치산자나 한정치산자

나. 파산선고를 받고 복권되지 아니한 자

다. 금고 이상의 실형을 선고받고 그 집행이 끝나거나 집행을 받지 아니하기로 확정된 날부터 3년이 지나지 아니한 자

라. 법률이나 법원의 판결에 따라 자격이 상실되거나 정지된 자

(2) 국민연금공단 운영

① 공단은 대통령령으로 정하는 바에 따라 회계연도마다 사업 운영 계획과 예산에 관하여 보건복지부장관의 승인을 받아야 한다.

② 공단은 회계연도가 끝나고 2개월 내에 사업 실적과 결산을 보건복지부장관에게 보고하여야 한다.

③ 공단의 회계연도는 정부의 회계연도에 따른다.

④ 공단의 수입은 국민연금기금으로부터의 전입금, 국가보조금, 차입금, 그 밖의 수입금으로 하고, 지출은 이 법에 따른 각종 급여·적립금·환부금(還付金)·차입금의 상환금과 이자, 그 밖에 공단의 운영과 사업을 위한 각종 경비로 한다.

⑤ 공단은 가입자, 가입자였던 자 및 수급권자의 복지를 증진하기 위하여 대통령령으로 정하는 바에 따라 다음의 복지사업을 할 수 있다.

가. 자금의 대여

나. 「노인복지법」에 따른 노인복지시설의 설치·공급·임대와 운영

다. 노인복지시설의 부대시설로서 「체육시설의 설치·이용에 관한 법률」에 따른 체육시설의 설치 및 운영

라. 그 밖에 대통령령으로 정하는 복지사업

⑥ 공단은 복지사업을 실시하기 위하여 국민연금기금으로부터 보건복지부령으로 정하는 법인에 출자할 수 있다.

⑦ 공단은 법 제46조 제1항에 따라 다음의 복지사업을 할 수 있다.

가. 노인복지시설의 설치·공급·임대·운영과 노인복지시설의 부대시설로서 체육시설의 설치·운영 및 자금의 대여

나. 아동복지시설, 장애인복지시설 등 복지시설의 설치·운영 및 자금의 대여

다. 병원과 휴양시설 또는 요양시설의 설치와 운영 및 자금의 대여

라. 생활안정을 위한 자금의 대여

마. 학자금의 대여

바. 당연적용사업장인 중·소사업장의 사업장 내 복지시설 설치를 위한 자금 대여

사. 주택 구입 자금과 전세 자금의 대여

2 공무원연금법 / 사립학교교직원연금법

1) 공무원연금법

(1) 공무원연금법의 개관

❶ 법제정 목적

「공무원연금법」은 공무원의 퇴직 또는 사망과 공무(公務)로 인한 부상·질병·장애에 대하여 적절한 급여를 지급함으로써, 공무원 및 그 유족의 생활안정과 복리 향상에 이바지함을 목적으로 1960년 1월 1일에 제정·시행되었다.

❷ 법률용어의 정의

① '공무원'이란 상시 공무에 종사하는 다음의 어느 하나에 해당하는 자를 말한다.

가. 「국가공무원법」, 「지방공무원법」, 그 밖의 법률에 따른 공무원. (다만, 군인과 선거에 의하여 취임하는 공무원은 제외한다.)

나. 그 밖에 대통령령으로 정하는 국가나 지방자치단체의 직원

② '위험직무순직공무원'이란 제1호에 해당하는 공무원으로서 생명과 신체에 대한 고도의 위험을 무릅쓰고 직무를 수행하다가 다음 각 목의 어느 하나에 해당하는 위해(危害)를 입고 이 위해가 직접적인 원인이 되어 사망한 공무원을 말한다. 다만, 다음의 어느 하나에 해당하는 위해가 직접적인 원인이 아닌 공무상 질병으로 인하여 사망한 공무원은 제외한다.

가. 경찰관이나 수사관이 범인이나 피의자를 체포하다가 입은 위해

나. 경찰관이 「경찰관 직무집행법」에 따른 경비, 주요 인사(人士) 경호 및 대간첩·대테러 작전 수행 중 입은 위해 및 교통 단속과 교통 위해의 방지 업무 수행 중 입은 위해

다. 행정안전부나 경찰청 소속 대테러특공대원이 대테러작전 수행 중 입은 위해

라. 소방공무원이 재난·재해 현장에서 화재진압이나 인명구조작업(그 업무수행을 위한 긴급한 출동·복귀 및 부수활동을 포함) 중 입은 위해 또는 그 밖에 이에 준하는 위험업무 중 입은 위해

마. 공무원이 「재난 및 안전관리 기본법」에 따라 재난·재해현장에 투입되어 인명구조·진화·수방 또는 구난행위(그 업무수행을 위한 긴급한 출동·복귀 및 부수활동을 포함)를 하다가 입은 위해

바. 대통령경호실 직원이 「대통령 등의 경호에 관한 법률」에 따른 경호업무를 수행하다가 입은 위해

사. 국가정보원 직원이 간첩을 체포하다가 입은 위해

아. 교도관이 「형의 집행 및 수용자의 처우에 관한 법률」 제101조 제1항 각 호의 어느 하나에 해당하는 상황에서 계호(戒護) 업무를 수행하다가 입은 위해

자. 공무원이 「감염병의 예방 및 관리에 관한 법률」에 따른 감염병환자의 치료 또는 감염병의 확산 방지를 위한 직무수행 중 입은 위해

차. 산림항공헬기조종사가 현장에서 산불진화작업(그 업무수행을 위한 긴급한 출동·복귀 및 부수활동을 포함)을 하다가 입은 위해

카. 「산림보호법」 제39조 제1항에 따라 산불진화에 동원된 공무원이 산불진화작업을 하다가 입은 위해

타. 국외에서 천재지변·전쟁·교전·폭동·납치·테러·감염병 등의 위난상황이 발생하였을 때 공무원이 대한민국 국민에 대한 보호 또는 사고수습의 업무를 하다가 입은 위해

파. 그 밖에 위험직무 순직보상심사위원회가 가목부터 타목까지의 위해에 준한다고 인정하는, 위험한 직무를 수행하다가 입은 위해

③ '유족'이란 공무원이거나 공무원이었던 자가 사망할 당시 그가 부양하고 있던 다음의 어느 하나에 해당하는 자를 말한다.

가. 배우자(재직 당시 혼인관계에 있던 자로 한정하며, 사실상 혼인관계에 있던 자 포함)

나. 자녀(퇴직일 이후에 출생하거나 입양한 자녀는 제외하되, 퇴직 당시의 태아는 재직 중 출생한 자녀로 봄)

다. 부모(퇴직일 이후에 입양된 경우의 부모는 제외함)

라. 손자녀(퇴직일 이후에 출생하거나 입양한 손자녀는 제외하되, 퇴직 당시의 태아는 재직 중 출생한 손자녀로 봄)

마. 조부모(퇴직일 이후에 입양된 경우의 조부모는 제외함)

④ '퇴직'이란 면직, 사직, 그 밖의 사망 외의 사유로 인한 모든 해직을 말한다. 다만, 공무원의 자격이 소멸된 날 또는 그 다음날에 다시 자격을 취득하고 이 법에 따른 퇴직급여 및 퇴직수당을 받지 아니한 경우에는 예외로 한다.

⑤ '기준소득월액'이란 기여금 및 급여 산정의 기준이 되는 것으로서 일정 기간 재직하고 얻은 소득에서 비과세소득을 제외한 금액의 연지급합계액을 12개월로 평균한 금액을 말한다.[6] 이 경우 소득 및 비과세소득의 범위, 기준소득월액의 결정방법 및 적용기간 등에 관한 사항은 대통령령으로 정한다.

⑥ '평균기준소득월액'이란 재직기간 중 매년 기준소득월액을 공무원보수인상률 등을 고려하여 대통령령으로 정하는 바에 따라 급여의 사유가 발생한 날(퇴직으로 급여의 사유가 발생하거나 퇴직 후에 급여의 사유가 발생한 경우에는 퇴직한 날의 전날을 말함)의 현재가치로 환산한 후 합한 금액을 재직기간으로 나눈 금액을 말한다.

6) 공무원연금과 사립학교교직원연금의 개인부담률은 기준소득월액의 9%이며, 직장인 국민연금가입자(사업장 가입자)의 개인부담률은 기준소득월액의 4.5%이다.

⑦ '기관장'이란 보수에 관한 예산을 집행하는 기관의 장으로서 대통령령으로 정하는 자를 말한다.

⑧ '기여금징수의무자'란 예산지출 업무에 종사하는 자로서 대통령령으로 정하는 자를 말한다.

⑨ '기여금'이란 급여에 드는 비용으로 공무원이 부담하는 금액을 말한다.

⑩ '부담금'이란 급여에 드는 비용으로 국가나 지방자치단체가 부담하는 금액을 말한다.

(2) 공무원연금의 급여내용

❶ 단기급여

① 공무원의 공무로 인한 질병과 부상 및 재해에 대해서는 단기급여를 지급하는데, 단기급여의 종류는 다음과 같다.

가. 공무상요양비

나. 재해부조금

다. 사망조위금

② 공무원이 공무상 질병 또는 부상으로 인하여 다음의 요양을 하는 경우에는 공무상요양비를 지급한다. 공무상요양비는 동일한 질병 또는 부상에 대하여 실제요양기간이 2년을 넘지 아니하는 범위에서 그 요양에 필요한 금액으로 한다. 다만, 실제요양기간이 2년을 경과한 후에도 계속 치료가 필요하다는 의학적 소견이 있는 경우에는 대통령령으로 정하는 바에 따라 1년 이하의 기간 단위로 요양기간을 연장할 수 있다. 아울러 공무상요양비를 받은 사람이 치유된 후 요양의 대상이 되었던 공무상 질병 또는 부상이 재발하거나 치유 당시보다 상태가 악화되어 이를 치유하기 위한 적극적인 치료가 필요하다는 의학적 소견이 있는 경우에는 재요양을 신청할 수 있다.

가. 진단

나. 약제, 치료제 및 보철구 지급

다. 처치·수술이나 그 밖의 치료

라. 병원이나 요양소에 수용되어 하는 요양

마. 간호

바. 이송

③ 공무원이 수재(水災)나 화재, 그 밖의 재해로 재산에 손해를 입었을 때에는 기준소득월액의 4배에 상당하는 금액의 범위에서 재해부조금을 지급한다.

④ 공무원의 배우자나 부모(배우자의 부모 포함) 또는 자녀가 사망한 경우에는 그 공무원에게 사망조위금을 지급한다. 이 경우 사망조위금 지급대상이 되는 공무원이 2명 이상일 때에는 대통령령으로 정하는 1명의 공무원에게 지급하되, 부양하던 공무원이 따로 있으면 그 공무원에게 지급한다.

❷ 장기급여

① 공무원의 퇴직·사망 및 비공무상 장해에 따른 장기급여는 다음과 같다.

가. 퇴직급여(퇴직연금, 퇴직연금일시금, 퇴직연금공제일시금, 퇴직일시금)

나. 장해급여(장해연금, 장해보상금)

다. 유족급여(유족연금, 유족연금부가금, 유족연금특별부가금, 유족연금일시금 등)

라. 비공무상 장해급여(비공무상 장해연금, 비공무상 장해일시금)

마. 퇴직수당

② 공무원이 10년 이상 재직하고 퇴직한 경우에는 다음의 어느 하나에 해당하는 때부터 사망할 때까지 퇴직연금을 지급한다.

가. 65세가 되었을 때

나. 법률 또는 국회규칙, 대법원규칙, 헌법재판소규칙, 중앙선거관리위원회규칙 및 대통령령에서 정년 또는 근무상한연령(공무원임용관계법령 등에서 근무상한연령을 정하지 아니한 공무원의 근무상한연령은 공무원임용관계법령 등에서 정한 그 공무원과 유사한 직위의 공무원의 근무상한연령 등을 고려하여 대통령령으로 정하는 연령을 말함)을 60세 미만으로 정한 경우에는 그 정년 또는 근무상한연령이 되었을 때부터 5년이 경과한 때

다. 공무원임용관계법령 등에서 정한 계급정년이 되어 퇴직한 때부터 5년이 경과한 때

라. 직제와 정원의 개정과 폐지 또는 예산의 감소 등으로 인하여 직위가 없어지거나 정원을 초과하는 인원이 생겨 퇴직한 때부터 5년이 경과

한 때

마. 대통령령으로 정하는 장애 상태가 된 때

바. 공무원이 10년 이상 재직하고 퇴직연금 지급이 시작되는 시점 이전에 퇴직한 경우에는 본인이 원하면 그가 사망할 때까지 퇴직연금 지급이 시작되는 시점에 못 미치는 햇수에 따라 조기퇴직연금으로 지급할 수 있다.

③ 공무원이 공무상 질병 또는 부상으로 인하여 장애상태로 되어 퇴직한 때 또는 퇴직 후에 그 질병 또는 부상으로 인하여 장애상태로 된 때에는 대통령령으로 정하는 장애의 정도에 따라 본인이 원하는 바에 따라 장해연금 또는 장해보상금을 지급한다. 공무원이거나 공무원이었던 자에게 동시에 둘 이상의 장애가 있을 때에는 대통령령으로 정하는 바에 따라 그 장애를 병합 처리한다.

④ 공무원이거나 공무원이었던 자가 다음의 어느 하나에 해당하게 된 경우에는 유족연금을 지급한다. 다만, 공무원이 재직 중 사망하면 유족연금 외에 유족연금부가금을 따로 지급하며, 공무원이었던 자가 연금의 지급이 시작되기 전에 사망하거나 퇴직연금 또는 조기퇴직연금의 수급자가 퇴직한 날의 전날이 속하는 달의 다음달부터 3년 이내에 사망하면 유족연금 외에 유족연금특별부가금을 따로 지급한다. 단, 유족이 원할 때에는 유족연금과 유족연금부가금을 갈음하여 유족연금일시금을 지급한다.

가. 퇴직연금 또는 조기퇴직연금을 받을 권리가 있는 자가 사망한 때

나. 장해연금을 받을 권리가 있는 자가 사망한 때

다. 순직공무원의 유족에게는 순직유족연금을 지급한다.

⑤ 공무원이 1년 이상 재직하고 퇴직하거나 사망한 경우에는 퇴직수당을 지급한다. 퇴직수당은 재직기간 매 1년에 대하여 기준소득월액에 대통령령으로 정하는 비율을 곱한 금액으로 한다.

⑥ 수급권자인 공무원이 이혼하였을 경우에 혼인기간(배우자가 공무원으로서 재직한 기간 중의 혼인기간만 해당)이 5년 이상인 사람이 다음의 요건을 모두 갖추면 그때부터 그가 생존하는 동안 배우자였던 사람의 퇴직연금 또는 조기퇴직연금을 분할한 일정한 금액의 연금(분할연금)을 받을 수 있다. 분할연금액

은 배우자였던 사람의 퇴직연금액 또는 조기퇴직연금액 중 혼인기간에 해당하는 연금액을 균등하게 나눈 금액으로 한다.

가. 배우자와 이혼하였을 것

나. 배우자였던 사람이 퇴직연금 또는 조기퇴직연금 수급권자일 것

다. 65세가 되었을 것

(3) 공무원연금의 전달체계

❶ 공무원연금공단 설치

① 인사혁신처장의 위탁을 받아 공무원연금사업의 목적을 달성하기 위한 사업을 효율적으로 추진하기 위하여 공무원연금공단을 설립한다.

② 공무원연금공단은 다음의 사업을 한다.

가. 급여의 지급

나. 기여금, 부담금, 그 밖의 비용의 징수

다. 공무원연금기금을 불리기 위한 사업

라. 공무원 후생복지사업

마. 주택의 건설·공급·임대 또는 택지의 취득

바. 그 밖에 인사혁신처장이 위탁하는 사업

③ 공단의 임원은 이사장 1명, 상임이사 3명, 5명 이내의 비상임이사 및 감사 1명을 둔다. 이사장의 임기는 3년으로 하고, 상임이사, 비상임이사 및 감사의 임기는 2년으로 하되, 1년 단위로 연임될 수 있다. 이사장은 인사혁신처장의 제청에 의하여 대통령이 임면(任免)하고, 상임이사와 비상임이사는 이사장의 제청에 의하여 인사혁신처장이 임면한다. 이 경우 비상임이사는 공무원이거나 공무원이었던 자가 포함되어야 한다. 감사는 기획재정부장관의 제청으로 대통령이 임면한다.

④ 공단의 중요사항을 심의·의결하기 위하여 공단에 이사회를 둔다. 이사회는 이사장·상임이사 및 비상임이사로 구성한다. 이사회의 회의는 이사장이나 재적이사 3분의 1 이상의 요구로 소집하고, 이사장이 그 회의를 주재한다. 이사회는 재적이사 과반수의 찬성으로 의결한다. 감사는 이사회에 출석하여 발언할 수 있다.

❷ 공무원연금공단 운영

① 공단은 대통령령으로 정하는 바에 따라 매 회계연도의 사업운영계획과 예산에 관하여 인사혁신처장의 승인을 받아야 한다.

② 공단은 매 회계연도 종료 후 2개월 이내에 사업실적과 결산을 인사혁신처장에게 보고하여야 한다.

③ 인사혁신처장은 공단에 대하여 그 사업에 관한 보고를 명하거나, 사업 또는 재산상황을 검사하며, 정관의 변경을 명하는 등 감독상 필요한 조치를 할 수 있다.

④ 공단의 회계연도는 정부의 회계연도에 따른다.

⑤ 공단은 인사혁신처장의 승인을 받아 회계규정을 정하여야 한다.

⑥ 공단은 사업을 효율적으로 수행하기 위하여 필요한 경우에는 회계규정에서 정하는 특정분야 사업의 수입·지출을 구분하여 회계 처리할 수 있다.

(4) 공무원연금기금(재정)

❶ 공무원연금기금의 설치 및 운영

① 이 법에 따른 급여에 충당하기 위한 책임준비금으로 공무원연금기금을 둔다.

② 기금은 회계연도마다 공단의 예산에 계상(計上)된 적립금 및 결산상 잉여금과 기금운용수익금으로 조성한다.

③ 기금은 공단이 다음의 어느 하나에 해당하는 방법으로 운용한다. 그리고 공단은 기금의 운용에 관한 중요사항에 대하여는 미리 인사혁신처장의 승인을 받아야 한다.

가. 기금증식과 공무원의 후생복지를 위한 재산취득

나. 금융기관에 예입

다. 재정자금에 예탁

라. 국가, 지방자치단체 또는 금융기관이 직접 발행하거나 채무이행을 보증하는 유가증권의 매입

마. 공무원 또는 공무원연금을 받을 권리가 있는 자에 대한 대부

바. 그 밖에 대통령령으로 정하는 기금증식사업 또는 공무원후생복지사업

④ 공단은 공무원연금운영위원회의 심의를 거쳐 공무원후생복지사업을 위하여 기금을 출연할 수 있다.

⑤ 공단은 제74조 제2항 제6호에 따른 공무원후생복지사업 중 다음의 사업을 실시하기 위하여 공무원연금운영위원회의 심의를 거쳐 기금을 출자할 수 있다.

가. 「체육시설의 설치·이용에 관한 법률」에 따른 체육시설업

나. 「관광진흥법」 제3조에 따른 관광숙박업 및 유원시설업

다. 「장사 등에 관한 법률」 제2조 제15호에 따른 장사시설의 설치·운영

❷ 공무원연금운영위원회 운영

① 공무원연금에 관한 다음 사항을 심의하기 위하여 인사혁신처에 공무원연금운영위원회를 둔다.

가. 공무원연금제도에 관한 사항

나. 공무원연금 재정 계산에 관한 사항

다. 기금운용계획 및 결산에 관한 사항

라. 기금에 의한 공무원 후생복지사업에 관한 사항

마. 기금의 출연과 출자에 관한 사항

바. 그 밖에 인사혁신처장이 공무원연금 운영에 필요하다고 인정하는 사항

② 공무원연금운영위원회는 위원장을 포함하여 15명 이상 20명 이하의 위원으로 구성한다.

③ 운영위원회의 위원장은 인사혁신처장이 되고, 위원은 인사혁신처장이 다음의 자 중에서 지명하거나 위촉하는 자로 한다.

가. 공무원연금업무와 관련한 중앙행정기관의 공무원

나. 공무원단체 소속공무원

다. 퇴직연금수급자

라. 「비영리민간단체지원법」 제2조에 따른 비영리민간단체에 소속된 자

마. 공무원연금에 관한 식견과 경험이 풍부한 자

④ 공무원연금운영위원회의 조직과 운영에 필요한 사항은 대통령령으로 정한다.

2) 사립학교교직원연금법

(1) 사립학교교직원연금법의 개관

❶ 법제정 목적

「사립학교교직원연금법」은 1973년 12월 20일에 제정되어 1974년 1월 1일부터 시행되었으며, 사립학교 교원 및 사무직원의 퇴직·사망 및 직무로 인한 질병·부상·장애에 대하여 적절한 급여제도를 확립함으로써 교직원 및 그 유족의 경제적 생활안정과 복리향상에 이바지함을 목적으로 한다.

이 법은 「사립학교법」 제3조에 따른 사립학교 및 이를 설치·경영하는 학교경영기관, 「초·중등교육법」 제2조의 특수학교 중 사립학교 및 이를 설치·경영하는 학교경영기관, 교육부장관이 지정하는 사립학교와 이를 설치·경영하는 학교경영기관 등에서 근무하는 교직원에게 적용한다.

❷ 법률용어의 정의

① '교직원'이란 「사립학교법」 제54조에 따라 그 임명에 관한 사항이 관할청에 보고된 교원과, 「사립학교법」 제70조의2에 따라 임명된 사무직원을 말한다. 다만, 임시로 임명된 사람, 조건부로 임명된 사람 및 보수를 받지 아니하는 사람은 제외한다.

② '유족'이란 교직원이거나 교직원이었던 사람이 사망할 당시 그가 부양하고 있던 다음의 어느 하나에 해당하는 사람을 말한다.

가. 배우자(재직 당시에 혼인관계에 있던 사람으로 한정하며, 사실상 혼인관계에 있던 사람 포함)

나. 자녀(퇴직일 이후에 출생하거나 입양한 자녀는 제외하되, 퇴직 당시의 태아는 재직 중 출생한 자녀로 봄)

다. 부모(퇴직일 이후에 입양된 경우의 부모는 제외함)

라. 손자녀(퇴직일 이후에 출생하거나 입양한 손자녀는 제외하되, 퇴직 당시의 태아는 재직 중 출생한 손자녀로 봄)

마. 조부모(퇴직일 이후에 입양된 경우의 조부모는 제외함)

③ '퇴직'이란 면직(免職), 사직(辭職), 그 밖의 사망 외의 모든 해직(解職)을 말한다. 다만, 교직원의 신분이 소멸된 날 또는 그 다음날에 다시 교직원으로

임명되고 이 법에 따른 퇴직급여 및 퇴직수당을 받지 아니한 경우는 예외로 한다.

④ '기준소득월액'이란 부담금 및 급여 산정의 기준이 되는 것으로서 일정기간 재직하고 얻은 소득에서 비과세소득을 제외한 금액의 연지급합계액을 12개월로 평균한 금액을 말한다.[7] 이 경우 소득 및 비과세소득의 범위, 기준소득월액의 결정방법 및 적용기간 등에 관한 사항은 대통령령으로 정한다.

⑤ '평균기준소득월액'이란 재직기간 중 매년 기준소득월액을 공무원보수인상률 등을 고려하여 대통령령으로 정하는 바에 따라 급여의 사유가 발생한 날(퇴직으로 급여의 사유가 발생하거나 퇴직 후에 급여의 사유가 발생한 경우에는 퇴직한 날의 전날을 말함)의 현재가치로 환산한 후 합한 금액을 재직기간으로 나눈 금액을 말한다.

⑥ '학교경영기관'이란 제3조에 규정된 사립학교를 설치·경영하는 학교법인 또는 사립학교 경영자를 말한다.

⑦ '부담금'이란 국가부담금·개인부담금·법인부담금 및 재해보상부담금을 합한 금액을 말한다.

⑧ '개인부담금'이란 급여에 드는 비용으로 교직원이 부담하는 금액을 말한다.

⑨ '국가부담금'이란 급여에 드는 비용으로 국가가 부담하는 금액을 말한다.

⑩ '법인부담금'이란 급여에 드는 비용으로 학교경영기관이 부담하는 금액을 말한다.

⑪ '재해보상부담금'이란 「공무원연금법」 제34조에 따른 단기급여 및 같은 법 제42조에 따른 장기급여 중 제48조의2 제3항에 따라 재해보상급여 준비금에서 지급되는 급여에 드는 비용에 충당하기 위하여 학교기관이 이 법에 따라 따로 부담하는 금액을 말한다.

(2) 사립학교교직원연금의 급여내용

① 사립학교교직원의 직무로 인한 질병·부상 및 재해에 대하여는 단기급여

7) 사립학교교직원연금 개인부담률은 기준소득월액의 8.5%로서 공무원연금과 동일하다. 그러나 공무원연금은 나머지 8.5%를 국가가 부담하는 반면에 사립학교교직원연금은 국가와 학교경영기관인 법인이 공동으로 부담한다.

를 지급하고, 교직원의 퇴직·장애 및 사망에 대하여는 장기급여를 지급한다.

② 단기급여 및 장기급여에 관한 급여의 종류, 급여의 사유, 급여액 및 급여의 제한 등에 관한 사항은 「공무원연금법」 제34조부터 제41조까지, 제41조의2, 제42조 및 제43조[8], 제43조의2, 제44조 및 제45조, 제45조의2, 제46조, 제46조의2, 제47조부터 제49조까지 및 제51조부터 제61조까지, 제61조의2 및 제62조부터 제64조까지의 규정 중 해당 규정(순직유족연금 및 순직유족보상금에 관한 규정은 제외함)을 각각 준용한다.

③ 이 법에 따른 급여를 계산할 때 교직원의 재직기간은 교직원으로 임용된 날이 속하는 달부터 퇴직한 날의 전날 또는 사망한 날이 속하는 달까지의 연월수(年月數)로 계산한다. 이 경우 개월을 연(年)으로 환산할 때에는 매 1개월을 12분의 1년으로 계산한다.

④ 교직원으로 임용되기 전의 「병역법」에 따른 현역병 또는 지원하지 아니하고 임용된 부사관의 복무기간(방위소집 · 상근예비역소집 또는 보충역소집에 의하여 복무한 기간 중 대통령령으로 정하는 복무기간을 포함)은 본인이 원하는 바에 따라 제1항의 재직기간에 산입(算入)할 수 있다.

⑤ 다음의 기간은 제42조 제1항에 따라 준용되는 「공무원연금법」에 따른 퇴직수당을 지급할 때에는 재직기간에 합산하거나 산입하지 아니한다.

가. 위의 제4항에 따른 복무기간

나. 제32조 제1항에 따라 합산한 재직기간

다. 법률 제3684호 「사립학교교원연금법」 중 개정법률 부칙 제2조 제1항, 법률 제7536호 「사립학교교직원연금법」 일부개정법률 부칙 제3항 및 법률 제7889호 「사립학교교직원연금법」 일부개정법률 부칙 제2항에 따라 산입된 소급통산 재직기간

⑥ 퇴직수당 지급 시 재직기간을 계산할 때에는 다음의 사유로 인한 휴직을

8) ① 공무원이 10년 이상 재직하고 퇴직한 경우에는 다음 각 호의 어느 하나에 해당하는 때부터 사망할 때까지 퇴직연금을 지급한다.
1. 65세가 되는 때
2. 공무원임용관계법령 등에서 정한 계급정년이 되어 퇴직한 때부터 5년이 경과한 때
3. 직제와 정원의 개정과 폐지 또는 예산의 감소 등으로 인하여 직위가 없어지거나 정원을 초과하는 인원이 생겨 퇴직한 때부터 5년이 경과한 때 등

제외한 휴직기간, 직위해제기간, 정직기간 및 강등에 따라 직무에 종사하지 못하는 기간은 그 기간의 2분의 1을 각각 뺀다.

가. 직무상 질병 또는 부상으로 인한 휴직

나. 「병역법」에 따른 병역복무를 마치기 위한 휴직

다. 국제기구, 외국기관, 재외국민 교육기관, 국내외 대학 또는 국내외 연구기관에 임시 채용되어 하게 된 휴직

라. 「사립학교법」 제59조 제1항 제11호 또는 「노동조합 및 노동관계조정법」 제24조 제1항에 따른 휴직

마. 「사립학교법」 제59조 제1항 제7호 및 제70조의2에 따른 자녀의 양육 또는 여성 교직원의 임신이나 출산으로 인한 휴직

바. 그 밖에 법률에 따른 의무를 수행하기 위한 휴직

⑦ 사학연금의 경우에는 「공무원연금법」이 2016년에 개정되면서 분할연금 제도가 신설되었고, 사립학교교직원연금법에서도 이를 준용한다. 따라서 교직원이 재직 중 또는 퇴직(연금수급자 포함) 후 배우자와 이혼한 경우 교직원의 배우자에게 혼인 기간(교직원이 재직한 기간 중의 실제 혼인 기간이 5년 이상이어야 함)에 해당하는 연금액을 1/2 분할하여 균등 지급한다.

(3) 사립학교교직원연금의 전달체계

❶ 사립학교교직원연금공단 설치

① 다음의 업무를 관장하기 위하여 사립학교교직원연금공단을 설립한다.

가. 부담금 징수

나. 각종 급여의 결정과 지급

다. 자산의 운용

라. 교직원 복지사업의 수행

마. 그 밖에 연금에 관한 업무

② 공단은 정관을 변경하려면 교육부장관의 인가를 받아야 한다.

③ 공단에는 임원으로 이사장 1명, 2명 이내의 상임이사, 6명 이내의 비상임이사 및 감사 1명을 둔다. 이 경우 비상임이사 중에는 당연직 비상임이사로 교육부의 고위공무원단에 속하는 일반직공무원 또는 장학관 1명을 두

고, 당연직 비상임이사를 제외한 비상임이사 중에는 교직원을 대표하는 사람과 학교경영기관의 장을 대표하는 사람이 포함되어야 한다.

④ 이사장의 임기는 3년으로 하고, 상임이사, 비상임이사 및 감사의 임기는 2년으로 하되, 당연직 비상임이사의 임기는 그 재임기간으로 한다. 임원은 1년을 단위로 연임될 수 있다.

⑤ 공단의 중요사항을 심의·의결하기 위하여 공단에 이사회를 둔다. 이사회는 이사장과 상임이사와 비상임이사로 구성한다.

❷ 사립학교교직원연금공단 운영

① 공단은 이 법에 따른 급여를 적정하게 하기 위하여 필요하다고 인정될 때에는 급여에 관련된 사람에게 다음의 사항을 요구하거나 소속 직원에게 장부·서류나 그 밖에 필요한 물건을 검사하게 할 수 있다.

가. 급여와 관련한 보고

나. 장부, 서류, 그 밖의 물건의 제시

다. 일정한 장소에의 출석과 의견의 진술 또는 설명

② 공단은 필요하다고 인정할 때에는 개인부담금, 법인부담금, 재해보상부담금 및 그 밖의 수입금 수납에 관한 업무와 급여 및 그 밖의 지출금 지급, 교직원 후생복지사업을 위한 업무를 체신관서, 지방자치단체, 금융기관 또는 「공공기관의 운영에 관한 법률」 제5조에 따른 공기업, 그 밖의 자에게 위탁할 수 있다.

③ 교육부장관은 공단의 업무를 감독하며 감독상 필요한 조치를 할 수 있다.

(4) 사립학교교직원연금기금(재정)

❶ 사립학교교직원연금기금의 설치 및 운영

① 이 법에 따른 급여에 충당하기 위한 책임준비금으로서 사립학교교직원연금기금을 둔다.

② 기금은 공단의 예산에 계상된 적립금과 결산상 잉여금 및 기금운용 수익금으로 조성하고 기금은 공단이 관리·운용한다.

③ 기금은 다음의 방법으로 운용한다.

가. 대통령령으로 정하는 금융기관에 대한 예입(預入) 또는 신탁

나. 대통령령으로 정하는 유가증권의 매입

다. 교직원 및 연금수급자에 대한 자금의 대여

라. 기금 증식과 교직원의 후생복지를 위한 재산의 취득 및 처분

마. 그 밖에 대통령령으로 정하는 기금증식사업 또는 복지증진사업

④ 공단은 기금의 운용에 관한 중요사항에 대하여는 정관이 정하는 바에 따라 교육부장관의 승인을 받아야 한다.

❷ 사립학교교직원연금운영위원회 운영

① 사립학교교직원연금에 관한 다음 사항을 심의하기 위하여 공단에 사립학교교직원연금운영위원회를 둔다.

가. 사립학교교직원연금제도에 관한 사항

나. 사립학교교직원연금 재정계산에 관한 사항

다. 기금운용 계획 및 결산에 관한 사항

라. 기금에 의한 사립학교교직원 후생복지사업에 관한 사항

마. 그 밖에 공단 이사장이 사립학교교직원연금 운영에 필요하다고 인정한 사항

② 운영위원회는 위원장을 포함하여 15명 이상 20명 이하의 위원으로 구성한다.

3 군인연금법

1) 군인연금법의 개관

(1) 법제정 목적

「군인연금법」은 당초 1960년에 제정·시행된 「공무원연금법」에 포함이 되어 있었으나 1963년에 별도로 분리되어 제정되었다. 군인이 상당한 기간 동안 성실히 복무하고 퇴직하거나 심신의 장애로 인하여 퇴직 또는 사망한 때 또는

공무상의 질병·부상으로 요양하는 때에 본인이나 그 유족에게 적절한 급여를 지급함으로써 본인 및 그 유족의 생활안정과 복리향상에 기여함을 목적으로 한다. 적용범위는 현역 또는 소집되어 군에 복무하는 군인에게 적용하며, 지원에 의하지 아니하고 임용된 부사관 및 병에게는 재해보상금에 한하여 이를 적용한다.

(2) 법률용어의 정의

① '기준소득월액'이란 기여금 및 급여 산정의 기준이 되는 것으로서 일정기간 복무하고 얻은 소득 중 과세소득의 연지급합계액을 12개월로 평균한 금액을 말한다.[9] 이 경우 기준소득월액에 포함하는 과세소득의 범위, 기준소득월액의 결정방법 및 적용기간 등에 관한 사항은 대통령령으로 정한다.

② '평균기준소득월액'이란 복무기간 중 매년 기준소득월액을 군인보수인상률 등을 고려하여 대통령령으로 정하는 바에 따라 급여의 사유가 발생한 날(퇴직으로 급여의 사유가 발생하거나 퇴직 후에 급여의 사유가 발생한 경우에는 퇴직한 날의 전날)의 현재가치로 환산한 후 합한 금액을 복무기간으로 나눈 금액을 말한다.

③ 퇴직이라 함은 전역, 퇴역 및 제적의 경우를 말한다.

④ 유족이라 함은 군인 또는 군인이었던 자의 사망 당시 그에 의하여 부양되고 있던(재해보상금은 부양여부에 불구함) 다음의 하나에 해당하는 자를 말한다.

가. 배우자(사실상 혼인관계에 있던 자를 포함하며, 퇴직 후 61세 이후에 혼인한 배우자를 제외함. 다만, 군복무 당시 혼인관계에 있던 사람은 그러하지 아니함)

나. 자녀(퇴직 후 61세 이후에 출생 또는 입양한 자녀를 제외하되, 퇴직 후 60세 당시의 태아는 복무 중 출생한 자녀로 봄)

다. 부모(퇴직일 이후에 입양된 경우의 부모를 제외함)

라. 손자녀(퇴직 후 61세 이후에 출생 또는 입양한 손자녀를 제외하되, 퇴직 후 60세 당시의 태아는 복무 중 출생한 손자녀로 봄)

---

9) 군인연금은 기준소득월액의 1천분의 70에 상당하는 금액을 개인이 부담하고, 매 회계연도 보수예산의 1천분의 70에 상당하는 금액은 국가가 부담한다.

마. 조부모(퇴직일 이후에 입양된 경우의 조부모를 제외함)

⑤ 기여금은 급여에 소요되는 비용으로서 군인이 부담하는 금액을 말한다.

⑥ 부담금은 급여에 소요되는 비용으로서 국가가 부담하는 금액을 말한다.

2) 군인연금의 급여내용

(1) 퇴직급여

① 퇴직급여에는 퇴역연금, 퇴역연금일시금, 퇴역연금공제일시금, 퇴직일시금이 있다.

② 군인이 20년 이상 복무하고 퇴직한 경우에는 연령에 상관없이 퇴직한 그때부터 사망할 때까지 퇴역연금을 지급한다. 이 경우 전투에 참가한 기간은 3배로 계산한다. 다만, 본인이 원하는 경우에는 퇴역연금을 갈음하여 퇴역연금일시금을 지급하거나, 20년(퇴역연금 · 퇴직연금 또는 조기퇴직연금을 받던 사람이 제16조 및 제16조의2에 따른 복무기간 합산을 받은 경우에는 그 합산받은 복무기간을 포함)을 초과하는 복무기간 중 본인이 원하는 기간에 대하여는 그 기간에 해당하는 퇴역연금을 갈음하여 퇴역연금공제일시금을 지급할 수 있다.

③ 퇴역연금의 금액은 복무기간(공제일시금을 지급받는 경우에는 복무기간에서 공제일시금 지급 계산에 산입된 복무기간을 공제하고 남은 복무기간) 매 1년(1년 미만의 매 1개월은 12분의 1년으로 계산)에 대하여 평균기준소득월액의 1천분의 19에 상당하는 금액으로 한다. 이 경우 퇴역연금의 금액은 평균기준소득월액의 1천분의 627을 초과하지 못한다.

④ 퇴역연금일시금의 금액은 퇴직한 날의 전날이 속하는 달의 기준소득월액에 복무연수(1년 미만의 매 1개월은 12분의 1년으로 계산)를 곱한 금액의 1천분의 975에 상당하는 금액에 복무연수에서 5년을 뺀 연수의 매 1년에 대하여 퇴직한 날의 전날이 속하는 달의 기준소득월액에 복무연수를 곱한 금액의 1만분의 65에 상당하는 금액을 가산한 금액으로 한다.

⑤ 퇴역연금공제일시금의 금액은 퇴직한 날의 전날이 속하는 달의 기준소득월액에 퇴직하는 군인이 공제일시금 계산에 산입할 것을 원하는 복무연수를 곱한 금액의 1천분의 975에 상당하는 금액에 공제복무연수 매 1년

에 대하여 퇴직한 날의 전날이 속하는 달의 기준소득월액에 공제복무연수를 곱한 금액의 1만분의 65에 상당하는 금액을 가산한 금액으로 한다. 이 경우 그 공제복무연수는 13년을 초과하지 못한다.

⑥ 혼인기간(배우자가 군인으로서 재직한 기간 중의 별거 또는 가출 등으로 실질적인 혼인관계가 존재하지 않았던 기간은 제외)이 5년 이상인 사람이 요건(배우자와 이혼하였을 것, 배우자였던 사람이 퇴역연금 수급권자일 것)을 모두 갖추면 그때부터 그가 생존하는 동안 배우자였던 사람의 퇴역연금을 분할한 일정한 금액의 분할연금을 받을 수 있다. 분할연금액은 배우자였던 사람의 퇴역연금액 중 혼인기간에 해당하는 연금액을 균등하게 나눈 금액으로 한다. 청구기한은 요건을 모두 갖추게 된 때부터 5년 이내이다.

⑦ 군인이 20년 미만을 복무하고 퇴직한 때에는 '퇴직일시금'을 지급한다.

⑧ 복무기간이 5년 이상 20년 미만인 자의 퇴직일시금의 금액은 퇴직한 날의 전날이 속하는 달의 기준소득월액에 복무연수를 곱한 금액의 1천분의 975에 상당하는 금액으로 하되, 복무기간이 5년을 초과할 때에는 그 초과하는 매 1년에 대하여 퇴직한 날의 전날이 속하는 달의 기준소득월액에 복무연수를 곱한 금액의 1만분의 65에 상당하는 금액을 가산한다.

⑨ 복무기간이 1개월 이상 5년 미만인 자의 퇴직일시금의 금액은 퇴직한 날의 전날이 속하는 달의 기준소득월액에 복무연수를 곱한 금액의 1백분의 78에 상당하는 금액으로 한다.

(2) 퇴역유족급여

① 퇴직유족급여에는 퇴역유족연금, 퇴역유족연금부가금, 퇴역유족연금특별부가금, 퇴역유족연금일시금, 퇴직유족일시금이 있다.

② 군인 또는 군인이었던 사람이 다음 각 호의 어느 하나에 해당하는 경우에는 그 유족에게 퇴역유족연금을 지급한다.

가. 퇴역연금을 받을 권리가 있는 사람이 사망한 경우

나. 상이연금을 받을 권리가 있는 사람이 사망한 경우

다. 복무 중 공무를 수행하다가 사망하거나 공무상 질병 또는 부상으로 인하여 사망한 경우

③ 제2항의 유족연금의 금액은 다음 각 호와 같다.

가. 제2항 '가'호 또는 '나'호에 해당하는 경우에는 군인 또는 군인이었던 사람이 받을 수 있는 퇴역연금액 또는 상이연금액의 100분의 60에 상당하는 금액

나. 제2항 '다'호에 해당하는 군인이 20년 미만 복무한 사람인 경우에는 그 사망 당시의 기준소득월액의 1만분의 3,575에 상당하는 금액, 20년 이상 복무한 사람인 경우에는 기준소득월액의 1만분의 4,225에 상당하는 금액

③ 제3항 '가'호에도 불구하고 유족 중 제3조 제2항 또는 제3항에 해당하는 사람(그 사람을 부양하고 있는 제3조 제1항 제4호 가목에 따른 군인 또는 군인이었던 사람의 배우자를 포함)에게는 군인 또는 군인이었던 사람이 받을 수 있는 퇴역연금액 또는 상이연금액의 100분의 70에 상당하는 금액을 지급한다.

(3) 퇴직수당

① 군인이 1년 이상 복무하고 퇴직 또는 사망한 때에는 '퇴직수당'을 지급한다.

② 제1항의 퇴직수당의 금액은 복무기간 1년에 대하여 기준소득월액에 대통령령이 정하는 비율을 곱한 금액으로 한다.

(4) 공무상요양비

① 군인이 공무상 질병 또는 부상으로 인하여 다음의 요양을 하는 때에는 '공무상요양비'를 지급할 수 있다.

가. 진단

나. 약제·치료제 및 보철구의 교부

다. 처치·수술, 기타의 치료

라. 병원 또는 요양소에의 수용

마. 간호

바. 이송

② 공무상요양비는 다음 어느 하나의 규정에 의하여 산정하는 금액으로 한다.

가. 「국민건강보험법」 제45조의 규정에 의하여 산정하는 요양비

나. 「국민건강보험법」 제45조의 규정에 의하여 산정한 요양비를 초과하거나 동조의 규정에 의한 요양 외의 요양에 소요되는 비용으로서 「산업재해보상보험법」 제40조의 규정에 의하여 산정하는 요양비

다. 가호 및 나호의 규정에 의하여 산정한 요양비를 초과하거나 그 범위 외의 요양에 소요되는 비용으로서 대통령령이 정하는 요양비

(5) 사망보상금

① 군인이 공무를 수행하다가 사망한 경우에는 그 유족에게 사망보상금을 지급한다.

② 제1항에 따른 사망보상금의 지급액은 다음 각 호의 구분에 따른다. 다만, 제1호 및 제2호에 따른 금액이 제3호에 따른 금액보다 적을 경우에는 그 지급액은 제3호에 따른 금액으로 한다.

가. 전사 : 공무원 전체의 기준소득월액 평균액의 10분의 577에 상당하는 금액

나. 특수직무 순직 : 공무원 전체의 기준소득월액 평균액의 10분의 442에 상당하는 금액

다. 가호 및 나호 외의 제26조 제1항 제3호에 해당하는 사망 : 기준소득월액의 10분의 234에 상당하는 금액

③ 외국 근무(대통령령으로 정하는 해외 파견기간 중의 근무를 말함) 중 사망한 경우에는 대통령령으로 정하는 금액을 가산하여 지급한다.

(6) 장애보상금

① 군인이 군복무 중 질병에 걸리거나 부상으로 인하여 심신장애 판정을 받고 퇴직하는 경우(퇴직 후 6개월 이내에 심신장애 판정을 받은 경우를 포함)에는 다음 각 호의 구분에 따라 장애보상금을 지급한다. 다만, 제4호의 장애보상금은 공무상 부상 또는 질병으로 인하여 퇴직하는 경우에만 지급한다.

가. 제1급 : 기준소득월액의 10분의 78

나. 제2급 : 기준소득월액의 10분의 52

다. 제3급 : 기준소득월액의 10분의 39

라. 제4급 : 기준소득월액의 10분의 26

② 제1항에 따른 장애보상금 등급의 결정 기준은 국방부령으로 정한다.

③ 외국 근무 중 질병에 걸리거나 부상으로 인하여 제1항에 따른 장애보상금을 지급하게 된 경우에는 대통령령으로 정하는 금액을 가산하여 지급한다.

Chapter 08

건강보험법제 / 노동보험법제

1 국민건강보험법

1) 국민건강보험법의 개관

(1) 법제정 목적과 개요

한국의 의료보험제도는 1979년에 공무원 및 사립학교교직원, 300인 이상 사업장을 대상으로 실시한 이후에 1989년에 전국민 의료보험시대가 열렸다. 그 후 각 의료보험조합을 통합하여 1997년에 「국민의료보험법」으로 명칭 변경하였으며, 또 다시 전면개정된 「국민건강보험법」은 1999년 2월에 제정되어 2000년 7월부터 시행되고 있다. 「국민건강보험법」은 국민의 질병·부상에 대한 예방·진단·치료·재활과 출산·사망 및 건강증진에 대하여 보험급여를 실시함으로써 국민보건을 향상시키고 사회보장을 증진함을 목적으로 한다.

국민건강보험제도는 생활상의 질병·부상에 대한 예방·진단·치료·재활과 출산·사망 및 건강증진에 대하여 보험급여를 실시함으로써 국민보건을 향상시키고 사회보장을 증진함으로써 보험의 원리를 이용하여 의료비의 지출부담을 국민건강보험 가입자 모두에게 분산시켜 국민생활의 안정을 도모하기 위한 사회보험으로서 다음의 표에서와 같은 사보험(私保險)과는 다른 특성이 있다.[1]

구분	사보험	사회보험
가입방법	• 임의가입	• 강제가입
보험료부과	• 위험 정도, 급여수준별 부과	• 소득수준에 따른 차등 부과
보험급여	• 보험료 부담수준별 차등급여	• 보험재정에 따른 균등급여
보험료징수	• 사적계약에 의한 징수	• 법률에 의한 강제징수

(2) 법제정 배경과 경과

한국 건강보험(의료보험)제도의 역사는 1963년 11월에 제정된 「사회보장에 관한 법률」과 1963년 12월에 제정된 「의료보험법」에 의해 갖추어졌으며, 1965년에 직장인을 중심으로 시범적으로 실시되었으나 강제성이 배제되어 효과를 거두지 못하였다가 1989년 7월 1일부터 전 국민의료보험이 실시되어 모든 국민이 건강보험과 의료급여에 의하여 의료보장을 받고 있다.

이제 1977년 7월에 500인 이상 사업장의 근로자에게 의료보험제도를 실시(최초 강제 적용)한 이후 건강보험법제의 주요 경과 과정을 보면 다음과 같다.[2]

① 1979. 1. 공무원 및 사립학교교직원 의료보험 실시
- 1979. 7. 300인 이상 사업장까지 의료보험 확대

② 1980년 이후 전국민의료보험 확대 실시를 위한 기반 조성
- 1981. 7. 지역의료보험 1차 시범사업 실시(홍천, 옥구, 군위)
- 1982. 7. 지역의료보험 2차 시범사업 실시(강화, 보은, 목포)
- 1988. 7. 5인 이상 사업장까지 의료보험 당연적용 확대

③ 한방의료보험 실시
- 1984. 12. 의료보험 시범사업(청주, 청원)
- 1987. 2. 한방의료보험 전국 확대실시

④ 지역의료보험 실시
- 1988. 1. 농·어촌지역의료보험 실시
- 1989. 7. 도시지역의료보험 실시

(제도 도입 후 12년 만에 전 국민의료보험이 확대 실시됨)

1) 보건복지부(2009), 『보건복지백서』, p. 406 재수정.
2) 보건복지부(2009), 『보건복지백서』, p. 407 재수정.

⑤ 1989. 10. 약국의료보험 실시(1982.8.~1984.12. 의약분업 시범운영, 목포시)

⑥ 의료보험조직 통합

- 1998. 10. 「국민의료보험법」[3] 시행 및 1차 조직통합(공무원 · 사립학교교직원 의료보험 및 227개 지역의료보험조합 통합)
- 2000. 7. 국민건강보험법 시행 및 의료보험조직 완전통합(국민의료보험관리공단 및 139개 직장조합 통합)으로 국민건강보험공단 출범

⑦ 노인장기요양보험사업 실시

- 2005. 7. 노인장기요양보험 시범사업 실시
- 2007. 4. 노인장기요양보험법 제정
- 2008. 7. 노인장기요양보험 실시

⑧ 사회보험 징수통합(건강보험, 국민연금, 고용보험, 산재보험)

- 2011. 1. 3개의 사회보험공단(국민건강보험공단, 국민연금공단, 근로복지공단)에서 별도로 수행하던 보험료징수업무를 건강보험공단으로 통합하여 운영

(3) 법률용어의 정의

① '근로자'라 함은 직업의 종별에 불구하고 근로의 대가로서 보수를 받아 생활하는 자(법인의 이사, 기타 임원 포함)로서 공무원과 교직원을 제외한 자를 말한다.

② '사용자'라 함은 다음의 어느 하나에 해당되는 자를 말한다.

가. 당해 근로자가 소속되어 있는 사업장의 사업주

나. 당해 공무원이 소속되어 있는 기관의 장으로서 대통령령이 정하는 자

다. 당해 교직원이 소속되어 있는 사립학교(「사립학교교직원연금법」 제3조에 규정된 사립학교)를 설립·운영하는 자

③ '사업장'이라 함은 사업소 또는 사무소를 말한다.

④ '공무원'이라 함은 국가 또는 지방자치단체에서 상시 공무에 종사하는 자를 말한다.

⑤ '교직원'이라 함은 사립학교 또는 그 학교경영기관에서 근무하는 교원 및

3) 「의료보험법」은 1997년에 「국민의료보험법」으로 명칭을 변경하여 전부 개정된 후 1999년에 「국민건강보험법」으로 또 다시 명칭 변경하여 개정되었다.

직원을 말한다.

(4) 법률수행의 책임과 범위

① 보건복지부장관은 건강보험의 건전한 운영을 위하여 건강보험정책심의위원회의 심의를 거쳐 5년마다 국민건강보험종합계획을 수립해야 한다.

② 건강보험정책에 관한 다음의 사항을 심의·의결하기 위하여 보건복지부장관 소속하에 건강보험정책심의위원회를 둔다.

가. 요양급여의 기준

나. 요양급여비용에 관한 사항

다. 직장가입자의 보험료율

라. 지역가입자의 보험료부과점수당 금액

마. 그 밖에 건강보험에 관한 주요 사항으로서 대통령령이 정하는 사항

③ 건강보험정책심의위원회는 위원장 1인과 부위원장 1인을 포함한 25인의 위원으로 구성한다.

④ 건강보험정책심의위원회의 위원장은 보건복지부차관이 되고, 부위원장은 위원 중에서 위원장이 지명하는 자가 된다. 건강보험정책심의위원회의 위원은 다음의 자를 보건복지부장관이 임명 또는 위촉한다.

가. 근로자 단체 및 사용자 단체가 각각 2인씩, 시민단체(「비영리민간단체지원법」 제2조의 규정에 따른 비영리민간단체), 소비자단체, 농어업인단체 및 자영업자단체가 각각 1인씩 추천하는 8인

나. 의료계를 대표하는 단체 및 약업계를 대표하는 단체가 추천하는 8인

다. 다음의 8인

- 대통령령이 정하는 중앙행정기관 소속공무원 2인
- 국민건강보험공단의 이사장 및 건강보험심사평가원의 원장이 각각 1인씩 추천하는 2인
- 건강보험에 관한 학식과 경험이 풍부한 4인

⑤ 건강보험정책심의위원회 위원의 임기는 3년으로 한다. 다만, 공무원인 위원의 임기는 그 재임기간으로 하고, 보궐된 위원의 임기는 전임자의 잔여임기로 한다.

⑥ 국내에 거주하는 국민으로서 다음의 어느 하나에 해당하는 자 외의 자는 이 법에 의한 건강보험의 가입자 또는 피부양자가 된다.

가. 「의료급여법」에 따라 의료급여를 받는 자

나. 「독립유공자예우에 관한 법률」 및 「국가유공자 등 예우 및 지원에 관한 법률」에 의하여 의료보호를 받는 자. (다만, 다음의 어느 하나에 해당하는 자는 그러하지 아니한다.)

- 유공자 등 의료보호대상자 중 건강보험의 적용을 보험자에게 신청한 자
- 건강보험의 적용을 받고 있던 자가 유공자 등 의료보호대상자가 된 경우로서 보험자에게 건강보험의 적용배제신청을 하지 아니한 자

⑦ 피부양자는 다음의 어느 하나에 해당하는 자 중 직장가입자에 의하여 주로 생계를 유지하는 자로서 보수 또는 소득이 없는 자를 말한다.

가. 직장가입자의 배우자

나. 직장가입자의 직계존속(배우자의 직계존속 포함)

다. 직장가입자의 직계비속(배우자의 직계비속 포함) 및 그 배우자

2) 국민건강보험의 급여대상

(1) 가입자 및 피부양자

① 국내에 거주하는 국민으로서 다음의 어느 하나에 해당하는 자 외의 자는 이 법에 의한 건강보험의 가입자 또는 피부양자가 된다.

가. 「의료급여법」에 따라 의료급여를 받는 자

나. 「독립유공자예우에 관한 법률」 및 「국가유공자 등 예우 및 지원에 관한 법률」에 의하여 의료보호를 받는 자. (다만, 다음의 어느 하나에 해당하는 자는 그러하지 아니하다.)

- 유공자 등 의료보호대상자 중 건강보험의 적용을 보험자에게 신청한 자
- 건강보험의 적용을 받고 있던 자가 유공자 등 의료보호대상자가 된 경우로서 보험자에게 건강보험의 적용배제신청을 하지 아니한 자

② 제1항의 피부양자는 다음의 어느 하나에 해당하는 자 중 직장가입자에 의하여 주로 생계를 유지하는 자로서 보수 또는 소득이 없는 자를 말한다.

가. 직장가입자의 배우자

나. 직장가입자의 직계존속(배우자의 직계존속을 포함)

다. 직장가입자의 직계비속(배우자의 직계비속을 포함) 및 그 배우자

③ 제2항의 규정에 의한 피부양자 자격의 인정기준, 취득·상실시기, 기타 필요한 사항은 보건복지부령으로 정한다.

(2) 가입자 구분(종류)

① 가입자는 직장가입자 및 지역가입자로 구분한다.

② 모든 사업장의 근로자 및 사용자와 공무원 및 교직원은 직장가입자가 된다. 다만, 다음의 어느 하나에 해당하는 자를 제외한다.

가. 1월 미만의 기간 동안 고용되는 일용근로자

나. 「병역법」의 규정에 의한 현역병(지원에 의하지 아니하고 임용된 하사 포함), 전환복무된 사람 및 군간부후보생

다. 선거에 의하여 취임하는 공무원으로서 매월 보수 또는 이에 준하는 급료를 받지 아니하는 사람

라. 기타 사업장의 특성, 고용형태 및 사업의 종류 등을 고려하여 대통령령으로 정하는 사업장의 근로자 및 사용자와 공무원 및 교직원

③ 지역가입자는 가입자 중 직장가입자와 그 피부양자를 제외한 자를 말한다.

(3) 자격취득 시기

① 가입자는 국내에 거주하게 된 날에 직장가입자 또는 지역가입자의 자격을 얻는다. 다만, 다음의 어느 하나에 해당하는 자는 그 해당되는 날에 각각 자격을 얻는다.

가. 수급권자이었던 자는 그 대상자에서 제외된 날

나. 직장가입자의 피부양자이었던 자가 그 자격을 잃은 날

다. 유공자 등 의료보호대상자이었던 자는 그 대상자에서 제외된 날

라. 유공자 등 의료보호대상자로서 건강보험의 적용을 보험자에 신청한

자는 그 신청한 날

② 자격을 얻은 경우 당해 직장가입자의 사용자 및 지역가입자의 세대주는 그 내역을 보건복지부령이 정하는 바에 의하여 자격취득일부터 14일 이내에 보험자에게 신고하여야 한다.

(4) 자격변동 시기

① 가입자는 다음의 어느 하나에 해당하게 된 날에 그 자격이 변동된다.

가. 지역가입자가 적용대상사업장의 사용자로 되거나, 근로자·공무원 또는 교직원으로 사용된 날

나. 직장가입자가 다른 적용대상사업장의 사용자로 되거나 근로자 등으로 사용된 날

다. 직장가입자인 근로자 등이 그 사용관계가 종료된 날의 다음날

라. 직장가입자인 사용자의 사업장에 휴업·폐업 사유가 발생한 날의 다음날

마. 지역가입자가 다른 세대로 전입한 날

② 가입자가 자격이 변동된 경우 사용자 또는 세대주는 그 내역을 보건복지부령으로 정하는 바에 따라 자격이 변동된 날부터 14일 이내에 보험자에게 신고하여야 한다.

(5) 자격상실 시기

① 가입자는 다음의 하나에 해당하게 된 날에 그 자격을 잃는다.

가. 사망한 날의 다음날

나. 국적을 잃은 날의 다음날

다. 국내에 거주하지 아니하게 된 날의 다음날

라. 직장가입자의 피부양자가 된 날

마. 수급권자가 된 날

바. 건강보험의 적용을 받고 있던 자로서 유공자 등 의료보호대상자가 된 자가 건강보험의 적용배제신청을 한 날

② 규정에 의하여 자격을 잃은 경우 당해 직장가입자의 사용자 및 지역가입자의 세대주는 그 내역을 보건복지부령이 정하는 바에 의하여 자격을 잃

은 날부터 14일 이내에 보험자에게 신고하여야 한다.

(6) 외국인 등 가입자

① 직장가입자가 되는 재외국민 또는 외국인은 다음의 어느 하나에 해당하는 자로서 직장가입자 적용사업장에 근무하는 자와 공무원·교직원으로 임용 또는 채용된 자로 한다. 다만, 다음의 어느 하나에 해당하는 자를 제외한다.

가. 「출입국관리법」 제31조의 규정에 의하여 외국인등록을 한 자

나. 「재외동포의 출입국과 법적 지위에 관한 법률」 제6조의 규정에 의하여 국내거소신고를 한 자

② 국내에 3개월 이상 거주한 재외국민 또는 외국인(국내에 3개월 이상 거주하지 아니한 재외국민 또는 외국인이라도 유학 · 취업 등의 사유로 3개월 이상 거주할 것이 명백한 자 포함)으로서 다음의 어느 하나에 해당하는 자는 본인의 신청에 따라 이 법의 적용을 받는 지역가입자가 된다.

가. 「출입국관리법」 제31조에 따라 외국인등록을 한 자로서 보건복지부령으로 정하는 체류자격이 있는 자

나. 「재외동포의 출입국과 법적 지위에 관한 법률」 제6조의 규정에 의하여 국내거주신고를 한 자

③ 다음의 어느 하나에 해당하는 자는 이 법에 의한 가입자가 될 수 없다.

가. 「출입국관리법」 제25조 및 「재외동포의 출입국과 법적 지위에 관한 법률」 제10조 제2항의 규정에 의하여 체류기간연장허가를 받지 아니하고 체류하는 자

나. 「출입국관리법」 제59조 제2항 규정에 의하여 강제퇴거명령서가 발부된 자

④ 공단은 제1항에 불구하고 재외국민 또는 외국인이 국내에 근무하는 기간 동안 외국의 법령, 외국의 보험 또는 사용자와의 계약 등에 따라 법 제39조에 따른 요양급여에 상당하는 의료보장을 받을 수 있는 경우에는 보건복지부령으로 정하는 바에 따라 가입자에서 제외할 수 있다.

3) 국민건강보험의 급여내용

(1) 요양급여와 요양비

① 가입자 및 피부양자의 질병·부상·출산 등에 대하여 다음의 요양급여를 실시한다.

가. 진찰·검사

나. 약제·치료재료의 지급

다. 처치·수술, 기타의 치료

라. 예방·재활

마. 입원

바. 간호

사. 이송

② 요양급여(간호 및 이송 제외)는 다음의 요양기관에서 행한다. 이 경우 보건복지부장관은 공익 또는 국가시책 상 요양기관으로 적합하지 아니하다고 인정되는 의료기관 등으로서 대통령령이 정하는 의료기관 등은 요양기관에서 제외할 수 있다.

가. 「의료법」에 의하여 개설된 의료기관

나. 「약사법」에 의하여 등록된 약국

다. 「약사법」에 의하여 설립된 한국희귀의약품센터

라. 「지역보건법」에 의한 보건소·보건의료원 및 보건지소

마. 「농어촌 등 보건의료를 위한 특별조치법」에 의하여 설치된 보건진료소

③ 보건복지부장관은 요양급여를 효율적으로 하기 위하여 필요한 경우에는 보건복지부령이 정하는 바에 의하여 시설·장비·인력 및 진료과목 등 보건복지부령이 정하는 기준에 해당하는 요양기관을 전문요양기관으로 인정할 수 있다.

④ 요양급여를 받는 자는 대통령령이 정하는 바에 의하여 그 비용의 일부(본인부담금)를 본인이 부담한다. 단, 본인부담금상한액을 초과할 경우에는 공단이 그 초과금액을 부담한다.

⑤ 공단은 가입자 또는 피부양자가 보건복지부령이 정하는 긴급, 기타 부득

이한 사유로 인하여 요양기관과 유사한 기능을 수행하는 기관으로서 보건복지부령이 정하는 기관(업무정지처분기간 중인 요양기관 포함)에서 질병·부상·출산 등에 대하여 요양을 받거나 요양기관 외의 장소에서 출산을 한 때에는 그 요양급여에 상당하는 금액을 보건복지부령이 정하는 바에 의하여 그 가입자 또는 피부양자에게 '요양비'로 지급한다. 이때 요양을 받은 사람은 그 명세서나 영수증을 공단에 제출하여야 한다.

(2) 부가급여와 건강검진

① 국민건강보험공단은 이 법에 규정한 요양급여 외에 대통령령이 정하는 바에 의하여 장제비, 임신·출산진료비, 상병수당, 기타의 급여를 실시할 수 있다.

② 공단은 「장애인복지법」에 의하여 등록한 장애인인 가입자 및 피부양자에게는 보장구에 대하여 보험급여를 실시할 수 있다.

③ 공단은 가입자 및 피부양자에 대하여 질병의 조기발견과 그에 따른 요양급여를 위하여 건강검진을 실시한다.

(3) 급여의 제한과 정지

① 공단은 보험급여를 받을 수 있는 자가 다음의 어느 하나에 해당하는 때에는 보험급여를 하지 아니한다.

가. 고의 또는 중대한 과실로 인한 범죄행위에 기인하거나 고의로 사고를 발생시킨 때

나. 고의 또는 중대한 과실로 공단이나 요양기관의 요양에 관한 지시에 따르지 아니한 때

다. 고의 또는 중대한 과실로 제50조의 규정에 의한 문서, 기타 물건의 제출을 거부하거나 질문 또는 진단을 기피한 때

라. 업무상 또는 공무상 질병·부상·재해로 인하여 다른 법령에 의한 보험급여나 보상 또는 보상을 받게 되는 때

② 공단은 보험급여를 받을 수 있는 자가 다른 법령에 의하여 국가 또는 지방자치단체로부터 보험급여에 상당하는 급여를 받거나 보험급여에 상당

하는 비용을 지급받게 되는 때에는 그 한도 내에서 보험급여를 실시하지 아니한다.

③ 공단은 세대단위의 보험료를 대통령령이 정하는 기간 이상 체납한 지역가입자에 대하여 보험료를 완납할 때까지 보험급여를 실시하지 아니할 수 있다.

④ 공단은 보험료를 체납한 경우에는 그 체납에 대하여 직장가입자 본인에게 귀책사유가 있는 경우에 한하여 제3항의 규정을 적용한다. 이 경우 당해 직장가입자의 피부양자에게도 제3항의 규정을 적용한다.

⑤ 위의 제3항 및 제4항의 규정에 불구하고 공단으로부터 분할납부 승인을 받고 그 승인된 보험료를 1회 이상 납부한 경우에는 보험급여를 실시할 수 있다. 다만, 분할납부 승인을 받은 자가 정당한 사유 없이 2회 이상 그 승인된 보험료를 납부하지 아니한 경우에는 그러하지 아니하다.

⑥ 제3항 및 제4항의 규정에 따라 보험급여를 실시하지 아니하는 기간 중 실시된 보험급여에 대하여는 다음의 어느 하나에 해당하는 경우에 한하여 그 보험급여를 인정한다.

가. 급여제한기간 중에 보험급여를 받은 사실이 있음을 공단이 통지한 날부터 2개월이 경과한 날이 속한 달의 납부기한 이내에 체납된 보험료를 완납한 경우

나. 급여제한기간 중 보험급여를 받은 사실이 있음을 공단이 통지한 날부터 2개월이 경과한 날이 속하는 달의 납부기한 이내에 승인된 보험료를 1회 이상 납부한 경우. 다만, 분할납부 승인을 받은 자가 정당한 사유 없이 2회 이상 그 승인된 보험료를 납부하지 아니한 경우에는 그 보험급여를 인정하지 아니한다.

⑦ 보험급여를 받을 수 있는 자가 다음의 어느 하나에 해당하게 된 때에는 그 기간 중 보험급여를 하지 아니한다(급여의 정지). 다만, '다'호 및 '라'호의 경우 제54조의2의 규정에 의한 요양급여를 실시한다.

가. 국외에 여행 중인 때

나. 국외에서 업무에 종사하고 있는 때

다. 제6조 제2항 제2호에 해당하게 된 때[4)]

라. 교도소, 기타 이에 준하는 시설에 수용되어 있는 때

4) 국민건강보험의 전달체계

(1) 국민건강보험공단

① 건강보험의 보험자는 국민건강보험공단으로 한다.

② 공단은 다음의 업무를 관장한다.

가. 가입자 및 피부양자의 자격관리

나. 보험료, 기타 이 법에 의한 징수금의 부과·징수

다. 보험급여의 관리

라. 가입자 및 피부양자의 건강의 유지·증진을 위하여 필요한 예방사업

마. 보험급여비용의 지급

바. 자산의 관리·운영 및 증식사업

사. 의료시설의 운영

아. 건강보험에 관한 교육훈련 및 홍보

자. 건강보험에 관한 조사연구 및 국제협력

차. 이 법 또는 다른 법령에 의하여 위탁받은 업무

카. 건강보험과 관련하여 보건복지부장관이 필요하다고 인정한 업무

③ 공단은 법인으로 한다.

④ 공단에 임원으로서 이사장 1인, 이사 17인 및 감사 1인을 둔다.

가. 이사장은 보건복지부장관의 제청에 의하여 대통령이 임면한다.

나. 이사 중 8인은 노동조합·사용자단체·농어업인단체·소비자단체가 각각 2인씩 추천한 자를, 5인은 공단의 이사장이 추천한 자를, 4인은 대통령령이 정하는 관계공무원을 보건복지부장관이 임면한다.

다. 감사는 보건복지부장관이 임면한다.

라. 이사장, 이사 중 5인 및 감사는 상임으로 한다. 다만, 비상임임원은 정관이 정하는 바에 의하여 실비변상을 받을 수 있다.

마. 임원의 임기는 3년으로 한다. 다만, 공무원인 임원의 임기는 그 재임기간으로 한다.

---

4) 「병역법」의 규정에 의한 현역병, 전환 복무된 사람 및 무관후보생을 말한다.

⑤ 요양급여비용의 계약 및 보험료의 결손처분 등 보험재정과 관련된 사항을 심의·의결하기 위하여 공단에 재정운영위원회를 둔다.

⑥ 재정운영위원회는 다음의 위원으로 구성한다.

가. 직장가입자를 대표하는 위원 10인

나. 지역가입자를 대표하는 위원 10인

다. 공익을 대표하는 위원 10인

⑦ 재정운영위원회 위원의 임기는 2년으로 한다. 다만, 공무원인 위원의 임기는 그 재임기간으로 하며, 보궐된 위원의 임기는 전임자의 잔임 기간으로 한다.

⑧ 공단의 회계연도는 정부의 회계연도에 따른다. 공단은 직장가입자와 지역가입자의 재정을 통합하여 운영한다.

⑨ 공단은 매 회계연도의 결산상 잉여금 중에서 그 연도의 보험급여에 소요된 비용의 100분의 5 이상에 상당하는 액을 그 연도에 소요된 비용의 100분의 50에 이를 때까지 준비금으로 적립하여야 한다.

(2) 건강보험심사평가원

① 요양급여비용을 심사하고 요양급여의 적정성을 평가하기 위하여 건강보험심사평가원을 설립한다.

② 건강보험심사평가원은 다음의 업무를 관장한다.

가. 요양급여비용의 심사

나. 요양급여의 적정성에 대한 평가

다. 심사 및 평가 기준의 개발

라. 가항 내지 다항의 업무와 관련된 조사연구 및 국제협력

마. 다른 법률의 규정에 의하여 지급되는 급여비용의 심사 또는 의료의 적정성 평가에 관하여 위탁받은 업무

바. 건강보험과 관련하여 보건복지부장관이 필요하다고 인정한 업무

사. 기타 보험급여비용의 심사와 보험급여의 적정성 평가와 관련하여 대통령령이 정하는 업무

③ 심사평가원은 법인으로 하며, 심사평가원의 업무를 효율적으로 수행하기

위하여 심사평가원에 진료심사평가위원회를 둔다.

가. 심사위원회는 위원장을 포함하여 90명 이내의 상근심사위원과 1천 명 이내의 비상근심사위원으로 구성하며, 진료과목별 분과위원회를 둘 수 있다.

나. 상근심사위원은 심사평가원의 원장이 보건복지부령으로 정하는 사람 중에서 임명하며, 비상근심사위원을 위촉한다.

2 노인장기요양보험법

1) 노인장기요양보험법의 개관

(1) 법제정 목적과 개요

「노인장기요양보험법」은 고령이나 노인성 질병 등의 사유로 일상생활을 혼자서 수행하기 어려운 노인 등에게 제공하는 신체활동 또는 가사활동 지원 등의 장기요양급여에 관한 사항을 규정하여 노후의 건강증진 및 생활안정을 도모하고 그 가족의 부담을 덜어줌으로써 국민의 삶의 질을 향상하도록 함을 목적으로 한다.

노인장기요양보험제도는 급속한 고령화의 진전으로 노령, 치매·중풍 등으로 장기 요양을 필요로 하는 노인 수는 늘어나고, 가족에 의한 간병은 핵가족화, 여성의 사회 참여 증가 등에 따라 약화되었으나 노인복지서비스 체계는 저소득층, 공급자 중심으로 제한적으로 제공되는 공공부조 방식을 유지함으로써, 기초수급 노인과 고소득층 가정을 제외한 중산층과 서민층 가정이 이용할 수 있는 요양시설이 절대적으로 부족하고, 노인의료비 또한 급증하고 있는 상황에서 제도화되었다.

(2) 법제정 배경과 경과

노인요양보장문제가 직접 논의된 시기는 의약분업 실시로 건강보험재정의 안정대책을 수립한 2000년으로 「노인장기요양보호정책기획단」을 발족시키고, 2001년 2월에 노인장기요양보호종합대책의 수립과 함께 동년 8월 15일 고령화시대에 대비한 노인요양보장제도 도입을 발표하였다.

2003년 3월 「공적노인요양보장추진기획단」을 설치하고, 2004년 「공적노인요양보장제도 실행위원회」 등을 구성·운영하여 노인요양보장제도 도입을 위한 방안 마련과 제도화 추진에 대한 논의가 있었다. 이를 바탕으로 2005년 5월 23일 당·정협의를 통해 노인요양보장제도를 사회보험 방식으로 도입하는 것을 골자로 한 「노인요양보장제도 기본안」을 확정하게 되었다.

이후 수차례에 걸친 부처협의, 공청회 등을 통하여 2006년 2월 16일 정부는 노인수발법안을 국회에 제출하고, 2007년 2월 5일에 법안심사소위원회의 심사가 있었고, 2월 22일에는 보건복지위원회의 전체회의에 상정·의결되었다.

이에 따라 그때까지 사용하여 왔던 정부안의 법안명칭이 「노인수발보험법」에서 「노인장기요양보험법」으로 변경되었다. 2007년 4월 2일 「노인장기요양보험법」이 국회 본회의에서 만장일치로 통과된 후 같은 해 4월 17일 국무회의 의결을 거쳐 4월 27일 공포되었으며, 2008년 7월부터 시행되고 있다.[5)]

(3) 법률용어의 정의

① '노인 등'이란 65세 이상의 노인 또는 65세 미만의 자로서 치매·뇌혈관성질환 등 대통령령으로 정하는 노인성 질병을 가진 자를 말한다.

② '장기요양급여'란 6개월 이상 동안 혼자서 일상생활을 수행하기 어렵다고 인정되는 자에게 신체활동·가사활동의 지원 또는 간병 등의 서비스나 이에 갈음하여 지급하는 현금 등을 말한다.

③ '장기요양사업'이란 장기요양보험료, 국가 및 지방자치단체의 부담금 등을 재원으로 하여 노인 등에게 장기요양급여를 제공하는 사업을 말한다.

④ '장기요양기관'이란 지정을 받은 기관 또는 지정 의제된 재가장기요양기관으로서 장기요양급여를 제공하는 기관을 말한다.

⑤ '장기요양요원'이란 장기요양기관에 소속되어 노인 등의 신체활동 또는 가사활동 지원 등의 업무를 수행하는 자를 말한다.

5) 보건복지부(2009), 『보건복지백서』, p. 156 재수정.

(4) 법률수행의 책임과 범위

① 장기요양급여는 노인 등의 심신상태·생활환경과 노인 등 및 그 가족의 욕구·선택을 종합적으로 고려하여 필요한 범위 안에서 이를 적정하게 제공하여야 한다.

② 장기요양급여는 노인 등이 가족과 함께 생활하면서 가정에서 장기요양을 받는 재가급여를 우선적으로 제공하여야 한다.

③ 장기요양급여는 노인 등의 심신 상태나 건강 등이 악화되지 아니하도록 의료서비스와 연계하여 이를 제공하여야 한다.

④ 국가 및 지방자치단체는 노인이 일상생활을 혼자서 수행할 수 있는 온전한 심신상태를 유지하는 데 필요한 사업을 실시하여야 한다.

⑤ 국가는 노인성질환예방사업을 수행하는 지방자치단체 또는 「국민건강보험법」에 따른 국민건강보험공단에 대하여 이에 소요되는 비용을 지원할 수 있다.

⑥ 국가 및 지방자치단체는 노인인구 및 지역특성 등을 고려하여 장기요양급여가 원활하게 제공될 수 있도록 충분한 수의 장기요양기관을 확충하고 장기요양기관의 설립을 지원하여야 한다.

⑦ 국가 및 지방자치단체는 장기요양급여가 원활히 제공될 수 있도록 공단에 필요한 행정적 또는 재정적 지원을 할 수 있다.

⑧ 보건복지부장관은 노인 등에 대한 장기요양급여를 원활하게 제공하기 위하여 5년 단위로 다음의 사항이 포함된 장기요양기본계획을 수립·시행하여야 한다.

가. 연도별 장기요양급여 대상인원 및 재원조달 계획

나. 연도별 장기요양기관 및 장기요양전문인력 확충 방안

다. 그 밖에 노인 등의 장기요양에 관한 사항으로서 대통령령으로 정하는 사항

⑨ 지방자치단체의 장은 장기요양기본계획에 따라 세부시행계획을 수립·시행하여야 한다.

2) 노인장기요양보험의 급여대상

(1) 보험자와 보험가입자

① 장기요양보험사업의 보험자는 국민건강보험공단으로 하며, 장기요양보험의 가입자는 국민건강보험가입자로 한다.

② 국민건강보험가입자이더라도 「외국인근로자의 고용 등에 관한 법률」에 따른 외국인근로자 등 대통령령으로 정하는 외국인이 신청하는 경우 보건복지부령으로 정하는 바에 따라 장기요양보험가입자에서 제외할 수 있다.

(2) 장기요양인정신청

① 장기요양인정을 신청할 수 있는 자(급여대상자)는 노인 등으로서 다음의 어느 하나에 해당하는 자격을 갖추어야 한다.

가. 장기요양보험가입자 또는 그 피부양자

나. 「의료급여법」 제3조 제1항에 따른 수급권자

② 장기요양인정을 신청하는 자는 공단에 보건복지부령으로 정하는 바에 따라 장기요양인정신청서에 의사 또는 한의사가 발급하는 소견서를 첨부하여 제출하여야 한다. 다만, 의사소견서는 공단이 등급판정위원회에 자료를 제출하기 전까지 제출할 수 있다.

③ 제2항에도 불구하고 거동이 현저하게 불편하거나 도서·벽지 지역에 거주하여 의료기관을 방문하기 어려운 자 등 대통령령으로 정하는 자는 의사소견서를 제출하지 아니할 수 있다.

④ 의사소견서의 발급비용·비용부담방법·발급자의 범위, 그 밖에 필요한 사항은 보건복지부령으로 정한다.

(3) 장기요양인정신청의 조사

① 공단은 신청서를 접수한 때 보건복지부령으로 정하는 바에 따라 소속 직원으로 하여금 다음의 사항을 조사하게 하여야 한다. 다만, 지리적 사정 등으로 직접 조사하기 어려운 경우 또는 조사에 필요하다고 인정하는 경우 특별자치시·특별자치도·시·군·구에 대하여 조사를 의뢰하거나 공동으로 조사할 것을 요청할 수 있다.

가. 신청인의 심신상태
나. 신청인에게 필요한 장기요양급여의 종류 및 내용
다. 그 밖에 장기요양에 관하여 필요한 사항으로서 보건복지부령으로 정하는 사항

② 제1항에 따라 조사를 하는 자는 조사일시, 장소 및 조사를 담당하는 자의 인적사항 등을 미리 신청인에게 통보하여야 한다.

③ 공단 또는 제1항 단서에 따른 조사를 의뢰받은 특별자치시·특별자치도·시·군·구는 조사를 완료한 때 조사결과서를 작성하여야 한다. 조사를 의뢰받은 특별자치시·특별자치도·시·군·구는 지체 없이 공단에 조사결과서를 송부하여야 한다.

(4) 장기요양등급판정

① 공단은 조사가 완료된 때 조사결과서, 신청서, 의사소견서, 그 밖에 심의에 필요한 자료를 장기요양등급판정위원회에 제출하여야 한다.

② 등급판정위원회는 신청인이 신청자격요건을 충족하고 6개월 이상 동안 혼자서 일상생활을 수행하기 어렵다고 인정하는 경우 심신상태 및 장기요양이 필요한 정도 등 대통령령으로 정하는 등급판정기준에 따라 장기요양급여를 받을 자로 판정한다.

③ 등급판정위원회는 심의·판정을 하는 때 신청인과 그 가족, 의사소견서를 발급한 의사 등 관계인의 의견을 들을 수 있다.

④ 등급판정위원회는 신청인이 신청서를 제출한 날부터 30일 이내에 장기요양등급판정을 완료하여야 한다. 다만, 신청인에 대한 정밀조사가 필요한 경우 등 기간 이내에 등급판정을 완료할 수 없는 부득이한 사유가 있는 경우 30일 이내의 범위에서 이를 연장할 수 있다.

⑤ 공단은 등급판정위원회가 장기요양인정심의 및 등급판정기간을 연장하고자 할 때 신청인 및 대리인에게 그 내용·사유 및 기간을 통보하여야 한다.

(5) 장기요양급여제공

① 장기요양급여는 노인 등의 심신상태·생활환경과 노인 등 및 그 가족의

욕구·선택을 종합적으로 고려하여 필요한 범위 안에서 이를 적정하게 제공하여야 한다.

② 장기요양급여는 노인 등이 가족과 함께 생활하면서 가정에서 장기요양을 받는 재가급여를 우선적으로 제공하여야 한다.

③ 장기요양급여는 노인 등의 심신상태나 건강 등이 악화되지 아니하도록 의료서비스와 연계하여 이를 제공하여야 한다.

3) 노인장기요양보험의 급여내용

(1) 재가급여

① 방문요양 : 장기요양요원이 수급자의 가정 등을 방문하여 신체활동 및 가사활동 등을 지원하는 장기요양급여

② 방문목욕 : 장기요양요원이 목욕설비를 갖춘 장비를 이용하여 수급자의 가정 등을 방문하여 목욕을 제공하는 장기요양급여

③ 방문간호 : 장기요양요원인 간호사 등이 의사, 한의사 또는 치과의사의 지시서에 따라 수급자의 가정 등을 방문하여 간호, 진료의 보조, 요양에 관한 상담 또는 구강위생 등을 제공하는 장기요양급여

④ 주·야간보호 : 수급자를 하루 중 일정한 시간 동안 장기요양기관에 보호하여 신체활동 지원 및 심신기능의 유지·향상을 위한 교육·훈련 등을 제공하는 장기요양급여

⑤ 단기보호 : 수급자를 보건복지부령으로 정하는 범위 안에서 일정 기간 동안 장기요양기관에 보호하여 신체활동 지원 및 심신기능의 유지·향상을 위한 교육·훈련 등을 제공하는 장기요양급여

⑥ 기타 재가급여 : 수급자의 일상생활·신체활동 지원에 필요한 용구를 제공하거나 가정을 방문하여 재활에 관한 지원 등을 제공하는 장기요양급여로서 대통령령으로 정하는 것

(2) 시설급여

시설급여는 장기요양기관이 운영하는 「노인복지법」 제34조에 따른 노인의료

복지시설 등에 장기간 동안 입소하여 신체활동 지원 및 심신기능의 유지·향상을 위한 교육·훈련 등을 제공하는 장기요양급여를 말한다.

(3) 특별현금급여

① 가족요양비 : 제24조에 따라 지급하는 가족장기요양급여를 말하며, 특별현금급여 중에서 공단은 다음의 어느 하나에 해당하는 수급자가 가족 등으로부터 방문요양에 상당한 장기요양급여를 받은 때 대통령령으로 정하는 기준에 따라 당해 수급자에게 가족요양비를 지급할 수 있다.

가. 도서·벽지 등 장기요양기관이 현저히 부족한 지역으로서 보건복지부장관이 정하여 고시하는 지역에 거주하는 자

나. 천재지변이나 그 밖에 이와 유사한 사유로 인하여 장기요양기관이 제공하는 장기요양급여를 이용하기가 어렵다고 보건복지부장관이 인정하는 자

다. 신체·정신 또는 성격 등 대통령령으로 정하는 사유로 인하여 가족 등으로부터 장기요양을 받아야 하는 자

② 특례요양비 : 특례장기요양급여를 말하며, 원칙적으로 수급자는 장기요양기관으로 지정·설치된 기관에서 장기요양급여를 제공받는 경우에만 장기요양급여 혜택을 받을 수 있지만 수급자가 장기요양기관으로 지정 신청을 하지 않은 기관이나 지정 신청은 하였으나 시설·인력기준을 갖추지 못해 지정받지 못한 기관에서 장기요양급여를 받은 경우에 그 이용금액의 일부를 보상해주기 위해 당해 수급자에게 특례요양비라는 현금급여를 지급할 수 있다.

③ 요양병원간병비 : 제23조(장기요양급여의 종류)에 따르면 특별현금급여로 요양병원 간병비를 지급할 수 있도록 되어 있지만 요양병원의 간병비 지원은 시행되고 있지 않은 상태이다.

4) 노인장기요양보험의 전달체계

(1) 관리운영기관

① 장기요양사업의 관리운영기관은 공단(국민건강보험공단)으로 한다.

② 공단은 다음 각 호의 업무를 관장한다.

가. 장기요양보험가입자 및 그 피부양자와 의료급여수급권자의 자격관리

나. 장기요양보험료의 부과·징수

다. 신청인에 대한 조사

라. 등급판정위원회의 운영 및 장기요양등급 판정

마. 장기요양인정서의 작성 및 표준장기요양이용계획서의 제공

바. 장기요양급여의 관리 및 평가

사. 수급자에 대한 정보제공·안내·상담 등 장기요양급여 관련 이용지원에 관한 사항

아. 재가 및 시설 급여비용의 심사 및 지급과 특별현금급여의 지급

자. 장기요양급여 제공내용 확인

차. 장기요양사업에 관한 조사·연구 및 홍보

카. 노인성질환예방사업

타. 이 법에 따른 부당이득금의 부과·징수 등

파. 장기요양급여의 제공기준을 개발하고 장기요양급여비용의 적정성을 검토하기 위한 장기요양기관의 설치 및 운영

하. 그 밖에 장기요양사업과 관련하여 보건복지부장관이 위탁한 업무

③ 공단은 장기요양기관을 설치할 때 노인인구 및 지역특성 등을 고려한 지역 간 불균형 해소를 고려하여야 하고, 설치 목적에 필요한 최소한의 범위에서 이를 설치·운영하여야 한다.

④ 공단은 「국민건강보험법」 제29조에 따라 공단의 조직 등에 관한 규정을 정할 때 장기요양사업을 수행하기 위하여 두는 조직 등을 건강보험사업을 수행하는 조직 등과 구분하여 따로 두어야 한다.

(2) 장기요양기관

① 장기요양기관을 설치·운영하고자 하는 자는 소재지를 관할구역으로 하는 특별자치시장·특별자치도지사·시장·군수·구청장으로부터 지정을 받아야 한다.

② 재가급여 중 어느 하나 이상에 해당하는 장기요양급여를 제공하고자 하는 자는 시설 및 인력을 갖추어 재가장기요양기관을 설치하고 특별자치시장·특별자치도지사·시장·군수·구청장에게 이를 신고하여야 한다. 신고를 받은 특별자치시장·특별자치도지사·시장·군수·구청장은 신고 명세를 공단에 통보하여야 한다.

③ 장기요양기관은 시설 및 인력 중 보건복지부령이 정하는 중요한 사항을 변경하는 경우 보건복지부령으로 정하는 바에 따라 특별자치시장·특별자치도지사·시장·군수·구청장에게 신고하여야 한다. 신고를 받은 특별자치시장·특별자치도지사·시장·군수·구청장은 지체없이 변경 명세를 공단에 통보하여야 한다.

④ 장기요양기관은 수급자로부터 장기요양급여신청을 받은 때 장기요양급여의 제공을 거부하여서는 아니 된다. 다만, 입소정원에 여유가 없는 경우 등 정당한 사유가 있는 경우는 그러하지 아니한다.

⑤ 장기요양기관은 폐업하거나 휴업하고자 하는 경우 폐업이나 휴업 예정일 전 30일까지 특별자치시장·특별자치도지사·시장·군수·구청장에게 신고하여야 한다. 신고를 받은 특별자치시장·특별자치도지사·시장·군수·구청장은 지체 없이 신고 명세를 공단에 통보하여야 한다.

⑥ 특별자치시장·특별자치도지사·시장·군수·구청장은 폐업 또는 휴업신고를 접수한 경우 인근지역에 대체 장기요양기관이 없는 경우 등 장기요양급여에 중대한 차질이 우려되는 때 장기요양기관의 폐업 또는 휴업 철회를 권고하거나 그 밖의 다른 조치를 강구하여야 한다.

⑦ 특별자치시장·특별자치도지사·시장·군수·구청장은 장기요양기관이 다음의 어느 하나에 해당하는 경우 그 지정을 취소할 수 있다. 다만, 가호에 해당하는 경우 지정을 취소하여야 한다.

가. 거짓이나 그 밖의 부정한 방법으로 지정을 받은 경우

나. 제31조 제2항에 따른 지정기준에 적합하지 아니한 경우

다. 제35조 제1항을 위반하여 장기요양급여를 거부한 경우

라. 거짓이나 부정한 방법으로 재가 및 시설 급여비용을 청구한 경우

마. 제60조 및 제61조에 따른 질문·검사 및 자료의 제출 요구를 거부·방해하거나 거짓으로 보고하거나 거짓 자료를 제출한 경우

바. 장기요양기관의 종사자 등이 다음의 어느 하나에 해당하는 행위를 한 경우

- 수급자의 신체에 폭행을 가하거나 상해를 입히는 행위
- 수급자에게 성적 수치심을 주는 성폭행, 성희롱 등의 행위
- 자신의 보호·감독을 받는 수급자를 유기하거나 의식주를 포함한 기본 적 보호 및 치료를 소홀히 하는 방임행위

⑧ 특별자치시장·특별자치도지사·시장·군수·구청장은 재가장기요양기관이 다음의 어느 하나에 해당하는 경우 6개월의 범위 내에서 영업정지를 명하거나 폐쇄명령을 할 수 있다. 다만, 가호에 해당하는 경우 폐쇄명령을 하여야 한다.

가. 거짓이나 그 밖의 부정한 방법으로 신고한 경우

나. 제32조 제1항에 따라 갖추어야 하는 시설 및 인력을 갖추지 아니한 경우

다. 제32조 제1항 제3호부터 제6호까지의 규정 중 어느 하나에 해당하는 경우

(3) 장기요양위원회

① 다음 사항을 심의하기 위하여 보건복지부장관 소속으로 장기요양위원회를 둔다.

가. 장기요양보험료율

나. 가족요양비, 특례요양비 및 요양병원간병비의 지급기준

다. 재가 및 시설 급여비용

라. 그 밖에 대통령령으로 정하는 주요 사항

② 장기요양위원회는 위원장 1인, 부위원장 1인을 포함한 16인 이상 22인

이하의 위원으로 구성한다.

③ 장기요양위원회 회의는 구성원 과반수의 출석으로 개의하고 출석위원 과반수의 찬성으로 의결한다.

④ 장기요양위원회의 효율적 운영을 위하여 분야별로 실무위원회를 둘 수 있다.

⑤ 장기요양위원회 위원의 임기는 3년이며, 공무원인 위원의 임기는 재임기간으로 한다.

(4) 장기요양등급판정위원회

① 장기요양인정 및 장기요양등급 판정 등을 심의하기 위하여 공단에 장기요양등급판정위원회를 둔다.

② 등급판정위원회는 특별자치시·특별자치도·시·군·구 단위로 설치한다. 다만, 인구 수 등을 고려하여 하나의 특별자치시·특별자치도·시·군·구에 2 이상의 등급판정위원회를 설치하거나 2 이상의 특별자치시·특별자치도·시·군·구를 통합하여 하나의 등급판정위원회를 설치할 수 있다.

③ 등급판정위원회는 위원장 1인을 포함하여 15인의 위원으로 구성한다.

④ 등급판정위원회 위원은 다음의 자 중에서 공단 이사장이 위촉한다. 이 경우 특별자치시장·특별자치도지사·시장·군수·구청장이 추천한 위원은 7인, 의사 또는 한의사가 1인 이상 각각 포함되어야 한다.

가. 「의료법」에 따른 의료인

나. 「사회복지사업법」에 따른 사회복지사

다. 특별자치시·특별자치도·시·군·구 소속공무원

라. 그 밖에 법학 또는 장기요양에 관한 학식과 경험이 풍부한 자

⑤ 등급판정위원회 위원의 임기는 3년으로 한다. 다만, 공무원인 위원의 임기는 재임기간으로 한다.

⑥ 등급판정위원회 회의는 구성원 과반수의 출석으로 개의하고 출석위원 과반수의 찬성으로 의결한다.

(5) 장기요양급여의 비용부담

① 특별현금급여 중에서 공단은 수급자가 장기요양기관이 아닌 노인요양시설 등의 기관 또는 시설에서 재가급여 또는 시설급여에 상당한 장기요양급여를 받은 경우 장기요양급여비용의 일부를 당해 수급자에게 특례요양비로 지급할 수 있다.

② 특별현금급여 중에서 공단은 수급자가 「의료법」에 따른 요양병원에 입원한 때 대통령령으로 정하는 기준에 따라 장기요양에 사용되는 비용의 일부를 요양병원간병비로 지급할 수 있다.

③ 재가 및 시설급여비용 중에서 수급자가 부담하는 본인일부부담금은 다음과 같다. 다만, 수급자 중 「국민기초생활보장법」에 따른 수급권자는 그러하지 아니하다.

가. 재가급여 : 당해 장기요양급여비용의 100분의 15

나. 시설급여 : 당해 장기요양급여비용의 100분의 20

④ 다음의 장기요양급여에 대한 비용은 수급자 본인이 전부 부담한다.

가. 이 법의 규정에 따른 급여의 범위 및 대상에 포함되지 아니하는 장기요양급여

나. 수급자가 장기요양인정서에 기재된 장기요양급여의 종류 및 내용과 다르게 선택하여 장기요양급여를 받은 경우 그 차액

다. 장기요양급여의 월 한도액을 초과하는 장기요양급여

⑤ 다음의 어느 하나에 해당하는 자에 대하여는 본인일부부담금의 100분의 50을 감경한다.

가. 「의료급여법」 제3조 제1항 제2호부터 제9호까지의 규정에 따른 수급권자

나. 소득·재산 등이 보건복지부장관이 정하여 고시하는 일정 금액 이하인 자

다. 천재지변 등 보건복지부령으로 정하는 사유로 인하여 생계가 곤란한 자

3 산업재해보상보험법 / 고용보험법

1) 산업재해보상보험법

(1) 산업재해보상보험법의 개관

❶ 법제정 목적

「고용보험법」과 같이 '노동보험법제' 영역에 속하는 「산업재해보상보험법」은 산업재해보상보험 사업을 시행하여 근로자의 업무상의 재해를 신속하고 공정하게 보상하며, 재해근로자의 재활 및 사회 복귀를 촉진하기 위하여 이에 필요한 보험시설을 설치·운영하고, 재해 예방과 그 밖에 근로자의 복지 증진을 위한 사업을 시행하여 근로자 보호에 이바지하는 것을 목적으로 한다.

한국의 산업재해보상보험에 관한 입법화과정은 1963년 11월 5일에 「산업재해보상보험법」이 제정되고 1964년 7월 1일부터 상시 500인 이상의 근로자를 사용하는 광업 및 제조업에 적용토록 한 것에서 시초한다. 그 후 1995년에는 산업재해보상보험의 업무를 정부부처와 별도로 설립된 근로복지공단[6])으로 이관하였다.

❷ 법률용어의 정의

① '업무상의 재해'란 업무상의 사유에 따른 근로자의 부상·질병·장해 또는 사망을 말한다.

② '근로자', '임금', '평균임금', '통상임금'이란 각각 「근로기준법」에 따른 '근로자', '임금', '평균임금', '통상임금'을 말한다. 다만, 「근로기준법」에 따라 '임금' 또는 '평균임금'을 결정하기 어렵다고 인정되면 고용노동부장관이 정하여 고시하는 금액을 해당 '임금' 또는 '평균임금'으로 한다.

③ '유족'이란 사망한 자의 배우자(사실상 혼인관계에 있는 자 포함)·자녀·부모·손자녀·조부모 또는 형제자매를 말한다.

---

6) 근로복지공단은 1995년 5월 1일에 설립되어 산재보험업무를 담당하게 되었으며 1999년 10월 1일부터는 고용보험 적용 및 징수업무를 수탁하였으며, 2010년 12월 1일부터는 퇴직연금사업을 수행하고 있다.

④ '치유'란 부상 또는 질병이 완치되거나 치료의 효과를 더 이상 기대할 수 없고 그 증상이 고정된 상태에 이르게 된 것을 말한다.

⑤ '장해'란 부상 또는 질병이 치유되었으나 정신적 또는 육체적 훼손으로 인하여 노동능력이 상실되거나 감소된 상태를 말한다.

⑥ '폐질'이란 업무상의 부상 또는 질병에 따른 정신적 또는 육체적 훼손으로 노동능력이 상실되거나 감소된 상태로서 그 부상 또는 질병이 치유되지 아니한 상태를 말한다.

⑦ '진폐(塵肺)'란 분진을 흡입하여 폐에 생기는 섬유증식성(纖維增殖性) 변화를 주된 증상으로 하는 질병을 말한다.

❸ 법률수행의 책임과 범위

① 국가는 회계연도마다 예산의 범위에서 보험사업의 사무 집행에 드는 비용을 일반회계에서 부담하여야 한다.

② 국가는 회계연도마다 예산의 범위에서 보험사업에 드는 비용의 일부를 지원할 수 있다.

③ 이 법은 근로자를 사용하는 모든 사업 또는 사업장에 적용한다. 다만, 위험률·규모 및 장소 등을 고려하여 대통령령으로 정하는 사업에 대하여는 이 법을 적용하지 아니한다.

④ 산업재해보상보험 및 예방에 관한 중요 사항을 심의하기 위하여 고용노동부에 산업재해보상보험 및 예방심의위원회를 둔다.

⑤ 산업재해보상보험 및 예방심의위원회는 근로자를 대표하는 자, 사용자를 대표하는 자 및 공익을 대표하는 자로 구성하되, 그 수는 각각 같은 수(각 5명)로 한다. 위원장은 고용노동부차관으로 하며, 위원의 임기는 3년으로 한다(단, 공무원인 위원은 재직기간). 위원회는 그 심의사항을 검토하고, 위원회의 심의를 보조하게 하기 위하여 위원회에 전문위원회를 둘 수 있다.

⑥ 고용노동부장관은 보험사업을 효율적으로 관리·운영하기 위하여 조사·연구사업 등을 할 수 있다.

(2) 산업재해보상보험의 급여대상

❶ 산업재해보상보험의 사업(장) 적용범위

① 이 법은 근로자를 사용하는 모든 사업 또는 사업장에 적용하며, 산업재해(업무상 재해)를 급여대상으로 한다. 다만, 위험률·규모 및 장소 등을 고려하여 대통령령으로 정하는 사업에 대하여는 이 법을 적용하지 아니한다.

② 법의 적용이 제외되는 '대통령령으로 정하는 사업'이란 다음의 어느 하나에 해당하는 사업 또는 사업장을 말한다.

가. 「공무원연금법」, 「군인연금법」, 「사립학교교직원연금법」에 따라 재해보상이 되는 사업

나. 「선원법」, 「어선원 및 어선 재해보상보험법」에 따라 재해보상이 되는 사업

다. 「주택법」에 따른 주택건설사업자, 「건설산업기본법」에 따른 건설업자, 「전기공사업법」에 따른 공사업자, 「정보통신공사업법」에 따른 정보통신공사업자, 「소방시설공사업법」에 따른 소방시설업자 또는 「문화재보호법」에 따른 문화재수리업자가 아닌 자가 시공하는 다음의 어느 하나에 해당하는 공사

- 「고용보험 및 산업재해보상보험의 보험료징수 등에 관한 법률 시행령」 제2조 제1항 제2호에 따른 총공사금액이 2천만 원 미만인 공사
- 연면적이 100제곱미터 이하인 건축물의 건축 또는 연면적이 200제곱미터 이하인 건축물의 대수선에 관한 공사

라. 가구 내 고용활동

마. '가'호부터 '라'호까지의 사업 외의 사업으로서 상시근로자 수가 1명 미만인 사업

바. 농업, 임업(벌목업은 제외), 어업 및 수렵업 중 법인이 아닌 자의 사업으로서 상시근로자 수가 5명 미만인 사업

❷ 업무상 재해의 범위와 인정기준

[업무수행 중의 사고]

① 근로자가 다음의 어느 하나에 해당하는 행위를 하던 중에 발생한 사고는

업무상 사고로 본다.

가. 근로계약에 따른 업무수행 행위

나. 업무수행 과정에서 하는 용변 등 생리적 필요 행위

다. 업무를 준비하거나 마무리하는 행위, 그 밖의 업무에 따르는 필요적 부수행위

라. 천재지변·화재 등 사업장 내에 발생한 돌발적인 사고에 따른 긴급피난·구조행위 등 사회통념상 예견되는 행위

② 근로자가 사업주의 지시를 받아 사업장 밖에서 업무를 수행하던 중에 발생한 사고는 업무상 사고로 본다. 다만, 사업주의 구체적인 지시를 위반한 행위, 근로자의 사적 행위 또는 정상적인 출장 경로를 벗어났을 때 발생한 사고는 업무상 사고로 보지 않는다.

③ 업무의 성질상 업무수행 장소가 정해져 있지 않은 근로자가 최초로 업무수행 장소에 도착하여 업무를 시작한 때부터 최후로 업무를 완수한 후 퇴근하기 전까지 업무와 관련하여 발생한 사고는 업무상 사고로 본다.

[시설물 결함의 사고]

① 사업주가 제공한 시설물, 장비 또는 차량 등의 결함이나 사업주의 관리 소홀로 발생한 사고는 업무상 사고로 본다.

② 사업주가 제공한 시설물 등을 사업주의 구체적인 지시를 위반하여 이용한 행위로 발생한 사고와 그 시설물 등의 관리 또는 이용권이 근로자의 전속적 권한에 속하는 경우 그 관리 또는 이용 중에 발생한 사고는 업무상 사고로 보지 않는다.

[출퇴근 중 / 행사 중의 사고]

① 근로자가 출퇴근하던 중에 발생한 사고가 다음 요건 모두에 해당하면 업무상 사고로 본다.

가. 사업주가 출퇴근용으로 제공한 교통수단이나 사업주가 제공한 것으로 볼 수 있는 교통수단을 이용하던 중에 사고가 발생하였을 것

나. 출퇴근용으로 이용한 교통수단의 관리 또는 이용권이 근로자 측의 전속적 권한에 속하지 아니하였을 것

② 운동경기·야유회·등산대회 등 각종 행사에 근로자가 참가하는 것이 사

회통념상 노무관리 또는 사업운영상 필요하다고 인정되는 경우로서 다음의 어느 하나에 해당하는 경우에 근로자가 그 행사에 참가(행사 참가를 위한 준비 · 연습 포함)하여 발생한 사고는 업무상 사고로 본다.

가. 사업주가 행사에 참가한 근로자에 대하여 행사에 참가한 시간을 근무한 시간으로 인정하는 경우

나. 사업주가 그 근로자에게 행사에 참가하도록 지시한 경우

다. 사전에 사업주의 승인을 받아 행사에 참가한 경우

라. 그 밖에 가호부터 다호까지의 규정에 준하는 경우로서 사업주가 그 근로자의 행사 참가를 통상적·관례적으로 인정한 경우

[특수 장소 / 요양 중의 사고]

① 사회통념상 근로자가 사업장 내에서 할 수 있다고 인정되는 행위를 하던 중 태풍·홍수·지진·눈사태 등의 천재지변이나 돌발적인 사태로 발생한 사고는 근로자의 사적 행위, 업무 이탈 등 업무와 관계없는 행위를 하던 중에 사고가 발생한 것이 명백한 경우를 제외하고는 업무상 사고로 본다.

② 업무상 부상 또는 질병으로 요양을 하고 있는 근로자에게 다음 어느 하나에 해당하는 사고가 발생하면 업무상 사고로 본다.

가. 요양급여와 관련하여 발생한 의료사고

나. 요양 중인 산재보험 의료기관(산재보험 의료기관이 아닌 의료기관에서 응급진료 등을 받는 경우에는 그 의료기관) 내에서 업무상 부상 또는 질병의 요양과 관련하여 발생한 사고

다. 업무상 부상 또는 질병의 치료를 위하여 거주지 또는 근무지에서 요양 중인 산재보험 의료기관으로 통원하는 과정에서 발생한 사고

③ 제3자의 행위로 근로자에게 사고가 발생한 경우에 그 근로자가 담당한 업무가 사회통념상 제3자의 가해행위를 유발할 수 있는 성질의 업무라고 인정되면 그 사고는 업무상 사고로 본다.

[업무상 질병]

① 근로자가 「근로기준법 시행령」 제44조 제1항 및 같은 법 시행령 별표 5의 업무상 질병의 범위에 속하는 질병에 걸린 경우 다음의 요건 모두에 해당하면 업무상 질병으로 본다.

가. 근로자가 업무수행 과정에서 유해·위험요인을 취급하거나 유해·위험요인에 노출된 경력이 있을 것

나. 유해·위험요인을 취급하거나 유해·위험요인에 노출되는 업무시간, 그 업무에 종사한 기간 및 업무 환경 등에 비추어 볼 때 근로자의 질병을 유발할 수 있다고 인정될 것

다. 근로자가 유해·위험요인에 노출되거나 유해·위험요인을 취급한 것이 원인이 되어 그 질병이 발생하였다고 의학적으로 인정될 것

② 업무상 부상을 입은 근로자에게 발생한 질병이 다음의 요건 모두에 해당하면 업무상 질병으로 본다.

가. 업무상 부상과 질병 사이의 인과관계가 의학적으로 인정될 것

나. 기초질환 또는 기존 질병이 자연발생적으로 나타난 증상이 아닐 것

(3) 산업재해보상보험의 급여내용

❶ 요양급여

① 요양급여는 근로자가 업무상의 사유로 부상을 당하거나 질병에 걸린 경우에 그 근로자에게 지급한다.

② 요양급여는 산재보험 의료기관에서 요양을 하게 한다. 다만, 부득이한 경우에는 요양을 갈음하여 요양비를 지급할 수 있다.

③ 부상 또는 질병이 3일 이내의 요양으로 치유될 수 있으면 요양급여를 지급하지 아니한다.

④ 요양급여의 범위는 다음과 같다.

가. 진찰 및 검사

나. 약제 또는 진료재료와 의지(義肢), 그 밖의 보조기의 지급

다. 처치, 수술, 그 밖의 치료

라. 재활치료

마. 입원

바. 간호 및 간병

사. 이송

아. 그 밖에 고용노동부령으로 정하는 사항

⑤ 업무상의 재해를 입은 근로자가 요양할 산재보험 의료기관이 제43조 제1항 제2호에 따른 종합전문요양기관인 경우에는 「응급의료에 관한 법률」 제2조 제1호에 따른 응급환자이거나 그 밖에 부득이한 사유가 있는 경우를 제외하고는 그 근로자가 종합전문요양기관에서 요양할 필요가 있다는 의학적 소견이 있어야 한다.

⑥ 요양급여의 신청을 한 자는 공단이 이 법에 따른 요양급여에 관한 결정을 하기 전에는 「국민건강보험법」 제39조에 따른 요양급여 또는 「의료급여법」 제7조에 따른 의료급여를 받을 수 있다.

❷ 휴업급여

① 휴업급여는 업무상 사유로 부상을 당하거나 질병에 걸린 근로자에게 요양으로 취업하지 못한 기간에 대하여 지급하되, 1일당 지급액은 평균임금의 100분의 70에 상당하는 금액으로 한다. 다만, 취업하지 못한 기간이 3일 이내이면 지급하지 아니한다.

② 요양 또는 재요양을 받고 있는 근로자가 그 요양기간 중 일정기간 또는 단시간 취업을 하는 경우에는 그 취업한 날 또는 취업한 시간에 해당하는 그 근로자의 평균임금에서 그 취업한 날 또는 취업한 시간에 대한 임금을 뺀 금액의 100분의 90에 상당하는 금액을 지급할 수 있다. 다만, 제54조 제2항 및 제56조 제2항에 따라 최저임금액을 1일당 휴업급여 지급액으로 하는 경우에는 최저임금액에서 취업한 날 또는 취업한 시간에 대한 임금을 뺀 금액을 지급할 수 있다.

③ 휴업급여를 받는 근로자가 61세가 되면 그 이후의 휴업급여는 별도의 기준에 따라 산정한 금액을 지급한다. 다만, 61세 이후에 취업 중인 자가 업무상의 재해로 요양하거나 61세 전에 제37조 제1항 제2호에 따른 업무상 질병으로 장해급여를 받은 자가 61세 이후에 그 업무상 질병으로 최초로 요양하는 경우 대통령령으로 정하는 기간에는 별도의 기준을 적용하지 아니한다.

❸ 장해급여

① 장해급여는 근로자가 업무상의 사유로 부상을 당하거나 질병에 걸려 치

유된 후 신체 등에 장해가 있는 경우에 그 근로자에게 지급한다.

② 장해급여는 장해등급에 따른 장해보상연금 또는 장해보상일시금으로 하되, 그 장해등급의 기준은 대통령령으로 정한다.

③ 장해보상연금 또는 장해보상일시금은 수급권자의 선택에 따라 지급한다. 다만, 노동력을 완전히 상실한 장해등급의 근로자에게는 장해보상연금을 지급하고, 장해급여 청구사유 발생 당시 대한민국 국민이 아닌 자로서 외국에서 거주하고 있는 근로자에게는 장해보상일시금을 지급한다.

④ 장해보상연금 또는 진폐보상연금의 수급권자가 다음의 어느 하나에 해당하면 그 수급권이 소멸한다.

가. 사망한 경우

나. 대한민국 국민이었던 수급권자가 국적을 상실하고 외국에서 거주하고 있거나 외국에서 거주하기 위하여 출국하는 경우

다. 대한민국 국민이 아닌 수급권자가 외국에서 거주하기 위하여 출국하는 경우

라. 장해등급 또는 진폐장해등급이 변경되어 장해보상연금 또는 진폐보상연금의 지급 대상에서 제외되는 경우

❹ 간병급여

① 간병급여는 요양급여를 받은 자 중 치유 후 의학적으로 상시 또는 수시로 간병이 필요하여 실제로 간병을 받는 자에게 지급한다.

② 간병급여의 지급 기준과 지급방법 등에 관하여 필요한 사항은 대통령령으로 정한다.

❺ 유족급여

① 유족급여는 근로자가 업무상의 사유로 사망한 경우에 유족에게 지급한다.

② 유족급여는 유족보상연금이나 유족보상일시금으로 하되, 유족보상일시금은 근로자가 사망할 당시 유족보상연금을 받을 수 있는 자격이 있는 자가 없는 경우에 지급한다.

③ 유족보상연금을 받을 수 있는 자격이 있는 자는 근로자가 사망할 당시

그 근로자와 생계를 같이 하고 있던 유족(그 근로자가 사망할 당시 대한민국 국민이 아닌 자로서 외국에서 거주하고 있던 유족 제외) 중 배우자와 다음의 어느 하나에 해당하는 자로 한다. 이 경우 근로자와 생계를 같이 하고 있던 유족의 판단 기준은 대통령령으로 정한다.

가. 부모 또는 조부모로서 각각 60세 이상인 자
나. 자녀 또는 손자녀로서 각각 19세 미만인 자
다. 형제자매로서 19세 미만이거나 60세 이상인 자
라. 가호부터 다호까지의 규정 중 어느 하나에 해당하지 아니하는 자녀·부모·손자녀·조부모 또는 형제자매로서 「장애인복지법」 제2조에 따른 장애인 중 고용노동부령으로 정한 장애등급 이상에 해당하는 자

④ 유족보상연금 수급자격자 중 유족보상연금을 받을 권리의 순위는 배우자·자녀·부모·손자녀·조부모 및 형제자매의 순서로 한다.

⑤ 유족보상연금 수급자격자인 유족이 다음의 어느 하나에 해당하면 그 자격을 잃는다.

가. 사망한 경우
나. 재혼한 때(사망한 근로자의 배우자만 해당하며, 사실상 혼인관계에 있는 경우 포함)
다. 사망한 근로자와의 친족관계가 끝난 경우
라. 자녀·손자녀 또는 형제자매가 19세가 된 경우
마. 제63조 제1항 제4호에 따른 장애인이었던 자로서 그 장애 상태가 해소된 경우
바. 근로자가 사망할 당시 대한민국 국민이었던 유족보상연금 수급자격자가 국적을 상실하고 외국에서 거주하고 있거나 외국에서 거주하기 위하여 출국하는 경우
사. 대한민국 국민이 아닌 유족보상연금 수급자격자가 외국에서 거주하기 위하여 출국하는 경우

⑥ 유족보상연금을 받을 권리가 있는 유족보상연금 수급자격자가 그 자격을 잃은 경우에 유족보상연금을 받을 권리는 같은 순위자가 있으면 같은 순위자에게, 같은 순위자가 없으면 다음 순위자에게 이전된다.

❻ 상병보상연금

① 요양급여를 받는 근로자가 요양을 시작한 지 2년이 지난 날 이후에 다음의 요건 모두에 해당하는 상태가 계속되면 휴업급여 대신 상병보상연금을 그 근로자에게 지급한다.

가. 그 부상이나 질병이 치유되지 아니한 상태일 것

나. 그 부상이나 질병에 따른 폐질의 정도가 대통령령으로 정하는 폐질등급 기준에 해당할 것

다. 요양으로 인하여 취업하지 못하였을 것

② 상병보상연금은 폐질등급에 따라 지급한다.

③ 상병보상연금을 받는 근로자가 61세가 되면 그 이후의 상병보상연금은 1일당 상병보상연금 지급기준에 따라 산정한 금액을 지급한다.

❼ 장의비

① 장의비는 근로자가 업무상의 사유로 사망한 경우에 지급하되, 평균임금의 120일분에 상당하는 금액을 그 장제를 지낸 유족에게 지급한다. 다만, 장제를 지낼 유족이 없거나 그 밖에 부득이한 사유로 유족이 아닌 자가 장제를 지낸 경우에는 평균임금의 120일분에 상당하는 금액의 범위에서 실제 드는 비용을 그 장제를 지낸 자에게 지급한다.

② 장의비가 대통령령으로 정하는 바에 따라 고용노동부장관이 고시하는 최고 금액을 초과하거나 최저 금액에 미달하면 그 최고 금액 또는 최저 금액을 각각 장의비로 한다.

❽ 직업재활급여

① 직업재활급여의 종류는 다음과 같다.

가. 장해급여 또는 진폐보상연금을 받은 자나 장해급여를 받을 것이 명백한 자로서 대통령령으로 정하는 자 중 취업을 위하여 직업훈련이 필요한 자에 대하여 실시하는 직업훈련에 드는 비용 및 직업훈련수당

나. 업무상의 재해가 발생할 당시의 사업에 복귀한 장해급여자에 대하여 사업주가 고용을 유지하거나 직장적응훈련 또는 재활운동을 실시하는 경우에 각각 지급하는 직장복귀지원금, 직장적응훈련비 및 재활운

동비

② 훈련대상자 및 장해급여자는 장해 정도 및 연령 등을 고려하여 대통령령으로 정한다.

③ 훈련대상자에 대한 직업훈련은 공단과 계약을 체결한 직업훈련기관에서 실시하게 한다.

④ 직업훈련비용의 금액은 고용노동부장관이 훈련비용, 훈련기간 및 노동시장의 여건 등을 고려하여 고시하는 금액의 범위에서 실제 드는 비용으로 하되, 직업훈련비용을 지급하는 훈련기간은 12개월 이내로 한다.

⑤ 직업훈련비용의 지급 범위·기준·절차 및 방법, 직업훈련기관과의 계약 및 해지 등에 필요한 사항은 고용노동부령으로 정한다.

⑥ 직업훈련수당은 직업훈련을 받는 훈련대상자에게 그 직업훈련으로 인하여 취업하지 못하는 기간에 대하여 지급하되, 1일당 지급액은 최저임금액에 상당하는 금액으로 한다. 다만, 휴업급여나 상병보상연금을 받는 훈련대상자에게는 직업훈련수당을 지급하지 아니한다.

❾ 특별급여

① 보험가입자의 고의 또는 과실로 발생한 업무상의 재해로 근로자가 대통령령으로 정하는 장해등급 또는 진폐장해등급에 해당하는 장해를 입은 경우에 수급권자가 「민법」에 따른 손해배상청구를 갈음하여 장해특별급여를 청구하면 장해급여 또는 진폐보상연금 외에 대통령령으로 정하는 장해특별급여를 지급할 수 있다. 다만, 근로자와 보험가입자 사이에 장해특별급여에 관하여 합의가 이루어진 경우에 한한다.

② 보험가입자의 고의 또는 과실로 발생한 업무상의 재해로 근로자가 사망한 경우에 수급권자가 「민법」에 따른 손해배상청구를 갈음하여 유족특별급여를 청구하면 유족급여 또는 진폐유족연금 외에 대통령령으로 정하는 유족특별급여를 지급할 수 있다.

(4) 산업재해보상보험의 전달체계와 예방기금

❶ 근로복지공단의 설치·운영

① 고용노동부장관의 위탁을 받아 근로자보호 등의 목적을 달성하기 위한

사업을 효율적으로 수행하기 위하여 근로복지공단을 설립한다.

② 공단은 다음의 사업을 수행한다.

가. 보험가입자와 수급권자에 관한 기록의 관리·유지

나. 「고용보험 및 산업재해보상보험의 보험료징수 등에 관한 법률」[7]에 따른 보험료와 그 밖의 징수금의 징수

다. 보험급여의 결정과 지급

라. 보험급여 결정 등에 관한 심사 청구의 심리·결정

마. 산업재해보상보험 시설의 설치·운영

-업무상 재해를 입은 근로자 등의 요양 및 재활

-재활보조기구의 연구개발·검정 및 보급

바. 근로자의 복지 증진을 위한 사업

사. 그 밖에 정부로부터 위탁받은 사업 등

③ 사업의 수행에 필요한 자문을 하기 위하여 공단에 관계 전문가 등으로 구성되는 보험급여자문위원회를 둘 수 있다.

④ 공단은 법인으로 한다.

⑤ 공단의 임원은 이사장 1명과 상임이사 4명을 포함한 15명 이내의 이사와 감사 1명으로 한다.

⑥ 이사장의 임기는 3년으로 하고, 이사와 감사의 임기는 2년으로 하되, 각각 1년 단위로 연임할 수 있다.

❷ 산업재해보상보험 및 예방기금

① 고용노동부장관은 보험사업, 산업재해 예방 사업에 필요한 재원을 확보하고, 보험급여에 충당하기 위하여 산업재해보상보험 및 예방기금을 설치한다.

② 기금은 보험료, 기금운용 수익금, 적립금, 기금의 결산상 잉여금, 정부 또는 정부 아닌 자의 출연금 및 기부금, 차입금, 그 밖의 수입금을 재원으로 하여 조성한다.

③ 정부는 산업재해 예방 사업을 수행하기 위하여 회계연도마다 기금지출예

7) 약칭 '보험료징수법'을 말하며, 고용보험사업에 소요되는 비용을 충당하기 위하여 근로복지공단에서는 보험료나 그 밖의 징수금을 보험가입자(사업주와 근로자)로부터 징수토록 하고 있다.

산 총액의 100분의 3의 범위에서 제2항에 따른 정부의 출연금으로 세출 예산에 계상(計上)하여야 한다.

④ 고용노동부장관은 보험급여에 충당하기 위하여 책임준비금을 적립하여야 한다.

2) 고용보험법

(1) 고용보험법의 개관

❶ 법제정 목적

「산업재해보상보험법」과 같이 '노동보험법제' 영역에 속하는 「고용보험법」은 고용보험의 시행을 통하여 실업의 예방, 고용의 촉진 및 근로자의 직업능력의 개발과 향상을 꾀하고, 국가의 직업지도와 직업소개 기능을 강화하며, 근로자가 실업한 경우에 생활에 필요한 급여를 실시하여 근로자의 생활안정과 구직활동을 촉진함으로써 경제·사회 발전에 이바지하는 것을 목적으로 한다.

한국의 고용보험제도는 1987년 대통령 선거 시 노태우 후보의 선거공약으로 제시된 후 경제계 반발로 입법화되지 못하다가 김영삼 정부 시기인 1993년 12월에 「고용보험법」이 제정된 후 1995년 7월 1일부터 시행되고 있다. 고용보험의 주요업무 중에 고용보험 적용·징수업무는 1999년 10월 1일에 근로복지공단으로 이관하였으며, 정부의 공공기관 선진화 추진계획에 따라 2011년 1월 1일부터는 4대 사회보험(국민건강보험(노인장기요양보험 포함), 국민연금, 고용보험, 산업재해보상보험) 징수업무를 국민건강보험공단으로 일원화하여 처리할 수 있는 징수통합[8] 서비스가 시작되었다.

❷ 법률용어의 정의

「고용보험법」에서 사용하는 용어의 뜻은 다음과 같다.

① '피보험자'란 「고용보험 및 산업재해보상보험의 보험료징수 등에 관한 법률」(약칭 : 고용산재보험료징수법)에 따라 보험에 가입되거나 가입된 것으로 보는 근로자를 말한다.

8) 4대 사회보험 징수창구를 '사회보험통합징수 포털'로 일원화하여 보험료 고지, 수납업무 및 그에 따른 징수 관련 민원처리를 국민건강보험공단에서 하게 된 것이다.

② '이직'이란 피보험자와 사업주 사이의 고용관계가 끝나게 되는 것을 말한다.

③ '실업'이란 근로의 의사와 능력이 있음에도 불구하고 취업하지 못한 상태에 있는 것을 말한다.

④ '실업의 인정'이란 직업안정기관의 장이 제43조에 따른 수급자격자가 실업한 상태에서 적극적으로 직업을 구하기 위하여 노력하고 있다고 인정하는 것을 말한다.

⑤ '보수'란 「소득세법」 제20조에 따른 근로소득에서 대통령령으로 정하는 금품을 뺀 금액을 말한다.

⑥ '일용근로자'란 1개월 미만 동안 고용되는 자를 말한다.

❸ 법률수행의 책임과 범위

① 보험은 법제정 목적을 이루기 위하여 고용보험사업으로 고용안정·직업능력개발 사업, 실업급여, 육아휴직급여 및 출산전후휴가급여 등을 실시한다.

② 국가는 매년 보험사업에 드는 비용의 일부를 일반회계에서 부담할 수 있다. 국가는 매년 예산의 범위에서 보험사업의 관리·운영에 드는 비용을 부담할 수 있다.

③ 이 법에 따른 보험사업에 드는 비용을 충당하기 위하여 징수하는 보험료와 그 밖의 징수금에 대하여는 「고용산재보험료징수법」으로 정하는 바에 따른다.

④ 이 법 및 「보험료징수법」(보험에 관한 사항만 해당)의 시행에 관한 주요 사항을 심의하기 위하여 고용노동부에 고용보험위원회를 두고 다음의 사항을 심의한다.

가. 보험제도 및 보험사업의 개선에 관한 사항

나. 「보험료징수법」에 따른 보험료율의 결정에 관한 사항

다. 제11조의2에 따른 보험사업의 평가에 관한 사항

라. 제81조에 따른 기금운용 계획의 수립 및 기금의 운용 결과에 관한 사항

마. 그 밖에 위원장이 보험제도 및 보험사업과 관련하여 위원회의 심의

가 필요하다고 인정하는 사항

⑤ 고용보험위원회는 위원장 1명을 포함한 20명 이내의 위원으로 구성한다. 위원회의 위원장은 고용노동부차관이 되고, 위원은 다음의 사람 중에서 각각 같은 수로 고용노동부장관이 임명하거나 위촉(임기 2년)하는 사람이 된다.

가. 근로자를 대표하는 사람

나. 사용자를 대표하는 사람

다. 공익을 대표하는 사람

라. 정부를 대표하는 사람

⑥ 고용보험위원회는 심의사항을 사전에 검토하기 위하여 전문위원회(고용보험 운영전문위원회, 고용보험평가전문위원회)를 둔다.

(2) 고용보험의 급여대상

❶ 고용보험의 적용범위(사업장)

① 이 법은 근로자를 사용하는 모든 사업 또는 사업장에 적용한다. 다만, 산업별 특성 및 규모 등을 고려하여 대통령령으로 정하는 사업에 대하여는 적용하지 아니한다.

② 고용보험의 적용대상이 되지 않는 '대통령령으로 정하는 사업'이란 다음의 어느 하나에 해당하는 사업을 말한다.

가. 농업·임업·어업 또는 수렵업 중 법인이 아닌 자가 상시 4명 이하의 근로자를 사용하는 사업

나. 다음의 어느 하나에 해당하는 공사

- 「고용보험 및 산업재해보상보험의 보험료징수 등에 관한 법률 시행령」에 따른 총공사금액이 2천만 원 미만인 공사
- 연면적이 100제곱미터 이하인 건축물의 건축 또는 연면적이 200제곱미터 이하인 건축물의 대수선에 관한 공사

다. 가사서비스업

③ 총공사금액이 2천만 원 미만인 건설공사가 설계 변경(사실상의 설계 변경이 있는 경우 포함)으로 인하여 2천만 원 이상의 건설공사에 해당하게 되거나 「고

용보험 및 산업재해보상보험의 보험료징수 등에 관한 법률」에 따라 일괄 적용을 받게 되는 경우에는 그때부터 법의 규정의 전부를 적용한다.

④ 다음의 어느 하나에 해당하는 근로자에게는 이 법을 적용하지 아니한다. 다만, 근로자에 대한 고용안정·직업능력개발사업에 관하여는 그러하지 아니한다.

가. 소정 근로시간이 대통령령으로 정하는 시간 미만인 근로자

나. 「국가공무원법」과 「지방공무원법」에 따른 공무원. (다만, 대통령령으로 정하는 바에 따라 별정직 및 임기제 공무원의 경우는 본인의 의사에 따라 고용보험에 가입할 수 있다.)

다. 「사립학교교직원연금법」의 적용을 받는 사람

라. 그 밖에 대통령령으로 정하는 자

- 외국인 근로자 중 고용보험 적용제외 대상이거나, 일부 체류자격의 경우 당연, 임의, 상호주의로 구분 적용
- 「별정우체국법」에 따른 별정우체국 직원

마. 65세 이후에 고용(65세 전부터 피보험 자격을 유지하던 사람이 65세 이후에 계속하여 고용된 경우는 제외)되거나 자영업을 개시한 사람에게는 실업급여와 취업촉진수당 규정을 적용하지 아니한다.

❷ 피보험자 자격취득관리

① 피보험자는 이 법이 적용되는 사업에 고용된 날에 피보험자격을 취득한다. 다만, 다음의 경우에는 각각 그 해당되는 날에 피보험자격을 취득한 것으로 본다.

가. 제10조에 따른 적용 제외 근로자였던 자가 이 법의 적용을 받게 된 경우에는 그 적용을 받게 된 날

나. 「고용보험 및 산업재해보상보험의 보험료징수 등에 관한 법률」 제7조에 따른 보험관계 성립일 전에 고용된 근로자의 경우에는 그 보험관계가 성립한 날

② 피보험자는 다음의 어느 하나에 해당하는 날에 각각 그 피보험자격을 상실한다.

가. 피보험자가 제10조에 따른 적용 제외 근로자에 해당하게 된 경우에

는 그 적용 제외 대상자가 된 날

나. 「고용보험 및 산업재해보상보험의 보험료징수 등에 관한 법률」 제10조에 따라 보험관계가 소멸한 경우에는 그 보험관계가 소멸한 날

다. 피보험자가 이직한 경우에는 이직한 날의 다음날

라. 피보험자가 사망한 경우에는 사망한 날의 다음날

③ 사업주는 그 사업에 고용된 근로자의 피보험자격의 취득 및 상실 등에 관한 사항을 대통령령으로 정하는 바에 따라 고용노동부장관(사업장 소재지 관할 고용센터)에게 신고하여야 한다.

④ 「고용보험 및 산업재해보상보험의 보험료징수 등에 관한 법률」 제9조에 따라 원수급인(元受給人)이 사업주로 된 경우에 그 사업에 종사하는 근로자 중 원수급인이 고용하는 근로자 외의 근로자에 대하여는 그 근로자를 고용하는 다음의 하수급인(下受給人)이 제1항에 따른 신고를 하여야 한다. 이 경우 원수급인은 고용노동부령으로 정하는 바에 따라 하수급인에 관한 자료를 고용노동부장관에게 제출하여야 한다.

가. 「건설산업기본법」 제2조 제5호에 따른 건설업자

나. 「주택법」 제9조에 따른 주택건설사업자

다. 「전기공사업법」 제2조 제3호에 따른 공사업자

라. 「정보통신공사업법」 제2조 제4호에 따른 정보통신공사업자

마. 「소방시설공사업법」 제2조 제1항 제2호에 따른 소방시설업자

바. 「문화재수리 등에 관한 법률」 제14조에 따른 문화재수리업자

⑤ 사업주가 피보험자격에 관한 사항을 신고하지 아니하면 대통령령으로 정하는 바에 따라 근로자가 신고할 수 있다.

⑥ 1월 미만의 기간동안 고용되는 일용근로자도 사업주와 근로자가 '고용센터'에 신고하도록 하여 고용보험가입이 의무화되어 있으며, 수급자격인정 이직일 이전 18개월간 피보험단위기간이 통상 180일 이상이고, 수급자격 신청일 이전 1개월간 일한 날수가 10일이 안 될 경우 실업급여를 받을 수 있다.

⑦ 자영업자도 본인의 희망에 따라 '근로복지공단'에 가입을 하면 피보험기간에 따라 90~180일간 구직급여를 지급받을 수 있다.

(3) 고용보험의 급여와 사업내용

❶ 실업급여

① 실업급여는 구직급여와 취업촉진수당[9]으로 구분하여 실직자의 고용보험 가입기간 및 연령에 따라 90~240일까지 상한액은 40,000원, 하한액은 최저임금액의 90%까지 급여된다.

② 피보험자로서 65세 전에 이직한 자가 그 이직과 관련하여 실업한 상태에서 65세가 되면 실업급여를 적용한다. 자영업자인 피보험자의 실업급여의 종류도 제37조에 따른다. 다만, 제51조부터 제55조까지의 규정에 따른 연장급여와 제64조에 따른 조기재취업수당은 제외한다.

[구직급여]

① 구직급여는 이직한 피보험자가 다음의 요건을 모두 갖춘 경우에 지급한다. 다만, 마호와 바호는 최종 이직 당시 일용근로자였던 자만 해당한다.

가. 이직일 이전 18개월간 제41조에 따른 피보험 단위기간이 통산하여 180일 이상일 것

나. 근로의 의사와 능력이 있음에도 불구하고 취업(영리를 목적으로 사업을 영위하는 경우를 포함)하지 못한 상태에 있을 것

다. 이직사유가 수급자격의 제한 사유에 해당하지 아니할 것

라. 재취업을 위한 노력을 적극적으로 할 것

마. 수급자격 인정신청일 이전 1개월 동안의 근로일수가 10일 미만일 것

바. 최종 이직일 이전 기준기간의 피보험 단위기간 180일 중 다른 사업에서 제58조에 따른 수급자격의 제한 사유에 해당하는 사유로 이직한 사실이 있는 경우에는 그 피보험 단위기간 중 90일 이상을 일용근로자로 근로하였을 것

② 자영업자의 구직급여는 폐업한 자영업자인 피보험자가 다음의 요건을 모

---

9) 취업촉진수당의 종류는 다음과 같다.
가. 조기(早期)재취업수당(실업급여 소정 급여일수를 1/2 이상 남긴 상태에서 12개월 이상 고용된 경우에는 미지급 일수의 1/2금액을 일시에 지급함)
나. 직업능력개발수당
다. 광역 구직활동비
라. 이주비

두 갖춘 경우에 지급한다.

가. 폐업일 이전 24개월간 제41조 제1항 단서에 따라 자영업자인 피보험자로서 갖춘 피보험 단위기간이 통산(通算)하여 1년 이상일 것

나. 근로의 의사와 능력이 있음에도 불구하고 취업을 하지 못한 상태에 있을 것

다. 폐업사유가 제69조의7에 따른 수급자격의 제한 사유에 해당하지 아니할 것

라. 재취업을 위한 노력을 적극적으로 할 것

③ 자영업자인 피보험자로서 폐업한 수급자격자에 대한 구직급여일액은 그 수급자격자의 기초일액에 100분의 50을 곱한 금액으로 한다.

④ 피보험자가 이직일 이전 18개월 동안에 질병·부상, 그 밖에 대통령령으로 정하는 사유로 계속하여 30일 이상 보수의 지급을 받을 수 없었던 경우에는 18개월에 그 사유로 보수를 지급 받을 수 없었던 일수를 가산한 기간을 기준기간(3년을 초과할 때에는 3년)으로 한다.

⑤ 구직급여를 지급받으려는 자는 이직 후 지체없이 직업안정기관에 출석하여 실업을 신고하여야 한다.

⑥ 구직급여를 지급받으려는 자는 직업안정기관의 장으로부터 구직급여의 수급요건을 갖추었다는 사실의 인정을 받아야 한다. 직업안정기관의 장은 수급자격의 인정신청을 받으면 그 신청인에 대한 수급자격의 인정 여부를 결정하고, 대통령령으로 정하는 바에 따라 신청인에게 그 결과를 알려야 한다.

⑦ 구직급여는 수급자격자가 실업한 상태에 있는 날 중에서 직업안정기관의 장으로부터 실업의 인정을 받은 날에 대하여 지급한다. 실업의 인정을 받으려는 수급자격자는 제42조에 따라 실업의 신고를 한 날부터 계산하기 시작하여 1주부터 4주의 범위에서 직업안정기관의 장이 지정한 날에 출석하여 재취업을 위한 노력을 하였음을 신고하여야 하고, 직업안정기관의 장은 직전 실업인정일의 다음날부터 그 실업 인정일까지의 각각의 날에 대하여 실업의 인정을 한다.

⑧ 직업안정기관의 장은 수급자격자의 연령·경력 등을 고려할 때 재취업을

위하여 직업능력개발훈련 등이 필요하면 그 수급자격자에게 직업능력개발훈련 등을 받도록 지시할 수 있다.

⑨ 직업안정기관의 장은 취업이 특히 곤란하고 생활이 어려운 수급자격자로서 대통령령으로 정하는 자에게는 그가 실업의 인정을 받은 날에 대하여 소정급여일수를 초과하여 구직급여를 연장하여 지급할 수 있다.

⑩ 고용노동부장관은 실업의 급증 등 대통령령으로 정하는 사유가 발생한 경우에는 60일의 범위에서 수급자격자가 실업의 인정을 받은 날에 대하여 소정급여일수를 초과하여 구직급여를 연장하여 지급할 수 있다. 다만, 이직 후의 생활안정을 위한 일정 기준 이상의 소득이 있는 수급자격자 등 고용노동부령으로 정하는 수급자격자에 대하여는 그러하지 아니한다.

[취업촉진수당]

① 취업촉진수당 중에서 '조기재취업수당'은 수급자격자(「외국인근로자의 고용 등에 관한 법률」 제2조에 따른 외국인근로자 제외)가 안정된 직업에 재취직하거나 스스로 영리를 목적으로 하는 사업을 영위하는 경우로서 대통령령으로 정하는 기준에 해당하면 지급한다.

② 취업촉진수당 중에서 '직업능력개발수당'은 수급자격자가 직업안정기관의 장이 지시한 직업능력개발훈련 등을 받는 경우에 그 직업능력개발훈련 등을 받는 기간에 대하여 지급한다.

③ 취업촉진수당 중에서 '광역 구직활동비'는 수급자격자가 직업안정기관의 소개에 따라 광범위한 지역에 걸쳐 구직 활동을 하는 경우로서 대통령령으로 정하는 기준에 따라 직업안정기관의 장이 필요하다고 인정하면 지급할 수 있다.

④ 취업촉진수당 중에서 '이주비'는 수급자격자가 취업하거나 직업안정기관의 장이 지시한 직업능력개발훈련 등을 받기 위하여 그 주거를 이전하는 경우로서 대통령령으로 정하는 기준에 따라 직업안정기관의 장이 필요하다고 인정하면 지급할 수 있다.

⑤ 거짓이나 그 밖의 부정한 방법으로 실업급여를 받았거나 받으려 한 자에게는 그 급여를 받은 날 또는 받으려 한 날부터의 취업촉진수당을 지급하지 아니한다. 다만, 그 급여와 관련된 이직 이후에 새로 수급자격을 취

득하면 그 새로운 수급자격에 따른 취업촉진수당은 그러하지 아니한다.

❷ 육아휴직급여

① 고용노동부장관은 「남녀고용평등과 일·가정 양립 지원에 관한 법률」 제19조에 따른 육아휴직을 30일(「근로기준법」 제74조에 따른 출산전후휴가 기간과 중복되는 기간 제외) 이상 부여받은 피보험자 중 다음의 요건을 모두 갖춘 경우에 출산과 상관없이 만 8세 이하 또는 초등학교 2학년 이하의 자녀를 둔 근로자에게 자녀 1명당 1년씩 기간 동안 육아휴직급여를 지급한다.

② 육아휴직급여를 지급받으려는 사람은 육아휴직을 시작한 날 이후 1개월부터 육아휴직이 끝난 날 이후 12개월 이내에 신청하여야 한다. 다만, 해당 기간에 대통령령으로 정하는 사유로 육아휴직 급여를 신청할 수 없었던 사람은 그 사유가 끝난 후 30일 이내에 신청하여야 한다.

② 사업주는 피보험자가 제70조에 따른 육아휴직급여를 받으려는 경우 고용노동부령으로 정하는 바에 따라 사실의 확인 등 모든 절차에 적극 협력하여야 한다.

③ 피보험자가 육아휴직급여 기간 중에 이직 또는 새로 취업(취직한 경우 1주간의 소정 근로시간이 15시간 미만인 경우 제외)하거나 사업주로부터 금품을 지급받은 경우에는 그 사실을 직업안정기관의 장에게 신고하여야 한다.

④ 피보험자가 육아휴직급여 기간 중에 그 사업에서 이직하거나 새로 취업한 경우에는 그 이직 또는 취업하였을 때부터 육아휴직급여를 지급하지 아니한다.

⑤ 거짓이나 그 밖의 부정한 방법으로 육아휴직급여를 받았거나 받으려 한 자에게는 그 급여를 받은 날 또는 받으려 한 날부터의 육아휴직급여를 지급하지 아니한다. 다만, 그 급여와 관련된 육아휴직 이후에 새로 육아휴직급여 요건을 갖춘 경우 그 새로운 요건에 따른 육아휴직급여는 그러하지 아니한다.

⑥ 육아휴직급여액은 1년간 「근로기준법」에서 정한 월 통상임금의 100분의 40에 해당하는 금액을 지급한다.

❸ 육아기 근로시간 단축급여

① 고용노동부장관은 육아기 근로시간 단축을 30일(「근로기준법」 제74조에 따른 출산전후휴가기간과 중복되는 기간은 제외함) 이상 실시한 피보험자 중 다음 각 호의 요건을 모두 갖춘 피보험자에게 육아기 근로시간 단축 급여를 지급한다.

가. 육아기 근로시간 단축을 시작한 날 이전에 제41조에 따른 피보험 단위기간이 통산하여 180일 이상일 것

나. 같은 자녀에 대하여 피보험자인 배우자가 30일 이상의 육아휴직을 부여받지 아니하거나 육아기 근로시간 단축을 30일 이상 실시하지 아니하고 있을 것

② 제1항에 따른 육아기 근로시간 단축 급여를 지급받으려는 사람은 육아기 근로시간 단축을 시작한 날 이후 1개월부터 끝난 날 이후 12개월 이내에 신청하여야 한다. 다만, 해당 기간에 대통령령으로 정하는 사유로 육아기 근로시간 단축 급여를 신청할 수 없었던 사람은 그 사유가 끝난 후 30일 이내에 신청하여야 한다.

③ 육아기 근로시간 단축 급여액은 대통령령으로 정하며, 육아기 근로시간 단축 급여의 신청 및 지급에 필요한 사항은 고용노동부령으로 정한다.

❹ 출산전후휴가급여

① 고용노동부장관은 「남녀고용평등과 일·가정 양립 지원에 관한 법률」 제18조에 따라 피보험자가 「근로기준법」 제74조에 따른 출산전후휴가 또는 유산·사산휴가를 받은 경우로서 다음의 요건을 모두 갖춘 경우에 출산전후휴가급여 등을 지급한다.

가. 휴가가 끝난 날 이전에 제41조에 따른 피보험 단위기간이 통산하여 180일 이상일 것

나. 휴가를 시작한 날[(출산전후휴가 또는 유산 · 사산휴가를 받은 피보험자가 속한 사업장이 우선지원 대상기업이 아닌 경우에는 휴가 시작 후 60일(한 번에 둘 이상의 자녀를 임신한 경우에는 75일)이 지난 날로 본다.)] 이후 1개월부터 휴가가 끝난 날 이후 12개월 이내에 신청해야 한다. 다만, 그 기간에 대통령령으로 정하는 사유로 출산전후휴가 급여 등을 신청할 수 없었던 자는 그 사유가 끝난 후 30일 이내에 신청하여야 한다.

② 사업주가 출산전후휴가급여 등의 지급사유와 같은 사유로 그에 상당하는 금품을 근로자에게 미리 지급한 경우로서 그 금품이 출산전후휴가급여 등을 대체하여 지급한 것으로 인정되면 그 사업주는 지급한 금액에 대하여 그 근로자의 출산전후휴가급여 등을 받을 권리를 대위한다.

③ 출산전후휴가급여 등은 「근로기준법」 제74조에 따른 휴가 기간에 대하여 「근로기준법」의 월 통상임금(휴가를 시작한 날을 기준으로 산정)에 해당하는 금액을 지급한다. 다만, 제19조 제2항에 따라 근로자의 수 등이 대통령령으로 정하는 기준에 해당하는 기업이 아닌 경우에는 휴가 기간 중 60일을 초과한 일수(30일 한도)로 한정한다.

(4) 고용보험의 전달체계와 고용보험기금

① 고용노동부장관은 보험사업에 필요한 재원에 충당하기 위하여 고용보험기금을 설치한다.

② 고용보험 업무담당기관은 다음과 같다.

가. 고용노동부, 지방고용노동청, 고용센터: 실업급여 지급, 고용안정사업 관련 지원 업무

나. 근로복지공단: 고용보험 가입, 보험료 징수, 보험사무 대행기관 인가 등, 피보험자격 관리

다. 국민건강보험공단: 보험료 고지 및 수납, 체납관리

③ 지방노동관서에서 처분한 피보험자격의 취득, 상실에 관한 사항, 실업급여에 관한 사항, 육아휴직급여, 출산전후휴가급여에 관한 사항에 대한 이의신청에 대하여 고용보험심사관이 1심을 한 것에 대해서는 재심(2심)제도로써 고용보험심사위원회가 설치되어 있다.

PART

04

사회복지서비스법제의 실천

Chapter 09

아동복지 및 영유아보육서비스법제

1 아동복지법

1) 아동복지법의 개관

(1) 법제정 목적과 개요

1961년에 제정된 「아동복리법」을 1981년에 전부개정한 「아동복지법」은 아동이 건강하게 출생하여 행복하고 안전하게 자라나도록 그 복지를 보장함을 목적으로 하며, 기본이념은 다음과 같다.

① 아동은 자신 또는 부모의 성별, 연령, 종교, 사회적 신분, 재산, 장애유무, 출생지역, 인종 등에 따른 어떠한 종류의 차별도 받지 아니하고 자라나야 한다.

② 아동은 완전하고 조화로운 인격발달을 위하여 안정된 가정환경에서 행복하게 자라나야 한다.

③ 아동에 관한 모든 활동에 있어서 아동의 이익이 최우선적으로 고려되어야 한다.

한국의 사회복지 관련 아동정책의 실천역사는 크게 3기로 나누어 볼 수 있다.

첫째, 1950년대까지는 한국전쟁으로 인한 고아, 기아, 미아에 대한 응급구호적 성격의 업무 위주였으며 이로 인해 아동복지시설이 급속히 증가해 60년대에는 전체 사회복지시설의 80%에 달할 정도에 이르렀다. 이 시기에는 국가 주도라는 원칙에 따라 서비스보다는 민간과 해외원조에 의존한 빈민아동구호 중심이었다. 이어 1961년 12월에는 「아동복리법」을 제정하고 1962년 1월부터 시행하여 요보호아동에 대한 국가책임 원칙을 법제화하였다.

둘째, 1970년대에는 「모자보건법」, 「입양특례법」 등 아동복지와 관련된 법이 차례로 공포되는 등 아동보호정책이 국가중심체제로 전환되기에 이르렀으나 여전히 선별주의 원칙에 입각한 잔여적인 형태의 아동서비스를 제공하였다. 1980년대에는 1981년 4월에 「아동복리법」을 「아동복지법」으로 전부 개정하였고, 시설입소 보호에서 벗어나 보편주의에 입각한 영유아보육사업 등 다양한 복지서비스를 제공하기에 이르렀다.

셋째, 2000년대 이후에는 요보호아동에 대한 보호대책과 함께 아동의 인권과 권리, 아동안전 등과 관련된 정책을 추진하는 등 개별적 서비스에서 보편적 서비스를 지향하고 있다.

한편 청소년정책의 역사를 보면 1980년대 중반까지는 전담 행정기구가 없이 각 부처별로 산발적으로 추진하였으며, 내용도 문제청소년에 대한 규제 및 보호 위주의 정책이 주를 이루었다.

이후 1987년 「청소년육성법」이 제정되면서 체육부 내에 청소년 관련 전담조직이 설치·운영되기 시작하였고, 1990년 체육청소년부가 신설되면서 청소년업무의 영역이 확장되고 청소년정책이 활성화되기 시작하였으며, 청소년헌장도 이때 제정되었다. 1991년 「청소년육성법」을 「청소년기본법」으로 변경하면서 '청소년육성 5개년계획'을 최초로 수립하여 2007년도까지 제3차까지 청소년육성기본계획을 추진 완료하였다.

1990년대 중반까지는 청소년활동을 중심으로 한 정책이 주류였으나 1990년대 후반에는 사회적으로 청소년유해환경이 만연함에 따라 1997년 7월 문화체육부에 청소년보호위원회(1998년 국민의 정부 출범과 함께 국무총리실로 이관)가 설치되어 청소년에게 유해한 사회환경 규제의 근간을 마련하였다.

그러나 청소년육성정책과 청소년보호정책의 이원화된 정책과 중앙행정조직은 체계적·종합적 정책수행 곤란, 새로운 청소년정책 환경변화에 능동적 대처 미비, 각 부처에 산재한 청소년정책의 총괄·조정역할의 어려움 등의 문제를 지니고 있었다.

이에 따라 2005년도에 청소년 육성정책과 보호정책을 통합하여 국가청소년위원회를 출범시켰으며, 종전의 지나치게 보편적인 활동정책의 한계를 극복하기 위해 구체적·개별적 정책을 개발하여 청소년복지정책의 영역을 개척·확장함으로써 청소년 활동, 복지, 보호의 3대 정책영역을 정립시키기도 하였다.

그 후 보건복지가족부(현, 보건복지부)로 국가청소년위원회가 통합된 후 2010년 3월 19일에는 청소년정책이 여성가족부로 다시 이관됨에 따라, 최근 청소년정책은 여성·가족정책과 연계하여 여성가족부 소관업무가 되었다.[1)]

(2) 법률용어의 정의

① '아동'이란 18세 미만[2)]인 사람을 말한다.

② '아동복지'란 아동이 행복한 삶을 누릴 수 있는 기본적인 여건을 조성하고 조화롭게 성장·발달할 수 있도록 하기 위한 경제적·사회적·정서적 지원을 말한다.

③ '보호자'란 친권자, 후견인, 아동을 보호·양육·교육하거나 그러한 의무가 있는 자 또는 업무·고용 등의 관계로 사실상 아동을 보호·감독하는 자를 말한다.

④ '보호대상아동'이란 보호자가 없거나 보호자로부터 이탈된 아동 또는 보호자가 아동을 학대하는 경우 등 그 보호자가 아동을 양육하기에 적당하지 아니하거나 양육할 능력이 없는 경우의 아동을 말한다.

⑤ '지원대상아동'이란 아동이 조화롭고 건강하게 성장하는 데에 필요한 기초적인 조건이 갖추어지지 아니하여 사회적·경제적·정서적 지원이 필요한 아동을 말한다.

⑥ '가정위탁'이란 보호대상아동의 보호를 위하여 성범죄, 가정폭력, 아동학대, 정신질환 등의 전력이 없는 보건복지부령으로 정하는 기준에 적합한

1) 보건복지백서(2009), pp. 181-183 재수정.

2) 「청소년기본법」에 의한 청소년 연령은 9~24세까지이며, 각국의 아동 연령을 보면, 남아프리카 공화국은 15세 미만, 잠비아는 18세 미만, 이집트는 6~18세, 베트남은 16세 미만이다.

가정에 보호대상아동을 일정 기간 위탁하는 것을 말한다.

⑦ '아동학대'란 보호자를 포함한 성인이 아동의 건강 또는 복지를 해치거나 정상적 발달을 저해할 수 있는 신체적·정신적·성적 폭력이나 가혹행위를 하는 것과 아동의 보호자가 아동을 유기하거나 방임하는 것을 말한다.

⑧ '아동학대 관련 범죄'란 다음 각 목의 어느 하나에 해당하는 죄를 말한다.

가. 「아동학대범죄의 처벌 등에 관한 특례법」 제2조 제4호에 따른 아동학대범죄

나. 아동에 대한 「형법」 제2편 제24장 살인의 죄 중 제250조~제255조의 죄

⑨ '피해아동'이란 아동학대로 인하여 피해를 입은 아동을 말한다.

⑩ '아동복지시설'이란 제50조에 따라 설치된 시설을 말한다.

⑪ '아동복지시설 종사자'란 아동복지시설에서 아동의 상담·지도·치료·양육, 그 밖에 아동의 복지에 관한 업무를 담당하는 사람을 말한다.

(3) 법률수행의 책임과 범위

① 법률수행의 책임주체별 내용은 다음과 같다.

가. 국가와 지방자치단체는 아동의 안전·건강 및 복지 증진을 위하여 아동과 그 보호자 및 가정을 지원하기 위한 정책을 수립·시행하여야 한다.

나. 국가와 지방자치단체는 보호대상아동 및 지원대상아동의 권익을 증진하기 위한 정책을 수립·시행하여야 한다.

다. 국가와 지방자치단체는 아동이 태어난 가정에서 성장할 수 있도록 지원하고, 아동이 태어난 가정에서 성장할 수 없을 때에는 가정과 유사한 환경에서 성장할 수 있도록 조치하며, 아동을 가정에서 분리하여 보호할 경우에는 신속히 가정으로 복귀할 수 있도록 지원하여야 한다.

라. 국가와 지방자치단체는 장애아동의 권익을 보호하기 위하여 필요한 시책을 강구하여야 한다.

마. 국가와 지방자치단체는 아동이 자신 또는 부모의 성별, 연령, 종교, 사회적 신분, 재산, 장애유무, 출생지역 또는 인종 등에 따른 어떠한 종류의 차별도 받지 아니하도록 필요한 시책을 강구하여야 한다.

바. 국가와 지방자치단체는 「아동의 권리에 관한 협약」에서 규정한 아동의 권리 및 복지 증진 등을 위하여 필요한 시책을 수립·시행하고, 이에 필요한 교육과 홍보를 하여야 한다.

사. 국가와 지방자치단체는 아동의 보호자가 아동을 행복하고 안전하게 양육하기 위하여 필요한 교육을 지원하여야 한다.

② 법률수행을 위한 중앙정부는 아동정책의 효율적인 추진을 위하여 5년마다 아동정책기본계획을 수립하여야 하며, 아동정책조정위원회의 심의를 거쳐 확정한다. 아동정책조정위원회의 규정은 다음과 같다.

가. 아동의 권리증진과 건강한 출생 및 성장을 위하여 종합적인 아동정책을 수립하고 관계부처의 의견을 조정하며, 그 정책의 이행을 감독하고 평가하기 위하여 국무총리소속 하에 아동정책조정위원회를 둔다.

나. 아동정책조정위원회는 다음의 사항을 심의·조정한다.

- 아동정책 기본계획의 수립에 관한 사항
- 아동의 권익 및 복지 증진을 위한 기본방향에 관한 사항
- 아동정책의 개선과 예산지원에 관한 사항
- 아동 관련 국제조약의 이행 및 평가·조정에 관한 사항
- 아동정책에 관한 관련 부처 간 협조에 관한 사항
- 그 밖에 위원장이 부의하는 사항

다. 아동정책조정위원회는 위원장을 포함한 25인 이내의 위원으로 구성하되, 위원장은 국무총리가 되고 위원은 다음의 자가 된다.

- 기획재정부장관·교육부장관·법무부장관·행정안전부장관·문화체육관광부장관·산업통상자원부장관·보건복지부장관·고용노동부장관·여성가족부장관
- 아동 관련 단체의 장이나 아동에 대한 학식과 경험이 풍부한 자 중

위원장이 위촉하는 15인 이내의 위원

③ 법률수행을 위한 지방정부(시·도지사, 시장·군수·구청장)는 그 소속으로 아동복지심의위원회를 각각 둔다. 심의위원회의 조직·구성 및 운영 등에 필요한 사항은 대통령령으로 정하는 기준에 따라 지방자치단체의 조례로 정한다.

④ 어린이에 대한 사랑과 보호의 정신을 높임으로써 이들을 옳고 아름답고 슬기로우며 씩씩하게 자라나도록 매년 5월 5일을 어린이날로 하며, 5월 1일부터 5월 7일까지를 어린이 주간으로 한다.

⑤ 법률 수행을 위한 아동복지전담공무원과 아동위원에 대한 규정은 다음과 같다.

가. 아동복지에 관한 업무를 담당하기 위하여 특별시·광역시·도·특별자치도 및 시·군·구에 각각 아동복지전담공무원을 둘 수 있다.

- 아동복지전담공무원은 「사회복지사업법」 제11조에 따른 사회복지사의 자격을 가진 사람으로 하고 그 임용 등에 필요한 사항은 해당 시·도 및 시·군·구의 조례로 정한다.
- 전담공무원은 아동에 대한 상담 및 보호조치, 가정환경에 대한 조사, 아동복지시설에 대한 지도·감독, 아동범죄 예방을 위한 현장확인 및 지도·감독 등 지역 단위에서 아동의 복지증진을 위한 업무를 수행한다.
- 관계 행정기관, 아동복지전담기관, 아동복지시설 및 아동복지단체(아동의 권리를 보장하고 복지증진을 목적으로 설립된 기관 및 단체를 말함)를 설치·운영하는 자는 아동복지전담공무원이 협조를 요청하는 경우 정당한 사유가 없는 한 이에 따라야 한다.

나. 시·군·구에 아동위원을 둔다.

- 아동위원은 그 관할 구역의 아동에 대하여 항상 그 생활상태 및 가정환경을 상세히 파악하고 아동복지에 필요한 원조와 지도를 행하며 전담공무원 및 관계 행정기관과 협력하여야 한다.
- 아동위원은 그 업무의 원활한 수행을 위하여 적절한 교육을 받을 수 있다.

– 아동위원은 명예직으로 하되, 아동위원에 대하여는 수당을 지급할 수 있다.

⑥ 아동의 건강한 성장을 도모하고, 범국민적으로 아동학대의 예방과 방지에 관한 관심을 높이기 위하여 매년 11월 19일을 아동학대예방의 날로 지정하고, 아동학대예방의 날부터 1주일을 아동학대예방주간으로 한다.

2) 아동복지의 조치

(1) 아동보호(시설입소 등) 조치

① 시·도지사 또는 시장·군수·구청장은 그 관할 구역에서 보호대상아동을 발견하거나 보호자의 의뢰를 받은 때에는 아동의 최상의 이익을 위하여 대통령령으로 정하는 바에 따라 다음 각 호에 해당하는 보호조치를 하여야 한다.

가. 전담공무원 또는 아동위원에게 보호대상아동 또는 그 보호자에 대한 상담·지도를 수행하게 하는 것

나. 보호자 또는 대리양육을 원하는 연고자에 대하여 그 가정에서 아동을 보호·양육할 수 있도록 필요한 조치를 하는 것

다. 아동의 보호를 희망하는 사람에게 가정위탁하는 것

라. 보호대상아동을 그 보호조치에 적합한 아동복지시설에 입소시키는 것

마. 약물 및 알코올 중독, 정서·행동·발달 장애, 성폭력·아동학대 피해 등으로 특수한 치료나 요양 등의 보호를 필요로 하는 아동을 전문치료기관 또는 요양소에 입원 또는 입소시키는 것

바. 「입양특례법」에 따른 입양과 관련하여 필요한 조치를 하는 것

② 시·도지사 또는 시장·군수·구청장은 제1항에 따른 보호조치를 하려는 경우 보호대상아동의 개별 보호·관리 계획을 세워 보호하여야 하며, 그 계획을 수립할 때 해당 보호대상아동의 보호자를 참여시킬 수 있다.

③ 시·도지사 또는 시장·군수·구청장은 제1항 다호부터 바호까지의 보호조치를 함에 있어서 해당 보호대상아동의 의사를 존중하여야 하며, 보호

자가 있을 때에는 그 의견을 들어야 한다. 다만, 아동의 보호자가 「아동학대범죄의 처벌 등에 관한 특례법」 제2조 제5호의 아동학대행위자인 경우에는 그러하지 아니하다.

④ 시·도지사 또는 시장·군수·구청장은 그 관할 구역에서 약물 및 알코올 중독, 정서·행동·발달 장애 등의 문제를 일으킬 가능성이 있는 아동의 가정에 대하여 예방차원의 적절한 조치를 강구하여야 한다.

⑤ 누구든지 제1항에 따른 보호조치와 관련하여 그 대상이 되는 아동복지시설의 종사자를 신체적·정신적으로 위협하는 행위를 하여서는 아니 된다.

⑥ 시·도지사 또는 시장·군수·구청장은 아동의 가정위탁보호[3)]를 희망하는 사람에 대하여 범죄경력을 확인하여야 한다. 이 경우 본인의 동의를 받아 관계 기관의 장에게 범죄의 경력 조회를 요청하여야 한다.

⑦ 가정위탁지원센터의 장은 위탁아동, 가정위탁보호를 희망하는 사람[4)], 위탁아동의 부모 등의 신원확인 등의 조치를 시·도지사 또는 시장·군수·구청장에게 협조 요청할 수 있으며, 요청을 받은 시·도지사 또는 시장·군수·구청장은 정당한 사유가 없는 한 이에 응하여야 한다.

(2) 시설보호아동 퇴소조치

① 보호조치 중인 보호대상아동의 연령이 18세에 달하였거나, 보호 목적이 달성되었다고 인정되면 해당 시·도지사, 시장·군수·구청장은 대통령령으로 정하는 절차와 방법에 따라 그 보호 중인 아동의 보호조치를 종료하거나 해당 시설에서 퇴소시켜야 한다.

② 보호조치 중인 보호대상아동의 친권자, 후견인 등 보건복지부령으로 정하는 자는 관할 시·도지사 또는 시장·군수·구청장에게 해당 보호대상아동의 가정 복귀를 신청할 수 있다.

③ 시·도지사 또는 시장·군수·구청장은 가정복귀 신청을 받은 경우에는 아동복지시설의 장의 의견을 들은 후 보호조치의 종료 또는 퇴소조치가 보

---

3) 위탁가정의 유형으로는 ① 대리양육 가정위탁(친·외조부모), ② 친인척 가정(혈연)위탁, ③ 일반 가정(비혈연)위탁이 있으며, 위탁아동과의 연령차이가 60세 미만이어야 하고, 위탁아동을 포함하여 자녀가 4명 이내이어야 한다.

4) 가정위탁가정에는 전세자금, 소득공제, 상해보험, 부모교육 지원 등의 혜택이 주어진다.

호대상아동의 복리에 반하지 아니한다고 인정되면 해당 보호대상아동을 가정으로 복귀시킬 수 있다.

④ 보호조치 중인 아동이 다음 각 호의 어느 하나에 해당하면 시·도지사, 시장·군수·구청장은 해당 아동의 보호기간을 연장할 수 있다.

가. 「고등교육법」에 따른 대학 이하의 학교(대학원은 제외)에 재학 중인 경우

나. 아동양육시설 또는 「근로자직업능력개발법」에 따른 직업능력개발훈련시설에서 직업 관련 교육·훈련을 받고 있는 경우

다. 그 밖에 위탁가정 및 각종 아동복지시설에서 해당 아동을 계속하여 보호·양육할 필요가 있다고 대통령령으로 정하는 경우

⑤ 시·도지사 또는 시장·군수·구청장은 전담공무원 등 관계 공무원으로 하여금 보호조치의 종료로 가정으로 복귀한 보호대상아동의 가정을 방문하여 해당 아동의 복지 증진을 위하여 필요한 지도·관리를 제공하게 하여야 한다.

(3) 친권상실 선고 및 후견인선임 청구조치

❶ 친권상실 선고

① 시·도지사, 시장·군수·구청장 또는 검사는 아동의 친권자가 그 친권을 남용하거나 현저한 비행이나 아동학대, 그 밖에 친권을 행사할 수 없는 중대한 사유가 있는 것을 발견한 경우 아동의 복지를 위하여 필요하다고 인정할 때에는 법원에 친권행사의 제한 또는 친권상실의 선고를 청구하여야 한다.

② 아동복지시설의 장 및 「초·중등교육법」에 따른 학교의 장은 제1항의 사유에 해당하는 경우 시·도지사, 시장·군수·구청장 또는 검사에게 법원에 친권행사의 제한 또는 친권상실의 선고를 청구하도록 요청할 수 있다.

③ 시·도지사, 시장·군수·구청장 또는 검사는 제1항 및 제2항에 따라 친권행사의 제한 또는 친권상실의 선고 청구를 할 경우 해당 아동의 의견을 존중하여야 한다.

④ 시·도지사, 시장·군수·구청장 또는 검사는 제2항에 따라 친권행사의 제

한 또는 친권상실의 선고 청구를 요청받은 경우에는 요청받은 날부터 30일 내에 청구 여부를 결정한 후 해당 요청기관에 청구 또는 미청구 요지 및 이유를 서면으로 알려야 한다.

⑤ 제4항에 따라 처리결과를 통보받은 아동복지시설의 장 및 학교의 장은 그 처리결과에 대하여 이의가 있을 경우 통보받은 날부터 30일 내에 직접 법원에 친권행사의 제한 또는 친권상실의 선고를 청구할 수 있다.

❷ 후견인선임 청구

① 시·도지사, 시장·군수·구청장, 아동복지시설의 장 및 학교의 장은 친권자 또는 후견인이 없는 아동을 발견한 경우 그 복지를 위하여 필요하다고 인정할 때에는 법원에 후견인의 선임을 청구하여야 한다.

② 시·도지사, 시장·군수·구청장, 아동복지시설의 장, 학교의 장 또는 검사는 후견인이 해당 아동을 학대하는 등 현저한 비행을 저지른 경우에는 후견인 변경을 법원에 청구하여야 한다.

③ 제1항에 따른 후견인의 선임 및 제2항에 따른 후견인의 변경 청구를 할 때에는 해당 아동의 의견을 존중하여야 한다.

④ 아동복지시설에 입소 중인 보호대상아동에 대하여는 「보호시설에 있는 미성년자의 후견직무에 관한 법률」을 적용한다.

⑤ 법원은 제19조 제1항 및 제2항에 따른 청구에 따라 후견인을 선임하거나 변경할 경우 「민법」 제932조 및 제935조에도 불구하고 해당 아동의 후견에 적합한 사람을 후견인으로 선임할 수 있다.

⑥ 법원은 후견인이 없는 아동에 대하여 제1항에 따라 후견인을 선임하기 전까지 시·도지사, 시장·군수·구청장, 아동보호전문기관의 장 및 가정위탁지원센터의 장으로 하여금 임시로 그 아동의 후견인 역할을 하게 할 수 있다. 이 경우 해당 아동의 의견을 존중하여야 한다.

(4) 아동학대예방과 방지조치

① 국가와 지방자치단체는 아동학대예방과 방지를 위해 다음과 같은 조치를 해야 한다.

가. 아동학대의 예방과 방지를 위한 각종 정책의 수립 및 시행

나. 아동학대의 예방과 방지를 위한 연구·교육·홍보 및 아동학대 실태 조사

다. 아동학대에 관한 신고체제의 구축·운영

라. 피해아동의 보호와 치료 및 피해아동의 가정에 대한 지원

마. 그 밖에 대통령령으로 정하는 아동학대의 예방과 방지를 위한 사항

② 지방자치단체는 아동학대를 예방하고 수시로 신고를 받을 수 있도록 긴급전화를 설치하여야 한다. 이 경우 그 설치·운영에 관하여 필요한 사항은 대통령령으로 정한다.

③ 국가와 지방자치단체는 아동보호전문기관의 장이 학대받은 아동의 보호, 치료 등의 업무를 수행함에 있어서 학대받은 아동, 그 보호자 또는 아동학대행위자에 대한 신분조회 등 필요한 조치의 협조를 요청할 경우 정당한 사유가 없는 한 이에 적극 응하여야 한다.

(5) 아동보호구역에서의 영상정보처리기기 설치

① 국가와 지방자치단체는 유괴 등 범죄의 위험으로부터 아동을 보호하기 위하여 필요하다고 인정하는 때에는 다음의 어느 하나에 해당되는 시설의 주변구역을 아동보호구역으로 지정하여 영상정보처리기기를 설치하거나 그 밖의 필요한 조치를 할 수 있다.

가. 「유아교육법」 제2조에 따른 유치원, 「초·중등교육법」 제38조 및 제55조에 따른 초등학교 또는 특수학교

나. 「영유아보육법」 제10조에 따른 어린이집

다. 「도시공원 및 녹지 등에 관한 법률」 제15조에 따른 도시공원

② 제1항에 따른 아동보호구역의 지정기준 및 절차 등에 관하여 필요한 사항은 대통령령으로 정한다.

③ 이 법으로 정한 것 외에 영상정보처리기기의 설치 등에 관한 사항은 「개인정보 보호법」에 따른다.

(6) 아동의 안전에 대한 교육

① 아동복지시설의 장, 「영유아보육법」에 따른 어린이집의 원장, 「유아교육

법」에 따른 유치원의 원장 및 「초·중등교육법」에 따른 학교의 장은 교육 대상 아동의 연령을 고려하여 대통령령으로 정하는 바에 따라 매년 다음 각 호의 사항에 관한 교육계획을 수립하여 교육을 실시하여야 한다.

가. 성폭력 및 아동학대 예방

나. 실종·유괴의 예방과 방지

다. 약물의 오남용 예방

라. 재난대비 안전

마. 교통안전

② 아동복지시설의 장, 「영유아보육법」에 따른 어린이집의 원장은 제1항에 따른 교육계획 및 교육실시 결과를 관할 시장·군수·구청장에게 매년 1회 보고하여야 한다.

③ 「유아교육법」에 따른 유치원의 원장 및 「초·중등교육법」에 따른 학교의 장은 제1항에 따른 교육계획 및 교육실시 결과를 대통령령으로 정하는 바에 따라 관할 교육감에게 매년 1회 보고하여야 한다.

3) 아동복지시설

(1) 아동복지시설의 설치

① 국가 또는 지방자치단체는 아동복지시설을 설치할 수 있다.

② 국가 또는 지방자치단체 외의 자는 관할 시장·군수·구청장에게 신고하고 아동복지시설을 설치할 수 있다.

③ 아동복지시설의 시설기준 및 설치 등에 관하여 필요한 사항은 보건복지부령으로 정한다.

④ 아동복지시설을 폐지 또는 휴지하거나 그 운영을 재개하고자 하는 자는 보건복지부령이 정하는 바에 따라 미리 시장·군수·구청장에게 신고하여야 한다.

(2) 아동복지시설의 종류

① 아동복지시설의 종류는 다음과 같다.

가. 아동양육시설 : 보호대상아동을 입소시켜 보호, 양육 및 취업훈련, 자립지원 서비스 등을 제공하는 것을 목적으로 하는 시설

나. 아동일시보호시설 : 보호대상아동을 일시보호하고 아동에 대한 향후의 양육대책수립 및 보호조치를 행하는 것을 목적으로 하는 시설

다. 아동보호치료시설 : 아동에게 보호 및 치료 서비스를 제공하는 다음 각 목의 시설

- 불량행위를 하거나 불량행위를 할 우려가 있는 아동으로서 보호자가 없거나 친권자나 후견인이 입소를 신청한 아동 또는 가정법원, 지방법원소년부지원에서 보호위탁된 19세 미만인 사람을 입소시켜 치료와 선도를 통하여 건전한 사회인으로 육성하는 것을 목적으로 하는 시설
- 정서적·행동적 장애로 인하여 어려움을 겪고 있는 아동 또는 학대로 인하여 부모로부터 일시 격리되어 치료받을 필요가 있는 아동을 보호·치료하는 시설

라. 공동생활가정 : 보호대상아동에게 가정과 같은 주거여건과 보호, 양육, 자립지원 서비스를 제공하는 것을 목적으로 하는 시설

마. 자립지원시설 : 아동복지시설에서 퇴소한 사람에게 취업준비기간 또는 취업 후 일정 기간 동안 보호함으로써 자립을 지원하는 것을 목적으로 하는 시설

바. 아동상담소 : 아동과 그 가족의 문제에 관한 상담, 치료, 예방 및 연구 등을 목적으로 하는 시설

사. 아동전용시설 : 어린이공원, 어린이놀이터, 아동회관, 체육·연극·영화·과학실험전시 시설, 아동휴게숙박시설, 야영장 등 아동에게 건전한 놀이·오락, 그 밖의 각종 편의를 제공하여 심신의 건강유지와 복지증진에 필요한 서비스를 제공하는 것을 목적으로 하는 시설

아. 지역아동센터 : 지역사회 아동의 보호·교육, 건전한 놀이와 오락의 제공, 보호자와 지역사회의 연계 등 아동의 건전육성을 위하여 종합적인 아동복지서비스를 제공하는 시설

자. 아동보호전문기관

차. 가정위탁지원센터

카. 아동권리보장원

② 제1항의 규정에 의한 아동복지시설은 종합시설로 설치할 수 있다.

③ 아동복지시설은 각 시설의 고유 업무 외에도 다음의 사업을 실시할 수 있다.

가. 아동가정지원사업 : 지역사회아동의 건전한 발달을 위하여 아동, 가정, 지역주민에게 상담, 조언 및 정보를 제공해 주는 사업

나. 아동주간보호사업 : 부득이한 사유로 가정에서 낮 동안 보호를 받을 수 없는 아동을 대상으로 개별적인 보호와 교육을 통하여 아동의 건전한 성장을 도모하는 사업

다. 아동전문상담사업 : 학교부적응아동 등을 대상으로 올바른 인격형성을 위한 상담, 치료 및 학교폭력예방을 실시하는 사업

라. 학대아동보호사업 : 학대아동의 발견, 보호, 치료 및 아동학대의 예방 등을 전문적으로 실시하는 사업

마. 공동생활가정사업 : 보호를 필요로 하는 아동에게 가정과 같은 주거여건과 보호를 제공하는 것을 목적으로 하는 사업

바. 방과후 아동지도사업 : 저소득층 아동을 대상으로 방과후 개별적인 보호와 교육을 통하여 건전한 인격형성을 목적으로 하는 사업

(3) 아동복지시설의 종사자

① 아동복지시설의 장은 보호아동의 권리를 최대한 보장하여야 하며 친권자가 있는 경우 보호아동의 가정복귀를 위하여 적절한 상담과 지도를 병행하여야 한다.

② 아동복지시설종사자의 직종과 수, 그 자격 및 배치기준은 대통령령으로 정한다.

③ 보건복지부장관은 아동복지시설종사자의 양성 및 자질향상을 위한 교육·훈련을 실시하여야 한다.

(4) 아동보호전문기관의 설치와 업무

① 지방자치단체는 학대받은 아동의 발견, 보호, 치료에 대한 신속처리 및 아동학대예방을 담당하는 아동보호전문기관을 시·도 및 시·군·구에 1개소 이상 두어야 한다. 다만, 시·도지사는 관할 구역의 아동 수 및 지리적 요건을 고려하여 조례로 정하는 바에 따라 둘 이상의 시·군·구를 통합하여 하나의 아동보호전문기관을 설치·운영할 수 있다.

② 지역아동보호전문기관은 다음의 업무를 수행한다.

가. 아동학대 신고접수, 현장조사 및 응급보호

나. 피해아동 상담·조사를 위한 진술녹화실 설치·운영

다. 피해아동, 피해아동의 가족 및 아동학대행위자를 위한 상담·치료 및 교육

라. 아동학대예방 교육 및 홍보

마. 피해아동 가정의 사후관리

바. 자체사례회의 운영 및 아동학대사례전문위원회의 설치·운영

사. 그 밖에 대통령령으로 정하는 아동학대예방사업과 관련된 업무

(5) 가정위탁지원센터의 설치와 업무

① 지방자치단체는 보호대상아동에 대한 가정위탁사업을 활성화하기 위하여 시·도 및 시·군·구에 가정위탁지원센터를 둔다. 다만, 시·도지사는 조례로 정하는 바에 따라 둘 이상의 시·군·구를 통합하여 하나의 가정위탁지원센터를 설치·운영할 수 있다.

② 지역가정위탁지원센터는 다음의 업무를 수행한다.

가. 가정위탁사업의 홍보 및 가정위탁을 하고자 하는 가정의 발굴

나. 가정위탁을 하고자 하는 가정에 대한 조사 및 가정위탁 대상 아동에 대한 상담

다. 가정위탁을 하고자 하는 사람과 위탁가정 부모에 대한 교육

라. 위탁가정의 사례관리

마. 친부모 가정으로의 복귀 지원

바. 가정위탁 아동의 자립계획 및 사례 관리

사. 관할 구역 내 가정위탁 관련 정보 제공

아. 그 밖에 대통령령으로 정하는 가정위탁과 관련된 업무

③ 보건복지부령으로 정하는 기준에 적합한 위탁가정의 기준은 다음과 같다.

가. 위탁된 보호대상아동(위탁아동)을 양육하기에 적합한 수준의 소득이 있을 것

나. 위탁아동에 대하여 종교의 자유를 인정하고 건전한 사회 구성원으로 자랄 수 있도록 양육과 교육을 할 수 있을 것

다. 가정위탁보호를 하려는 사람은 25세 이상(부부인 경우에는 부부 모두 25세 이상)으로서 위탁아동과의 나이 차이가 60세 미만일 것. 다만, 특별시장·광역시장·도지사·특별자치도지사 또는 시장·군수·구청장이 위탁아동을 건전하게 양육하기에 위탁가정의 환경이 적합하다고 인정하는 경우에는 그러하지 아니하다.

라. 자녀가 없거나 자녀(18세 이상인 자녀는 제외)의 수가 위탁아동을 포함하여 4명 이내일 것

마. 가정에 성범죄, 가정폭력, 아동학대, 정신질환 등의 전력이 있는 사람이 없을 것

바. 그 밖에 보건복지부장관이 필요하다고 인정하는 기준

2 영유아보육법

1) 영유아보육법의 개관

(1) 법제정 목적과 개요

「영유아보육법」은 영유아(嬰幼兒)의 심신을 보호하고 건전하게 교육하여 건강한 사회 구성원으로 육성함과 아울러 보호자의 경제적·사회적 활동이 원활하게 이루어지도록 함으로써 가정복지증진에 이바지함을 목적으로 한다.

보육정책은 여성의 경제활동 증가와 한국이 최근 심각하게 겪고 있는 초저출산 현상에 대응하기 위한 중요한 정책 중 하나이다. 보육은 개인적 차원의 문제만이 아니라, 사회와 정부가 미래세대의 건강한 성장발달을 지원하고, 양질의 인적자원을 양성하기 위해 함께 노력해 나가야 하는 분야이다. 급속한 출산율 하락과 세계적으로 유례가 없는 빠른 속도의 고령화가 동시에 진행되는 상황 속에서 여성경제활동의 중요성이 부각되고 보육에 대한 수요는 비례적으로 늘어나고 있다.

한편 생애주기별 인적자원개발을 위한 투자 대비 효과성이 아동기가 가장 높다는 인식의 확산과 함께 자녀양육을 가정·국가사회가 공동으로 책임져야 한다는 국민의식 증대로 보육료 지원사업에 대한 국민적 기대가 매우 높은 상황이다. 더불어 최근에는 보육료 지원을 통한 어린이집 이용기회 증대가 저출산 대책의 핵심 대책으로 부각되고 있기도 하다.[5)]

한편, 이 법에서 정하는 보육이념은 다음과 같다.

① 보육은 영유아의 이익을 최우선적으로 고려하여 제공되어야 한다.

② 보육은 영유아가 안전하고 쾌적한 환경에서 건강하게 성장할 수 있도록 하여야 한다.

③ 영유아는 자신이나 보호자의 성, 연령, 종교, 사회적 신분, 재산, 장애, 인종 및 출생지역 등에 따른 어떠한 종류의 차별도 받지 아니하고 보육되어야 한다.

(2) 법제정 배경과 경과

보육에 대한 사회 및 정부의 역할이 강조된 것은 그리 오래된 일이 아니다. 한국의 보육정책은 1921년 태화기독교사회관에서 실시된 저소득층 자녀 위주의 탁아사업을 시작으로 1982년에는 「유아교육진흥법」을 제정하여 어린이집, 새마을협동유아원 및 농번기탁아소를 새마을유아원으로 흡수·통합하였고, 1987년에는 「남녀고용평등법」에 따라 직장탁아제가 도입(고용노동부 소관)되었다.

1991년에는 「영유아보육법」이 제정되면서 정부의 정책이 '탁아'에서 '보육'으로 전환되는 계기가 되었으며, 보육사업의 주관부처가 보건복지부로 일원화

5) 보건복지백서(2009), pp. 293-294 재수정.

되었다. 그러나 이후 보육업무는 2004년 여성가족부로 이관되었다가, 2008년 정부조직이 보건복지부가 보건복지가족부로, 여성가족부가 여성부로 개편되면서 보건복지가족부로 이관되는 과정을 겪었다. 그 후 가족 관련 업무가 여성부로 또다시 이관되어 여성가족부로 명칭이 바뀌는 과정에서도 보육업무는 보건복지부 소관업무로 추진되고 있다.

(3) 법률용어의 정의

① '영유아'란 6세 미만의 취학 전 아동을 말한다.

② '보육'이란 영유아를 건강하고 안전하게 보호·양육하고 영유아의 발달 특성에 맞는 교육을 제공하는 어린이집 및 가정양육 지원에 관한 사회복지서비스를 말한다.

③ '어린이집'이란 보호자의 위탁을 받아 영유아를 보육하는 시설을 말한다.

④ '보호자'란 친권자·후견인, 그 밖의 자로서 영유아를 사실상 보호하고 있는 자를 말한다.

⑤ '보육교직원'이란 어린이집 영유아의 보육, 건강관리 및 보호자와의 상담, 그 밖에 어린이집의 관리·운영 등의 업무를 담당하는 자로서 어린이집의 원장 및 보육교사와 그 밖의 직원을 말한다.

(4) 법률수행의 책임과 범위

① 법률수행의 책임에 대한 내용은 다음과 같다.

가. 모든 국민은 영유아를 건전하게 보육할 책임을 진다.

나. 국가와 지방자치단체는 보호자와 더불어 영유아를 건전하게 보육할 책임을 진다.

다. 시장·군수·구청장은 영유아의 보육을 위한 적절한 어린이집을 확보하여야 한다.

라. 국가와 지방자치단체는 보육교직원의 양성 및 근로여건 개선을 위하여 노력하여야 한다.

② 법률수행을 위한 중앙부처의 보육정책조정위원회에 대한 내용은 다음과 같다.

가. 보육정책에 관한 관계부처 간의 의견을 조정하기 위하여 국무총리

소속으로 보육정책조정위원회를 둔다.

나. 보육정책조정위원회는 다음의 사항을 심의·조정한다.

- 보육정책의 기본 방향에 관한 사항
- 보육 관련 제도개선과 예산지원에 관한 사항
- 보육에 관한 관계부처 간 협조 사항
- 그 밖에 위원장이 회의에 부치는 사항

다. 보육정책조정위원회는 위원장을 포함한 12명 이내의 위원으로 구성하되, 위원장은 국무조정실장이 되고 위원은 다음의 자가 된다.

- 기획재정부차관, 교육부차관, 보건복지부차관, 고용노동부차관 및 여성가족부차관
- 위의 중앙부처 위원이 추천하여 위원장이 위촉하는 보육계·유아교육계·여성계·사회복지계·시민단체 및 보호자를 대표하는 자 각 1명

라. 보육정책조정위원회의 위원 임기는 2년으로 하며 연임할 수 있다.

③ 법률수행을 위한 중앙부처의 '보육정책위원회'에 대한 내용은 다음과 같다.

가. 보육에 관한 각종 정책·사업·보육지도 및 시설평가사항 등을 심의하기 위하여 보건복지부에 중앙보육정책위원회를, 특별시·광역시·도·특별자치도 및 시·군·구에 지방보육정책위원회를 둔다. 다만, 지방보육정책위원회는 그 기능을 담당하기에 적합한 다른 위원회가 있고 그 위원회의 위원이 제2항에 따른 자격을 갖춘 경우에는 시·도 또는 시·군·구의 조례로 정하는 바에 따라 그 위원회가 지방보육정책위원회의 기능을 대신할 수 있다.

나. 중앙보육정책위원회와 지방보육정책위원회의 위원은 보육전문가, 어린이집의 장 및 보육교사 대표, 보호자 대표 또는 공익을 대표하는 자, 관계 공무원 등으로 구성한다.

다. 보육정책위원회의 민간위원 임기는 2년으로 하며 한 차례만 연임할 수 있다.

④ 법률수행을 위한 육아종합지원센터에 대한 내용은 다음과 같다.

가. 영유아에게 제26조의2에 따른 일시보육 서비스를 제공하거나 보육에 관한 정보의 수집·제공 및 상담을 위하여 보건복지부장관은 중앙육아종합지원센터를, 특별시장·광역시장·특별자치시장·도지사·특별자치도지사 및 시장·군수·구청장은 지방육아종합지원센터를 설치·운영하여야 한다. 이 경우 필요하다고 인정하는 경우에는 영아·장애아 보육 등에 관한 육아종합지원센터를 별도로 설치·운영할 수 있다.

나. 중앙육아종합지원센터와 지방육아종합지원센터에는 육아종합지원센터의 장과 보육에 관한 정보 제공 및 상담 업무 등을 담당하는 보육전문요원 등을 둔다.

다. 육아종합지원센터의 설치·운영 및 기능, 육아종합지원센터의 장과 보육전문요원의 자격 및 직무 등에 필요한 사항은 대통령령으로 정한다.

⑤ 법률수행을 위한 보육개발원에 대한 내용은 다음과 같다.

가. 보건복지부장관은 보육에 관한 연구와 정보 제공, 프로그램 및 교재 개발, 평가척도 개발 및 종사자 연수 등의 업무를 위하여 보육개발원을 설치하거나 그 업무를 관련 연구기관 등에 위탁할 수 있다.

나. 보육개발원의 설치·운영 및 위탁 등에 필요한 사항은 대통령령으로 정한다.

⑥ 보건복지부장관은 보육 실태 조사(가구조사, 어린이집조사로 구분)를 3년마다 하여야 한다.

2) 영유아보육의 조치

(1) 보육계획 수립 및 시행

① 보건복지부장관, 시·도지사 및 시장·군수·구청장은 보육사업을 원활하게 추진하기 위하여 보건복지부장관의 경우에는 중앙보육정책위원회, 그 밖의 경우에는 각 지방보육정책위원회의 심의를 거쳐 어린이집 수급계획 등을 포함한 보육계획을 수립·시행하여야 한다. 이 경우 보육계획에는 국공립어린이집의 공급에 관한 계획 및 목표가 포함되어야 한다.

② 보건복지부장관, 시·도지사 및 시장·군수·구청장은 제1항에 따른 보육계획의 수립·시행을 위하여 필요하면 어린이집, 보육 관련 법인·단체 등에 대하여 자료 제공 등의 협조를 요청할 수 있으며, 그 요청을 받은 어린이집과 보육 관련 법인·단체 등은 정당한 사유가 없으면 요청에 따라야 한다.

③ 보육계획의 내용, 수립 시기 및 절차 등에 필요한 사항은 대통령령으로 정한다.

④ 시·도지사, 시장 또는 군수는 「도시개발법」, 「도시 및 주거환경정비법」, 「택지개발촉진법」, 「산업입지 및 개발에 관한 법률」 및 「보금자리주택건설 등에 관한 특별법」 등에 따라 시행하는 개발·정비·조성사업에 어린이집 또는 어린이집용지가 확보될 수 있도록 노력하여야 한다.

⑤ 국가나 지방자치단체는 국공립어린이집을 설치·운영하여야 한다. 이 경우 국공립어린이집은 보육계획에 따라 도시 저소득주민 밀집 주거지역 및 농어촌지역 등 취약지역에 우선적으로 설치하여야 한다.

⑥ 국공립어린이집 외의 어린이집을 설치·운영하려는 자는 시장·군수·구청장의 인가를 받아야 한다. 인가받은 사항 중 중요 사항을 변경하려는 경우에도 또한 같다. 그리고 어린이집의 설치인가를 받은 자는 어린이집 방문자 등이 볼 수 있는 곳에 어린이집 인가증을 게시하여야 한다.

⑦ 대통령령으로 정하는 일정 규모 이상 사업장의 사업주는 직장어린이집을 설치하여야 한다. 다만, 사업장의 사업주가 직장어린이집을 단독으로 설치할 수 없을 때에는 사업주 공동으로 직장어린이집을 설치·운영하거나, 지역의 어린이집과 위탁계약을 맺어 근로자 자녀의 보육을 지원하거나, 근로자에게 보육수당을 지급하여야 한다.

(2) 건강관리 및 응급/치료조치

① 어린이집의 원장은 영유아와 보육교직원에 대하여 정기적으로 건강진단을 실시하는 등 건강관리를 하여야 한다.

② 어린이집의 원장은 영유아에게 질병·사고 또는 재해 등으로 인하여 위급상태가 발생한 경우 즉시 응급의료기관에 이송하여야 한다.

③ 건강진단 등에 필요한 사항은 보건복지부령으로 정한다.

④ 어린이집 상호 간의 협동조직을 통하여 어린이집의 안전사고를 예방하고 어린이집 안전사고로 인하여 생명·신체에 피해를 입은 영유아 및 보육교직원 등에 대한 보상을 하기 위하여 보건복지부장관의 허가를 받아 어린이집 안전공제사업을 할 수 있다.

⑤ 어린이집의 원장은 제31조에 따른 건강진단 결과 질병에 감염되었거나 감염될 우려가 있는 영유아에 대하여 그 보호자와 협의하여 질병의 치료와 예방에 필요한 조치를 하여야 한다. 건강진단의 결과나 그 밖에 의사의 진단 결과 감염병에 감염 또는 감염된 것으로 의심되거나 감염될 우려가 있는 영유아, 어린이집 거주자 및 보육교직원을 보건복지부령으로 정하는 바에 따라 어린이집으로부터 격리시키는 등 필요한 조치를 할 수 있다.

⑥ 어린이집의 원장은 필요하면 「지역보건법」 제7조와 제10조에 따른 보건소 및 보건지소, 「의료법」 제3조에 따른 의료기관에 협조를 구할 수 있다.

⑦ 제2항에 따라 협조를 요청받은 보건소·보건지소 및 의료기관의 장은 적절한 조치를 취하여야 한다.

⑧ 어린이집의 원장은 영유아에게 보건복지부령으로 정하는 바에 따라 균형있고 위생적이며 안전한 급식을 하여야 한다.

3) 어린이집

(1) 어린이집의 종류와 직원

① 어린이집의 종류는 다음과 같이 7가지이다.

가. 국공립어린이집 : 국가나 지방자치단체가 설치·운영하는 어린이집

나. 사회복지법인어린이집 : 「사회복지사업법」에 따른 사회복지법인이 설치·운영하는 어린이집

다. 법인·단체 등 어린이집 : 각종 법인(사회복지법인을 제외한 비영리법인)이나 단체 등이 설치·운영하는 어린이집으로서 대통령령으로 정하는 어린이집

라. 직장어린이집 : 사업주가 사업장의 근로자를 위하여 설치·운영하는 어린이집(국가나 지방자치단체장이 소속 공무원을 위하여 설치·운영하는 어린이집을 포함)

마. 가정어린이집 : 개인이 가정이나 그에 준하는 곳에 설치·운영하는 어린이집

바. 협동어린이집 : 보호자들 또는 보호자와 보육교직원이 조합을 결성하여 설치·운영하는 어린이집

사. 민간어린이집 : '가'호부터 '바'호까지의 규정에 해당하지 아니하는 어린이집

② 다음의 어느 하나에 해당하는 자는 어린이집을 설치·운영할 수 없다(결격사유).

가. 미성년자·피성년후견인 또는 피한정후견인

나. 「정신건강증진 및 정신질환자 복지서비스 지원에 관한 법률」 제3조 제1호의 정신질환자

다. 「마약류 관리에 관한 법률」 제2조 제1호의 마약류에 중독된 자

라. 파산선고를 받고 복권되지 아니한 자

마. 금고 이상의 실형을 선고받고 그 집행이 종료(집행이 종료된 것으로 보는 경우를 포함)되거나 집행이 면제된 날부터 5년(「아동복지법」 제17조를 위반한 경우에는 10년)이 경과되지 아니한 자

바. 금고 이상의 형의 집행유예를 선고받고 그 유예기간 중에 있는 사람. 다만, 「아동복지법」 제17조를 위반하여 금고 이상의 형의 집행유예를 선고받은 경우에는 그 집행유예가 확정된 날부터 10년이 지나지 아니한 사람

사. 제45조에 따라 어린이집의 폐쇄명령을 받고 2년이 경과되지 아니한 자

아. 제54조에 따라 300만 원 이상의 벌금형이 확정된 날부터 2년이 지나지 아니한 사람 또는 「아동복지법」 제17조를 위반하여 같은 법 제71조에 따라 벌금형이 확정된 날부터 10년이 지나지 아니한 사람

자. 제23조의3에 따른 교육명령을 이행하지 아니한 자

③ 어린이집에는 보육교직원을 두어야 한다.

④ 어린이집의 장은 대통령령으로 정하는 자격을 가진 자로서 보건복지부장관이 검정·수여하는 자격증을 받은 자이어야 한다.

⑤ 보육교사는 다음의 어느 하나에 해당하는 자로서 보건복지부장관이 검정·수여하는 자격증을 받은 자이어야 한다.

가. 「고등교육법」 제2조에 따른 학교에서 보건복지부령으로 정하는 보육 관련 교과목과 학점을 이수하고 전문학사학위 이상을 취득한 사람

나. 법령에 따라 「고등교육법」 제2조에 따른 학교를 졸업한 사람과 같은 수준 이상의 학력이 있다고 인정된 사람으로서 보건복지부령으로 정하는 보육 관련 교과목과 학점을 이수하고 전문학사학위 이상을 취득한 사람

다. 고등학교 또는 이와 같은 수준 이상의 학교를 졸업한 자로서 보건복지부령으로 정하는 교육훈련시설에서 소정의 교육과정을 이수한 자

라. 보육교사의 등급은 1·2·3급으로 하고, 등급별 자격기준은 대통령령으로 정한다.

(2) 어린이집의 운영

① 어린이집을 설치·운영하는 자는 보건복지부령으로 정하는 운영기준에 따라 어린이집을 운영하여야 한다.

② 국가나 지방자치단체는 국공립어린이집을 법인·단체 또는 개인에게 위탁하여 운영할 수 있다. 이 경우 최초 위탁은 공개경쟁의 방법에 따른다. 다만, 다음의 어느 하나에 해당하는 자에게 위탁하는 경우에는 그러하지 아니한다. 가. 민간어린이집을 국가 또는 지방자치단체에 기부 채납하여 국공립어린이집으로 전환하는 경우 기부채납 전에 그 어린이집을 설치·운영한 자

나. 국공립어린이집 설치 시 해당 부지 또는 건물을 국가 또는 지방자치단체에 기부채납하거나 무상으로 사용하게 한 자

다. 「주택법」에 따라 설치된 민간어린이집을 국공립어린이집으로 전환하는 경우 전환하기 전에 그 어린이집을 설치·운영한 자

③ 직장어린이집을 설치한 사업주는 이를 법인·단체 또는 개인에게 위탁하여 운영할 수 있다.

④ 어린이집의 원장은 어린이집 운영의 자율성과 투명성을 높이고 지역사회와의 연계를 강화하여 지역 실정과 특성에 맞는 보육을 실시하기 위하여 어린이집에 어린이집운영위원회를 설치·운영할 수 있다. 다만, 제26조에 따른 취약보육(脆弱保育)을 우선적으로 실시하여야 하는 어린이집과 대통령령으로 정하는 어린이집은 어린이집운영위원회를 설치·운영하여야 한다.

가. 어린이집운영위원회는 그 어린이집의 장, 보육교사 대표, 학부모 대표 및 지역사회 인사(직장어린이집의 경우에는 그 직장의 어린이집 업무 담당자로 함)로 구성한다.

나. 어린이집의 원장은 어린이집운영위원회의 위원 정수를 5명 이상 10명 이내의 범위에서 어린이집의 규모 등을 고려하여 정할 수 있다.

다. 어린이집운영위원회는 다음의 사항을 심의한다.

- 어린이집 운영 규정의 제정이나 개정에 관한 사항
- 어린이집 예산 및 결산의 보고에 관한 사항
- 영유아의 건강·영양 및 안전에 관한 사항
- 보육시간, 보육과정의 운영방법 등 어린이집의 운영에 관한 사항
- 그 밖에 어린이집 운영에 대한 제안 및 건의사항

⑤ 국가나 지방자치단체, 사회복지법인, 그 밖의 비영리법인이 설치한 어린이집과 대통령령으로 정하는 어린이집의 장은 영아·장애아·「다문화가족지원법」 제2조 제1호에 따른 다문화가족의 아동 등에 대한 보육을 우선적으로 실시하여야 한다.

(3) 어린이집의 이용대상

① 어린이집의 이용대상은 보육이 필요한 영유아를 원칙으로 한다. 다만, 필요한 경우 어린이집의 장은 만 12세까지 연장하여 보육할 수 있다.

② 국가나 지방자치단체, 사회복지법인, 그 밖의 비영리법인이 설치한 어린이집과 대통령령으로 정하는 어린이집의 장은 다음의 어느 하나에 해당하는 자가 우선적으로 어린이집을 이용할 수 있도록 하여야 한다. 다만,

「고용정책기본법」 제40조 제2항에 따라 고용촉진시설의 설치·운영을 위탁받은 공공단체 또는 비영리법인이 설치·운영하는 시설의 장은 근로자의 자녀가 우선적으로 어린이집을 이용하게 할 수 있다.

가. 「국민기초생활보장법」에 따른 수급자

나. 「한부모가족지원법」 제5조에 따른 보호대상자의 자녀

다. 「국민기초생활보장법」 제24조에 따른 차상위계층의 자녀

라. 「장애인복지법」 제2조에 따른 장애인 중 보건복지부령으로 정하는 장애등급 이상에 해당하는 자의 자

마. 제1형 당뇨를 가진 경우로서 의학적 조치가 용이하고 일상생활이 가능하여 보육에 지장이 없는 영유아

바. 「다문화가족지원법」 제2조 제1호에 따른 다문화가족의 자녀

사. 그 밖에 소득수준 등을 고려하여 보건복지부령으로 정하는 자의 자녀

③ 사업주는 사업장 근로자의 자녀가 우선적으로 직장어린이집을 이용할 수 있도록 하여야 한다.

(4) 무상보육

① 국가와 지방자치단체는 영유아에 대한 보육을 무상으로 하되, 그 내용 및 범위는 대통령령으로 정한다.

② 국가와 지방자치단체는 장애아 및 「다문화가족지원법」 제2조 제1호에 따른 다문화가족 자녀의 무상보육에 대하여는 대통령령으로 정하는 바에 따라 그 대상의 여건과 특성을 고려하여 지원할 수 있다.

③ 제1항에 따른 무상보육 실시에 드는 비용은 대통령령으로 정하는 바에 따라 국가나 지방자치단체가 부담하거나 보조하여야 한다.

④ 보건복지부장관은 어린이집 표준보육비용 등을 조사하고 그 결과를 바탕으로 예산의 범위에서 관계 행정기관의 장과 협의하여 제3항에 따른 국가 및 지방자치단체가 부담하는 비용을 정할 수 있다.

⑤ 국가와 지방자치단체는 자녀가 2명 이상인 경우에 대하여 추가적으로 지원할 수 있다.

⑥ 제12조 제1항 후단에도 불구하고 국가와 지방자치단체는 제1항 및 제2항에 따른 무상보육을 받으려는 영유아와 장애아 및 다문화가족의 자녀를 보육하기 위하여 필요한 어린이집을 설치·운영하여야 한다.

⑦ 보건복지부장관은 제4항에 따른 표준보육비용을 결정하기 위하여 필요한 조사를 3년마다 실시하며, 조사 결과를 바탕으로 제6조에 따른 중앙보육정책위원회의 심의를 거쳐 표준보육비용을 결정하여야 한다.

(5) 양육수당

① 국가와 지방자치단체는 어린이집이나 「유아교육법」 제2조에 따른 유치원을 이용하지 아니하는 영유아에 대하여 영유아의 연령을 고려하여 양육에 필요한 비용을 지원할 수 있다.

② 제1항에 따른 영유아가 시간제보육서비스를 이용하는 경우에도 그 영유아에 대하여는 제1항에 따른 양육에 필요한 비용을 지원할 수 있다.

③ 국가와 지방자치단체는 제1항에 따라 양육에 필요한 비용을 지원받는 영유아가 90일 이상 지속하여 해외에 체류하는 경우에는 그 기간 동안 양육에 필요한 비용의 지원을 정지한다.

④ 보건복지부장관 및 지방자치단체의 장은 양육수당지급을 정지하는 경우 서면으로 그 이유를 분명하게 밝혀 영유아의 보호자에게 통지하여야 한다.

3 국내입양에 관한 특별법

1) 국내입양에 관한 특별법의 개관

(1) 법제정 목적과 개요

1976년 12월에 제정된 「입양특례법」을 1995년 1월에 「입양촉진 및 절차에 관한 특례법」으로 전부 개정하여 1996년부터 시행되어오던 중 2011년 8월 4

일에 「입양특례법」으로 또다시 전부 개정하여 2012년 8월부터 시행하였다. 그리고 2025년 7월 19일부터는 법률의 제명을 「입양특례법」에서 「국내입양에 관한 특별법」으로 변경하는 한편, 보호대상아동의 국내입양에 관한 요건 및 절차 등에 대한 특례와 그 지원에 필요한 사항을 정함으로써 양자(養子)가 되는 사람과 입양가정의 권익과 복지를 증진하고, 아동 최선의 이익 원칙에 따라 보호대상아동의 국내입양을 활성화하였다.

한국은 유교사상에서 비롯된 부계혈통주의와 입양에 대한 부정적인 편견으로 주로 비밀 입양을 선택해 왔다. 이에 정부는 입양도 제2의 출산이라는 사회적 인식 개선과 입양에 대한 편견 해소를 위해 공개입양과 국내 입양우선정책을 추진하고 있다.

한편, 가정위탁은 입양과는 달리 보호가 필요한 아동을 일시적으로 가정에서 보호하는 것으로 2005년 「아동복지법」을 개정하여 가정위탁보호의 정의, 가정위탁지원센터의 설치근거와 업무 등에 관한 법적 근거를 마련하여 가정위탁 활성화와 업무추진의 효율성 제고를 위한 기틀을 마련하였다.

(2) 법률용어의 정의

이 법에서 사용하는 용어의 정의는 다음과 같다.

① '아동'이란 「아동복지법」 제3조 제1호에 따른 아동을 말한다.

② '보호대상아동'이란 「아동복지법」 제3조 제4호의 규정에 의한 보호대상아동을 말한다.

③ '입양아동'이라 함은 이 법에 의하여 입양된 아동을 말한다.

④ '국내입양'이란 양부모가 되려는 사람의 일상거소와 아동의 일상거소가 모두 대한민국에 있어, 입양의 결과로 아동의 일상거소가 다른 국가로 이동하지 아니하는 경우의 입양을 말한다.

⑤ '결연(結緣)'이란 양자가 될 아동에게 양부모관계의 설정을 위하여 그 아동의 양부모가 되려는 사람을 연결하여 지정하는 것을 말한다.

⑥ '임시양육결정'이란 가정법원이 제21조에 따른 입양허가 여부 결정 전에 양자가 될 아동을 양부모가 되려는 사람에게 임시로 양육하도록 하는 결정을 말한다.

⑦ '본국법'이란 양부모가 되려는 사람 또는 양자가 될 아동의 「국제사법」 제16조에 따른 본국법을 말한다.

⑧ '아동권리보장원'이란 「아동복지법」 제10조의2에 따른 아동권리보장원을 말한다.

⑨ '아동통합정보시스템'이란 「아동복지법」 제15조의2에 따른 아동통합정보시스템을 말한다.

⑩ '입양정보'란 이 법에 따른 입양 절차의 진행 및 그에 부수되는 기록(문서, 그 밖의 관계 서류 또는 물건, 사진, 영상 녹화물, 전자기록 등 특수매체기록을 포함한다)과 그 절차 진행을 위하여 아동통합정보시스템을 이용하여 전자적인 형태로 작성·관리되는 정보를 말한다.

(3) 법률수행의 책임과 범위

① 국가와 지방자치단체는 아동이 그가 태어난 가정에서 건강하게 자랄 수 있도록 지원하고, 태어난 가정에서 자라기 곤란한 아동에게는 건강하게 자랄 수 있는 다른 영구적인 가정을 제공하기 위하여 필요한 조치와 지원을 하여야 한다.

② 국가와 지방자치단체는 제1항에 따라 아동에게 영구적인 가정을 제공할 수 없다면 그와 유사한 환경에서 자랄 수 있도록 노력하여야 한다.

③ 모든 국민은 입양아동이 건강하게 자랄 수 있도록 협력하여야 하며, 입양아동에게 차별행위를 하여서는 아니 된다.

④ 국가와 지방자치단체는 건전한 입양문화를 조성하고, 보호대상아동의 국내입양을 활성화하며, 아동이 입양 후의 가정생활에 원만하게 적응할 수 있도록 입양가정에 대한 사회적 편견 및 차별을 해소하는 등 입양아동의 권익과 복지 증진을 위하여 다음 각 호의 사항을 실시하여야 한다.

가. 입양정책의 수립 및 시행

나. 입양에 관한 실태조사 및 연구

다. 입양 및 사후관리 절차의 구축 및 운영

라. 입양아동 및 입양가정에 대한 지원

마. 입양 후 입양아동과 입양가정의 상호적응을 위한 상담 및 복지서비

스 제공

바. 입양아동 및 입양가정에 대한 사회적 편견 및 차별 해소 정책의 수립 및 시행

사. 입양에 대한 교육 및 홍보

아. 그 밖에 보건복지부령이 정하는 필요한 사항

⑤ 국가는 아동에 대한 보호의무와 책임을 이행하기 위하여 국외입양을 줄여나가도록 노력하여야 한다.

⑥ 국가와 지방자치단체는 당사자 상호동의 및 개인정보보호 원칙하에 양자가 된 사람과 친생가족 간의 만남을 위하여 필요한 조치를 강구하여야 한다.

⑦ 건전한 입양문화의 정착과 입양에 대한 인식 개선을 통하여 국내입양이 활성화될 수 있도록 5월 11일을 입양의 날로 하고, 입양의 날부터 1주일을 입양주간으로 한다. 국가와 지방자치단체는 제1항에 따른 입양의 날 취지에 적합한 행사 등 사업을 실시하도록 노력하여야 한다.

2) 입양촉진의 조치

(1) 입양의 요건(양자가 될 아동의 결정 및 보호 등)

① 양자가 될 자(양자가 될 자격)는 보호대상아동으로서 다음의 어느 하나에 해당하는 자이어야 한다.

가. 시·도지사 또는 시장·군수·구청장("시·도지사 등"이라 한다)이 「아동복지법」 제15조 제1항 제6호에 따른 보호조치로서 입양이 해당 아동에게 최선의 이익이 된다고 결정한 아동이어야 한다.

나. 시·도지사 등은 제1항에 따른 결정을 하기 전에 제15조 제1항에 따른 입양의 동의 및 승낙, 제16조 제1항에 따른 입양의 동의 의사와 제15조 제2항 각 호 또는 제16조 제2항 각 호의 어느 하나에 해당하는지 여부를 확인하여야 한다.

다. 국가와 지방자치단체는 「아동복지법」 제3조 제3호에 따른 보호자가 제21조 제1항에 따른 입양허가 또는 제22조 제1항에 따른 임시양육

결정 전까지 제1항의 아동을 직접 보호·양육하기 어려운 경우에는 「아동복지법」 제52조 제1항 제1호·제2호 및 제4호에 따른 아동양육시설·아동일시보호시설 및 공동생활가정이나 보건복지부령으로 정하는 기준에 적합한 가정 등에 해당 아동을 위탁하여 보호하도록 할 수 있다.

라. 국가와 지방자치단체는 제1항에 따른 결정이 이루어진 후부터 제21조제 1항에 따른 입양허가가 이루어지기 전까지 양자가 될 아동에 대하여 보건복지부령으로 정하는 바에 따라 정기적으로 양육상황을 점검하여 필요한 복지서비스를 지원하고 양육상황 점검보고서를 작성하여야 한다.

마. 다항에 따른 아동 보호에서 가정형 보호가 우선적으로 고려되어야 한다.

② 양부모가 될 자격 등은 다음의 요건을 모두 갖춘 자이어야 한다.

가. 양자에게 경제적·정서적으로 안정적인 양육 환경을 제공하여줄 수 있을 것

나. 양자에 대하여 종교의 자유를 인정하고 사회의 구성원으로서 그에 상응한 양육과 교육을 할 수 있을 것

다. 아동학대, 가정폭력, 성폭력, 마약 관련 범죄 등 대통령령으로 정하는 범죄경력이 없을 것

라. 알코올 및 약물중독 등 심각한 건강상의 사유가 없을 것

마. 그 밖에 양자가 될 사람의 복지를 위하여 보건복지부령으로 정하는 요건을 갖출 것

③ 양부모가 되려는 사람은 양자가 될 아동이 복리에 반하는 직업이나 그 밖에 인권침해의 우려가 있는 직업에 종사하지 아니하도록 하여야 한다.

④ 양부모가 되려는 사람은 보건복지부령으로 정하는 바에 따라 소정의 교육을 마쳐야 한다.

(2) 입양 승낙 및 입양동의 요건 등

① 제15조 제1항 제2호에 따른 입양의 승낙, 제16조 제1항에 따른 입양의

동의는 아동의 출생일부터 7일이 지난 후에 이루어져야 한다.

② 제15조 제1항에 따른 입양의 동의 및 승낙, 제16조 제1항에 따른 입양의 동의는 자유로운 의사로 결정되고 표시되어야 하며, 입양의 동의 및 승낙의 대가로 금전 또는 재산상의 이익, 그 밖의 반대급부를 주고받거나 주고받을 것을 약속하여서는 아니 된다.

③ 시·도지사 등은 제15조 제1항에 따른 입양의 동의 및 승낙 전에 양자가 될 아동 또는 법정대리인에게 그 동의 및 승낙의 효과 등에 관한 충분한 상담을 제공하여야 하며, 상담내용 등에 관하여는 보건복지부령으로 정한다.

④ 시·도지사 등은 제16조 제1항에 따른 입양의 동의 전에 친생부모에게 아동을 직접 양육할 경우 지원받을 수 있는 사항, 입양의 법률적 효력 및 입양아동의 입양정보 공개청구권 등에 관한 충분한 상담을 제공하여야 하며, 상담내용 등에 관하여는 보건복지부령으로 정한다.

⑤ 시·도지사 등은 친생부모에게 제16조 제1항에 따른 동의 전까지 숙식, 의료 등 적절한 지원을 제공할 수 있다.

(3) 입양 신청 및 입양 허가 절차

① 이 법에 따라 양부모가 되려는 사람은 보건복지부령으로 정하는 바에 따라 보건복지부장관에게 신청하여야 한다.

② 이 법에 의하여 입양 신청을 받은 보건복지부장관은 양부모가 되려는 사람이 제18조에 따른 자격을 갖추었는지를 확인하기 위하여 보건복지부령으로 정하는 바에 따라 상담 및 가정환경 조사 등을 실시하고 그에 대한 보고서를 작성하여야 하며, 필요한 자료의 제출을 요청할 수 있다.

③ 양부모가 되려는 사람은 제2항의 상담 및 가정환경 조사와 자료 제출 요청 등에 성실히 임하여야 하며 사실을 왜곡·은폐·과장하거나 거짓 서류를 제출하여서는 아니 된다.

④ 양부모가 되려는 사람이 양자가 될 아동을 입양하려는 경우에는 양자가 될 아동의 주소지를 관할하는 가정법원의 입양허가를 받아야 한다.

⑤ 가정법원은 입양허가 여부를 심리하기 위하여 필요한 경우에는 관계 기

관 또는 단체에 관련 서류의 제출을 요구할 수 있다. 이 경우 서류의 제출을 요구받은 기관 또는 단체는 정당한 사유가 없으면 그 요구에 따라야 한다.

⑥ 가정법원은 특별한 사정이 없는 한 양자가 될 아동의 복리를 위하여 입양허가에 대한 청구가 있은 날부터 6개월 이내에 입양허가 여부를 결정하여야 한다. 이때 양자가 될 아동의 복리를 위하여 양부모가 되려는 사람의 입양 동기, 양육능력과 그 밖의 사정을 고려하여 입양허가를 하지 아니할 수 있다.

⑦ 가정법원은 입양허가 여부를 결정함에 있어 필요하다고 인정하는 경우에는 가사조사관에게 입양 동기, 양육능력 및 양육 환경 등에 관한 조사를 하도록 명할 수 있다.

(4) 입양의 효력과 입양의 취소

① 이 법에 따라 입양된 아동은 「민법」에 따른 친양자와 동일한 지위를 가진다.

② 이 법에 따른 입양은 가정법원의 인용심판 확정으로 그 효력이 발생한다. 이 경우 양부모 또는 양자는 가정법원의 허가서를 첨부하여 「가족관계의 등록 등에 관한 법률」에서 정하는 바에 따라 친양자 입양 신고를 하여야 한다.

③ 가정법원은 입양에 관한 심판이 확정된 경우 그 내용을 지체 없이 보건복지부장관 및 양자의 주소지를 관할하는 시장·군수·구청장에게 통지하여야 한다.

④ 양자의 친생의 부 또는 모는 자신에게 책임이 없는 사유로 인하여 제16조 제1항 제3호에 해당하게 되어 자신의 동의 없이 입양의 효력이 발생한 경우에는 입양의 사실을 안 날부터 6개월 이내에 가정법원에 입양의 취소를 청구할 수 있다.

⑤ 가정법원은 양자의 복리를 위하여 그 양육상황, 입양 동기, 양부모의 양육능력, 그 밖의 사정을 고려하여 제1항에 따른 입양의 취소 청구를 기각할 수 있다.

(5) 입양아동 복지지원 및 정보공개

① 보건복지부장관은 입양이 성립된 후 1년 동안 양부모와 양자의 상호적응을 위하여 보건복지부령으로 정하는 바에 따라 정기적인 상담과 필요한 복지서비스를 지원하고 아동 적응보고서를 작성하여야 한다. 다만, 양부모와 양자의 요구가 있는 경우 등 보건복지부령으로 정하는 사유가 있는 경우에는 그 기간을 연장할 수 있다.

② 국가와 지방자치단체는 보건복지부령으로 정하는 바에 따라 입양가정이 입양아동을 건전하게 양육할 수 있도록 다음 각 호의 지원을 하여야 한다.

③ 국가와 지방자치단체는 입양아동이 건강하게 자랄 수 있도록 하기 위하여 필요한 경우에는 대통령령으로 정하는 범위에서 양육수당, 의료비, 아동교육지원비, 그 밖의 필요한 양육보조금을 지급할 수 있다.

④ 이 법에 따라 양자가 된 사람은 아동권리보장원의 장에게 자신과 관련된 입양정보의 공개를 청구할 수 있다. 다만, 이 법에 따라 양자가 된 사람이 미성년자인 경우에는 양부모의 동의를 받아야 한다.

⑤ 정보공개 청구를 받은 아동권리보장원의 장은 친생부모의 동의를 받아 보유하고 있는 입양정보를 지체 없이 공개하여야 한다. 다만, 친생부모의 동의 여부가 확인되지 아니하거나 친생부모가 동의하지 아니하는 경우에는 그 친생부모의 인적사항을 제외하고 입양정보를 공개하여야 한다.

⑥ 친생부모가 사망이나 그 밖의 사유로 동의할 수 없는 경우로서 양자가 된 사람의 의료상 목적 등 특별한 사유가 있는 경우에는 친생부모의 동의 여부와 관계없이 입양정보를 공개할 수 있다.

4 장애아동 복지지원법

1) 장애아동 복지지원법의 개관

(1) 법제정 목적과 이념

① 「장애아동 복지지원법」은 2011년 8월 4일에 제정되어 2012년 8월 5일부터 시행된 법률로, 국가와 지방자치단체가 장애아동의 특별한 복지적 욕구에 적합한 지원을 통합적으로 제공함으로써 장애아동이 안정된 가정생활 속에서 건강하게 성장하고 사회에 활발하게 참여할 수 있도록 하며, 장애아동 가족의 부담을 줄이는 데 이바지함을 목적으로 한다.

② 이 법의 기본이념은 다음과 같다.

가. 장애아동을 위한 모든 활동에 있어서 장애아동의 이익이 최우선적으로 고려되어야 한다.

나. 장애아동은 자신에게 영향을 미치는 모든 활동에 대하여 자신의 견해를 자유로이 표현할 권리를 최대한 보장받아야 한다.

③ 기본이념에 따른 장애아동의 권리에 관한 사항은 다음과 같다.

가. 장애아동은 모든 형태의 학대 및 유기·착취·감금·폭력 등으로부터 보호받아야 한다.

나. 장애아동은 부모에 의하여 양육되고, 안정된 가정환경에서 자라나야 한다.

다. 장애아동은 인성 및 정신적·신체적 능력을 최대한 계발하기 위하여 적절한 교육을 제공받아야 한다.

라. 장애아동은 가능한 최상의 건강상태를 유지하고 행복한 일상생활을 영위하기 위한 의료적·복지적 지원을 받아야 한다.

마. 장애아동은 휴식과 여가를 즐기고, 놀이와 문화예술활동에 참여할 수 있는 기회를 제공받아야 한다.

바. 장애아동은 의사소통 능력, 자기결정 능력 및 자기권리 옹호 능력을 향상시키기 위한 교육 및 훈련 기회를 제공받아야 한다.

(2) 법률용어의 정의

① '장애아동'이란 18세 미만의 사람 중 「장애인복지법」 제32조에 따라 등록한 장애인을 말한다. 다만, 6세 미만의 아동으로서 장애가 있다고 보건복지부장관이 별도로 인정하는 사람을 포함한다.

② '장애아동 보호자'란 친권자, 후견인, 장애아동을 보호·양육·교육하거나 그 의무가 있는 자 또는 업무·고용 등의 관계로 사실상 장애아동을 보호·감독하는 자를 말한다.

③ '장애아동복지지원'이란 국가와 지방자치단체가 장애아동의 특별한 복지적 욕구에 따라 의료비지원, 보육지원, 가족지원 및 장애아동의 발달에 필요한 지원 등 다양한 인적·물적자원을 제공하는 것을 말한다.

④ '복지지원 대상자'란 이 법에 따라 복지지원을 받는 사람을 말한다.

⑤ '장애아동복지지원 이용권'이란 그 명칭 또는 형태와 상관없이 이용자가 제공자에게 제시하여 일정한 복지지원을 받을 수 있도록 복지지원의 수량 또는 그에 상응하는 금액이 기재(전자적 또는 자기적 방법에 따른 기록을 포함)된 증표를 말한다. 다만, 제22조 제1항에 따른 보육료 지원의 경우에는 「영유아보육법」 제34조의3에 따른 보육서비스 이용권으로 대체한다.

(3) 법률수행의 책임과 범위

① 국가와 지방자치단체는 장애아동에게 적절한 복지지원을 제공하기 위하여 다음의 업무를 수행하여야 한다.

가. 장애아동과 그 가족을 위한 복지지원대책의 강구

나. 장애아동을 위한 복지지원사업의 연구·개발

다. 장애의 조기발견 및 조기개입대책의 강구

라. 복지지원 전달체계의 구축

마. 복지지원 이용권의 수급 및 이용에 대한 관리·감독

바. 그 밖에 장애아동과 그 가족의 복지지원을 위하여 필요하다고 인정하는 사항

② 제6조에 따른 중요한 정책조정에 관한 사항은 「장애인복지법」 제11조의 장애인정책조정위원회의 심의를 거쳐야 한다.

③ 제6조에 따른 지방자치단체의 업무의 주요 사항은 「장애인복지법」 제13조에 따른 지방장애인복지위원회의 심의를 거쳐야 한다.

④ 보건복지부장관은 다음의 업무를 수행하기 위하여 '중앙장애아동지원센터'를 설치·운영할 수 있으며, 중앙장애아동지원센터의 운영을 「공공기관의 운영에 관한 법률」 제4조에 따른 공공기관에 위탁할 수 있다.

가. 장애아동의 복지지원에 관한 조사·연구

나. 제9조에 따른 지역장애아동지원센터에 대한 평가 및 운영지원

다. 장애아동의 복지지원정책에 관한 정보 및 자료 제공

라. 장애아동의 장애유형별 지원 프로그램의 개발

마. 제23조 제2항에 따른 가족지원업무 수행기관에 대한 운영지원 및 평가, 제24조에 따른 돌봄 및 일시적 휴식지원 서비스 제공기관에 대한 운영지원 및 평가

바. 지역장애아동지원센터, 복지지원을 제공하는 기관(복지지원 제공기관) 등 복지지원 관련 기관에 대한 정보의 수집 및 제공

사. 그 밖에 보건복지부장관이 필요하다고 인정하는 업무

⑤ 특별자치시장·특별자치도지사·시장·군수·구청장은 다음의 업무를 수행하기 위하여 특별자치도·시·군·구에 지역장애아동지원센터를 설치·운영할 수 있다. 특별자치시장·특별자치도지사·시장·군수·구청장은 '지역장애아동지원센터'의 운영을 「공공기관의 운영에 관한 법률」 제4조에 따른 공공기관에 위탁할 수 있다.

가. 장애의 조기발견을 위한 홍보 및 보호자 교육, 제12조 제5항에 따른 영유아와 그 가족을 위한 지원 정보의 제공, 연계 및 상담 지원 등

나. 장애아동의 복지지원사업에 관한 정보 및 자료 제공

다. 장애아동과 그 가족에 대한 복지지원 제공기관의 연계

라. 장애아동의 사례관리

마. 장애아동 및 그 가족을 지원하기 위한 가족상담 및 교육의 실시

바. 그 밖에 시장·군수·구청장이 위탁하거나 필요하다고 인정하는 업무

⑥ '지역장애아동지원센터'는 복지지원의 효과적인 시행을 위하여 다음의

기관 또는 단체와의 연계 및 협력체계를 구축하여야 한다.
가. 제32조에 따른 어린이집
나. 「장애인복지법」 제58조에 따른 장애인복지시설
다. 「아동복지법」 제50조에 따른 아동복지시설
라. 「유아교육법」 제2조 제2호의 유치원
마. 「초·중등교육법」 제2조의 학교
바. 「장애인 등에 대한 특수교육법」 제24조에 따른 전공과
사. 「의료법」 제3조의 의료기관
아. 「공공보건의료에 관한 법률」 제2조 제2호의 공공보건의료기관
자. 「지역보건법」 제7조에 따른 보건소
차. 「장애인 등에 대한 특수교육법」 제11조에 따른 특수교육지원센터
카. 「영유아보육법」 제7조에 따른 보육정보센터
타. 그 밖에 복지지원과 관계된 기관 또는 단체

⑦ 보건복지부장관은 장애아동 및 그 가족의 복지지원과 관련한 실태조사를 3년마다 실시하여야 하며, 실태조사는 「장애인복지법」 제31조에 따른 장애인실태조사에 포함하여 실시할 수 있다.

2) 장애아동 복지지원의 조치

(1) 장애아동 복지지원의 대상자 선정

① 특별자치시장·특별자치도지사·시장·군수·구청장은 제13조 제1항에 따른 복지지원의 신청을 받은 경우 관련 법령에서 정하는 바에 따라 소득·재산, 장애정도, 가구특성 등을 고려하여 복지지원 대상자 여부를 심사하여야 한다.

② 특별자치시장·특별자치도지사·시장·군수·구청장은 30일 이내에 복지지원 대상자로의 선정 여부, 복지지원의 내용 및 복지지원 이용권의 금액 등을 결정하여 복지지원 신청자에게 즉시 알려주어야 한다.

③ 특별자치시장·특별자치도지사·시장·군수·구청장은 복지지원 대상자로 선정한 장애아동과 그 가족에게 복지지원 제공기관을 연계하여야 한다.

이 경우 복지지원 제공기관과의 연계는 제9조에 따른 지역센터에 위탁할 수 있다.

④ 특별자치시장·특별자치도지사·시장·군수·구청장은 복지지원 대상자와 복지지원 제공기관을 연계할 때에는 복지지원 대상자에게 복지지원 제공 시간 및 방법·비용부담 등 관련 정보를 제공하여야 한다.

(2) 장애아동 복지지원의 급여내용

① 국가와 지방자치단체는 장애아동의 의료적 욕구에 따라 적절한 '의료비 지원'을 할 수 있다. 의료비지원은 「국민건강보험법」과 「의료급여법」에 따라 제공되는 의료에 드는 비용 중 장애아동의 부담을 지원하는 것으로 한다.

② 국가와 지방자치단체는 장애아동의 학습과 일상생활 활동에 필요한 '보조기구'를 교부·대여 또는 수리하거나 구입 또는 수리에 필요한 비용을 지급할 수 있다.

③ 국가와 지방자치단체는 장애아동의 인지, 의사소통, 적응행동, 감각·운동 등의 기능향상과 행동발달을 위하여 적절한 '발달재활서비스'[6]를 지원할 수 있다. 발달재활서비스를 지원할 때에는 장애아동의 장애유형·장애정도와 그 가족의 경제적 능력 등을 고려하여 지원할 대상 및 내용을 결정할 수 있다. 지방자치단체는 발달재활서비스의 제공경험 및 전문성, 서비스 내용의 적정성 등을 고려하여 발달재활서비스를 제공하는 기관을 지정하여 운영할 수 있다.

④ 국가와 지방자치단체는 「영유아보육법」 제27조에 따른 어린이집 이용대상이 되는 장애아동에 대하여 같은 법 제35조에 따라 보육료 등을 지원하여야 한다.

⑤ 국가 및 지방자치단체는 「영유아보육법」 제10조에 따른 어린이집 또는 「유아교육법」 제2조 제2호에 따른 유치원을 이용하지 아니하는 장애영유아에게 「영유아보육법」 제34조의2에 따라 양육수당을 지급할 수 있다.

6) 발달재활서비스 지원기간은 장애아동이 발달재활서비스 지원 대상자로 선정된 달의 다음 달부터 장애아동이 만 18세가 되는 달까지로 한다. 다만, 해당 장애아동이 「초·중등교육법」 제2조에 따른 학교에 재학 중인 경우에는 만 20세가 되는 달까지로 한다.

⑥ 법 제32조에 따른 장애영유아를 위한 어린이집은 장애영유아에 대한 체계적인 보육지원과 원활한 취학을 위한 보육계획을 수립·실시하여야 하며 대통령령으로 정하는 자격을 가진 특수교사와 장애영유아를 위한 보육교사 등을 배치하여야 한다.

⑦ 국가와 지방자치단체는 장애아동의 가족이 장애아동에게 적합한 양육방법을 습득하고 가족의 역량을 키울 수 있도록 가족상담·교육 등의 가족지원을 제공할 수 있다. 지방자치단체는 제1항에 따른 가족지원 업무를 비영리법인에 위탁할 수 있으며 필요한 경우 예산의 범위에서 그 비용을 지원할 수 있다.

⑧ 국가와 지방자치단체는 장애아동 가족의 일상적인 양육부담을 경감하고 보호자의 정상적인 사회활동을 돕기 위하여 돌봄 및 일시적 휴식지원서비스를 제공할 수 있다.

⑨ 국가와 지방자치단체는 장애아동이 18세가 되거나 「초·중등교육법」 제2조의 고등학교와 이에 준하는 각종 학교 또는 「장애인 등에 대한 특수교육법」 제24조의 전공과를 졸업한 후 주거·직업체험 등의 지역사회 전환서비스를 제공하도록 노력하여야 한다.

3) 장애아동 복지지원기관 및 인력

(1) 장애아동 복지지원의 기관(단체)

① 다음 어느 하나의 기관 또는 단체는 장애아동에게 필요한 복지지원을 할 수 있다.

가. 「장애인복지법」 제58조에 따른 장애인복지시설

나. 「아동복지법」 제52조의 아동복지시설

다. 「건강가정기본법」 제35조에 따른 건강가정지원센터

라. 발달재활서비스 제공기관

마. 제23조에 따른 가족지원업무 수행기관, 제24조에 따른 돌봄 및 일시적 휴식지원 서비스 제공기관

바. 장애영유아를 위한 어린이집

사. 그 밖에 보건복지부장관 또는 지방자치단체의 장이 필요하다고 인정하는 기관 또는 단체

② 장애아동복지지원기관의 직무는 다음과 같다.

가. 복지지원 제공기관은 장애아동의 연령 및 장애 유형에 적합한 프로그램을 계획하고 실시하여야 한다.

나. 복지지원 제공기관의 장이 특별자치시장·시장·군수·구청장 또는 지역장애아동복지지원센터로부터 복지지원 제공의뢰를 받은 때에는 정당한 사유가 없는 한 지체 없이 복지지원을 제공하여야 한다.

다. 복지지원 제공기관은 시설, 인력 등 이 법에 따른 복지지원의 내용과 관련한 정보를 제9조의 지역장애아동지원센터에 제공하여야 한다.

라. 특별자치시장·특별자치도지사·시장·군수·구청장은 복지지원 제공기관의 설치 및 운영에 필요한 비용을 지원할 수 있다.

마. 국가와 지방자치단체는 지역별로 적절한 균형을 이루도록 장애영유아를 위한 어린이집을 확보하기 위하여 노력하여야 한다.

바. 특별자치시장·특별자치도지사·시장·군수·구청장은 「영유아보육법」 제10조에 따른 어린이집이 다음의 요건을 갖추어 신청하는 경우 장애영유아를 위한 어린이집으로 지정할 수 있다.

– 「영유아보육법」 제30조의 어린이집 평가인증을 받을 것

– 「장애인·노인·임산부 등의 편의증진 보장에 관한 법률」에 따른 편의시설을 설치할 것

– 보건복지부령으로 정하는 설치기준을 갖출 것

사. 장애영유아를 위한 어린이집의 운영 등에 필요한 사항은 보건복지부령으로 정한다.

(2) 장애아동 복지지원의 서비스 인력

① 발달재활서비스 제공기관의 종사자의 결격사유로서 다음 각 호의 어느 하나에 해당하는 사람은 발달재활서비스 제공기관을 운영하거나 발달재활서비스 제공기관의 장과 종사자로 채용될 수 없다.

가. 미성년자·피성년후견인

나. 「마약류 관리에 관한 법률」 제2조 제1호의 마약류에 중독된 사람

다. 금고 이상의 실형을 선고받고 그 집행이 종료(집행이 종료된 것으로 보는 경우를 포함)되거나 집행이 면제된 날부터 2년(「아동복지법」 제3조 제7호의2에 따른 아동학대관련범죄를 저지른 경우에는 10년)이 지나지 아니한 사람

라. 금고 이상의 형의 집행유예를 선고받고 그 유예기간 중에 있는 사람. (다만, 「아동복지법」 제3조 제7호의2에 따른 아동학대관련 범죄로 금고 이상의 형의 집행유예를 선고받은 경우에는 그 집행유예가 확정된 날부터 10년이 지나지 아니한 사람을 말한다.)

마. 제39조에 따라 300만 원 이상의 벌금형이 확정된 날부터 2년이 지나지 아니한 사람 또는 「아동복지법」 제3조 제7호의2에 따른 아동학대관련 범죄로 벌금형이 확정된 날부터 5년이 지나지 아니한 사람

② 장애아 돌보미의 결격사유로서 다음 각 호의 어느 하나에 해당하는 사람은 장애아 돌보미로 활동할 수 없다.

가. 미성년자·피성년후견인 또는 피한정후견인

나. 「정신건강증진 및 정신질환자 복지서비스 지원에 관한 법률」 제3조 제1호에 따른 정신질환자. 다만, 전문의가 장애아 돌보미로서 적합하다고 인정하는 사람은 제외한다.

다. 「마약류 관리에 관한 법률」 제2조 제1호의 마약류에 중독된 사람

라. 금고 이상의 실형을 선고받고 그 집행이 종료(집행이 종료된 것으로 보는 경우를 포함)되거나 집행이 면제된 날부터 2년이 지나지 아니한 사람

마. 금고 이상의 형의 집행유예를 선고받고 그 유예기간 중에 있는 사람

마. 「아동복지법」 제17조 위반에 따른 같은 법 제71조 제1항의 죄, 「성폭력범죄의 처벌 등에 관한 특례법」 제2조에 따른 성폭력범죄 또는 「아동·청소년의 성보호에 관한 법률」 제2조 제2호에 따른 아동·청소년대상 성범죄를 범하여 형 또는 치료감호를 선고받고 그 형 또는 치료감호의 전부 또는 일부의 집행이 종료되거나 집행이 유예·면제된 날부터 10년이 지나지 아니한 사람

바. 「아동복지법」 제3조 제7호의2에 따른 아동학대관련 범죄로 금고 이상의 실형을 선고받고 그 집행이 종료되거나 집행이 면제된 날부터 10년이 지나지 아니한 사람

사. 「아동복지법」 제3조 제7호의2에 따른 아동학대관련범죄로 금고 이상의 형의 집행유예를 선고받고 그 집행유예가 확정된 날부터 10년이 지나지 아니한 사람

아. 「아동복지법」 제3조 제7호의2에 따른 아동학대관련범죄로 벌금형이 확정된 날부터 5년이 지나지 아니한 사람

자. 제24조의4 제2항 제2호부터 제6호까지에 해당하여 자격이 취소된 후 2년이 경과되지 아니한 사람

③ 장애아 돌보미는 다른 사람에게 자기의 성명을 사용하여 장애아 돌보미 업무를 수행하게 하거나 수료증을 대여하여서는 아니 된다.

④ 장애아 돌보미가 아닌 사람은 장애아 돌보미 또는 이와 유사한 명칭을 사용할 수 없다.

Chapter 10

노인복지 및 장애인복지서비스법제

1 노인복지법

1) 노인복지법의 개관

(1) 법제정 목적과 개요

「노인복지법」은 1981년 6월에 제정·시행된 법률로 노인의 질환을 사전예방 또는 조기발견하고 질환상태에 따른 적절한 치료·요양으로 심신의 건강을 유지하고, 노후의 생활안정을 위하여 필요한 조치를 강구함으로써 노인의 보건복지증진에 기여함을 목적으로 한다.

한국은 2000년에 노인인구가 전체 인구의 7.2%(339만 명)로 '고령화사회'에 도달한 이후 급속하게 노령인구가 증가하여 2017년에는 전체 인구의 14%에 이르는 '고령사회'에 진입하였다. 그리고 2025년에는 20%로 '초고령사회'가 될 전망이며, 2030년에는 25%, 2060년에는 40%를 초과할 것으로 예측된다.

이러한 급격한 고령화는 노인의 4고(苦)인 퇴직 후 수입감소로 인한 빈고(貧苦), 노화에 따른 병고(病苦), 역할상실에 따른 무위고(無爲苦), 소외로 인한 고독고(孤獨苦)를 가중시키며, 이는 국가의 노인보건복지정책의 변화를 요구한다.

현행 「노인복지법」에서 정하는 기본이념은 다음과 같다.

① 노인은 후손의 양육과 국가 및 사회의 발전에 기여하여 온 자로서 존경

받으며 건전하고 안정된 생활을 보장받는다.

② 노인은 그 능력에 따라 적당한 일에 종사하고 사회적 활동에 참여할 기회를 보장받는다.

③ 노인은 노령에 따르는 심신의 변화를 자각하여 항상 심신의 건강을 유지하고 그 지식과 경험을 활용하여 사회의 발전에 기여하도록 노력하여야 한다.

(2) 법률용어의 정의

① '부양의무자'라 함은 배우자(사실상의 혼인관계에 있는 자를 포함)와 직계비속 및 그 배우자(사실상의 혼인관계에 있는 자를 포함)를 말한다.

② '보호자'라 함은 부양의무자 또는 업무·고용 등의 관계로 사실상 노인을 보호하는 자를 말한다.

③ '치매'[1]라 함은 퇴행성 뇌질환 또는 뇌혈관계 질환 등으로 인하여 기억력, 언어능력, 지남력, 판단력 및 수행능력 등의 기능이 저하됨으로써 일상생활에서 지장을 초래하는 후천적인 다발성 장애를 말한다.

④ '노인학대'라 함은 노인에 대하여 신체적·정신적·정서적·성적 폭력 및 경제적 착취 또는 가혹행위를 하거나 유기 또는 방임을 하는 것을 말한다.

⑤ '노인학대관련범죄'란 보호자에 의한 65세 이상 노인에 대한 노인학대로서 형법 및 다른 법률에 어느 하나에 해당되는 죄를 말한다.

(3) 법률수행의 책임과 범위

① 국가와 지방자치단체는 노인의 보건 및 복지증진의 책임이 있으며, 이를 위한 시책을 강구하여 추진하여야 한다.

② 국가와 지방자치단체는 제1항의 규정에 의한 시책을 강구함에 있어 제2조에 규정된 기본이념이 구현되도록 노력하여야 한다.

③ 노인의 일상생활에 관련되는 사업을 경영하는 자는 그 사업을 경영함에

1) 지남력(orientation)이란 자신의 현재 상황(사람, 장소, 시간)을 인식하는 능력을 말한다. 주변 상황을 잘못 이해하여 생각의 혼돈이나 방향상실 등이 일어나는 정신혼란 상태인 섬망(delirium) 등이 지남력 상실(disorientation)의 원인이 된다.

있어 노인의 보건복지가 증진되도록 노력하여야 한다.

④ 보건복지부장관은 노인의 보건 및 복지에 관한 노인실태조사를 3년마다 실시하고 그 결과를 공표하여야 한다.

⑤ 노인에 대한 사회적 관심과 공경의식을 높이기 위하여 매년 10월 2일을 노인의 날로, 매년 10월을 경로의 달로 한다.

⑥ 부모에 대한 효 사상을 앙양하기 위하여 매년 5월 8일을 어버이날로 한다.

⑦ 치매의 예방과 치료에 관한 사회적 인식을 제고하기 위하여 매년 9월 21일을 치매극복의 날로 한다.

⑧ 범국민적으로 노인학대에 대한 인식을 높이고 관심을 유도하기 위하여 매년 6월 15일을 노인학대예방의 날로 지정하고, 국가와 지방자치단체는 노인학대예방의 날의 취지에 맞는 행사와 홍보를 실시하도록 노력하여야 한다.

⑨ 노인의 복지를 담당하기 위하여 특별자치도와 시·군·구에 노인복지상담원을 둔다.

2) 노인복지의 조치

(1) 노인사회참여활동 조치

① 국가 또는 지방자치단체는 노인의 사회참여 확대를 위해 노인의 지역봉사 활동기회를 넓히고 노인에게 적합한 직종의 개발과 그 보급을 위한 시책을 강구하며 근로능력 있는 노인에게 일할 기회를 우선적으로 제공하도록 노력하여야 한다.

② 국가 또는 지방자치단체는 노인의 능력과 적성에 맞는 일자리의 개발·보급과 교육훈련 등을 전담할 기관을 설치·운영하거나 그 운영의 전부 또는 일부를 법인·단체 등에 위탁할 수 있다.

③ 노인의 능력과 적성에 맞는 일자리지원사업을 전문적·체계적으로 수행하기 위한 전담기관(노인일자리전담기관)은 다음의 기관으로 한다.

가. 노인인력개발기관 : 노인일자리개발·보급사업, 조사사업, 교육·홍보

및 협력사업, 프로그램인증·평가사업 등을 지원하는 기관

나. 노인일자리지원기관 : 지역사회 등에서 노인일자리의 개발·지원, 창업·육성 및 노인에 의한 재화의 생산·판매 등을 직접 담당하는 기관

다. 노인취업알선기관 : 노인에게 취업 상담 및 정보를 제공하거나 노인일자리를 알선하는 기관

④ 국가 또는 지방자치단체는 사회적 신망과 경험이 있는 노인으로서 지역봉사를 희망하는 경우에는 이를 '지역봉사지도원'으로 위촉할 수 있으며, 지역봉사지도원의 업무는 다음과 같다.

가. 국가 또는 지방자치단체가 행하는 업무 중 민원인에 대한 상담 및 조언

나. 도로의 교통정리, 주·정차단속의 보조, 자연보호 및 환경침해 행위단속의 보조와 청소년 선도

다. 충효사상, 전통의례 등 전통문화의 전수교육

라. 「국가유산기본법」 제3조에 따른 국가유산의 보호 및 안내, 노인에 대한 교통안전 및 교통사고예방 교육

마. 기타 대통령령이 정하는 업무

⑤ 국가 또는 지방자치단체, 기타 공공단체가 설치·운영하는 공공시설 안에 식료품·사무용품·신문 등 일상생활용품의 판매를 위한 매점이나 자동판매기의 설치를 허가 또는 위탁할 때에는 65세 이상의 자의 신청이 있는 경우 이를 우선적으로 반영하여야 한다.

⑥ 국가 또는 지방자치단체는 65세 이상의 자에 대하여 대통령령이 정하는 바에 의하여 국가 또는 지방자치단체의 수송시설 및 고궁·능원·박물관·공원 등의 공공시설을 무료로 또는 그 이용요금을 할인하여 이용하게 할 수 있다.

⑦ 국가 또는 지방자치단체는 노인의 일상생활에 관련된 사업을 경영하는 자에게 65세 이상의 자에 대하여 그 이용요금을 할인하여 주도록 권유할 수 있다.

(2) 노인건강상담 조치

① 국가 또는 지방자치단체는 대통령령이 정하는 바에 의하여 65세 이상의 자에 대하여 건강진단과 보건교육을 실시할 수 있다.

② 국가 또는 지방자치단체는 홀로 사는 노인에 대하여 방문요양서비스 등의 서비스와 안전확인 등의 보호조치를 취하여야 한다.

③ 보건복지부장관, 특별시장·광역시장·도지사·특별자치도지사, 특별자치시장·시장·군수·구청장은 노인에 대한 복지를 도모하기 위하여 필요하다고 인정한 때에는 다음의 조치를 하여야 한다.

가. 65세 이상의 자 또는 그를 보호하고 있는 자를 관계공무원 또는 노인복지상담원으로 하여금 상담·지도하게 하는 것

나. 65세 이상의 자로서 신체적·정신적·경제적 이유 또는 환경상의 이유로 거택에서 보호받기가 곤란한 자를 노인주거복지시설 또는 재가노인복지시설에 입소시키거나 입소를 위탁하는 것

다. 65세 이상의 자로서 신체 또는 정신상의 현저한 결함으로 인하여 항상 보호를 필요로 하고 경제적 이유로 거택에서 보호받기가 곤란한 자를 노인의료복지시설에 입소시키거나 입소를 위탁하는 것

④ 복지실시기관은 입소 조치된 자가 사망한 경우에 그 자에 대한 장례를 행할 자가 없을 때에는 그 장례를 행하거나 당해 시설의 장으로 하여금 그 장례를 행하게 할 수 있다.

⑤ 국가 또는 지방자치단체는 신체적·정신적으로 재활요양을 필요로 하는 노인을 위한 재활요양사업을 실시할 수 있다.

(3) 홀로 사는 노인에 대한 지원

① 국가 또는 지방자치단체는 홀로 사는 노인에 대하여 방문요양과 돌봄 등의 서비스와 안전확인 등의 보호조치를 취하여야 한다.

② 국가 또는 지방자치단체는 제1항에 따른 사업을 노인 관련 기관·단체에 위탁할 수 있으며, 예산의 범위에서 그 사업 및 운영에 필요한 비용을 지원할 수 있다.

③ 보건복지부장관은 홀로 사는 노인에 대한 돌봄과 관련된 다음의 사업을

수행하기 위하여 '독거노인종합지원센터'를 설치·운영 혹은 위탁운영할 수 있다.

가. 홀로 사는 노인에 대한 정책 연구 및 프로그램의 개발

나. 홀로 사는 노인에 대한 현황조사 및 관리

다. 홀로 사는 노인 돌봄사업 종사자에 대한 교육

라. 홀로 사는 노인에 대한 돌봄사업의 홍보, 교육교재 개발 및 보급

마. 홀로 사는 노인에 대한 돌봄사업의 수행기관 지원 및 평가

바. 관련 기관 협력체계의 구축 및 교류

사. 홀로 사는 노인에 대한 기부문화 조성을 위한 기부금품의 모집, 접수 및 배부

아. 그 밖에 홀로 사는 노인의 돌봄을 위하여 보건복지부장관이 위탁하는 업무

3) 노인복지시설

(1) 노인주거복지시설

① 노인주거복지시설은 다음의 시설로 한다.

가. 양로시설 : 노인을 입소시켜 급식과 그 밖에 일상생활에 필요한 편의를 제공함을 목적으로 하는 시설

나. 노인공동생활가정 : 노인들에게 가정과 같은 주거여건과 급식, 그 밖에 일상생활에 필요한 편의를 제공함을 목적으로 하는 시설

다. 노인복지주택 : 노인에게 주거시설을 임대하여 주거의 편의·생활지도·상담 및 안전관리 등 일상생활에 필요한 편의를 제공함을 목적으로 하는 시설

② 노인주거복지시설의 입소대상·입소절차·입소비용 및 임대 등에 관하여 필요한 사항은 보건복지부령으로 정한다.

③ 국가 또는 지방자치단체는 노인주거복지시설을 설치할 수 있다.

④ 국가 또는 지방자치단체 외의 자가 노인주거복지시설을 설치하고자 하는 경우에는 특별자치도지사·시장·군수·구청장에게 신고하여야 한다.

⑤ 노인주거복지시설의 시설, 인력 및 운영에 관한 기준과 설치신고, 설치·운영자가 준수하여야 할 사항, 그 밖에 필요한 사항은 보건복지부령으로 정한다.

⑥ 노인복지주택에 입소할 수 있는 자는 60세 이상의 노인으로 한다. 다만, 입소자격자의 배우자와 입소자격자가 부양을 책임지고 있는 19세 미만의 자녀·손자녀는입소자격자와 함께 입소할 수 있다.

⑦ 노인복지주택을 설치하거나 설치하려는 자가 노인복지주택을 임대하려는 경우 입소자격자에게 임대하여야 한다.

(2) 노인의료복지시설

① 노인의료복지시설은 다음의 시설로 한다.

가. 노인요양시설 : 치매·중풍 등 노인성질환 등으로 심신에 상당한 장애가 발생하여 도움을 필요로 하는 노인을 입소시켜 급식·요양과 그 밖에 일상생활에 필요한 편의를 제공함을 목적으로 하는 시설

나. 노인요양공동생활가정 : 치매·중풍 등 노인성질환 등으로 심신에 상당한 장애가 발생하여 도움을 필요로 하는 노인에게 가정과 같은 주거여건과 급식·요양, 그 밖에 일상생활에 필요한 편의를 제공함을 목적으로 하는 시설

② 노인의료복지시설의 입소대상·입소비용 및 입소절차와 설치·운영자의 준수사항 등에 관하여 필요한 사항은 보건복지부령으로 정한다.

③ 국가 또는 지방자치단체는 노인의료복지시설을 설치할 수 있다.

④ 국가 또는 지방자치단체 외의 자가 노인의료복지시설을 설치하고자 하는 경우에는 시장·군수·구청장에게 신고하여야 한다.

⑤ 노인의료복지시설의 시설, 인력 및 운영에 관한 기준과 설치신고 및 설치허가 등에 관하여 필요한 사항은 보건복지부령으로 정한다.

(3) 노인여가복지시설

① 노인여가복지시설은 다음의 시설로 한다.

가. 노인복지관 : 노인의 교양·취미생활 및 사회참여활동 등에 대한 각종

정보와 서비스를 제공하고, 건강증진 및 질병예방과 소득보장·재가복지, 그 밖에 노인의 복지증진에 필요한 서비스를 제공함을 목적으로 하는 시설

나. 경로당 : 지역노인들이 자율적으로 친목도모·취미활동·공동작업장 운영 및 각종 정보교환과 기타 여가활동을 할 수 있도록 하는 장소를 제공함을 목적으로 하는 시설

다. 노인교실 : 노인들에 대하여 사회활동 참여욕구를 충족시키기 위하여 건전한 취미생활·노인건강유지·소득보장, 기타 일상생활과 관련한 학습 프로그램을 제공함을 목적으로 하는 시설

② 노인여가복지시설의 이용대상 및 이용절차 등에 관하여 필요한 사항은 보건복지부령으로 정한다.

③ 국가 또는 지방자치단체는 노인여가복지시설을 설치할 수 있다.

④ 국가 또는 지방자치단체 외의 자가 노인여가복지시설을 설치하고자 하는 경우에는 시장·군수·구청장에게 신고하여야 한다.

⑤ 노인여가복지시설의 시설, 인력 및 운영에 관한 기준과 설치신고 등에 관하여 필요한 사항은 보건복지부령으로 정한다.

(4) 재가노인복지시설

① 재가노인복지시설은 다음의 어느 하나 이상의 서비스를 제공함을 목적으로 하는 시설을 말한다.

가. 방문요양서비스 : 가정에서 일상생활을 영위하고 있는 노인으로서 신체적·정신적 장애로 어려움을 겪고 있는 노인에게 필요한 각종 편의를 제공하여 지역사회 안에서 건전하고 안정된 노후를 영위하도록 하는 서비스

나. 주·야간보호서비스 : 부득이한 사유로 가족의 보호를 받을 수 없는 심신이 허약한 노인과 장애노인을 주간 또는 야간 동안 보호시설에 입소시켜 필요한 각종 편의를 제공하여 이들의 생활안정과 심신기능의 유지·향상을 도모하고, 그 가족의 신체적·정신적 부담을 덜어주기 위한 서비스

다. 단기보호서비스 : 부득이한 사유로 가족의 보호를 받을 수 없어 일시적으로 보호가 필요한 심신이 허약한 노인과 장애노인을 보호시설에 단기간 입소시켜 보호함으로써 노인 및 노인가정의 복지증진을 도모하기 위한 서비스

라. 방문목욕서비스 : 목욕장비를 갖추고 재가노인을 방문하여 목욕을 제공하는 서비스

마. 그 밖의 서비스 : 그 밖에 재가노인에게 제공하는 서비스로서 보건복지부령이 정하는 서비스

② 제1항에 따른 재가노인복지시설의 이용대상·비용부담 및 이용절차 등에 관하여 필요한 사항은 보건복지부령으로 정한다.

③ 국가 또는 지방자치단체는 재가노인복지시설을 설치할 수 있다.

④ 국가 또는 지방자치단체 외의 자가 재가노인복지시설을 설치하고자 하는 경우에는 시장·군수·구청장에게 신고하여야 한다.

⑤ 재가노인복지시설의 시설, 인력 및 운영에 관한 기준과 설치신고 등에 관하여 필요한 사항은 보건복지부령으로 정한다.

(5) 노인보호전문기관

① 국가 및 지방자치단체는 노인학대를 예방하고 수시로 신고를 받을 수 있도록 긴급전화[2]를 설치하여야 한다.

② 국가는 지역 간의 연계체계를 구축하고 노인학대를 예방하기 위하여 다음의 업무를 담당하는 중앙노인보호전문기관을 설치·운영하여야 한다.

가. 노인인권보호 관련 정책제안

나. 노인인권보호를 위한 연구 및 프로그램의 개발

다. 노인학대 예방의 홍보, 교육자료의 제작 및 보급

라. 노인보호전문사업 관련 실적 취합, 관리 및 대외자료 제공

마. 지역노인보호전문기관의 관리 및 업무지원

바. 지역노인보호전문기관 상담원의 심화교육

2) 노인보호전문기관에 전국적으로 통일된 번호(노인학대 신고·상담 긴급전화 「1389」)로 매일 24시간 동안 운영되는 긴급전화를 설치하여야 한다. 노인보호전문기관과는 별도로 노인복지시설의 유형에는 '학대피해노인 전용쉼터'가 있다.

사. 관련 기관 협력체계의 구축 및 교류

아. 그 밖에 노인의 보호를 위하여 대통령령으로 정하는 사항

③ 학대받는 노인의 발견·보호·치료 등을 신속히 처리하고 노인학대를 예방하기 위하여 다음의 업무를 담당하는 지역노인보호전문기관을 특별시·광역시·도·특별자치도에 둔다.

가. 노인학대 신고전화의 운영 및 사례접수

나. 노인학대 의심사례에 대한 현장조사

다. 피해노인 및 노인학대자에 대한 상담

라. 피해노인가족 관련자와 관련 기관에 대한 상담

마. 상담 및 서비스제공에 따른 기록과 보관

바. 일반인을 대상으로 한 노인학대 예방교육

사. 노인학대행위자를 대상으로 한 재발방지 교육

아. 그 밖에 노인의 보호를 위하여 보건복지부령으로 정하는 사항

④ 보건복지부장관 및 시·도지사는 노인학대예방사업을 목적으로 하는 비영리법인을 지정하여 중앙노인보호전문기관과 지역노인보호전문기관의 운영을 위탁할 수 있다.

⑤ 중앙노인보호전문기관과 지역노인보호전문기관의 설치기준과 운영, 상담원의 자격과 배치기준 및 제3항에 따른 위탁기관의 지정 등에 필요한 사항은 대통령령으로 정한다.

⑥ 누구든지 노인학대를 알게 된 때에는 노인보호전문기관 또는 수사기관에 신고할 수 있다.

⑦ 다음의 어느 하나에 해당하는 자는 그 직무상 노인학대를 알게 된 때에는 즉시 노인보호전문기관 또는 수사기관에 신고하여야 한다.

가. 의료법 제3조 제1항의 의료기관에서 의료업을 행하는 의료인 및 의료기관의 장

나. 제27조의2에 따른 방문요양서비스나 안전확인 등의 서비스 종사자, 제31조에 따른 노인복지시설의 장과 그 종사자 및 제7조에 따른 노인복지상담원

다. 「장애인복지법」 제58조의 규정에 의한 장애인복지시설에서 장애노인

에 대한 상담·치료·훈련 또는 요양업무를 수행하는 사람

라. 「가정폭력방지 및 피해자보호 등에 관한 법률」 제5조 및 제7조에 따른 가정폭력 관련 상담소 및 가정폭력피해자 보호시설의 장과 그 종사자

마. 「사회복지사업법」 제14조에 따른 사회복지전담공무원 및 같은 법 제34조에 따른 사회복지관, 부랑인 및 노숙인보호를 위한 시설의 장과 그 종사자

바. 「노인장기요양보험법」 제31조에 따른 장기요양기관 및 제32조에 따른 재가장기요양기관의 장과 그 종사자

사. 「119구조·구급에 관한 법률」 제10조에 따른 119구급대의 구급대원

아. 「건강가정기본법」 제35조에 따른 건강가정지원센터의 장과 그 종사자

자. 「다문화가족지원법」 제12조에 따른 다문화가족지원센터의 장과 그 종사자

차. 「성폭력방지 및 피해자보호 등에 관한 법률」 제10조에 따른 성폭력피해상담소 및 같은 법 제12조에 따른 성폭력피해자보호시설의 장과 그 종사자

카. 「응급의료에 관한 법률」 제36조에 따른 응급구조사

타. 「의료기사 등에 관한 법률」 제1조의2 제1호에 따른 의료기사

⑧ 신고인의 신분은 보장되어야 하며 그 의사에 반하여 신분이 노출되어서는 아니 된다.

⑨ 누구든지 65세 이상의 사람(노인)에 대하여 다음 각 호의 금지행위에 해당하는 행위를 하여서는 아니 된다.

가. 노인의 신체에 폭행을 가하거나 상해를 입히는 행위

나. 노인에게 성적 수치심을 주는 성폭행·성희롱 등의 행위

다. 자신의 보호·감독을 받는 노인을 유기하거나 의식주를 포함한 기본적 보호 및 치료를 소홀히 하는 방임행위

라. 노인에게 구걸을 하게 하거나 노인을 이용하여 구걸하는 행위

마. 노인을 위하여 증여 또는 급여된 금품을 그 목적외의 용도에 사용하

는 행위

바. 폭언, 협박, 위협 등으로 노인의 정신건강에 해를 끼치는 정서적 학대행위

(6) 노인일자리지원기관

① 노인일자리지원기관의 시설 기준은 다음과 같다.

가. 사무실, 상담실 또는 교육실 : 1실 이상

나. 노인일자리 사업장(식료품 또는 공산품 등의 제조 · 판매나 서비스의 제공 등 해당 노인일자리 사업 활동에 필요한 공간) : 1개 이상

다. 시설의 규모는 연면적이 100㎡ 이상

② 노인일자리지원기관의 인력 기준은 다음과 같다.

가. 인력배치 : 노인일자리지원기관의 장 1명과 상근하는 직원 4명 이상을 둘 것

나. 노인일자리지원기관의 장의 자격 : 노인일자리지원기관의 장은 다음의 어느 하나에 해당하는 사람일 것

- 「사회복지사업법」에 따른 사회복지사 2급 이상의 자격증 소지자
- 「사회복지사업법」에 따른 사회복지사업에 5년 이상 종사한 경력이 있는 사람
- 중앙행정기관 및 지방자치단체나 중앙행정기관 및 지방자치단체로부터 관련 업무를 위탁받은 기관·단체가 취업을 지원하기 위하여 시행하는 일자리 사업에서 5년 이상 종사한 경력이 있는 사람

4) 요양보호사

(1) 요양보호사 직무와 자격증 교부

① 노인복지시설의 설치·운영자는 보건복지부령으로 정하는 바에 따라 노인등의 신체활동 또는 가사활동 지원 등의 업무를 전문적으로 수행하는 요양보호사를 두어야 한다.

② 요양보호사가 되려는 사람은 요양보호사교육기관에서 교육과정을 마치고 시·도지사가 실시하는 요양보호사 자격시험에 합격하여야 한다.

③ 시·도지사는 요양보호사 자격시험에 합격한 사람에게 요양보호사 자격증을 교부하여야 한다.

④ 자격시험은 특별시장·광역시장·도지사·특별자치시장·특별자치도지사가 매년 2회 이상 실시한다. 이 경우 시·도지사는 자격시험의 관리를 다음 각 호의 요건을 갖춘 기관 중에서 보건복지부장관이 시험관리능력이 있다고 인정하여 지정·고시하는 관계 전문기관에 위탁할 수 있다.

⑤ 자격시험은 필기시험과 실기시험으로 구분하며 필기시험과목은 요양보호론(요양보호개론, 요양보호 관련 기초지식, 기본요양보호 각론 및 특수요양보호 각론)으로 한다.

⑥ 자격시험 합격자는 필기시험과 실기시험에서 각각 만점의 60퍼센트 이상을 득점한 자로 하며, 당초 1급과 2급으로 운영되던 자격증이 2010년부터 '요양보호사'라는 단일 자격증으로 통합되었다.

(2) 요양보호사 결격사유

① 「정신건강증진 및 정신질환자 복지서비스 지원에 관한 법률」 제3조 제1호에 따른 정신질환자. 다만, 전문의가 요양보호사로서 적합하다고 인정하는 사람은 그러하지 아니하다.

② 마약·대마 또는 향정신성의약품 중독자

③ 금치산자·한정치산자

④ 금고 이상의 형을 선고받고 그 형의 집행이 종료되지 아니하였거나 그 집행을 받지 아니하기로 확정되지 아니한 사람

⑤ 법원의 판결에 따라 자격이 정지 또는 상실된 사람

⑥ 요양보호사의 자격이 취소된 날부터 1년이 경과되지 아니한 사람

2 장애인복지법

1) 장애인복지법의 개관

(1) 법제정 목적과 개요

「장애인복지법」은 1981년 6월 제정·시행된 「심신장애자복지법」을 1989년 12월에 전부 개정한 법률로 장애인의 인간다운 삶과 권리보장을 위한 국가와 지방자치단체 등의 책임을 명백히 하기 위한 목적이 있다. 아울러 장애발생 예방과 장애인의 의료·교육·직업재활·생활환경 개선 등에 관한 사업을 정하여 장애인복지대책을 종합적으로 추진하며, 장애인의 자립생활·보호 및 수당지급 등에 관하여 필요한 사항을 정하여 장애인의 생활안정에 기여하는 등 장애인의 복지와 사회활동 참여증진을 통하여 사회통합에 이바지함을 목적으로 한다.

장애인복지의 기본이념은 '장애인의 완전한 사회참여와 평등을 통하여 사회통합을 이루는 것'에 있으며, '장애인의 권리'에 관한 규정은 다음과 같다.

① 장애인은 인간으로서 존엄과 가치를 존중받으며, 그에 걸맞은 대우를 받는다.

② 장애인은 국가·사회의 구성원으로서 정치·경제·사회·문화, 그 밖의 모든 분야의 활동에 참여할 권리를 가진다.

③ 장애인은 장애인 관련 정책결정과정에 우선적으로 참여할 권리가 있다.

(2) 법률용어의 정의

① '장애인'이란 신체적·정신적 장애로 오랫동안 일상생활이나 사회생활에서 상당한 제약을 받는 자를 말한다.

② 이 법을 적용받는 장애인은 제1항에 따른 장애인 중 다음의 어느 하나에 해당하는 장애가 있는 자로서 대통령령으로 정하는 장애의 종류 및 기준에 해당하는 자를 말한다.

가. '신체적 장애'란 주요 외부 신체기능의 장애, 내부기관의 장애 등을 말한다.

나. '정신적 장애'란 발달장애 또는 정신질환으로 발생하는 장애를 말한다.

다. '장애인학대'란 장애인에 대하여 신체적·정신적·정서적·언어적·성적 폭력이나 가혹행위, 경제적 착취, 유기 또는 방임을 하는 것을 말한다.

라. '장애인학대관련범죄'란 장애인학대로서 형법 및 다른 법률 어느 하나에 해당하는 죄를 말한다.

(3) 법률수행의 책임과 범위

① 보건복지부장관은 장애인의 권익과 복지증진을 위하여 관계 중앙행정기관의 장과 협의하여 5년마다 장애인정책종합계획[3]을 수립·시행하여야 한다.

② 국가와 지방자치단체는 장애 정도가 심하여 자립하기가 매우 곤란한 중증장애인이 필요한 보호 등을 평생 받을 수 있도록 알맞은 정책을 강구하여야 한다.

③ 국가와 지방자치단체는 여성장애인의 권익을 보호하고 사회참여를 확대하기 위하여 기초학습과 직업교육 등 필요한 시책을 강구하여야 한다.

④ 누구든지 장애를 이유로 정치·경제·사회·문화생활의 모든 영역에서 차별을 받지 아니하고, 누구든지 장애를 이유로 정치·경제·사회·문화생활의 모든 영역에서 장애인을 차별하여서는 아니 된다.

⑤ 누구든지 장애인을 비하·모욕하거나 장애인을 이용하여 부당한 영리행위를 하여서는 아니 되며, 장애인의 장애를 이해하기 위하여 노력하여야 한다.

⑥ 국가와 지방자치단체는 장애 발생을 예방하고, 장애의 조기 발견에 대한

3) 장애인정책종합계획에는 다음 각 호의 사항이 포함되어야 한다.
가. 장애인의 복지에 관한 사항
나. 장애인의 교육문화에 관한 사항
다. 장애인의 경제활동에 관한 사항
라. 장애인의 사회참여에 관한 사항
마. 그 밖에 장애인의 권익과 복지증진을 위하여 필요한 사항

국민의 관심을 높이며, 장애인의 자립을 지원하고, 보호가 필요한 장애인을 보호하여 장애인의 복지를 향상시킬 책임을 진다.

⑦ 국가와 지방자치단체는 여성 장애인의 권익을 보호하기 위하여 정책을 강구하여야 한다. 아울러 국가와 지방자치단체는 장애 정도가 심하여 자립하기가 매우 곤란한 중증장애인이 필요한 보호 등을 평생 받을 수 있도록 알맞은 정책을 강구하여야 한다.

⑧ 국가와 지방자치단체는 장애인복지정책을 장애인과 그 보호자에게 적극적으로 홍보하여야 하며, 국민이 장애인을 올바르게 이해하도록 하는 데에 필요한 정책을 강구하여야 한다.

⑨ 모든 국민은 장애 발생의 예방과 장애의 조기 발견을 위하여 노력하여야 하며, 장애인의 인격을 존중하고 사회통합의 이념에 기초하여 장애인의 복지향상에 협력하여야 한다.

⑩ 장애인 종합정책을 수립하고 관계부처 간의 의견을 조정하며 그 정책의 이행을 감독·평가하기 위하여 국무총리 소속하에 장애인정책조정위원회를 둔다.

⑪ 중앙행정기관의 장은 해당기관의 장애인정책을 효율적으로 수립·시행하기 위하여 소속공무원 중에서 장애인정책책임관을 지정할 수 있다.

⑫ 장애인복지 관련 사업의 기획·조사·실시 등을 하는 데에 필요한 사항을 심의하기 위하여 지방자치단체에 지방장애인복지위원회를 둔다.

⑬ 장애인에 대한 국민의 이해를 깊게 하고 장애인의 재활의욕을 높이기 위하여 매년 4월 20일을 장애인의 날로 하며, 장애인의 날부터 1주간을 장애인 주간으로 한다.

⑭ 「정신건강증진 및 정신질환자 복지서비스 지원에 관한 법률」과 「국가유공자 등 예우 및 지원에 관한 법률」 등 대통령령으로 정하는 다른 법률을 적용받는 장애인에 대하여는 대통령령으로 정하는 바에 따라 이 법의 적용을 제한할 수 있다.

2) 장애인복지의 조치

(1) 기본정책의 강구

① 국가와 지방자치단체는 장애의 발생 원인과 예방에 관한 조사 연구를 촉진하여야 하며, 모자보건사업의 강화, 장애의 원인이 되는 질병의 조기 발견과 조기 치료, 그 밖에 필요한 정책을 강구하여야 한다.

② 국가와 지방자치단체는 교통사고·산업재해·약물중독 및 환경오염 등에 의한 장애발생을 예방하기 위하여 필요한 조치를 강구하여야 한다.

③ 국가와 지방자치단체는 장애인이 생활기능을 익히거나 되찾을 수 있도록 필요한 기능치료와 심리치료 등 재활의료를 제공하고 장애인의 장애를 보완할 수 있는 장애인 보조기구를 제공하는 등 필요한 정책을 강구하여야 한다.

④ 국가와 지방자치단체는 장애인이 재활치료를 마치고 일상생활이나 사회생활을 원활히 할 수 있도록 사회적응 훈련을 실시하여야 한다.

⑤ 국가와 지방자치단체는 사회통합의 이념에 따라 장애인이 연령·능력·장애의 종류 및 정도에 따라 충분히 교육받을 수 있도록 교육 내용과 방법을 개선하는 등 필요한 정책을 강구하여야 한다.

⑥ 국가와 지방자치단체는 장애인의 교육에 관한 조사·연구를 촉진하여야 한다.

⑦ 국가와 지방자치단체는 장애인에게 전문 진로교육을 실시하는 제도를 강구하여야 한다.

⑧ 각급 학교의 장은 교육을 필요로 하는 장애인이 그 학교에 입학하려는 경우 장애를 이유로 입학 지원을 거부하거나 입학시험 합격자의 입학을 거부하는 등의 불리한 조치를 하여서는 아니 된다.

⑨ 모든 교육기관은 교육 대상인 장애인의 입학과 수학 등에 편리하도록 장애의 종류와 정도에 맞추어 시설을 정비하거나 그 밖에 필요한 조치를 강구하여야 한다.

⑩ 국가와 지방자치단체는 장애인이 적성과 능력에 맞는 직업에 종사할 수 있도록 직업 지도, 직업능력 평가, 직업적응훈련, 직업훈련, 취업 알선, 고용 및 취업 후 지도 등 필요한 정책을 강구하여야 한다.

⑪ 국가와 지방자치단체는 방송국의 장 등 민간 사업자에게 뉴스와 국가적 주요 사항의 중계 등 대통령령으로 정하는 방송 프로그램에 청각장애인을 위한 수화 또는 폐쇄자막과 시각장애인을 위한 화면해설 또는 자막해설 등을 방영하도록 요청하여야 한다. 아울러 국가와 지방자치단체는 국가적인 행사, 그 밖의 교육·집회 등 대통령령으로 정하는 행사를 개최하는 경우에는 청각장애인을 위한 수화통역 및 시각장애인을 위한 점자 또는 점자·음성변환용 코드가 삽입된 자료 등을 제공하여야 하며 민간이 주최하는 행사의 경우에는 수화통역과 점자 또는 점자·음성변환용 코드가 삽입된 자료 등을 제공하도록 요청할 수 있다.

⑫ 국가와 지방자치단체는 장애인이 공공시설과 교통수단 등을 안전하고 편리하게 이용할 수 있도록 편의시설의 설치와 운영에 필요한 정책을 강구하여야 한다.

⑬ 국가와 지방자치단체는 추락사고 등 장애로 인하여 일어날 수 있는 안전사고와 비상재해 등에 대비하여 시각·청각 장애인과 이동이 불편한 장애인을 위하여 피난용 통로를 확보하고, 점자·음성·문자 안내판을 설치하며, 긴급 통보체계를 마련하는 등 장애인의 특성을 배려한 안전대책 등 필요한 조치를 강구하여야 한다.

⑭ 국가와 지방자치단체는 학생, 공무원, 근로자, 그 밖의 일반국민 등을 대상으로 장애인에 대한 인식개선을 위한 교육 및 공익광고 등 홍보사업을 실시하여야 한다.

⑮ 국가기관 및 지방자치단체의 장, 「영유아보육법」에 따른 어린이집, 「유아교육법」·「초·중등교육법」·「고등교육법」에 따른 각급 학교의 장, 그 밖에 대통령령으로 정하는 교육기관 및 공공단체의 장은 매년 소속 직원·학생을 대상으로 장애인에 대한 인식개선을 위한 교육(인식개선교육)을 실시하고, 그 결과를 보건복지부장관에게 제출하여야 한다.

(2) 장애인 등록의 조치

① 장애인, 그 법정대리인 또는 대통령령으로 정하는 법정대리인 등은 장애상태와 그 밖에 보건복지부령이 정하는 사항을 특별자치시장·특별자치

도지사·시장·군수 또는 구청장에게 등록하여야 하며, 특별자치시장·특별자치도지사·시장·군수·구청장은 등록을 신청한 장애인이 제2조에 따른 기준에 맞으면 장애인등록증을 내주어야 한다.

② 특별자치시장·특별자치도지사·시장·군수·구청장은 제1항에 따라 등록증을 받은 장애인의 장애 상태의 변화에 따른 장애 정도 조정을 위하여 장애 진단을 받게 하는 등 장애인이나 법정대리인 등에게 필요한 조치를 할 수 있다.

③ 장애인의 장애 인정과 장애 정도 사정(査定)에 관한 업무를 담당하게 하기 위하여 보건복지부에 장애판정위원회를 둘 수 있다.

④ 등록증은 양도하거나 대여하지 못하며, 등록증과 비슷한 명칭이나 표시를 사용하여서는 아니 된다.

⑤ 특별자치시장·특별자치도지사·시장·군수·구청장은 제1항에 따른 장애인 등록 및 제3항에 따른 장애 상태의 변화에 따른 장애 정도를 조정함에 있어 장애인의 장애 인정과 장애 정도 사정이 적정한지를 확인하기 위하여 필요한 경우 대통령령으로 정하는 「공공기관의 운영에 관한 법률」 제4조에 따른 공공기관에 장애 정도에 관한 정밀심사를 의뢰할 수 있다.

⑥ 재외동포 및 외국인 중 다음 각 호의 어느 하나에 해당하는 사람은 제32조에 따라 장애인 등록을 할 수 있다.

가. 「재외동포의 출입국과 법적 지위에 관한 법률」 제6조에 따라 국내거소신고를 한 사람

나. 「주민등록법」 제6조에 따라 재외국민으로 주민등록을 한 사람

다. 「출입국관리법」 제31조에 따라 외국인등록을 한 사람으로서 같은 법 제10조 제1항에 따른 체류자격 중 대한민국에 영주할 수 있는 체류자격을 가진 사람

라. 「재한외국인 처우 기본법」 제2조 제3호에 따른 결혼이민자

마. 「난민법」 제2조 제2호에 따른 난민인정자

(3) 복지서비스의 조치

① 보건복지부장관은 이 법의 적절한 시행을 위하여 3년마다 '장애인실태조

사'를 실시하여야 한다.

② 장애인복지 향상을 위한 상담 및 지원 업무를 맡기기 위하여 시·군·구에 '장애인복지상담원'을 둔다.

③ 국가와 지방자치단체는 장애인의 일상생활을 편리하게 하고 사회활동 참여를 높이기 위하여 장애 유형·장애 정도별로 재활 및 자립지원서비스를 제공하는 등 필요한 정책을 강구하여야 하며, 예산의 범위 안에서 지원할 수 있다.

④ 장애인복지실시기관은 의료비를 부담하기 어렵다고 인정되는 장애인에게 장애 정도와 경제적 능력 등을 고려하여 장애 정도에 따라 의료에 소요되는 비용을 지급할 수 있다.

⑤ 장애인복지실시기관은 경제적 부담능력 등을 고려하여 장애인이 부양하는 자녀 또는 장애인용 자녀의 교육비를 지급할 수 있다.

⑥ 국가와 지방자치단체, 그 밖의 공공단체는 장애인이 이동수단인 자동차 등을 편리하게 사용할 수 있도록 하고 경제적 부담을 줄여 주기 위하여 조세감면 등 필요한 지원정책을 강구하여야 한다.

⑦ 시장·군수·구청장은 장애인이 이용하는 자동차 등을 지원하는 데에 편리하도록 장애인이 사용하는 자동차 등임을 알아볼 수 있는 표지를 발급하여야 한다.

⑧ 국가와 지방자치단체는 장애인의 복지 향상을 위하여 장애인을 보조할 장애인 보조견의 훈련·보급을 지원하는 방안을 강구하여야 한다.

⑨ 국가와 지방자치단체는 장애인이 사업을 시작하거나 필요한 지식과 기능을 익히는 것 등을 지원하기 위하여 대통령령으로 정하는 바에 따라 자금을 대여할 수 있다.

⑩ 국가와 지방자치단체, 그 밖의 공공단체는 소관 공공시설 안에 식료품·사무용품·신문 등 일상생활용품을 판매하는 매점이나 자동판매기의 설치를 허가하거나 위탁할 때에는 장애인이 신청하면 우선적으로 반영하도록 노력하여야 한다.

⑪ 국가와 지방자치단체, 그 밖의 공공단체는 그 소요물품 중 보건복지부장관이 정한 품목과 물량의 범위 안에서 매년 그 품목과 물량을 정하여 장

애인복지시설과 장애인복지단체에 생산을 의뢰하여야 하며, 생산한 물품의 구매를 요청받으면 우선적으로 구매하여야 한다.

⑫ 국가와 지방자치단체는 장애인 가족의 삶의 질 향상 및 안정적인 가정생활 영위를 위하여 다음 각 호의 필요한 시책을 수립·시행하여야 한다.

가. 장애인 가족에 대한 인식개선 사업

나. 장애인 가족 돌봄 지원

다. 장애인 가족 휴식 지원

라. 장애인 가족 사례관리 지원

마. 장애인 가족 역량강화 지원

바. 장애인 가족 상담 지원

사. 그 밖에 보건복지부장관이 장애인 가족을 위하여 필요하다고 인정하는 지원

(4) 자립생활지원의 조치

① 국가와 지방자치단체는 중증장애인의 자기결정에 의한 자립생활을 위하여 활동보조인의 파견 등 활동보조서비스 또는 장애인보조기구의 제공, 그 밖의 각종 편의 및 정보제공 등 필요한 시책을 강구하여야 한다.

② 국가와 지방자치단체는 중증장애인의 자립생활을 실현하기 위하여 중증장애인자립생활지원센터를 통하여 필요한 각종 지원서비스를 제공한다.

③ 국가와 지방자치단체는 중증장애인이 일상생활 또는 사회생활을 원활히 할 수 있도록 활동지원급여를 지원할 수 있다.

④ 국가 및 지방자치단체는 임신 등으로 인하여 이동이 불편한 여성장애인에게 임신 및 출산과 관련한 진료 등을 위하여 경제적 부담능력 등을 감안하여 활동보조인의 파견 등 활동보조서비스를 지원할 수 있다.

(5) 장애수당, 장애아동수당, 장애인보호수당의 지원 조치

❶ 장애수당

① 국가와 지방자치단체는 장애인의 장애 정도와 경제적 수준을 고려하여

장애로 인한 추가적 비용을 보전(補塡)하게 하기 위하여 장애수당[4]을 지급할 수 있다. 다만, 「국민기초생활보장법」에 따른 생계급여 또는 의료급여를 받는 장애인에게는 장애수당을 반드시 지급하여야 한다.

② 제1항에도 불구하고 「장애인연금법」 제2조 제1호에 따른 중증장애인에게는 제1항에 따른 장애수당을 지급하지 아니한다.

③ 국가와 지방자치단체는 제1항에 따라 장애수당을 지급하려는 경우에는 장애수당을 받으려는 사람의 장애 정도에 대하여 심사할 수 있다.

④ 장애수당의 지급 대상·기준 및 방법 등에 관하여 필요한 사항은 대통령령으로 정한다.

❷ 장애아동수당과 보호수당

① 국가와 지방자치단체는 장애아동에게 보호자의 경제적 생활수준 및 장애아동의 장애 정도를 고려하여 장애로 인한 추가적 비용을 보전(補塡)하게 하기 위하여 장애아동수당을 지급할 수 있다. 지급금액은 기초생활 수급자와 차상위계층, 중증과 경증, 보장시설 입소자와 재가자에 따라 차이가 난다.

② 국가와 지방자치단체는 장애인을 보호하는 보호자에게 그의 경제적 수준과 장애인의 장애 정도를 고려하여 장애로 인한 추가적 비용을 보전하게 하기 위하여 보호수당을 지급할 수 있다. 단, 기초 수급자이어야 하며, 특수학교나 각종 학교, 고등학교에 재학 중인 경우는 제외한다.

3) 장애인복지시설

(1) 장애인복지시설의 종류

① 장애인 거주시설 : 거주공간을 활용하여 일반가정에서 생활하기 어려운 장애인에게 일정 기간 동안 거주·요양·지원 등의 서비스를 제공하는 동시에 지역사회생활을 지원하는 시설

---

4) 보장시설(장애인복지시설)에 입소한 저소득 장애아동에게는 장애수당(18세 이상의 3~6급 장애)만 지급된다. 단, 2급 이상의 저소득 중증장애인은 장애인연금 지급대상이므로 장애수당 지급대상에서는 제외된다.

② 장애인 지역사회재활시설 : 장애인을 전문적으로 상담·치료·훈련하거나 장애인의 일상생활, 여가활동 및 사회참여활동 등을 지원하는 시설
③ 장애인 직업재활시설 : 일반 작업환경에서는 일하기 어려운 장애인이 특별히 준비된 작업환경에서 직업훈련을 받거나 직업 생활을 할 수 있도록 하는 시설
④ 장애인 의료재활시설 : 장애인을 입원 또는 통원하게 하여 상담, 진단·판정, 치료 등 의료재활서비스를 제공하는 시설
⑤ 그 밖에 대통령령으로 정하는 시설5)

(2) 장애인복지시설의 설치

① 국가와 지방자치단체는 장애인복지시설을 설치할 수 있다.
② 제1항에 규정된 자 외의 자가 장애인복지시설을 설치·운영하려면 해당 시설 소재지 관할 시장·군수·구청장에게 신고하여야 하며, 신고한 사항 중 보건복지부령으로 정하는 중요한 사항을 변경할 때에도 신고하여야 한다. 다만, 제62조에 따른 폐쇄 명령을 받고 1년이 지나지 아니한 자는 시설의 설치·운영 신고를 할 수 없다.
③ 장애인 거주시설의 정원은 30명을 초과할 수 없다. 다만, 특수한 서비스를 위하여 일정 규모 이상이 필요한 시설 등 대통령령으로 정하는 경우에는 그러하지 아니하다.
④ 의료재활시설의 설치는 「의료법」에 따른다.
⑤ 장애인복지시설의 시설기준·신고·변경신고 및 이용 등에 관하여 필요한 사항은 보건복지부령으로 정한다.

(3) 장애인복지시설 종사자의 성범죄 관련 취업제한

① 성범죄(「성폭력범죄의 처벌 등에 관한 특례법」 제2조 제1항에 따른 성폭력범죄 또는 「아동 · 청소년의 성보호에 관한 법률」 제2조 제2호에 따른 아동 · 청소년대상 성범죄)로 형 또는 치료감호를 선고받아 확정된 사람은 그 형 또는 치료감호의 전부 또는 일부의 집행을 종료하거나 집행이 유예·면제된 날부터 10년 동안 장애인복

5) 장애인생산품 판매시설, 장애인 쉼터를 말한다.

지시설을 운영하거나 장애인복지시설에 취업 또는 사실상 노무를 제공할 수 없다.

② 시장·군수·구청장은 제59조 제2항에 따라 장애인복지시설을 운영하려는 자에 대하여 본인의 동의를 받아 관계 기관의 장에게 성범죄의 경력 조회를 요청하여야 한다.

③ 장애인복지시설 운영자는 그 시설에 취업 중이거나 사실상 노무를 제공 중인 사람 또는 취업하려 하거나 사실상 노무를 제공하려는 사람에 대하여 성범죄의 경력을 확인하여야 한다. 이 경우 본인의 동의를 받아 관계 기관의 장에게 성범죄의 경력 조회를 요청하여야 한다.

④ 시장·군수·구청장은 성범죄로 유죄판결이 확정된 사람이 장애인복지시설에 취업하였는지를 직접 또는 관계 기관 조회 등의 방법으로 확인·점검할 수 있다. 이 경우 시장·군수·구청장은 제1항을 위반하여 장애인복지시설에 취업하거나 사실상 노무를 제공하는 사람이 있으면 장애인복지시설 운영자에게 그의 해임을 요구할 수 있다.

⑤ 성범죄의 경력 조회를 요청받은 관계 기관의 장은 정당한 사유가 없는 한 이에 따라야 한다.

⑥ 성범죄경력 조회의 요청 절차·범위 등에 관하여 필요한 사항은 대통령령으로 정한다.

(4) 장애인복지 전문인력

❶ 의지·보조기 기사

① 보건복지부장관은 다음 각 호의 어느 하나에 해당하는 자로서 제73조에 따른 국가시험에 합격한 자(의지·보조기 기사)에게 의지·보조기 기사 자격증을 내주어야 한다.

가. 「고등교육법」에 따른 전문대학이나 교육부장관이 이와 같은 수준 이상의 학력이 있다고 인정하는 학교에서 보건복지부령으로 정하는 의지·보조기 관련 교과목을 이수하고 졸업한 자

나. 보건복지부장관이 인정하는 외국에서 제1호에 해당하는 학교와 같은 수준 이상의 교육과정을 마치고 외국의 해당 의지·보조기 기사 자격

증을 받은 자

② 의지·보조기 기사자격증은 다른 자에게 대여하지 못한다.

❷ 언어재활사

① 보건복지부장관은 제2항에 따른 자격요건을 갖춘 사람으로서 제73조에 따른 국가시험에 합격한 사람(언어재활사)에게 언어재활사 자격증을 내주어야 한다.

② 언어재활사의 종류 및 국가시험 응시자격 요건은 다음 각 호의 구분과 같다.

가. 1급 언어재활사 : 2급 언어재활사 자격증을 가진 사람으로서 다음 각 목의 어느 하나에 해당하는 사람

–「고등교육법」에 따른 대학원에서 언어재활 분야의 박사학위 또는 석사학위를 취득한 사람으로서 언어재활기관에 1년 이상 재직한 사람

–「고등교육법」에 따른 대학에서 언어재활 관련 학과의 학사학위를 취득한 사람으로서 언어재활기관에 3년 이상 재직한 사람

나. 2급 언어재활사 :「고등교육법」에 따른 대학원·대학·전문대학의 언어재활 관련 교과목을 이수하고 관련 학과의 석사학위·학사학위·전문학사학위를 취득한 사람

❸ 장애인재활상담사

① 보건복지부장관은 장애인의 직업재활 등을 지원하기 위하여 제2항에 따른 자격요건을 갖춘 사람으로서 제73조에 따른 국가시험에 합격한 사람(장애인재활상담사)에게 장애인재활상담사 자격증을 내주어야 한다.

② 장애인재활상담사의 종류 및 국가시험 응시자격 요건은 다음 각 호의 구분과 같다. 이 경우 외국의 대학원·대학·전문대학(보건복지부장관이 정하여 고시하는 인정기준에 해당하는 학교를 말한다)에서 장애인재활 분야의 학위를 취득한 사람으로서 등급별 자격기준과 동등한 학력이 있다고 보건복지부장관이 인정하는 경우에는 해당 등급의 응시자격을 갖춘 것으로 본다.

가. 1급 장애인재활상담사 : 다음의 어느 하나에 해당하는 사람

- 「고등교육법」에 따른 대학원에서 장애인재활 분야의 박사학위를 취득한 사람
- 2급 장애인재활상담사 자격증을 가진 사람으로서 「고등교육법」에 따른 대학원에서 장애인재활 분야의 석사학위를 취득한 사람
- 2급 장애인재활상담사 자격증을 가진 사람으로서 장애인재활 관련 기관에서 3년 이상 재직한 사람
- 사회복지사 자격증을 가진 사람으로서 장애인재활 관련 기관에서 5년 이상 재직한 사람

나. 2급 장애인재활상담사 : 다음의 어느 하나에 해당하는 사람
- 「고등교육법」에 따른 전문대학·원격대학에서 보건복지부령으로 정하는 장애인재활 관련 교과목을 이수하고 관련 학과의 전문학사학위를 취득한 사람
- 사회복지사 자격증을 가진 사람으로서 장애인재활 관련 기관에서 3년 이상 재직한 사람

3 장애인·노인·임산부 등의 편의증진 보장에 관한 법률

1) 장애인·노인·임산부 등의 편의증진 보장에 관한 법률의 개관

(1) 법제정 목적

「장애인·노인·임산부 등의 편의증진 보장에 관한 법률」(약칭 : 장애인등편의법)은 1997년 4월에 제정되어 1998년 4월 11일부터 시행된 법률로, 장애인·노인·임산부 등이 생활을 영위함에 있어 안전하고 편리하게 시설 및 설비를 이용하고 정보에 접근하도록 보장함으로써 이들의 사회활동참여와 복지증진에 이바지함을 목적으로 한다.

(2) 법률용어의 정의

① '장애인 등'이라 함은 장애인·노인·임산부 등 생활을 영위함에 있어 이동과 시설이용 및 정보에의 접근 등에 불편을 느끼는 자를 말한다.

② '편의시설'이라 함은 장애인 등이 생활을 영위함에 있어 이동과 시설이용의 편리를 도모하고 정보에의 접근을 용이하게 하기 위한 시설과 설비를 말한다.

③ '시설주'라 함은 이 법에서 정하는 대상시설의 소유자 또는 관리자(당해 대상시설에 대한 별도의 관리의무자가 있는 경우에 한함)를 말한다.

④ '시설주관기관'이라 함은 편의시설의 설치 및 운영에 관하여 지도와 감독을 행하는 중앙행정기관의 장과 특별시장·광역시장·도지사 및 시장·군수·구청장(자치구의 구청장)을 말한다.

⑤ '공원'이란 다음 각 목의 어느 하나에 해당하는 시설을 말한다.
가. 「자연공원법」 제2조 제1호의 자연공원
나. 「자연공원법」 제2조 제10호의 공원시설
다. 「도시공원 및 녹지 등에 관한 법률」 제2조 제3호의 도시공원
라. 「도시공원 및 녹지 등에 관한 법률」 제2조 제4호의 공원시설

⑥ '공공건물 및 공중이용시설'이라 함은 불특정다수인이 이용하는 건축물, 시설 및 그 부대시설로서 대통령령[6]으로 정하는 건물 및 시설을 말한다.

⑦ '공동주택'이라 함은 「주택법」 제2조 제3호의 규정에 의한 공동주택을 말한다.

⑧ '통신시설'이라 함은 「전기통신기본법」 제2조 제2호의 규정에 의한 전기통신설비와 「우편법」 제3조의2 규정에 의한 우편물 등 통신을 이용하는데 필요한 시설을 말한다.

6) 「장애인·노인·임산부 등의 편의증진 보장에 관한 법률」 제2조 제7호에서 '대통령령으로 정하는 건물 및 시설'이라 함은 「건축법 시행령」 제3조의4의 용도별 건축물의 종류에 따른 건축물 중 제1종 근린생활시설 및 제2종 근린생활시설, 문화 및 집회시설, 종교시설, 판매시설, 의료시설, 교육연구시설, 노유자시설, 수련시설, 운동시설, 업무시설, 숙박시설, 공장, 자동차 관련 시설, 교정시설, 방송통신시설, 묘지 관련 시설 및 관광휴게시설을 말한다.

(3) 법률수행의 책임과 범위

① 시설주는 장애인 등이 공공건물 및 공중이용시설을 이용함에 있어 가능한 최단거리로 이동할 수 있도록 편의시설을 설치하여야 한다.

② 장애인 등은 인간으로서의 존엄과 가치 및 행복을 추구할 권리를 보장받기 위하여 장애인 등이 아닌 사람들이 이용하는 시설과 설비를 동등하게 이용하고 정보에 자유롭게 접근할 수 있는 권리를 가진다.

③ 이 법에서 특별히 정하고 있지 아니한 편의시설에 관한 사항은 다른 법률이 정하는 바에 따른다.

④ 국가 및 지방자치단체는 장애인 등이 생활을 영위함에 있어 안전하고 편리하게 시설 및 설비를 이용하고 정보에 접근할 수 있는 각종 시책을 마련하여야 한다.

2) 장애인 · 노인 · 임산부 등의 편의증진보장의 조치

(1) 편의시설의 설치

① 장애인 등을 위한 편의시설을 설치하여야 하는 대상시설은 다음의 어느 하나에 해당하는 것으로서 대통령령으로 정하는 것을 말한다.

가. 공원

나. 공공건물 및 공중이용시설

다. 공동주택

라. 통신시설

마. 그밖에 장애인 등의 편의를 위하여 편의시설의 설치가 필요한 건물·시설 및 그 부대시설

② 대상시설별로 설치하여야 하는 편의시설의 종류는 대상 시설의 규모, 용도 등을 고려하여 대통령령으로 정한다.

(2) 시설이용 상의 장애인편의제공

① 장애인 등의 이용이 많은 공공건물 및 공중이용시설의 시설주는 휠체어·점자안내책자·보청기기 등을 비치하여야 한다.

② 제1항의 규정에 의하여 휠체어·점자안내책자·보청기기 등을 비치하여야 하는 공공건물 및 공중이용시설의 범위와 휠체어·점자안내책자·보청기기 등 비치하여야 할 용품의 종류 등에 관한 사항은 보건복지부령으로 정한다.

③ 장애인은 대통령령이 정하는 공공건물 및 공중이용시설을 이용하고자 할 때에는 시설주에 대하여 안내서비스·수화통역 등의 편의제공을 요청할 수 있다.

④ 공공건물 및 공중이용시설의 시설주는 주차장법령이 정하는 설치비율에 따라 장애인전용주차구역을 설치하여야 한다.

⑤ 국가보훈처장과 시장·군수·구청장은 보행에 장애가 있는 자로부터 신청을 받은 경우 장애인전용주차구역에 주차가 가능함을 표시하는 장애인자동차표지를 발급하여야 한다.

⑥ 누구든지 장애인자동차표지가 부착되지 아니한 자동차를 장애인전용주차구역에 주차하여서는 아니 된다. 장애인자동차표지가 부착된 자동차에 보행에 장애가 있는 자가 탑승하지 아니한 경우에도 또한 같다.

(3) 시설주의 의무와 지도·감독

① 시설주는 대상시설을 설치하거나 대통령령이 정하는 주요 부분(용도변경 포함)을 변경하는 때에는 장애인 등이 항상 대상시설을 편리하게 이용할 수 있도록 편의시설을 제8조의 규정에 적합하게 설치하고 이를 유지·관리하여야 한다.

② 보건복지부장관은 편의시설의 설치·운영에 관한 업무를 총괄한다.

(4) 편의시설 설치 실태조사

① 시설주관기관은 편의시설 활성화 정책의 기초자료 확보 등을 위하여 편의시설 설치에 관한 실태조사를 실시하여야 한다.

② 제1항의 규정에 의한 실태조사는 매년 전수조사 또는 표본조사의 방법으로 실시하되, 5년마다 1회는 전수조사를 해야 한다.

③ 시설주관기관은 제1항의 규정에 의한 실태조사의 실시에 필요한 한도 내

에서 시설주에 대하여 필요한 자료제출을 요구할 수 있다.

(5) 장애물 없는 생활환경 인증

① 보건복지부장관과 국토교통부장관은 장애인등이 대상시설을 안전하고 편리하게 이용할 수 있도록 편의시설의 설치·운영을 유도하기 위하여 대상시설에 대하여 장애물 없는 생활환경 인증을 할 수 있다.

② 다음의 어느 하나에 해당하는 대상시설의 경우에는 의무적으로 인증을 받아야 한다.

가. 국가나 지방자치단체가 지정·인증 또는 설치하는 공원 중 「도시공원 및 녹지 등에 관한 법률」 제2조 제3호 가목의 도시공원 및 같은 법 제2조 제4호의 공원시설

나. 국가나 지방자치단체가 신축하는 청사, 문화시설 등의 공공건물 및 공중이용시설 중에서 대통령령으로 정하는 시설

다. 국가나 지방자치단체 외의 자가 신축하는 공공건물 및 공중이용시설로서 시설의 규모, 용도 등을 고려하여 대통령령으로 정하는 시설

4 발달장애인 권리보장 및 지원에 관한 법률

1) 발달장애인 권리보장 및 지원에 관한 법률의 개관

(1) 법제정 목적과 이유

① 「발달장애인 권리보장 및 지원에 관한 법률」(약칭: 발달장애인법)은 2014년 5월 20일에 제정되어 2015년 11월 21일부터 시행된 법률로, 발달장애인의 의사를 최대한 존중하여 그들의 생애주기에 따른 특성 및 복지 욕구에 적합한 지원과 권리옹호 등이 체계적이고 효과적으로 제공될 수 있도록 필요한 사항을 규정함으로써 발달장애인의 사회참여를 촉진하고, 권

리를 보호하며, 인간다운 삶을 영위하는 데 이바지함을 목적으로 한다.

② 「발달장애인 권리보장 및 지원에 관한 법률」의 제정 이유는 발달장애인이 전체 등록장애인 중 소수에 불과하지만 성인이 되어서도 세수, 화장실 사용 등의 간단한 일상생활조차도 타인의 도움이 없이 영위하기가 어려워 일생 돌봄이 필요한 경우가 대부분이고, 발달장애인은 인지력·의사소통능력 등이 부족하여 자신의 권리를 주장하거나 스스로 보호하는 것에 상당한 어려움이 있어 학대·성폭력, 인신매매, 장기적인 노동력 착취 등의 피해자가 되는 경우가 지속적으로 발생하고 있기 때문이다.

(2) 법률의 주요내용

① 지원대상을 아동 및 성인 발달장애인과 그 보호자로 하고(제2조), 발달장애인의 권리보호를 위해 자기결정권의 보장, 성년후견제 이용지원, 의사소통도구 개발 및 지원, 발달장애인 전담조사제, 발달장애인 대상 범죄의 신고의무, 발달장애인지원센터에 조사권 부여 등을 정한다(제8조부터 제17조까지).

② 발달장애인에 대해서 정밀진단 비용 지원, 치료 및 재활 체계 구축, 발달장애인에 특화된 직업훈련 서비스제공, 평생교육 지원 등의 서비스를 제공하도록 하고(제23조부터 제26조까지), 발달장애인의 보호자에 대한 교육 및 상담, 정보제공, 휴식지원 및 비장애 형제·자매에 대한 지원 등의 근거를 마련한다(제30조부터 제32조까지).

③ 복지정보 제공, 발달장애인 학대 등 신고접수 시 현장출동·조사·보호조치, 상담 및 인식개선 홍보 등의 업무를 수행하는 발달장애인지원센터의 설치 근거를 마련한다(제33조 및 제34조).

(3) 법률용어의 정의

① '발달장애인'이란 「장애인복지법」 제2조 제1항의 장애인으로서 다음 각 목의 장애인을 말한다.

가. 지적장애인[7] : 정신 발육이 항구적으로 지체되어 지적 능력의 발달이

7) 정신박약으로 불리다가 정신지체(mental retardation)로 개칭된 후 다시 지적장애(intellectual disability)로 개명된 상태이다.

불충분하거나 불완전하여 자신의 일을 처리하는 것과 사회생활에 적응하는 것이 상당히 곤란한 사람

나. 자폐성장애인 : 소아기 자폐증, 비전형적 자폐증에 따른 언어·신체표현·자기조절·사회적응 기능 및 능력의 장애로 인하여 일상생활이나 사회생활에 상당한 제약을 받아 다른 사람의 도움이 필요한 사람

다. 그 밖에 통상적인 발달이 나타나지 아니하거나 크게 지연되어 일상생활이나 사회생활에 상당한 제약을 받는 사람으로서 대통령령으로 정하는 사람

② '보호자'란 다음 각 목의 어느 하나에 해당하는 사람을 말한다.

가. 「아동복지법」 제3조 제3호의 보호자(발달장애인이 미성년자인 경우에 한정)

나. 성년인 발달장애인의 후견인

다. 성년인 발달장애인의 후견인이 아닌 사람 중 「민법」 제779조에 따른 가족 또는 부양의무자로서 사실상 해당 발달장애인을 보호하는 사람

라. 성년인 발달장애인 중 나목 및 다목의 보호자가 없는 경우 지방자치단체의 장이 발달장애인의 보호자로 지명하는 사람(나목에 따른 후견인을 선임하기 전까지로 한정)

(4) 법률수행의 책임과 범위

① 법률수행의 책임주체별 내용은 다음과 같다.

가. 국가와 지방자치단체는 발달장애인의 적절한 발달과 원활한 사회통합을 촉진하기 위하여 장애를 최대한 조기에 발견하여 지원할 수 있도록 필요한 조치를 강구하여야 한다.

나. 국가와 지방자치단체는 발달장애인의 장애를 완화하고 기능을 향상시키는 방안을 마련하기 위한 연구와 조사를 지원하여야 하며, 발달장애인의 복지수준 향상과 그 가족의 일상적인 양육부담을 경감하기 위하여 필요한 조치를 강구하여야 한다.

다. 국가와 지방자치단체는 발달장애인이 장애로 인하여 차별을 받는 등 권리가 침해받지 아니하도록 권익옹호에 필요한 지원을 실시하여야 한다.

라. 국가와 지방자치단체는 발달장애인과 그 가족이 이용할 수 있는 복

지시책을 적극적으로 홍보하여야 하며, 국민이 발달장애인을 올바르게 이해하도록 하는 데에 필요한 정책을 강구하여야 한다.

마. 모든 국민은 발달장애인의 인격을 존중하고 사회통합의 이념에 기초하여 발달장애인의 복지향상에 협력하여야 한다.

바. 보건복지부장관은 발달장애인의 실태파악과 복지정책 수립을 위한 기초자료로 활용하기 위하여 3년마다 발달장애인과 그 가족에 대한 실태조사를 실시하여야 하며, 「장애인복지법」 제31조에 따른 장애실태조사와 함께 실시할 수 있다.

② 발달장애인을 위한 형사·사법 절차상 권리보장에 관한 사항은 다음과 같다.

가. 행정안전부장관, 경찰청장 및 제주특별자치도지사는 「국가공무원법」 제2조 제2항 제2호에 따른 경찰공무원과 「지방공무원법」 제2조 제2항 제2호에 따른 자치경찰공무원에게 발달장애인에 대한 올바른 인식확산을 위한 교육을 실시하여야 한다.

나. 발달장애인이 재판의 당사자가 된 경우 그의 보호자, 제33조에 따른 중앙발달장애인지원센터 및 지역발달장애인지원센터의 직원이나 그 밖에 발달장애인과 신뢰관계에 있는 사람은 법원의 허가를 받아 법원의 심리과정에서 발달장애인을 위한 보조인이 될 수 있다.

다. 법원은 발달장애인을 증인으로 신문하는 경우 발달장애인 본인, 검사, 보호자, 발달장애인지원센터의 장의 신청이 있는 때에는 재판에 중대한 지장을 줄 우려가 있는 등 부득이한 경우가 아니면 발달장애인과 신뢰관계에 있는 사람을 동석하게 하여야 한다.

라. 검찰총장 및 경찰청장은 전담검사 및 전담사법경찰관에게 발달장애인의 특성에 대한 전문지식과 의사소통 방법 및 발달장애인 보호를 위한 수사방법 등에 관한 교육을 실시하여야 한다.

2) 발달장애인 권리보장지원의 조치

(1) 발달장애인보호 조치

① 발달장애인지원센터의 장은 발달장애인에 대한 유기 등이 발생하였다고 믿을 만한 상당한 이유가 있고, 발달장애인을 그 가해자로 추정되는 사람으로부터 격리하거나 치료할 필요가 있는 경우 발달장애인을 임시로 보호하기 위하여 지정된 쉼터 또는 의료기관에 인도하는 등 발달장애인이 안전한 곳에서 보호받을 수 있도록 조치하여야 한다.

② 발달장애인지원센터의 장은 제1항에 따라 발달장애인을 격리하여 보호하는 경우 그 사실을 관할 특별시장·광역시장·특별자치시장·도지사·특별자치도지사 또는 시장·군수·구청장에게 즉시 통보하여야 하고, 그 격리기간은 7일을 넘을 수 없다. 다만, 대통령령으로 정하는 사유가 있는 경우에는 시·도지사 또는 특별자치시장·특별자치도지사·시장·군수·구청장의 사전 승인을 받아 7일 이내에서 이를 연장할 수 있다.

③ 발달장애인지원센터의 장은 제2항에 따른 격리기간이 끝나기 전에 대통령령으로 정하는 바에 따라 피해 발달장애인의 복리를 위하여 「장애인복지법」 제60조의2, 「성폭력방지 및 피해자보호 등에 관한 법률」 제15조 또는 「가정폭력방지 및 피해자보호 등에 관한 법률」 제7조의3에 따른 시설 입소를 통한 보호조치를 시·도지사 또는 시장·군수·구청장에게 의뢰할 수 있다.

④ 위기발달장애인쉼터는 보건복지부령으로 정하는 바에 따라 「장애인복지법」 제58조 제1항 제1호의 장애인 거주시설 중에서 지정하여 운영하여야 한다.

(2) 발달장애인과 복지서비스 제공기관 등의 연계 조치

① 지역발달장애인지원센터의 장은 특별자치시장·특별자치도지사·시장·군수·구청장에 의하여 복지서비스 대상자로 선정된 발달장애인과 그 가족에게 개인별지원계획에 따라 복지서비스 제공기관 등을 연계하여야 한다.

② 지역발달장애인지원센터의 장은 복지서비스 대상자와 복지서비스 제공기

관 등을 연계할 때에는 복지서비스 대상자에게 복지서비스 제공시간 및 방법·비용부담 등 관련 정보를 제공하여야 한다.

(3) 재활 및 발달 지원 조치

① 국가와 지방자치단체는 발달장애인이 자신의 장애에도 불구하고 잠재적인 능력을 최대한 계발할 수 있도록 발달장애인에게 적절한 재활치료와 발달재활서비스 등을 제공하도록 노력하여야 한다.

② 보건복지부장관은 발달장애의 원인규명과 치료 및 행동문제 등의 완화를 위한 연구 및 의료 지원체계를 구축하여야 한다.

③ 국가와 지방자치단체는 발달장애인의 특성과 요구에 맞는 체계적이고 효율적인 의료지원을 위하여 발달장애인 거점병원을 지정할 수 있다.

④ 국가와 지방자치단체는 자해·공격 등 행동문제로 인하여 일상생활에 곤란을 겪는 발달장애인을 전문적으로 지원하기 위하여 대통령령으로 정하는 바에 따라 행동발달증진센터를 설치·운영할 수 있다.

⑤ 국가와 지방자치단체는 예산의 범위에서 제1항부터 제4항까지의 사업을 수행하는 데 필요한 경비의 전부 또는 일부를 지원할 수 있다.

⑥ 제3항에 따른 거점병원의 지정 및 제4항에 따른 행동발달증진센터의 설치·운영 등에 필요한 사항은 보건복지부령으로 정한다.

(4) 가족 및 보호자 지원 조치

① 국가와 지방자치단체는 발달장애인의 보호자가 발달장애인을 적절하게 보호 및 양육하는 데 필요한 정보를 제공하거나 관련 교육을 할 수 있다.

② 국가와 지방자치단체는 발달장애인과 동거하는 보호자에게 전문적인 심리상담 서비스를 제공할 수 있다.

③ 국가와 지방자치단체는 발달장애인 가족의 일상적인 양육부담을 경감하고 보호자의 정상적인 사회활동을 돕기 위하여 돌봄 및 일시적 휴식 지원 서비스를 제공할 수 있다.

④ 국가와 지방자치단체는 발달장애인의 형제·자매로서 발달장애인이 아닌 아동 및 청소년이 건전하게 성장할 수 있도록 이들의 정서발달과 심리적

부담 해소 등을 위한 프로그램 운영을 지원할 수 있다.

3) 발달장애인지원센터

(1) 발달장애인지원센터의 설치

① 보건복지부장관은 발달장애인에 대한 통합적 지원체계를 마련하기 위하여 중앙발달장애인지원센터를 설치하여야 한다.

② 특별자치시장·특별자치도지사와 시·도지사는 발달장애인의 권리보호활동, 당사자와 그 가족에 대한 상담 등을 담당하는 지역발달장애인지원센터를 특별시·광역시·특별자치시·도·특별자치도에 설치하여야 한다. 이 경우 특별자치시장·특별자치도지사와 시·도지사는 필요성을 고려하여 지역발달장애인지원센터를 시·군·구에 설치할 수 있다.

③ 특별자치시장·특별자치도지사와 시·도지사는 지역발달장애인지원센터를 시·군·구에 설치하는 경우 둘 이상의 시·군·구를 통합하여 하나의 지역발달장애인지원센터를 설치·운영할 수 있다. 이때 특별자치시장·특별자치도지사와 시·도지사는 지역발달장애인지원센터의 설치·운영에 필요한 비용을 관할 구역의 발달장애인 수 등을 고려하여 시장·군수·구청장에게 공동으로 부담하게 할 수 있다.

④ 발달장애인지원센터는 발달장애인(보호자를 포함)이 참여하는 운영위원회를 구성·운영할 수 있다.

(2) 지역발달장애인지원센터의 업무

① 지역발달장애인지원센터는 다음 각 호의 업무를 수행한다.

가. 발달장애인에 대한 개인별지원계획의 수립

나. 발달장애인을 위한 복지지원 정보의 제공 및 연계

다. 발달장애인 가족 및 관련 서비스 종사자에 대한 교육지원

라. 발달장애인에게 서비스를 제공하는 기관에 대한 정보의 축적 및 관리

마. 발달장애 조기 발견과 발달장애인에 대한 인식개선을 위한 지역사회

홍보

바. 발달장애인 및 그 가족에 대한 상담지원

사. 제2조 제2호 라목에 따른 보호자에 대한 감독

아. 제9조에 따라 선임된 후견인에 대한 감독지원 및 후견업무의 지원

자. 제16조 및 제17조에 따른 현장조사 및 보호조치 등 발달장애인의 권리구제 지원

차. 그 밖에 보건복지부장관이 필요하다고 인정하는 사항

② 발달장애인지원센터에는 대통령령으로 정하는 자격을 가진 특수교사, 사회복지사, 변호사 등 필요한 인력을 적절히 배치하여 발달장애인이 복지 및 법률 서비스를 받을 수 있도록 노력하여야 한다.

Chapter 11

가족복지 및 성보호서비스법제

1 한부모가족지원법 / 다문화가족지원법

1) 한부모가족지원법

(1) 한부모가족지원법의 개관

❶ 법제정 목적과 입법배경

① 「한부모가족지원법」은 1989년 4월에 제정된 「모자복지법」이 2002년 12월에 「모·부자복지법」으로 일부 개정된 후, 2007년 2월에 「한부모가족지원법」으로 일부 개정된 법률로, 한부모가족이 건강하고 문화적인 생활을 영위할 수 있도록 함으로써 한부모가족의 생활안정과 복지증진에 이바지함을 목적으로 한다.

② 당초 「모자복지법」이 제정된 의의와 입법배경을 보면 다음과 같다.

가. 산업화·도시화 등으로 인한 사회·경제적 여건의 변화와 함께 의식의 변화로 말미암아 이혼, 유기, 별거 그리고 남편과 사별 등 여러 가지 이유로 배우자가 없는 여성의 수가 급증하고 있다. 장기간 노동능력을 상실하여 여성이 생계의 책임을 지는 모자가정이 날로 늘어가고 있어 이들 모자가정을 위한 국가차원의 보살핌이 진작부터 절실하게

요청되어 왔다.

나. 「모자복지법」이 제공되기 이전에는 과거의 「아동복지법」과 「생활보호법」에 근거하여 이뤄져 왔다. 1980년대 들어 모자가정이 스스로 자활·자립할 수 있도록 생계보호·직업훈련·생업자금융자·주택제공 등을 통하여 모자가정의 건강하고 문화적인 생활을 향유할 수 있게 하여 사회안정과 모자복지의 증진을 도모하기 위해 입법화되었다.

❷ 법률용어의 정의

「한부모가족지원법」에서 사용하는 용어의 뜻은 다음과 같다.

① '모' 또는 '부'란 다음 각 목의 어느 하나에 해당하는 자로서 아동인 자녀를 양육하는 자를 말한다.

가. 배우자와 사별 또는 이혼하거나 배우자로부터 유기(遺棄)된 자

나. 정신이나 신체의 장애로 장기간 노동능력을 상실한 배우자를 가진 자

다. 교정시설·치료감호시설에 입소한 배우자 또는 병역복무 중인 배우자를 가진 사람

라. 미혼자(사실혼 관계에 있는 자는 제외)

마. 가목부터 라목까지 규정된 자에 준하는 자로서 여성가족부령으로 정하는 자

② '청소년 한부모'란 24세 이하의 모 또는 부를 말한다.

③ '한부모가족'이란 모자가족 또는 부자가족을 말한다.

④ '모자가족'이란 모가 세대주(세대주가 아니더라도 세대원을 사실상 부양하는 자를 포함)인 가족을 말한다.

⑤ '부자가족'이란 부가 세대주(세대주가 아니더라도 세대원을 사실상 부양하는 자를 포함)인 가족을 말한다.

⑥ '아동'이란 18세 미만(취학 중인 경우에는 22세 미만을 말하되, 「병역법」에 따른 병역의무를 이행하고 취학 중인 경우에는 병역의무를 이행한 기간을 가산한 연령 미만)의 자를 말한다.

⑦ '지원기관'이란 이 법에 따른 지원을 행하는 국가나 지방자치단체를 말한다.

⑧ '한부모가족복지단체'란 한부모가족의 복지 증진을 목적으로 설립된 기관이나 단체를 말한다.

❸ 법률수행의 책임과 범위

① 국가와 지방자치단체는 한부모가족의 복지를 증진할 책임을 진다.

② 국가와 지방자치단체는 한부모가족의 권익을 지원하기 위하여 노력하여야 한다.

③ 국가와 지방자치단체는 한부모가족에 대한 사회적 편견과 차별을 예방하고, 사회구성원이 한부모가족을 이해하고 존중할 수 있도록 교육 및 홍보 등 필요한 조치를 할 수 있다.

④ 국가와 지방자치단체는 청소년 한부모가족의 자립을 위하여 노력하여야 한다.

⑤ 모든 국민은 한부모가족의 복지증진에 협력하여야 한다.

⑥ 다음의 어느 하나에 해당하는 아동과 그 아동을 양육하는 조부 또는 조모로서 여성가족부령으로 정하는 자는 제5조에도 불구하고 이 법에 따른 지원대상자가 된다.

가. 부모가 사망하거나 생사가 분명하지 아니한 아동

나. 부모가 정신 또는 신체장애·질병으로 장기간 노동능력을 상실한 아동

다. 부모의 장기복역 등으로 부양을 받을 수 없는 아동

라. 부모가 이혼하거나 유기하여 부양을 받을 수 없는 아동

마. '가'호부터 '라'호까지에 규정된 자에 준하는 자로서 여성가족부령으로 정하는 아동

⑦ 혼인 관계에 있지 아니한 자로서 출산 전 임신부와 출산 후 해당 아동을 양육하지 아니하는 모는 제5조에도 불구하고 제19조 제1항 제1호의 출산지원시설을 이용할 때에는 이 법에 따른 지원대상자가 된다.

⑧ 국내에 체류하고 있는 외국인 중 대한민국 국민과 혼인하여 대한민국 국적의 아동을 양육하고 있는 사람으로서 대통령령으로 정하는 사람이 제5조에 해당하면 이 법에 따른 지원대상자가 된다.

⑨ 여성가족부장관은 한부모가족지원을 위한 정책수립에 활용하기 위하여 3년마다 한부모가족에 대한 실태조사를 실시하고 그 결과를 공표하여야 한다. 여성가족부장관은 실태조사를 위하여 관계 공공기관 또는 관련 법

인·단체에 대하여 필요한 자료의 제출 등 협조를 요청할 수 있으며, 요청받은 관계 공공기관 또는 관련 법인·단체는 특별한 사유가 없으면 이에 협조하여야 한다.

⑩ 여성가족부장관은 한부모가족 지원을 위하여 한부모가족 정책에 관한 기본계획을 5년마다 수립하여야 하며, 기본계획에는 다음의 사항이 포함되어야 한다.

가. 한부모가족 지원정책의 기본방향

나. 한부모가족 지원을 위한 분야별 발전시책과 평가에 관한 사항

다. 한부모가족 지원을 위한 제도개선에 관한 사항

라. 한부모가족 구성원의 경제·사회·문화 등 각 분야에서의 활동 증진에 관한 사항

마. 한부모가족 지원을 위한 재원 확보 및 배분에 관한 사항

바. 그 밖에 한부모가족 지원을 위하여 필요한 사항

⑪ 여성가족부장관, 관계 중앙행정기관의 장과 시·도지사는 매년 기본계획에 따라 한부모가족정책에 관한 시행계획을 수립·시행하여야 하며, 관계 중앙행정기관의 장과 시·도지사는 전년도의 시행계획에 따른 추진실적 및 다음 연도의 시행계획을 대통령령으로 정하는 바에 따라 매년 여성가족부장관에게 제출하여야 한다.

(2) 한부모가족지원의 조치

❶ 복지급여의 내용

① 국가나 지방자치단체는 복지급여의 신청이 있으면 다음의 복지급여를 실시할 수 있다. 다만, 이 법에 따른 지원대상자가 「국민기초생활보장법」 등 다른 법령에 따라 지원을 받고 있는 경우에는 그 범위에서 이 법에 따른 급여를 하지 아니한다.

가. 생계비

나. 아동교육지원비

다. 아동양육비

라. 그 밖에 대통령령으로 정하는 비용

② 아동양육비를 지급할 때에 미혼모나 미혼부가 5세 이하의 아동을 양육하거나 청소년 한부모가 아동을 양육하면 예산의 범위에서 추가적인 복지 급여를 실시하여야 한다. 이 경우 모 또는 부의 직계존속이 5세 이하의 아동을 양육하는 경우에도 또한 같다.

③ 국가나 지방자치단체는 이 법에 따른 지원대상자의 신청이 있는 경우에는 예산의 범위에서 직업훈련비와 훈련기간 중 생계비를 추가적으로 지급할 수 있다.

❷ 복지자금의 대여 / 고용촉진

① 국가나 지방자치단체는 한부모가족의 생활안정과 자립을 촉진하기 위하여 다음의 어느 하나의 자금을 대여할 수 있다.

가. 사업에 필요한 자금

나. 아동교육비

다. 의료비

라. 주택자금

마. 그 밖에 대통령령으로 정하는 한부모가족의 복지를 위하여 필요한 자금

② 국가 또는 지방자치단체는 한부모가족의 모 또는 부와 아동의 직업능력을 개발하기 위하여 능력 및 적성 등을 고려한 직업능력개발훈련을 실시하여야 한다.

③ 국가 및 지방자치단체는 한부모가족의 모 또는 부와 아동의 취업기회를 확대하기 위하여 한부모가족 관련 시설 및 기관과 「직업안정법」 제2조의2 제1호에 따른 직업안정기관 간의 효율적인 연계를 도모하여야 한다.

❸ 가족지원서비스 / 주택서비스

① 국가나 지방자치단체는 한부모가족에게 다음의 가족지원서비스를 제공하도록 노력하여야 한다.

가. 아동의 양육 및 교육서비스

나. 장애인, 노인, 만성질환자 등의 부양서비스

다. 취사, 청소, 세탁 등 가사서비스

라. 교육·상담 등 가족관계 증진서비스

마. 인지청구 및 자녀양육비 청구 등을 위한 법률상담, 소송대리 등 법률구조서비스

바. 그 밖에 대통령령으로 정하는 한부모가족에 대한 가족지원서비스

② 국가나 지방자치단체는 「주택법」에서 정하는 바에 따라 국민주택을 분양하거나 임대할 때에는 한부모가족에게 일정 비율이 우선 분양될 수 있도록 노력하여야 한다.

❹ 교육지원서비스 / 아동양육비지원서비스

① 국가나 지방자치단체는 '청소년한부모'가 학업을 할 수 있도록 청소년 한부모의 선택에 따라 다음의 어느 하나에 해당하는 지원을 할 수 있다.

가. 「초·중등교육법」 제2조에 따른 학교에서의 학적 유지를 위한 지원 및 교육비 지원 또는 검정고시 지원

나. 「평생교육법」 제31조 제2항에 따른 학력인정 평생교육시설에 대한 교육비 지원

다. 「초·중등교육법」 제28조에 따른 교육 지원

라. 그 밖에 청소년 한부모의 교육 지원을 위하여 여성가족부령으로 정하는 사항

② 여성가족부장관은 자녀양육비 산정을 위한 자녀양육비 가이드라인을 마련하여 법원이 이혼 판결 시 적극 활용할 수 있도록 노력하여야 한다.

(3) 한부모가족복지시설

❶ 한부모가족복지시설의 설치

① 국가나 지방자치단체는 한부모가족복지시설을 설치할 수 있다.

② 한부모가족복지시설의 장은 청소년 한부모가 입소를 요청하는 경우에는 우선 입소를 위한 조치를 취하여야 한다.

③ 국가나 지방자치단체 외의 자가 한부모가족복지시설을 설치·운영하려면 특별자치도지사·시장·군수·구청장에게 신고하여야 한다. 신고한 사항 중 여성가족부령으로 정하는 중요 사항을 변경하려는 경우에도 또한 같다.

④ 「입양특례법」 제10조에 따른 입양기관을 운영하는 자는 제19조 제1항 제3호 가목에 해당하는 편의제공시설을 설치·운영할 수 없다.

⑤ 한부모가족복지시설의 시설 설치·운영 기준, 시설 종사자의 직종(職種)과 수(數) 및 자격기준, 그 밖에 설치신고에 필요한 사항은 여성가족부령으로 정한다.

⑥ 한부모가족복지시설의 설치 신고를 한 자가 그 시설을 폐지하거나 그 시설의 운영을 일시적으로 중단하려면 여성가족부령으로 정하는 바에 따라 미리 특별자치도지사·시장·군수·구청장에게 신고하여야 한다.

❷ 한부모가족복지시설의 종류

① 모자가족복지시설 : 모자가족에게 다음의 어느 하나 이상의 편의를 제공하는 시설

가. 기본생활지원 : 생계가 어려운 모자가족에게 일정 기간 동안 주거와 생계를 지원

나. 공동생활지원 : 독립적인 생활이 어려운 모자가족에게 일정 기간 동안 공동생활을 통하여 자립을 준비할 수 있도록 주거 등을 지원

다. 자립생활지원 : 자립욕구가 강한 모자가족에게 일정 기간 동안 주거를 지원

② 부자가족복지시설 : 부자가족에게 다음의 어느 하나 이상의 편의를 제공하는 시설

가. 기본생활지원 : 생계가 어려운 부자가족에게 일정 기간 동안 주거와 생계를 지원

나. 공동생활지원 : 독립적인 생활이 어려운 부자가족에게 일정 기간 동안 공동생활을 통하여 자립을 준비할 수 있도록 주거 등을 지원

다. 자립생활지원 : 자립욕구가 강한 부자가족에게 일정 기간 동안 주거를 지원

③ 미혼모자가족복지시설 : 미혼모자가족과 출산 미혼모 등에게 다음의 어느 하나 이상의 편의를 제공하는 시설

가. 기본생활지원 : 미혼 여성의 임신·출산 시 안전 분만 및 심신의 건강 회복과 출산 후의 아동의 양육 지원을 위하여 일정 기간 동안 주거

와 생계를 지원

나. 공동생활지원 : 출산 후 해당 아동을 양육하지 아니하는 미혼모 또는 미혼모와 그 출산 아동으로 구성된 미혼모자가족에게 일정 기간 동안 공동생활을 통하여 자립을 준비할 수 있도록 주거 등을 지원

④ 일시지원복지시설 : 배우자(사실혼 관계에 있는 사람을 포함)가 있으나 배우자의 물리적·정신적 학대로 아동의 건전한 양육이나 모의 건강에 지장을 초래할 우려가 있을 경우 일시적 또는 일정 기간 동안 모와 아동 또는 모에게 주거와 생계를 지원하는 시설

⑤ 한부모가족복지상담소 : 한부모가족에 대한 위기·자립 상담 또는 문제해결 지원 등을 목적으로 하는 시설

❸ 한부모가족복지시설 운영비 등의 지원

① 국가나 지방자치단체는 대통령령으로 정하는 바에 따라 한부모가족복지시설 운영 등의 한부모가족복지사업에 드는 비용을 보조할 수 있다.

② 거짓이나 그 밖의 부정한 방법으로 복지급여를 받거나 타인에게 복지급여를 받게 한 경우 복지급여를 지급한 지원기관은 전부 또는 일부를 그 복지급여를 받은 자 또는 복지급여를 받게 한 자로부터 징수할 수 있다.

③ 거짓이나 그 밖의 부정한 방법으로 복지급여를 받거나 타인으로 하여금 복지급여를 받게 한 자는 1년 이하의 징역, 500만 원 이하의 벌금, 구류 또는 과료에 처한다.

④ 제2항에 따라 징수할 금액은 부정수급자에게 통지하여 징수하고, 부정수급자가 이에 응하지 아니하는 경우 국세 또는 지방세 체납처분의 예에 따라 징수한다.

2) 다문화가족지원법

(1) 다문화가족지원법의 개관

❶ 법제정 목적과 개요

「다문화가족지원법」은 2008년 3월에 제정되어 2008년 9월부터 시행[1])되었으

1) 다문화가족지원정책은 「다문화가족지원법」 이외에도 「결혼중개업의 관리에 관한 법률」(2008년 6월 시

며, 다문화가족 구성원이 안정적인 가족생활을 영위할 수 있도록 함으로써 이들의 삶의 질 향상과 사회통합에 이바지함을 목적으로 한다.

「다문화가족지원법」은 최근 증가하고 있는 다문화가족의 사회통합을 종합적으로 지원하는 한편, 우리사회의 다문화에 대한 수용성 제고를 위한 법적 기반을 마련하였다는 데 의미가 있다. 주요 지원내용을 보면, 결혼이민자 등이 한국사회에서 생활하는 데 필요한 생활정보 제공 및 한국어·사회적응·직업·가족교육이나 가족상담·부부교육·부모교육·가족생활교육 실시, 문화의 차이 등을 고려한 언어통역, 법률상담, 행정지원 등의 전문적인 서비스, 가정폭력피해자 보호·지원, 산전·산후 건강관리, 아동의 보육 및 교육지원 등 언어와 문화적 차이를 고려한 서비스 지원 등이 있다. 또한, 다문화가족지원센터 설치 및 다문화가족 현황 파악을 위한 실태조사 실시 등의 근거가 규정되어 있다.[2)]

❷ 법률용어의 정의

「다문화가족지원법」에서 사용하는 용어의 뜻은 다음과 같다.

① '다문화가족'이란 다음의 어느 하나에 해당하는 가족을 말한다.

가. 「재한외국인 처우기본법」 제2조 제3호의 결혼이민자와 「국적법」 제2조에 따라 출생 시부터 대한민국 국적을 취득한 자로 이루어진 가족

나. 「국적법」 제4조에 따라 귀화허가를 받은 자와 같은 법 제2조에 따라 출생 시부터 대한민국 국적을 취득한 자로 이루어진 가족[3)]

② '결혼이민자 등'이란 다문화가족의 구성원으로 다음의 어느 하나에 해당하는 자를 말한다.

가. 「재한외국인 처우기본법」 제2조 제3호의 결혼이민자

나. 「국적법」 제4조에 따라 귀화허가를 받은 자

③ '아동·청소년'이란 24세 이하인 사람을 말한다.

❸ 법률수행의 책임과 범위

① 국가와 지방자치단체는 다문화가족 구성원이 안정적인 가족생활을 영위할 수 있도록 필요한 제도와 여건을 조성하고 이를 위한 시책을 수립·시

행)을 근거로 시작되었다.

2) 보건복지부(2009), 『보건복지백서』, p. 280 재수정.

3) 대한민국 국민과 사실혼 관계에서 출생한 자녀를 양육하고 있는 다문화가족 구성원도 해당(준용)한다.

행하여야 한다.

② 특별시·광역시·도·특별자치도 및 시·군·구에는 다문화가족 지원을 담당할 기구와 공무원을 두어야 한다.

③ 국가와 지방자치단체는 이 법에 따른 시책 중 외국인정책 관련 사항에 대하여는 「재한외국인 처우 기본법」 제5조부터 제9조까지의 규정에 따른다.

④ 여성가족부장관은 다문화가족의 현황 및 실태를 파악하고 다문화가족 지원을 위한 정책수립에 활용하기 위하여 3년마다 다문화가족에 대한 실태조사를 실시하고 그 결과를 공표하여야 한다.

⑤ 여성가족부장관은 실태조사를 위하여 관계 공공기관 또는 관련 법인·단체에 대하여 필요한 자료의 제출 등 협조를 요청할 수 있다. 이 경우 자료의 제출 등 협조를 요청받은 관계 공공기관 또는 관련 법인·단체 등은 특별한 사유가 없는 한 이에 협조하여야 한다.

⑥ 국가와 지방자치단체는 다문화가족에 대한 사회적 차별 및 편견을 예방하고 사회구성원이 문화적 다양성을 인정하고 존중할 수 있도록 다문화 이해교육과 홍보 등 필요한 조치를 하여야 한다. 아울러 교육부장관과 특별시·광역시·도·특별자치도의 교육감은 「유아교육법」 제2조, 「초·중등교육법」 제2조 또는 「고등교육법」 제2조에 따른 학교에서 다문화가족에 대한 이해를 돕는 교육을 실시하기 위한 시책을 수립·시행하여야 한다.

⑦ 다문화가족의 삶의 질 향상과 사회통합에 관한 중요 사항을 심의·조정하기 위하여 국무총리 소속으로 다문화가족정책위원회[4]를 두고 다음의 사항을 심의·조정한다.

가. 제3조의2에 따른 다문화가족정책에 관한 기본계획[5]의 수립 및 추진에 관한 사항

나. 제3조의3에 따른 다문화가족정책의 시행계획의 수립, 추진실적 점검 및 평가에 관한 사항

다. 다문화가족과 관련된 각종 조사, 연구 및 정책의 분석·평가에 관한

4) 정책위원회에서 심의·조정할 사항을 미리 검토하고 대통령령에 따라 위임된 사항을 다루기 위하여 정책위원회에 실무위원회를 둔다.
5) 다문화가족정책에 관한 기본계획은 여성가족부장관이 5년마다 수립하여야 한다.

사항

라. 각종 다문화가족 지원 관련 사업의 조정 및 협력에 관한 사항

마. 다문화가족정책과 관련된 국가 간 협력에 관한 사항

바. 그 밖에 다문화가족의 사회통합에 관한 중요 사항으로 위원장이 필요하다고 인정하는 사항

⑧ 다문화가족정책위원회는 위원장 1명을 포함한 20명 이내의 위원으로 구성하고, 위원장은 국무총리가 되며, 위원은 다음의 사람이 된다.

가. 대통령령으로 정하는 중앙행정기관의 장

나. 다문화가족정책에 관하여 학식과 경험이 풍부한 사람 중에서 위원장이 위촉하는 사람

(2) 다문화가족지원의 조치

❶ 생활정보제공 및 가정폭력피해자 지원

① 국가와 지방자치단체는 결혼이민자 등이 대한민국에서 생활하는 데 필요한 기본적 정보를 제공하고, 사회적응교육과 직업교육·훈련 및 언어소통능력 향상을 위한 한국어교육 등을 받을 수 있도록 필요한 지원을 할 수 있다.

② 국가와 지방자치단체는 제1항에 따른 교육을 실시함에 있어 거주지 및 가정환경 등으로 인하여 서비스에서 소외되는 결혼이민자 등이 없도록 방문교육이나 원격교육 등 다양한 방법으로 교육을 지원하고, 교재와 강사 등의 전문성을 강화하기 위한 시책을 수립·시행하여야 한다.

③ 국가와 지방자치단체는 다문화가족이 민주적이고 양성평등한 가족관계를 누릴 수 있도록 가족상담, 부부교육, 부모교육, 가족생활교육 등을 추진하여야 한다. 이 경우 문화의 차이 등을 고려한 전문적인 서비스가 제공될 수 있도록 노력하여야 한다.

④ 국가와 지방자치단체는 「가정폭력방지 및 피해자보호 등에 관한 법률」에 따라 다문화가족 내 가정폭력을 예방하기 위하여 노력하여야 한다. 아울러 국가와 지방자치단체는 가정폭력으로 피해를 입은 결혼이민자 등을 보호·지원할 수 있다.

⑤ 국가와 지방자치단체는 가정폭력의 피해를 입은 결혼이민자 등에 대한 보호 및 지원을 위하여 외국어 통역 서비스를 갖춘 가정폭력상담소 및 보호시설의 설치를 확대하도록 노력하여야 한다.

⑥ 국가와 지방자치단체는 결혼이민자 등이 가정폭력으로 혼인관계를 종료하는 경우 의사소통의 어려움과 법률체계 등에 관한 정보의 부족 등으로 불리한 입장에 놓이지 아니하도록 의견진술 및 사실확인 등에 있어서 언어통역, 법률상담 및 행정지원 등 필요한 서비스를 제공할 수 있다.

❷ 건강관리 및 아동보육·교육 지원

① 국가와 지방자치단체는 결혼이민자 등이 건강하게 생활할 수 있도록 영양·건강에 대한 교육, 산전·산후 도우미 파견, 건강검진 등의 의료서비스를 지원할 수 있다.

② 국가와 지방자치단체는 결혼이민자 등이 제1항에 따른 의료서비스를 제공받을 경우 외국어 통역 서비스를 제공할 수 있다.

③ 국가와 지방자치단체는 아동 보육·교육을 실시함에 있어서 다문화가족 구성원인 아동을 차별하여서는 아니 된다.

④ 국가와 지방자치단체는 다문화가족 구성원인 아동이 학교생활에 신속히 적응할 수 있도록 교육지원대책을 마련하여야 하고, 특별시·광역시·도·특별자치도의 교육감은 다문화가족 구성원인 아동에 대하여 학과 외 또는 방과 후 교육 프로그램 등을 지원할 수 있다.

⑤ 국가와 지방자치단체는 다문화가족 구성원인 아동의 초등학교 취학 전 보육 및 교육 지원을 위하여 노력하고, 그 아동의 언어발달을 위하여 한국어교육을 위한 교재지원 및 학습지원 등 언어능력 제고를 위하여 필요한 지원을 할 수 있다.

(3) 다문화가족지원시설

❶ 다문화가족지원센터 지정

① 여성가족부장관은 다문화가족지원정책의 시행을 위하여 필요한 경우에는 다문화가족지원에 필요한 전문인력과 시설을 갖춘 법인이나 단체를 다문화가족지원센터로 지정할 수 있다.

② 다문화가족지원센터로 지정받으려는 법인이나 단체는 다음의 시설 및 인력요건을 갖추고, 여성가족부령으로 정하는 바에 따라 사업계획서 등을 첨부하여 여성가족부장관에게 지정을 신청하여야 한다.

가. 상시 활용이 가능하도록 별도 공간이 확보된 사무실

나. 상담실 및 교육장. (다만, 이 둘은 다른 기관과 함께 사용할 수 있다.)

다. 법 제12조 제3항에 따른 전문인력

③ 여성가족부장관은 지정신청을 받은 때에는 심사위원회를 구성하여 심사를 하되, 다음의 사항을 고려하여야 한다.

가. 다문화가족 지원 관련 업무 수행경력

나. 지리적 접근성과 전문인력의 확보 수준

다. 시설의 적정성

라. 사업계획서의 충실성 및 실행가능성

❷ 다문화가족지원센터 운영과 지원

① 다문화가족지원센터는 다음의 업무를 수행한다.

가. 다문화가족을 위한 교육·상담 등 지원사업의 실시

나. 결혼이민자 등에 대한 한국어교육

다. 다문화가족 지원서비스 정보제공 및 홍보

라. 다문화가족 지원 관련 기관·단체와의 서비스 연계

마. 일자리에 관한 정보제공 및 일자리의 알선

바. 다문화가족을 위한 통역·번역지원사업

사. 그 밖에 다문화가족 지원을 위하여 필요한 사업

② 국가와 지방자치단체는 다문화가족지원사업을 수행하는 단체나 개인에 대하여 필요한 비용의 전부 또는 일부를 보조하거나 그 업무수행에 필요한 행정적 지원을 할 수 있다.

③ 국가와 지방자치단체는 결혼이민자 등이 상부상조하기 위한 단체의 구성·운영 등을 지원할 수 있다.

❸ 다문화가족종합정보전화센터 운영

① 여성가족부장관은 다국어에 의한 상담·통역 서비스 등을 결혼이민자 등

에게 제공하기 위하여 다문화가족종합정보전화센터를 설치·운영할 수 있다. 이 경우 「가정폭력방지 및 피해자보호 등에 관한 법률」 제4조의6 제1항 후단에 따른 외국어 서비스를 제공하는 긴급전화센터와 통합하여 운영할 수 있다.

② 여성가족부장관은 전화센터의 설치·운영을 대통령령으로 정하는 기관 또는 단체에 위탁할 수 있다.

③ 여성가족부장관은 전화센터의 설치·운영을 위탁할 경우 예산의 범위에서 그에 필요한 비용의 전부 또는 일부를 지원할 수 있다.

④ 전화센터의 설치·운영에 필요한 사항은 여성가족부령으로 정한다.

2 가정폭력방지 및 피해자보호 등에 관한 법률

1) 가정폭력방지 및 피해자보호 등에 관한 법률의 개관

(1) 법제정 목적과 입법배경

「가정폭력방지 및 피해자보호 등에 관한 법률」(약칭 : 가정폭력방지법)은 1997년 12월에 제정되어 1998년 7월부터 시행된 법률로, 가정폭력을 예방하고 가정폭력의 피해자를 보호·지원함을 목적으로 한다.

가정폭력이 한국에서 사회문제가 된 것은 1983년에 한국여성의 전화가 가정폭력을 당하는 여성배우자를 상담하면서부터이다. 그 후 1994년 '세계가정의 해'의 영향으로 1994년 5월에 한국여성단체가 가정폭력방지법 제정을 위한 전국연대회의를 결성하면서 시작되었고 1996년에는 친정어머니가 자신의 딸에게 폭력을 휘둘러 온 사위를 살해하는 사건이 발생하였는데, 이 사건은 한국에서 가정폭력방지법을 제정하는 데 직접적인 계기가 되었다. 그 후 시민단체와 종교 단체에서 가정폭력법 시안을 만들었고, 8만여 명의 일반인이 여기에 서명하여 1996년에 국회에 법의 제정을 요청하게 되었다.

(2) 법률용어의 정의

① '가정폭력'이란 「가정폭력범죄의 처벌 등에 관한 특례법」 제2조 제1호의 행위를 말한다.

② '가정폭력행위자'란 「가정폭력범죄의 처벌 등에 관한 특례법」 제2조 제4호의 자를 말한다.

③ '피해자'란 가정폭력으로 인하여 직접적으로 피해를 입은 자를 말한다.

④ '아동'이란 18세 미만인 자를 말한다.

(3) 법률수행의 책임과 범위

① 국가와 지방자치단체는 가정폭력의 예방·방지와 피해자의 보호·지원을 위하여 다음의 조치를 취하여야 한다.

가. 가정폭력 신고체계의 구축 및 운영

나. 가정폭력의 예방과 방지를 위한 조사·연구·교육 및 홍보

다. 피해자를 위한 보호시설의 설치·운영, 임대주택의 우선 입주권 부여와 그 밖에 피해자에 대한 지원서비스의 제공

라. 피해자의 보호와 지원을 원활히 하기 위한 관련 기관 간의 협력체계 구축 및 운영

마. 가정폭력의 예방·방지와 피해자의 보호·지원을 위한 관계 법령의 정비와 각종 정책의 수립·시행 및 평가

② 국가와 지방자치단체는 제1항에 따른 책무를 다하기 위하여 이에 따르는 예산상의 조치를 취하여야 한다.

③ 특별시·광역시·도·특별자치도 및 시·군·구(자치구를 말함)에 가정폭력의 예방·방지 및 피해자의 보호·지원을 담당할 기구와 공무원을 두어야 한다.

④ 국가와 지방자치단체는 가정폭력 관련 상담소와 가정폭력피해자보호시설에 대하여 경비를 보조하는 등 이를 육성·지원하여야 한다.

⑤ 여성가족부장관은 3년마다 가정폭력에 대한 실태조사를 실시하여 그 결과를 발표하고, 이를 가정폭력을 예방하기 위한 정책수립의 기초자료로 활용하여야 한다.

2) 가정폭력방지 및 피해자보호의 조치

(1) 가정폭력예방 교육

① 「초·중등교육법」에 따른 각급 학교의 장은 대통령령으로 정하는 바에 따라 가정폭력의 예방과 방지를 위하여 필요한 교육을 실시하여야 한다.

② 제1항에 따른 예방교육을 실시하는 경우 「성폭력방지 및 피해자보호 등에 관한 법률」 제5조에 따른 성교육 및 성폭력 예방교육, 「여성발전기본법」 제17조의2에 따른 성희롱 예방교육 및 「성매매방지 및 피해자보호 등에 관한 법률」 제4조에 따른 성매매 예방교육 등을 통합하여 실시할 수 있다.

(2) 가정폭력피해자보호 조치

① 국가나 지방자치단체는 가정폭력피해자나 피해자가 동반한 가정구성원(「가정폭력범죄의 처벌 등에 관한 특례법」 제2조 제2호의 자 중 피해자의 보호나 양육을 받고 있는 자)이 아동인 경우 주소지 외의 지역에서 취학(입학 · 재입학 · 전학 및 편입학 포함)할 필요가 있을 때에는 그 취학이 원활히 이루어지도록 지원하여야 한다.

② 피해자를 고용하고 있는 자는 누구든지 「가정폭력범죄의 처벌 등에 관한 특례법」에 따른 가정폭력범죄와 관련하여 피해자를 해고(解雇)하거나 그 밖의 불이익을 주어서는 아니 된다.

3) 가정폭력피해자보호지원시설

(1) 긴급전화센터

① 여성가족부장관 또는 특별시장·광역시장·도지사·특별자치도지사는 다음의 업무 등을 수행하기 위하여 긴급전화센터[6]를 설치·운영하여야 한다. 이 경우 외국어서비스를 제공하는 긴급전화센터를 따로 설치·운영할 수 있다.

가. 피해자의 신고접수 및 상담

나. 관련 기관·시설과의 연계

6) 여성긴급전화는 가정폭력, 성폭력, 성매매 등 위기상황에 처한 긴급전화상담(1366)을 제공한다.

다. 피해자에 대한 긴급한 구조의 지원

② 여성가족부장관 또는 특별자치시장·특별자치도지사와 시·도지사는 제1항에 따른 긴급전화센터의 설치·운영을 대통령령으로 정하는 기관 또는 단체에 위탁할 수 있다.

③ 여성가족부장관 또는 특별자치시장·특별자치도지사와 시·도지사는 제2항에 따라 긴급전화센터의 설치·운영을 위탁할 경우 그에 필요한 경비를 지원하여야 한다.

(2) 가정폭력상담소

① 국가나 지방자치단체는 가정폭력 관련 상담소를 설치·운영할 수 있다.

② 국가나 지방자치단체 외의 자가 상담소를 설치·운영하려면 특별자치도지사·시장·군수·구청장에게 신고하여야 한다.

③ 상담소의 설치·운영기준, 상담소에 두는 상담원의 수와 신고절차 등에 필요한 사항은 여성가족부령으로 정한다.

④ 가정폭력피해자 상담소의 업무는 다음과 같다.

가. 가정폭력 신고를 받거나 이에 관한 상담에 응하는 일

나. 가정폭력으로 정상적인 가정생활과 사회생활이 어렵거나 그 밖에 긴급히 보호를 필요로 하는 피해자 및 피해자가 동반한 가정구성원을 임시로 보호하거나 의료기관 또는 제7조 제1항에 따른 가정폭력피해자보호시설로 인도(引渡)하는 일

다. 행위자에 대한 고발 등 법률적 사항에 관하여 자문하기 위한 대한변호사협회 또는 지방변호사회 및 「법률구조법」에 따른 법률구조법인 등에 대한 필요한 협조와 지원의 요청

라. 경찰관서 등으로부터 인도받은 피해자 등의 임시 보호

마. 가정폭력의 예방과 방지에 관한 홍보

바. 그 밖에 가정폭력과 그 피해에 관한 조사·연구

(3) 가정폭력피해자보호시설

① 국가나 지방자치단체는 가정폭력피해자보호시설을 설치·운영할 수 있다.

② 「사회복지사업법」에 따른 사회복지법인과 그 밖의 비영리법인은 시장·군수·구청장의 인가를 받아 보호시설을 설치·운영할 수 있다.

③ 보호시설에는 상담원을 두어야 하고, 보호시설의 규모에 따라 생활지도원, 취사원, 관리원 등의 종사자를 둘 수 있다.

④ 보호시설의 설치·운영의 기준, 보호시설에 두는 상담원 등 종사자의 직종과 수 및 인가기준 등에 필요한 사항은 여성가족부령으로 정한다.

⑤ 가정폭력피해자보호시설의 종류는 다음과 같다.

가. 단기보호시설 : 피해자 등을 6개월의 범위에서 보호하는 시설[7)]

나. 장기보호시설 : 피해자 등에 대하여 2년의 범위에서 자립을 위한 주거편의 등을 제공하는 시설

다. 외국인보호시설 : 배우자가 대한민국 국민인 외국인 피해자 등을 2년의 범위에서 보호하는 시설

라. 장애인보호시설 : 「장애인복지법」의 적용을 받는 장애인인 피해자 등을 2년의 범위에서 보호하는 시설

⑥ 국가나 지방자치단체는 보호시설에 입소한 피해자나 피해자가 동반한 가정 구성원의 보호를 위하여 필요한 경우 다음의 보호비용을 보호시설의 장 또는 피해자에게 지원할 수 있다. 다만, 보호시설에 입소한 피해자나 피해자가 동반한 가정 구성원이 「국민기초생활보장법」 등 다른 법령에 따라 보호를 받고 있는 경우에는 그 범위에서 이 법에 따른 지원을 하지 아니한다.

가. 생계비

나. 아동교육지원비

다. 아동양육비

라. 직업훈련비

마. 그 밖에 대통령령으로 정하는 비용

⑦ 가정폭력피해자보호시설은 피해자 등에 대하여 다음의 업무를 행한다. 다만, 피해자가 동반한 가정 구성원에게는 숙식 제공 외의 업무 일부를 하지 아니할 수 있고, 장기보호시설은 피해자 등에 대하여 가부터 마까지

7) 단기보호시설의 장은 그 단기보호시설에 입소한 피해자 등에 대한 보호기간을 여성가족부령으로 정하는 바에 따라 3개월의 범위에서 한 차례만 연장할 수 있다.

에 규정된 업무(주거편의를 제공하는 업무는 제외)를 하지 아니할 수 있다.

가. 숙식의 제공

나. 심리적 안정과 사회적응을 위한 상담 및 치료

다. 질병치료와 건강관리를 위한 의료기관에의 인도 등 의료지원

라. 수사기관의 조사와 법원의 증인신문에의 동행

마. 법률구조기관 등에 필요한 협조와 지원의 요청

바. 자립자활교육의 실시와 취업정보의 제공

사. 다른 법률에 따라 보호시설에 위탁된 사항

아. 그 밖에 피해자 등의 보호를 위하여 필요한 일

⑧ 보호시설의 장은 제7항 각 호로 인한 비용의 전부 또는 일부를 가정폭력행위자로부터 구상(求償)할 수 있다. 이 경우 그 구상절차는 국세 또는 지방세 체납처분절차의 예에 따른다.

⑨ 국가나 지방자치단체는 이 법에 따라 설치·운영하는 상담소나 보호시설을 대통령령으로 정하는 유사한 성격의 상담소나 보호시설과 통합하여 설치·운영하거나 설치·운영할 것을 권고할 수 있다.

(4) 긴급전화센터, 상담소 및 보호시설 종사자의 자격기준

① 다음의 어느 하나에 해당하는 자는 긴급전화센터의 장, 상담소의 장, 보호시설의 장 또는 그 밖에 긴급전화센터·상담소 및 보호시설 종사자가 될 수 없다.

가. 미성년자, 피성년후견인 또는 피한정후견인

나. 파산선고를 받은 자로서 복권(復權)되지 아니한 자

다. 금고 이상의 실형을 선고받고 그 집행이 끝나거나(집행이 끝난 것으로 보는 경우를 포함) 집행이 면제되지 아니한 사람

라. 금고 이상의 형의 집행유예를 선고받고 그 유예기간 중에 있는 사람

② 긴급전화센터, 상담소 및 보호시설에 근무하는 상담원은 여성가족부령으로 정하는 요건에 해당하는 자로서 제8조의3에 따른 가정폭력 관련 상담원 교육훈련시설에서 여성가족부령으로 정하는 상담원 교육훈련과정을 마친 자로 한다.

3 성폭력방지 및 피해자보호 등에 관한 법률

1) 성폭력방지 및 피해자보호 등에 관한 법률의 개관

(1) 법제정 목적과 입법배경

「성폭력방지 및 피해자보호 등에 관한 법률」(약칭 : 성폭력방지법)은 2010년 4월 15일에 제정되어 2011년 1월부터 시행된 법률로, 성폭력을 예방하고 성폭력피해자를 보호·지원함을 목적으로 한다. 아울러 법률의 제정 배경을 보면, 「성폭력범죄의 처벌 및 피해자보호 등에 관한 법률」의 내용 중 성폭력피해자 보호·지원에 관한 사항을 분리하여 규정하고, 성폭력피해자의 보호·지원을 위한 국가 및 지방자치단체의 책무, 성폭력피해자 등에 대한 취학 지원, 성폭력피해자를 위한 성폭력통합지원센터의 설치·운영의 법적 근거 등을 규정하여 성폭력방지 및 성폭력피해자의 보호·지원을 중심으로 하는 법률을 제정하게 된 것이다.

그 외에도 성폭력 방지와 성폭력피해자의 보호·지원을 위한 국가와 지방자치단체의 책임과 의무에 대하여 법률에 근거를 마련할 필요가 있다는 점과 국가와 지방자치단체에서는 성폭력 신고체계의 구축 및 운영, 성폭력의 예방을 위한 조사·연구 및 교육·홍보, 성폭력피해자 보호시설의 설치·운영, 관련 기관 간 협력체계 구축, 관계 법령의 정비와 각종 정책의 수립·시행 및 평가 등의 조치를 하도록 규정하고자 한 것에도 입법배경이 있다.

그리고 2024년에는 국가기관 등의 장은 기관장 등에 의한 성폭력 사건인 경우 해당 사실을 안 날부터 1개월 이내에 재발방지대책을 여성가족부장관에게 제출하도록 하고, 국가기관 등의 장이 성폭력 발생 사실을 지체없이 통보하지 않거나 재발방지대책을 기한까지 제출하지 않은 경우 시정을 명할 수 있도록 하는 등 현행 제도의 운영상 나타난 일부 미비점을 개선·보완하였다.

(2) 법률용어의 정의

「성폭력방지 및 피해자보호 등에 관한 법률」에서 사용하는 용어의 뜻은 다음과 같다.

① '성폭력'이란 「성폭력범죄의 처벌 등에 관한 특례법」 제2조 제1항에 규정된 죄에 해당하는 행위를 말한다.

② '성폭력행위자'란 「성폭력범죄의 처벌 등에 관한 특례법」 제2조 제1항에 해당하는 죄를 범한 사람을 말한다.

③ '성폭력피해자'란 성폭력으로 인하여 직접적으로 피해를 입은 사람을 말한다.

(3) 법률수행의 책임과 범위

① 국가와 지방자치단체는 성폭력을 방지하고 성폭력피해자를 보호·지원하기 위하여 다음의 조치를 하여야 한다.

가. 성폭력 신고체계의 구축·운영

나. 성폭력 예방을 위한 조사·연구, 교육 및 홍보

다. 피해자를 보호·지원하기 위한 시설의 설치·운영

라. 피해자에 대한 주거지원, 직업훈련 및 법률구조 등 사회복귀 지원

마. 피해자에 대한 보호·지원을 원활히 하기 위한 관련 기관 간 협력체계의 구축·운영

바. 성폭력 예방을 위한 유해환경 개선

사. 피해자 보호·지원을 위한 관계 법령의 정비와 각종 정책의 수립·시행 및 평가

② 국가와 지방자치단체는 제1항에 따른 책무를 다하기 위하여 이에 따른 예산상의 조치를 하여야 한다.

③ 여성가족부장관은 성폭력의 실태를 파악하고 성폭력 방지에 관한 정책을 수립하기 위하여 3년마다 성폭력 실태조사를 하고 그 결과를 발표하여야 한다.

2) 성폭력방지 및 피해자보호의 조치

(1) 성폭력예방 교육

① 국가와 지방자치단체는 청소년을 건전하게 육성하기 위하여 청소년에 대한 성교육 및 성폭력 예방에 필요한 교육을 실시하여야 한다.

② 「유아교육법」 제7조에 따른 유치원의 장, 「영유아보육법」 제10조에 따른 어린이집의 장 및 「초·중등교육법」 제2조에 따른 각급학교의 장은 대통령령으로 정하는 바에 따라 성에 대한 건전한 가치관 함양과 성폭력 예방에 필요한 교육을 실시하여야 한다.

③ 성폭력에 대한 사회적 경각심을 높이고 성폭력을 예방하기 위하여 대통령령으로 정하는 바에 따라 1년 중 1주간을 성폭력추방주간으로 한다.

(2) 성폭력피해자보호 조치

① 국가와 지방자치단체는 피해자나 피해자의 가족구성원이 「초·중등교육법」 제2조에 따른 각급 학교의 학생인 경우 주소지 외의 지역에서 취학(입학, 재입학, 전학 및 편입학 포함)할 필요가 있을 때에는 그 취학이 원활히 이루어지도록 지원하여야 한다. 이 경우 취학을 지원하는 관계자는 피해자 등의 사생활이 침해되지 아니하도록 유의하여야 한다.

② 누구든지 피해자를 고용하고 있는 자는 성폭력과 관련하여 피해자를 해고하거나 그 밖의 불이익을 주어서는 아니 된다.

③ 19세 미만의 미성년자(19세에 도달하는 해의 1월 1일을 맞이한 미성년자는 제외함)를 보호하거나 교육 또는 치료하는 시설의 장 및 관련 종사자는 자기의 보호·지원을 받는 자가 「성폭력범죄의 처벌 등에 관한 특례법」 제3조부터 제9조까지, 「형법」 제301조 및 제301조의2의 피해자인 사실을 알게 된 때에는 즉시 수사기관에 신고하여야 한다.

3) 성폭력피해자보호지원시설

(1) 성폭력상담소

① 국가 또는 지방자치단체는 성폭력피해상담소를 설치·운영할 수 있다.

② 국가 또는 지방자치단체 외의 자가 상담소를 설치·운영하려면 특별자치도지사 또는 시장·군수·구청장에게 신고하여야 한다.

③ 상담소의 설치·운영 기준, 상담소에 두는 상담원 등 종사자의 수 및 신고 등에 필요한 사항은 여성가족부령으로 정한다.

④ 성폭력피해자상담소는 다음의 업무를 한다.

가. 성폭력피해의 신고접수와 이에 관한 상담

나. 성폭력피해로 인하여 정상적인 가정생활 또는 사회생활이 곤란하거나 그 밖의 사정으로 긴급히 보호할 필요가 있는 사람과 제12조에 따른 성폭력피해자보호시설 등의 연계

다. 피해자의 질병치료와 건강관리를 위하여 의료기관에 인도하는 등 의료지원

라. 피해자에 대한 수사기관의 조사와 법원의 증인신문 등에의 동행

마. 성폭력행위자에 대한 고소와 피해배상청구 등 사법처리 절차에 관하여 「법률구조법」 제8조에 따른 대한법률구조공단 등 관계 기관에 필요한 협조 및 지원 요청

바. 성폭력 예방을 위한 홍보 및 교육

사. 그 밖에 성폭력 및 성폭력피해에 관한 조사·연구

(2) 성폭력피해자보호시설

① 국가 또는 지방자치단체는 성폭력피해자보호시설을 설치·운영할 수 있다. 이 경우 필요하다고 인정하면 장애인 등을 위한 보호시설을 별도로 설치·운영할 수 있다.

② 「사회복지사업법」에 따른 사회복지법인이나 그 밖의 비영리법인은 특별자치시장·특별자치도지사 또는 시장·군수·구청장의 인가를 받아 보호시설을 설치·운영할 수 있다. 이 경우 필요하다고 인정하면 특별자치시장·특별자치도지사 또는 시장·군수·구청장의 인가를 받아 장애인 등을 위한

보호시설을 별도로 설치·운영할 수 있다.

③ 성폭력피해자보호시설의 종류는 다음과 같다.

가. 일반보호시설 : 피해자에게 제13조 제1항 각 호의 사항을 제공하는 시설

나. 장애인보호시설 : 「장애인차별금지 및 권리구제 등에 관한 법률」 제2조 제2항에 따른 장애인 피해자에게 제13조 제1항 각 호의 사항을 제공하는 시설

다. 특별지원보호시설 : 「성폭력범죄의 처벌 등에 관한 특례법」 제5조에 따른 피해자로서 19세 미만의 피해자에게 제13조 제1항 각 호의 사항을 제공하는 시설

라. 외국인보호시설 : 외국인 피해자에게 제13조 제1항 각 호의 사항을 제공하는 시설. 다만, 「가정폭력방지 및 피해자보호 등에 관한 법률」 제7조의2 제1항 제3호에 따른 외국인보호시설과 통합하여 운영할 수 있다.

마. 자립지원공동생활시설 : 상기의 보호시설을 퇴소한 사람에게 제13조 제1항 제3호 및 그 밖에 필요한 사항을 제공하는 시설

바. 장애인자립지원공동생활시설 : 장애인보호시설을 퇴소한 사람에게 제13조 제1항 제3호 및 그 밖에 필요한 사항을 제공하는 시설

④ 성폭력피해자보호시설은 다음의 업무를 한다.

가. 피해자 등의 보호 및 숙식 제공

나. 피해자의 심리적 안정과 사회 적응을 위한 상담 및 치료

다. 자립·자활 교육의 실시와 취업정보의 제공

라. 제11조 제3호·제4호 및 제5호의 업무

마. 다른 법률에 따라 보호시설에 위탁된 업무

바. 그 밖에 피해자를 보호하기 위하여 필요한 업무

⑤ 장애인을 위한 보호시설을 설치·운영하는 자가 제3항 각 호의 업무를 할 때에는 장애인의 특성을 고려하여 적절하게 보호·지원될 수 있도록 하여야 한다.

⑥ 국가 또는 지방자치단체는 보호시설에 입소한 피해자 등의 보호를 위하

여 필요한 경우 다음의 보호비용을 보호시설의 장 또는 피해자에게 지원할 수 있다.

가. 생계비

나. 아동교육지원비

다. 아동양육비

라. 그 밖에 대통령령으로 정하는 비용

(3) 성폭력피해자통합지원센터

① 국가와 지방자치단체는 성폭력피해 상담, 치료, 그 밖에 피해구제를 위한 지원업무를 종합적으로 수행하기 위하여 성폭력피해자통합지원센터를 설치·운영할 수 있다.

② 국가와 지방자치단체는 대통령령으로 정하는 기관 또는 단체로 하여금 통합지원센터를 설치·운영하게 할 수 있다. 통합지원센터에 두는 상담원 등 종사자의 수 등에 필요한 사항은 여성가족부령으로 정한다.

(4) 성폭력전담의료기관

① 여성가족부장관, 특별자치시장·특별자치도지사 또는 시장·군수·구청장은 국립·공립병원, 보건소 또는 민간의료시설을 피해자 등의 치료를 위한 전담의료기관으로 지정할 수 있다.

② 제1항에 따라 지정된 성폭력전담의료기관은 피해자 본인·가족·친지나 긴급전화센터, 상담소, 보호시설 또는 통합지원센터의 장 등이 요청하면 피해자등에 대하여 보건 상담 및 지도, 치료, 그 밖에 대통령령으로 정하는 신체적·정신적 치료를 제공해야 한다.

4 성매매방지 및 피해자보호 등에 관한 법률

1) 성매매방지 및 피해자보호 등에 관한 법률의 개관

(1) 법제정 목적과 법률용어의 정의

① 「성매매방지 및 피해자보호 등에 관한 법률」(약칭 : 성매매피해자보호법)은 「성매매알선 등 행위의 처벌에 관한 법률」과 같은 2004년 3월에 제정되어 2004년 9월부터 시행된 법률로, 성매매를 방지하고, 성매매피해자 및 성을 파는 행위를 한 사람의 보호와 자립을 지원하는 것을 목적으로 한다.

② 「성매매방지 및 피해자보호 등에 관한 법률」에서 사용하는 용어의 뜻은 다음과 같다.

가. '성매매'란 「성매매알선 등 행위의 처벌에 관한 법률」[8] 제2조 제1항 제1호에 규정된 행위를 말한다.

나. '성매매알선 등 행위'란 「성매매알선 등 행위의 처벌에 관한 법률」 제2조 제1항 제2호에 규정된 행위를 말한다.

다. '성매매 목적의 인신매매'란 「성매매알선 등 행위의 처벌에 관한 법률」 제2조 제1항 제3호에 규정된 행위를 말한다.

라. '성매매피해자'란 「성매매알선 등 행위의 처벌에 관한 법률」 제2조 제1항 제4호에 규정된 사람을 말한다.

마. '성접대'란 거래나 업무관계에 있는 상대방에게 거래나 업무행위에 대한 대가로서 성을 제공하거나 알선·권유하는 행위를 말한다.

(2) 법률수행의 책임과 범위

① 국가와 지방자치단체는 성매매를 방지하고, 성매매피해자 및 성을 파는 행위를 한 사람의 보호와 자립을 지원하기 위하여 다음의 사항에 대한 법적·제도적 장치를 마련하고 필요한 행정적·재정적 조치를 하여

8) 「성매매알선 등 행위의 처벌에 관한 법률」의 제정 목적은 성매매·성매매알선 행위 및 성매매 목적의 인신매매를 근절하고, 성매매피해자의 인권을 보호함에 있으며, 법무부의 소관 법제이다.

야 한다.

가. 성매매, 성매매알선 등 행위 및 성매매 목적의 인신매매를 방지하기 위한 조사·연구·교육·홍보

나. 성매매피해자 등의 보호와 자립을 지원하기 위한 시설(외국인여성을 위한 시설 포함)의 설치·운영

② 국가는 성매매 목적의 인신매매 방지를 위한 국제협력을 증진하기 위하여 노력하여야 한다.

③ 여성가족부장관은 3년마다 국내외 성매매 실태조사를 실시하여 성매매 실태에 관한 종합보고서를 발간하고, 이를 성매매의 예방을 위한 정책수립에 기초자료로 활용하여야 한다.

④ 여성가족부장관은 실태조사를 위하여 필요하다고 인정하는 경우에는 관계 중앙행정기관의 장, 지방자치단체의 장 및 관련 단체의 장에게 자료제출 또는 조사업무의 수행에 필요한 협조를 요청할 수 있다. 이 경우 자료 제출 또는 협조 요청을 받은 자는 특별한 사유가 없는 한 이에 따라야 한다.

2) 성매매방지 및 피해자보호의 조치

(1) 성매매예방 교육

① 국가기관, 지방자치단체 및 초·중·고등학교의 장, 그 밖에 대통령령으로 정하는 공공단체의 장은 성에 대한 건전한 가치관 함양과 성매매 방지 및 인권보호를 위하여 성매매 예방교육을 실시하고, 그 결과를 여성가족부장관에게 제출하여야 한다.

② 「성매매방지 및 피해자보호 등에 관한 법률」 제4조 제1항에서 '그 밖에 대통령령으로 정하는 공공단체의 장'이란 다음의 단체 또는 기관의 장을 말한다.

가. 「초·중등교육법」 제2조에 따른 공민학교, 고등공민학교, 고등기술학교, 특수학교, 각종 학교

나. 「고등교육법」 제2조에 따른 학교

다. 다른 법령에 따라 설치된 각종 학교 또는 대학

라. 「공직자윤리법 시행령」 제3조의2 제2항에 따라 행정안전부장관이 관보에 고시한 공직유관단체(같은 조 제3항에 따라 공직유관단체에서 제외된 단체 제외)

③ 국가기관, 지방자치단체 및 초·중·고등학교의 장과 공공단체의 장은 법 제4조 제1항에 따라 해당 기관 또는 단체에 소속된 사람, 학생(초등학생을 제외한 「초·중등교육법」에 따른 학교의 학생에 한정) 등을 대상으로 1년에 한 번 이상 성매매 예방교육을 실시하여야 한다.

(2) 성매매피해자보호 조치

① 성매매피해자지원시설의 장과 상담소의 장은 성매매피해자 등이 밝힌 의사에 반(反)하여 지원시설에 들어가게 하거나 상담소의 보호실에서 임시보호할 수 없다.

② 지원시설의 장 또는 상담소의 장이나 이를 보좌하는 자 또는 그 직에 있었던 자는 직무상 알게 된 비밀을 누설하여서는 아니 된다.

③ 성매매피해자 등의 치료를 위한 전담의료기관은 지원시설의 장이나 상담소의 장의 요청이 있을 경우에는 다음의 보호조치를 하여야 한다.

가. 성매매피해자 등의 보건 상담 및 지도

나. 성매매피해의 치료

다. 그 밖에 대통령령으로 정하는 신체적·정신적 치료(성병, 정신질환, 알코올 중독, 약물중독)

3) 성매매피해자보호지원시설

(1) 성매매피해자지원시설의 종류

① 성매매피해자 등을 위한 지원시설의 종류는 다음과 같다.

가. 일반지원시설 : 성매매피해자 등을 대상으로 1년 이내의 범위에서 숙식을 제공하고 자립을 지원하는 시설

나. 청소년지원시설 : 청소년인 성매매피해자 등을 대상으로 1년 이내의 범위에서 숙식을 제공하고, 취학·교육 등을 통하여 자립을 지원하는

시설

다. 외국인지원시설 : 외국인 성매매피해자 등을 대상으로 3개월(「성매매알선 등 행위의 처벌에 관한 법률」 제11조에 해당하는 외국인여성에 대하여는 그 해당 기간) 이내의 범위에서 숙식을 제공하고, 귀국을 지원하는 시설

라. 자립지원공동생활시설 : 성매매피해자 등을 대상으로 2년의 범위에서 숙박 등의 편의를 제공하고, 자립을 지원하는 시설

② 일반지원시설의 장은 1년 6개월 이내의 범위에서 여성가족부령으로 정하는 바에 따라 지원기간을 연장할 수 있다.

③ 청소년지원시설의 장은 2년의 범위 내에서 여성가족부령으로 정하는 바에 따라 지원기간을 연장할 수 있다.

(2) 성매매피해자지원시설의 설치 · 운영

① 국가나 지방자치단체는 성매매피해자지원시설을 설치·운영할 수 있다.

② 국가나 지방자치단체 외의 자가 지원시설을 설치·운영하려면 특별자치도지사, 시장·군수·구청장에게 신고하여야 한다.

③ 지원시설의 설치기준·신고절차 및 종사자의 자격기준·수 등에 필요한 사항은 여성가족부령으로 정한다.

④ 일반지원시설은 다음의 업무를 수행한다.

가. 숙식 제공

나. 심리적 안정과 사회 적응을 위한 상담 및 치료

다. 질병치료와 건강관리를 위하여 의료기관에 인도하는 등의 의료지원

라. 수사기관의 조사와 법원의 증인신문에의 동행

마. 법률구조기관 등에 필요한 협조와 지원 요청

바. 자립자활교육의 실시와 취업정보 제공

사. 「국민기초생활보장법」 등 사회보장 관련 법령에 따른 급부의 수령 지원

아. 기술교육(위탁교육 포함)

자. 다른 법률에서 지원시설에 위탁한 사항

차. 그 밖에 여성가족부령으로 정하는 사항

⑤ 청소년지원시설은 일반지원시설 업무 외에 진학을 위한 교육을 제공하거나 교육기관에 취학을 연계하는 업무를 수행한다.

⑥ 외국인지원시설은 일반지원시설 업무의 일부 업무와 귀국을 지원하는 업무를 수행한다.

⑦ 자립지원공동생활시설(자활지원센터)은 다음의 업무를 수행한다.

가. 작업장 등의 설치·운영

나. 취업 및 기술교육(위탁교육 포함)

다. 취업 및 창업을 위한 정보의 제공

라. 그 밖에 사회 적응을 위하여 필요한 지원으로서 여성가족부령으로 정하는 사항

⑧ 지원시설의 운영에 대한 규정은 다음과 같다.

가. 지원시설의 장은 입소자 또는 이용자의 인권을 최대한 보장하여야 한다.

나. 지원시설의 장은 입소자 및 이용자의 사회 적응능력 등을 기를 수 있는 상담, 교육, 정보 제공 및 신변 보호 등에 필요한 지원을 하여야 한다.

다. 지원시설의 장은 입소자의 건강관리를 위하여 입소 후 1개월 이내에 건강진단을 실시하고, 건강에 이상이 발견된 경우에는 「의료급여법」에 따른 의료급여를 받게 하는 등 필요한 조치를 하여야 하며, 필요한 경우 의료기관에 질병치료 등을 의뢰할 수 있다.

라. 지원시설의 운영방법·운영기준 등에 필요한 사항은 여성가족부령으로 정한다.

(3) 성매매피해자상담소의 설치 · 운영

① 국가나 지방자치단체는 성매매피해자상담소를 설치·운영할 수 있다.

② 국가나 지방자치단체 외의 자가 상담소를 설치·운영하려면 특별자치시장·특별자치도지사, 시장·군수·구청장에게 신고하여야 한다.

③ 상담소에는 상담실을 두어야 하며, 이용자를 임시로 보호하기 위한 보호

실을 운영할 수 있다.

④ 상담소의 설치기준·신고절차·운영기준, 상담원 등 종사자의 자격기준 및 수 등에 필요한 사항은 여성가족부령으로 정한다.

⑤ 상담소는 다음의 업무를 수행한다.

가. 상담 및 현장 방문

나. 지원시설 이용에 관한 고지 및 지원시설에의 인도 또는 연계

다. 성매매피해자의 구조

라. 제11조 제1항 제3호부터 제5호까지의 업무

마. 성매매예방을 위한 홍보와 교육

바. 다른 법률에서 상담소에 위탁한 사항

사. 성매매피해자 등의 보호를 위한 조치로서 여성가족부령으로 정하는 사항

PART

05

사회복지 관련 법제의 실천

Chapter 12

사회복지서비스 관련 법제

1 농어촌주민의 보건복지증진을 위한 특별법

1) 농어촌주민의 보건복지증진을 위한 특별법의 개관

(1) 법제정 목적

「농어촌주민의 보건복지증진을 위한 특별법」(약칭 : 농어촌복지법)은 2004년 1월에 제정되어 그해 4월 30일부터 시행된 법률이다. 법제정 취지는 농어촌주민의 보건복지증진을 위한 시책을 강화하고 이에 관한 국가 및 지방자치단체의 책임을 명확히 하며 농어촌에 보건의료 및 사회복지시설을 확충함으로써 농어촌주민의 인간다운 삶을 보장함을 목적으로 한다.

(2) 법률용어의 정의

① '농어촌'이란 「농업·농촌 및 식품산업 기본법」 제3조 제5호에 따른 농촌과 「수산업·어촌 발전 기본법」 제3조 제6호에 따른 어촌을 말한다.

② '농어촌주민'이란 농어촌에 거주하는 사람을 말한다.

③ '농어업인'이란 「농업·농촌 및 식품산업 기본법」 제3조 제2호에 따른 농업인과 「수산업·어촌 발전 기본법」 제3조 제3호에 따른 어업인을 말한다.

(3) 법률수행의 책임과 범위

① 「농어촌주민의 보건복지증진을 위한 특별법」은 농어촌, 농어촌주민 및 농어민에 대하여 적용한다.

② 「농어촌주민의 보건복지증진을 위한 특별법」은 농어촌보건복지사업에 관하여 다른 법률의 규정에 우선 적용한다.

③ 국가 및 지방자치단체는 농어촌주민들에게 보건의료 및 사회복지 영역에서 실질적인 혜택이 돌아갈 수 있도록 관련 제도와 여건을 조성하여야 한다.

④ 보건복지부장관은 농어촌의 보건복지수준에 관한 '실태조사'를 5년마다 실시하여 공표하여야 한다. 실태조사는 「농어업인 삶의 질 향상 및 농어촌지역 개발촉진에 관한 특별법」 제8조 제1항에 따른 실태조사와 통합하여 실시할 수 있다.

⑤ 실태조사의 항목·방법·절차 및 공표 등에 관하여 필요한 사항은 보건복지부령으로 정한다.

⑥ 보건복지부장관은 제6조의 규정에 의한 실태조사를 토대로 농어촌보건복지기본계획을 5년마다 수립하여야 한다.

⑦ 기본계획에는 다음의 사항이 포함되어야 한다.

가. 농어촌보건복지정책의 기본목표 및 추진방향

나. 주요 추진과제 및 추진방법

다. 재원조달 방법

라. 농어촌보건복지의 전달체계

마. 그 밖에 농어촌보건복지증진을 위하여 특히 필요하다고 보건복지부장관이 인정하는 사항

⑧ 보건복지부장관 및 광역시장·도지사는 기본계획에 따라 농어촌보건복지와 관련된 소관 주요시책의 추진계획을 매년 수립·시행하여야 한다.

⑨ 시장 및 군수는 추진계획에 따라 농어촌보건복지와 관련된 소관 주요 추진계획의 실천계획을 매년 수립·시행하여야 한다.

2) 농어촌주민 보건복지증진의 조치

(1) 응급의료체계의 구축

① 국가 및 지방자치단체는 「응급의료에 관한 법률」 제13조 2의 규정에 의한 응급의료기본계획 및 지역응급의료시행계획에 다음의 사항을 반영하여야 한다.

가. 농어촌 응급의료 이용실태의 조사·분석

나. 농어촌 응급의료 취약지의 해소를 위한 응급의료기관의 설치·지정

다. 농어촌 응급의료기관의 인력·장비 및 시설 개선

라. 농어촌 응급환자 이송수단의 확보

② 국가 및 지방자치단체는 제1항의 규정에 의한 응급의료기본계획 및 지역응급의료시행계획을 시행하기 위하여 농어촌의 응급의료기관 및 공공보건의료기관에 필요한 재정지원을 할 수 있다.

(2) 농어촌민간의료기관의 육성

① 국가 또는 지방자치단체는 농어촌주민의 보건향상과 국민보건의료의 균형있는 발전을 위하여 농어촌민간의료기관을 육성하여야 한다.

② 국가 또는 지방자치단체가 제1항의 규정에 의한 농어촌민간의료기관의 육성을 위하여 농어촌민간의료기관에 대하여 융자를 하는 경우에는 보건복지부장관이 관계행정기관의 장과 협의하여 정하는 융자금리와 융자기간을 적용할 수 있다.

③ 국가 또는 지방자치단체는 농어촌민간의료기관의 육성을 위하여 농어촌민 간의료기관이 종전의 「재정융자특별회계법」에 따라 2003년 12월 31일 이전에 도입한 차관에 대하여 보건복지부장관이 관계행정기관의 장과 정하는 바에 따라 상환기간의 연장, 금리의 인하 등 조정된 상환조건을 적용할 수 있다.

④ 국가 및 지방자치단체는 농어민 또는 대통령령이 정하는 자가 「한의약육성법」 제2조 제4호의 규정에 의한 한약재를 재배·가공 또는 유통하고자 하는 경우에는 소요비용의 일부를 예산의 범위 안에서 지원할 수 있다.

⑤ 국가는 한약재재배 등의 지원신청 절차 및 신청에 대한 심사기준 등에

관한 사항은 보건복지부령으로 정한다.

(3) 복합노인복지시설의 설치와 저소득층 노인요양비 지원 등

① 국가 및 지방자치단체는 농어촌에 거주하는 노인에 대하여 주거·건강증진·여가·문화 등 다양한 복지서비스를 무료 또는 실비로 지원하기 위하여 「노인복지법」 제31조 각 호의 노인복지시설을 종합적으로 배치한 복합노인복지시설을 설치·운영할 수 있다.

② 제1항의 규정에 의한 복합노인복지시설의 설치·운영에 관하여 필요한 사항은 보건복지부령[1]으로 정한다.

③ 국가 및 지방자치단체는 대통령령이 정하는 농어촌의 저소득층노인에게 간병·수발, 일상생활지원, 재활 등의 필요한 서비스를 제공하여야 한다.

④ 서비스의 내용 및 방법 등에 관하여 필요한 사항은 보건복지부령으로 정한다.

⑤ 국가 및 지방자치단체는 간병이 필요한 노인을 부양하고 있는 대통령령이 정하는 저소득층 농어민 가구에 대하여는 간병비용 또는 물품 등을 예산의 범위 안에서 보건복지부령이 정하는 바에 따라 지원할 수 있다.

(4) 보건사업의 우선실시 등

① 국가는 「암관리법」 제9조의 규정에 의한 암조기검진사업을 농어촌에 우선적으로 무상실시하기 위한 시책을 강구하여야 한다. 암검진항목 및 대상 등에 관하여 필요한 사항은 보건복지부령으로 정한다.

② 국가 및 지방자치단체는 「정신건강증진 및 정신질환자 복지서비스 지원에 관한 법률」에 의한 정신요양시설 및 정신재활시설 중 농어촌에 있는 시설의 설치·운영 및 시설개선에 필요한 비용의 전부 또는 일부를 우선적으로 지원할 수 있다. 국가 및 지방자치단체는 농어촌주민의 정신건강

1) 노인복지시설(노인보호전문기관은 제외한다) 중 두 종류 이상의 노인복지시설을 같은 건물 또는 인접한 지역에 설치·운영하여야 한다. 복합노인복지시설은 개별 시설의 시설기준에도 불구하고 사무실, 의무실, 자원봉사자실. 식당 및 조리실, 그 밖에 공동사용이 필요하다고 보건복지부장관이 인정하는 설비를 공동으로 설치하여 사용할 수 있다.

증진 및 정신질환의 치료·재활을 위하여 정신건강증진사업 등을 농어촌에 우선적으로 실시하여야 하며, 정신보건센터의 설치·운영 등 동 사업에 필요한 비용의 전부 또는 일부를 지원할 수 있다.

③ 국가 및 지방자치단체는 「구강보건법」 제7조의 규정에 따라 구강보건사업을 시행함에 있어서 대통령령이 정하는 저소득층 농어촌주민에 대하여 노인의치사업 등의 구강보건사업을 우선적으로 실시하기 위한 시책을 강구하여야 한다. 구강보건사업에 소요되는 비용은 국가 및 지방자치단체가 부담한다.

(5) 기타 복지사업의 우선실시 등

① 국가와 지방자치단체는 사회복지시설의 개선사업을 할 때 농어촌의 사회복지시설에 우선적으로 재정지원을 할 수 있다.

② 국가와 지방자치단체는 농어촌의 보육 여건 개선을 위하여 국공립 어린이집을 우선 설치하거나 그 밖에 어린이집이 설치될 수 있도록 필요한 조치하여야 한다.

③ 국가와 지방자치단체는 보호가 필요한 농어촌 아동의 보호를 활성화하기 위하여 다음의 가정에 대한 지원시책을 우선적으로 마련하여야 한다.

가. 소년·소녀가 가장인 가정

나. 「아동복지법」 제15조 제1항 제3호에 따라 아동의 보호를 위탁받은 가정

다. 「국내입양에 관한 특별법」 제2조 제2호에 따른 보호대상아동을 입양한 가정

2 식품 등 기부 활성화에 관한 법률 / 사회복지공동모금회법

1) 식품 등 기부 활성화에 관한 법률

(1) 식품 등 기부 활성화에 관한 법률의 개관

❶ 법제정 목적

「식품 등 기부 활성화에 관한 법률」(약칭 : 식품기부법)은 2006년 3월에 제정되어 그해 9월 25일부터 시행된 법률로서, 식품 및 생활용품의 기부를 활성화하고 기부된 식품 등을 생활이 어려운 자에게 지원함으로써 사회복지의 증진 및 사회공동체문화의 확산에 이바지함을 목적으로 한다.

❷ 법률용어의 정의

① '식품'이란 「식품위생법」 제2조 제1호에 따른 식품을 말한다.
② '생활용품'이란 세제·세면용품 등 개인 위생관리에 필요한 물품으로서 대통령령으로 정하는 물품을 말한다.
③ '기부식품 등'이란 생활이 어려운 자에게 지원할 목적으로 제공된 식품 등을 말한다.
④ '이용자'란 기부식품 등을 이용하는 자를 말한다.
⑤ '제공자'란 기부식품 등을 이용자에게 직접 또는 간접으로 제공하는 자를 말한다.
⑥ '사업자'란 제공자 중 제4조에 따른 기부식품 등 제공사업을 계속적으로 영위하는 자로서 대통령령으로 정하는 자를 말한다.

❸ 법률수행의 책임과 범위

① 국가 및 지방자치단체는 식품 등 기부 및 기부식품 등 제공사업을 지원·장려하기 위하여 필요한 시책을 강구하여야 한다.
② 국가 및 지방자치단체는 제공자 또는 사업자에게 기부식품 등 제공사업에 필요한 경비의 일부를 보조할 수 있다.
③ 국가, 지방자치단체 및 공공기관은 필요한 경우 보유하고 있는 식품 등의

일부를 제공자 및 사업자에게 제공할 수 있다. 아울러 국가 및 지방자치 단체는 이용자 보호를 위하여 필요한 시책을 강구하여야 한다.

④ 기부식품 등의 취식 또는 사용으로 인하여 이용자가 피해를 입은 때에는 다음의 어느 하나에 해당하는 경우를 제외하고는 제공자(제3조의 규정에 따라 신고한 사업자 제외) 및 기부식품 제공활동에 참여한 자는 민사상 책임을 지지 아니한다.

가. 고의 또는 중대한 과실이 있는 경우

나.「식품위생법」 제3조의 위생적 취급 기준을 위반한 경우

다.「식품위생법」 제4조에 따른 위해식품 등인 경우

⑤ 기부식품의 취식 및 사용으로 인하여 이용자가 사상(死傷)에 이른 때에는 제공자·사업자 그 밖에 기부식품 제공활동에 참여한 자에게 중대한 과실이 없는 경우에는「형법」상의 형을 감경하거나 면제할 수 있다.

⑥ 사업자는 제공된 식품의 취식 및 사용으로 인하여 이용자의 생명·신체에 발생한 손해를 보상하기 위하여 손해보험에 가입하여야 한다.

(2) 식품 등 기부 활성화의 조치

❶ 기부식품 등 제공사업

제공자 및 사업자는 이용자에게 기부식품 등을 무상으로 제공함을 원칙으로 하며, 기부식품 등 제공사업의 범위는 다음과 같다.

① 기부식품 등의 모집·관리 및 제공

② 식품 등의 기부를 활성화하기 위한 홍보

③ 그 밖에 기부식품 등의 제공과 관련된 부수사업

❷ 기부식품 등의 모집 및 제공

① 제공자 및 사업자는 기부식품 등의 모집 및 제공과정을 투명하게 하여야 한다.

② 제공자 및 사업자는 기부식품 등을 모집하거나 제공함에 있어서 선량한 관리자로서의 주의의무를 다하여 기부식품 등을 안전하게 취급하여야 한다.

2) 사회복지공동모금회법

(1) 사회복지공동모금회법의 개관

❶ 법제정 목적과 기본원칙

① 「사회복지공동모금회법」은 1997년 3월에 제정된 「사회복지공동모금법」이 1999년 3월에 전부 개정되어 그해 4월 1일부터 시행된 법률로, 사회복지공동모금회의 공동모금을 통하여 사회복지에 대한 국민의 이해와 참여를 제고함과 아울러 국민의 자발적인 성금으로 조성된 재원을 효율적이고 공정하게 관리·운용함으로써 사회복지증진에 이바지함을 목적으로 한다.

② 기부금품은 기부하는 자의 의사에 반하여 모집하여서는 아니 된다.

③ 제17조의 규정에 의하여 조성된 공동모금재원은 지역·단체·대상자 및 사업별로 복지수요가 공정하게 충족되도록 배분하여야 하고, 제1조의 목적 및 제25조의 용도에 맞도록 공정하게 관리·운용하여야 한다.

④ 공동모금재원의 배분은 객관적인 기준에 따라 효율적으로 이루어지도록 하고, 그 결과를 공개하여야 한다.

❷ 법률용어의 정의

① '사회복지사업'이라 함은 「사회복지사업법」 제2조 제1호에 따른 사회복지사업을 말한다.

② '사회복지공동모금'이라 함은 사회복지사업, 기타 사회복지활동의 지원에 필요한 재원을 조성하기 위하여 「사회복지공동모금회법」에 의하여 기부금품을 모집하는 것을 말한다.

❸ 법률수행의 책임과 범위

① 사회복지공동모금사업을 관장하기 위하여 사회복지공동모금회를 둔다.

② 사회복지공동모금회는 「사회복지사업법」 제2조 제2호에 따른 사회복지법인으로 한다.

③ 모금회는 다음의 사업을 수행한다.

가. 사회복지공동모금사업

나. 공동모금재원의 배분

다. 공동모금재원의 운용 및 관리

라. 사회복지공동모금에 관한 조사·연구·홍보 및 교육훈련

마. 지회의 운영

바. 사회복지공동모금과 관련된 국제교류 및 협력증진사업

사. 다른 기부금품 모집자와의 협력사업

아. 기타 모금회의 목적달성에 필요한 사업

(2) 사회복지공동모금과 배분의 조치

❶ 공동재원의 모금

① 모금회의 사업에 필요한 경비는 다음의 재원으로 조성한다.

가. 사회복지공동모금에 의한 기부금품

나. 법인 또는 단체가 출연하는 현금·물품·그 밖의 재산

다. 복권 및 복권기금법의 규정에 의하여 배분받은 복권수익금

라. 기타 수입금

② 모금회는 사회복지사업, 기타 사회복지활동의 지원을 위하여 연중 기부금품을 모집·접수할 수 있다.

③ 모금회는 기부금품을 모집·접수한 경우 기부금품의 접수사실을 장부에 기재하고, 그 기부자에게 영수증을 교부하여야 한다. 다만, 기부자를 알 수 없는 경우에는 모금회에 영수증을 보관하여야 한다.

④ 모금회는 영수증에 기부금품의 금액, 그 금액에 대하여 세금혜택이 된다는 문언과 일련번호를 표시하여야 한다.

⑤ 모금회는 효율적인 모금을 위하여 일정한 기간을 정하여 집중모금을 실시할 수 있다.

⑥ 모금회가 집중모금을 하고자 할 경우에는 그 모집일부터 15일 전에 그 내용을 보건복지부장관에게 보고하여야 하며, 그 모집을 종료한 때에는 모집종료일부터 1월 이내에 그 결과를 보건복지부장관에게 보고하여야 한다.

⑦ 모금회는 사회복지사업, 그 밖의 사회복지활동 등을 지원하기 위한 재원의 조성을 위하여 복권을 발행할 수 있다. 복권을 발행하고자 할 때에는

그 종류·조건·금액 및 방법 등에 관하여 미리 보건복지부장관의 승인을 얻어야 한다.

⑧ 복권의 당첨금을 받을 권리는 그 지급일부터 3월간 행사하지 아니하면 소멸시효가 완성되며, 소멸시효가 완성된 당첨금은 공동모금재원에 귀속된다.

⑨ 모금회는 기부금품의 접수를 효율적이고 공정하게 하기 위하여 언론기관을 모금창구로 지정하고, 지정된 언론기관의 명의로 모금계좌를 개설할 수 있다.

❷ 공동재원의 배분

① 모금회는 매년 8월 31일까지 다음의 사항이 포함된 다음 회계연도의 공동모금재원의 배분기준을 정하여 이를 공고하여야 한다.

가. 공동모금재원의 배분대상

나. 배분한도액

다. 배분신청기간 및 배분신청서 제출장소

라. 배분심사기준

마. 배분재원의 과부족 시 조정방법

바. 배분신청 시 제출할 서류

사. 기타 공동모금재원의 배분에 관하여 필요한 사항

② 모금회는 재난구호 및 긴급구호 등 긴급히 지원해야 할 필요가 있는 경우에는 별도의 배분기준에 따라 지원할 수 있다.

③ 모금회는 기부금품의 100분의 10의 범위 안에서 이사회 의결로 정하는 비율을 「한국국제보건의료재단법」 제7조 제1호에 따라 행하는 개발도상국가를 비롯한 외국 및 군사분계선 이북지역의 보건의료지원사업에 사용되도록 배분할 수 있다.

④ 모금회는 공동모금재원을 배분하는 경우 모금회가 배분하는 것임을 표시하여야 한다.

⑤ 모금회에 배분신청을 하고자 하는 자는 제20조의 규정에 의한 공고에 따라 배분신청서를 제출하여야 한다.

⑥ 국제보건의료지원사업을 하는 자는 배분신청서를 제출할 때 정관으로 정

하는 바에 따라 사업계획서를 작성하여 함께 제출하여야 한다. 이 규정에 의하여 제출된 배분신청서는 당해 회계연도에 한하여 효력이 있다.

⑦ 모금회는 접수한 배분신청서를 배분분과실행위원회에 회부하여 배분금액·배분순위 및 배분시기 등을 심의하도록 하여야 한다. 모금회는 심의결과에 기초하여 배분계획을 수립하여야 한다.

⑧ 배분계획은 공동모금재원이 분기별로 균형있게 배분되도록 하여야 한다. 다만, 사업의 성격이 일시에 지원할 필요가 있는 경우에는 그러하지 아니한다.

⑨ 모금회는 공동모금재원을 배분받은 자 또는 배분신청을 한 자에 대하여 필요한 서류의 제출을 요구하거나 필요한 조사를 할 수 있다.

⑩ 모금회(지회 포함)는 매년 공동모금재원의 배분결과를 평가하고 그 평가결과를 이사회에 보고하여야 한다.

⑪ 모금회는 각 회계연도의 공동모금재원의 배분을 종료한 날부터 3개월 이내에 전국적으로 배포되는 1개 이상의 일간신문에 그 배분결과를 공고하여야 한다.

⑫ 모금회는 규정에 의한 공고 외에 다양한 방법과 매체를 통하여 그 배분결과를 알려야 한다.

❸ 공동재원의 사용

① 공동모금재원은 사회복지사업, 기타 사회복지활동에 사용한다.

② 각 회계연도에 조성된 공동모금재원은 당해 회계연도에 지출하는 것을 원칙으로 한다. 다만, 재난구호 및 긴급구호 등 긴급히 지원할 필요가 있는 때를 대비하여 각 회계연도의 공동모금재원의 일부를 적립하는 경우에는 그러하지 아니한다.

③ 제2항 본문의 규정에 불구하고 다음의 어느 하나에 해당하는 경우에는 각 회계연도[2]에 조성된 공동모금재원의 일부를 이사회의 의결을 거쳐 다음 회계연도에 이월하여 지출할 수 있다.

가. 사용용도 등이 지정되어 기부된 모금재원으로서 모금목적사업의 특성상 당해 회계연도에 지출을 완료하기 어려운 경우

2) 모금회의 회계연도는 1월 1일부터 12월 31일까지로 한다.

나. 공동모금재원의 배분에 대한 계획이 2 회계연도 이상에 걸치는 경우로서 사업의 성격상 다음 회계연도에 이월하여 지출하는 것이 필요하다고 인정되는 경우

다. 당해 회계연도 말에 집중조성된 모금재원으로서 부득이한 사유로 인하여 당해 회계연도에 지출이 어려운 경우

라. 기부금품모집과 모금회의 관리·운영에 필요한 비용은 직전 회계연도 모금총액의 100분의 10 범위 내에서 이사회의 의결을 거쳐 사용할 수 있다.

마. 공동모금재원의 관리·운용방법 및 예산·회계 등에 관하여 필요한 사항은 정관으로 정한다.

④ 기부금품의 기부자는 배분지역·배분대상자 또는 사용용도를 지정할 수 있다.

⑤ 모금회는 지정 취지가 이 법의 목적·취지나 「공직선거법」을 위반하는 경우 그 사실을 기부자에게 설명하고 이 법의 목적·취지와 「공직선거법」을 위반하지 아니하게 지정하도록 요구하거나 그 지정을 철회하도록 요구하여야 한다. 기부자가 이에 응하지 아니하는 경우에는 기부금품을 접수하지 아니하여야 한다.

⑥ 모금회는 지정이 있는 경우 지정 취지에 따라 기부금품을 사용하여야 한다.

⑦ 모금회는 이사회의 의결을 거쳐 지정 및 그 사용방법에 관하여 필요한 사항을 정할 수 있다.

(3) 사회복지공동모금회의 전달체계

❶ 임원과 이사회

① 사회복지공동모금회는 다음의 임원을 둔다.

가. 회장 1인

나. 부회장 3인

다. 이사(회장 · 부회장 및 사무총장 포함) 15인 이상 20인 이하

라. 감사 2인

② 임원의 임기는 3년으로 하되, 1회에 한하여 연임할 수 있다.

③ 부득이한 사유로 후임임원이 선임되지 못하여 모금회의 업무수행에 지장이 있는 경우에는 후임임원이 선임될 때까지 임기가 만료된 임원이 그 업무를 수행한다.

④ 임원의 선임방법 및 그 자격요건에 관하여 필요한 사항은 모금회 정관으로 정한다.

⑤ 회장은 모금회를 대표하고, 소관업무를 통할하며, 소속직원을 지휘·감독한다.

⑥ 모금회는 정관에서 정하는 중요사항을 의결하기 위하여 이사회를 둔다. 이사회는 회장이 소집하고 그 의장이 된다.

⑦ 이사회는 다음의 어느 하나에 해당하는 자 중에서 이사를 선임하여야 한다. 이 경우 '가'호부터 '다'호까지의 규정에 해당하는 자가 각각 4인 이상 포함되어야 한다.

가. 경제계·언론계·법조계·의료계에 종사하는 자

나. 노동계·종교계·시민단체에 종사하는 자

다. 사회복지 관련 학계에 종사하는 자 등 사회복지전문가

라. 그 밖에 학식과 덕망이 있는 자

⑧ 감사는 모금회의 업무집행상황·재산상황·회계 등 업무 전반을 감사한다.

❷ 사무조직(중앙 / 지방)

① 모금회의 업무를 처리하기 위하여 중앙회에는 사무총장 1인과 필요한 직원 및 기구를 둔다.

② 모금회의 기획, 홍보, 모금, 배분업무에 관한 사항을 심의하기 위하여 해당분야의 전문가와 시민대표 등으로 구성되는 기획분과실행위원회, 홍보분과실행위원회, 모금분과실행위원회 및 배분분과실행위원회를 둔다.

③ 분과실행위원회의 위원장은 1인 이상의 이사로부터 추천받은 이사 중에서 이사회의 의결을 거쳐 회장이 위촉하며, 위원은 당해 위원장의 제청과 이사회의 의결로 회장이 위촉한다.

④ 분과실행위원회는 위원장 1인을 포함하여 20인 이내의 위원으로 구성한

다. 다만, 모금분과실행위원회 및 배분분과실행위원회는 각각 20인 이상의 위원으로 구성한다.

⑤ 분과실행위원회의 위원의 임기는 2년으로 하되, 연임할 수 있다. 다만, 배분분과실행위원은 1회에 한하여 연임할 수 있다.

⑥ 모금회에 지역단위의 사회복지공동모금사업을 관장하기 위하여 특별시·광역시·도에 사회복지공동모금지회를 둔다.

가. 지회에는 지회장을 두고 모금회에 준하는 필요한 조직을 둘 수 있다.

나. 지회장은 이사회의 의결을 거쳐 회장이 임명하며, 지회의 구성 및 운영 등에 관하여 필요한 사항은 모금회의 정관으로 정한다.

다. 모금회의 회장은 지회의 운영개선을 위하여 지도·감독하며, 지회가 지역의 특성에 맞게 자율적으로 운영될 수 있도록 노력하여야 한다.

라. 지회에서 조성한 공동모금재원은 당해 시·도의 배분대상자에게 배분하는 것을 원칙으로 한다.

⑦ 모금회의 회장은 각 회계연도 개시 2월 전에 각 지회로부터 사업계획서를 제출받아 이를 종합·조정하여 보건복지부장관에게 보고하여야 한다.

3 장애인활동 지원에 관한 법률

1) 장애인활동 지원에 관한 법률의 개관

(1) 법제정 목적

약칭 장애인활동법으로 불리는 「장애인활동 지원에 관한 법률」(약칭 : 장애인활동법)은 2011년 1월에 제정되어 같은 해 10월부터 시행된 법률로, 신체적·정신적 장애 등의 사유로 혼자서 일상생활과 사회생활을 영위하기 어려운 장애인에게 제공하는 활동지원급여에 관한 사항을 규정하여 장애인의 자립생활을 지원하고 그 가족의 부담을 줄임으로써 장애인의 삶의 질을 높이는 것을 목적으로 한다.

장애인활동 지원제도[3]는 만 6세~65세 미만의 1·2급 장애인 중 심신 상태나 활동지원이 필요한 정도 등을 평가한 인정점수를 기준으로 활동지원 등급(1~4급)을 받아야 이용할 수 있다.

(2) 법률용어의 정의

① '장애인'이란 「장애인복지법」 제2조에 따른 장애인을 말한다.

② '활동지원급여'란 수급자에게 제공되는 제16조 제1항에 따른 활동보조, 방문목욕, 방문간호 등의 서비스를 말한다.

③ '수급자'란 제9조 제2항에 따라 수급자로 인정되어 활동지원급여를 받을 예정이거나 받고 있는 사람을 말한다.

④ '활동지원사업'이란 국가와 지방자치단체가 이 법에 따라 수행하는 활동지원급여에 관한 사업을 말한다.

⑤ '부양의무자'란 수급자(제6조 제1항에 따른 신청인을 포함)를 부양할 책임이 있는 사람으로서 수급자의 1촌 이내 직계 혈족 또는 그 배우자 및 그 밖에 수급자의 생계를 책임지는 대통령령으로 정하는 사람을 말한다.

⑥ '장애인활동지원기관'이란 제20조에 따라 지정을 받은 기관으로서 수급자에게 활동지원급여를 제공하는 기관을 말한다.

⑦ '장애인활동지원인력'이란 장애인활동지원기관에 소속되어 수급자에 대한 활동지원급여를 수행하는 사람을 말한다.

(3) 법률수행의 책임과 범위

① 국가와 지방자치단체는 적절한 활동지원급여를 제공하여 장애인이 일상생활과 사회생활을 원활히 할 수 있도록 시책을 마련하여야 한다.

② 국가와 지방자치단체는 활동지원사업이 장애인의 자립생활을 지원하고 그 가족의 부담을 줄일 수 있도록 매년 필요한 재원을 조달하여야 한다.

③ 활동지원사업에 관한 다음의 사항에 대하여는 「장애인복지법」 제11조에

3) 장애인의 자립생활을 보장하는 활동보조사업은 시범사업을 거쳐 2007년부터 시행되었고, 2011년 10월부터는 장애인활동지원제도로 제도화됐다. 중증장애인이 활동지원서비스를 신청하고 심사를 통해 시간을 받으면 등급별 시간만큼 바우처(사회복지서비스 이용권)를 받을 수 있다.

따른 '장애인정책조정위원회'의 심의를 거쳐야 한다.
가. 활동지원사업의 기본방향에 관한 사항
나. 활동지원사업의 추진과 관련한 재원 조달에 관한 사항
다. 활동지원사업에 대한 관련 부처의 협조 사항
라. 그 밖에 이 법 시행과 관련하여 대통령령으로 정하는 주요 사항

2) 장애인활동 지원의 조치

(1) 장애인활동 지원급여 신청자격

① 장애인활동 지원급여를 신청할 수 있는 사람은 다음의 자격을 모두 갖추어야 한다.
가. 혼자서 일상생활과 사회생활을 하기 어려운 장애인
나. 「노인장기요양보험법」 제2조 제1호에 따른 노인 등이 아닌 사람으로서 대통령령으로 정하는 연령 이상(6세 이상)인 사람. 다만, 이 법에 따른 수급자였다가 65세 이후에 「노인장기요양보험법」에 따른 장기요양급여를 받지 못하게 된 사람으로서 보건복지부장관이 정하는 기준에 해당하는 사람은 신청자격을 갖는다.[4)]
다. 장애인활동 지원급여와 비슷한 다른 급여를 받고 있거나 「국민기초생활보장법」 제32조에 따른 보장시설에 입소한 경우 등 대통령령으로 정하는 경우에 해당하지 아니하는 사람

② 장애인활동 지원급여를 받으려는 사람 또는 수급자가 신체적·정신적인 사유로 이 법에 따른 활동 지원급여 신청, 수급자격의 갱신 신청 또는 활동 지원등급의 변경 신청 등을 직접 할 수 없을 때에는 본인의 가족이나 친족, 그 밖의 관계인이 대리할 수 있다.

③ 「사회복지사업법」 제14조에 따른 사회복지전담공무원은 관할 지역에 거주하는 사람의 장애인활동 지원급여 신청 등을 본인 또는 가족의 동의를 받아 대리할 수 있다.

4) 장애인활동보조서비스를 받는 장애인들은 65세가 되면 「노인장기요양보험법」에 따라 노인장기요양보험등급(1~4등급)을 받아야 한다. 즉 등급에 해당되면 가정에서 장애인활동보조서비스를 받거나 노인장기요양시설에 입소할 수 있다. 그러나 노인장기요양보험 등급에서 제외되더라도 일부 지자체에서는 월 100시간 정도의 활동보조급여를 하고 있다.

④ 장애인활동 지원급여를 받으려는 사람 또는 수급자가 활동지원급여 신청 등을 할 수 없는 경우에는 특별자치시장·특별자치도지사·시장·군수·구청장이 지정하는 자가 대리할 수 있다.

(2) 장애인활동 지원 수급자격심의위원회 구성

① 장애인활동 지원급여의 수급자격 인정 및 장애인활동 지원등급 등을 심의하기 위하여 특별자치시·특별자치도·시·군·구에 '장애인 활동 지원 수급자격심의위원회'를 둘 수 있다.

② 수급자격심의위원회는 특별자치시·특별자치도·시·군·구 단위로 설치하되, 등록 장애인 수 등을 고려하여 하나의 특별자치시·특별자치도·시·군·구에 둘 이상의 수급자격심의위원회를 설치하거나 둘 이상의 특별자치시·특별자치도·시·군·구를 통합하여 하나의 수급자격심의위원회를 설치할 수 있다.

③ 수급자격심의위원회는 위원장 1명을 포함하여 9명 이내의 위원으로 구성하며, 위원장은 위원 중 호선(互選)하여 정한다. 위촉위원의 임기는 3년으로 하고, 한 차례만 연임할 수 있다.

④ 수급자격심의위원회의 위원은 다음의 사람 중에서 특별자치시장·특별자치도지사·시장·군수·구청장이 임명하거나 위촉한다. 다만, 둘 이상의 특별자치시·특별자치도·시·군·구를 통합하여 하나의 수급자격심의위원회를 설치할 경우 위원 구성 방법 등은 대통령령으로 정한다.

가. 해당 지역 장애인단체 대표

나. 「의료법」에 따른 의료인

다. 「사회복지사업법」에 따른 사회복지사

라. 특별자치시·특별자치도·시·군·구 소속 장애인복지 담당공무원

마. 그 밖에 장애인복지 또는 활동지원사업에 관한 학식과 경험이 풍부한 사람

(3) 장애인활동 지원 수급자격심의

① 특별자치시장·특별자치도지사·시장·군수·구청장은 제7조에 따른 조사

를 마치면 신청서, 조사결과서, 그 밖에 심의에 필요한 자료를 '장애인활동지원 수급자격심의위원회'[5]에 제출하여야 한다.

② 수급자격심의위원회는 신청인이 제5조에 따른 신청자격 요건을 충족한 경우에 심신상태 및 활동지원이 필요한 정도 등 활동지원등급에 관한 대통령령으로 정하는 수급자격 심의기준에 따라 수급자로 인정한다.

③ 수급자격심의위원회는 신청인이 신청서를 제출한 날부터 30일 이내에 제9조 제2항에 따른 수급자격 심의를 마쳐야 한다. 다만, 신청인에 대한 추가조사가 필요한 경우 등 이 기간 내에 수급자격 심의를 마칠 수 없는 부득이한 사유가 있는 경우에는 30일의 범위에서 연장할 수 있다.

④ 특별자치시장·특별자치도지사·시장·군수·구청장은 수급자격심의위원회가 수급자격 심의를 마쳤을 때에는 지체 없이 다음의 사항이 포함된 장애인활동 지원 수급자격결정통지서를 작성하여 신청인에게 보내고, 그 내용을 제31조 제3항에 따른 수탁기관에 통보하여야 한다.

가. 수급자격 인정 여부 및 서비스 지원 종합조사의 조사영역별 결과

나. 장애인활동 지원등급

다. 장애인활동 지원급여의 종류 및 내용

라. 본인부담금

마. 급여개시일

바. 그 밖에 장애인활동 지원급여에 관한 사항으로서 보건복지부령으로 정하는 사항

⑤ 특별자치시장·특별자치도지사·시장·군수·구청장은 활동지원수급자격결정통지서를 보낼 때에 장애인활동 지원급여를 원활히 이용할 수 있도록 제18조에 따른 월 한도액의 범위에서 표준급여이용계획서를 작성하여 함께 보내야 한다.

⑥ 수급자격 결정의 유효기간은 최소 1년 이상으로서 대통령령으로 정한다. 다만, 수급자가 65세가 되는 경우에는 그 해당 월의 다음 월까지 수급자격을 인정한다.

5) 수급자격심의위원회는 위원장을 포함하여 9인 이내로 구성하고 위원장은 호선한다.

(4) 장애인활동 지원 수급변경과 상실

① 수급자는 제12조에 따른 수급자격의 유효기간이 끝난 후 계속하여 활동 지원급여를 받으려면 유효기간이 끝나기 90일 전부터 30일 전까지 관할 특별자치시장·특별자치도지사·시장·군·구청장에게 수급자격 갱신을 신청하여야 한다.

② 장애인활동 지원등급을 변경하여 활동 지원급여를 받으려는 수급자는 특별자치시장·특별자치도지사·시장·군수·구청장에게 변경 신청을 하여야 한다.

③ 장애인활동 지원급여를 받으려는 사람 또는 수급자가 신체적·정신적인 사유로 이 법에 따른 활동 지원급여 신청, 수급자격의 갱신 신청 또는 활동 지원등급의 변경 신청 등을 직접 할 수 없을 때에는 본인의 가족이나 친족, 그 밖의 관계인이 대리할 수 있다.

④ 「사회복지사업법」 제14조에 따른 사회복지전담공무원은 관할 지역에 거주하는 사람의 장애인활동 지원급여 신청을 본인 또는 가족의 동의를 받아 대리할 수 있다.

⑤ 수급자는 다음의 어느 하나에 해당하게 된 때에 장애인활동 지원급여의 수급자격을 상실한다.

가. 사망한 때

나. 국적을 상실한 때

다. 「해외이주법」에 따라 해외로 이주한 때

라. 제5조 제1호 또는 제2호에 따른 장애인활동 지원급여 신청자격에 해당하지 아니하게 된 때

3) 장애인활동 지원의 급여내용

(1) 장애인활동 지원급여의 종류와 기준 등

① 이 법에 따른 장애인활동 지원급여의 종류는 다음과 같다.

가. 활동보조 : 장애인활동지원인력인 활동보조인이 수급자의 가정 등을 방문하여 신체활동, 가사활동 및 이동보조 등을 지원하는 활동 지원급여

나. 방문목욕 : 활동 지원인력이 목욕설비를 갖춘 장비를 이용하여 수급자의 가정 등을 방문하여 목욕을 제공하는 활동 지원급여

다. 방문간호 : 활동 지원인력인 간호사 등이 의사, 한의사 또는 치과의사의 지시서에 따라 수급자의 가정 등을 방문하여 간호, 진료의 보조, 요양에 관한 상담 또는 구강위생 등을 제공하는 활동 지원급여

라. 그 밖의 활동 지원급여 : 야간보호 등 대통령령으로 정하는 활동 지원급여

② 활동 지원급여의 제공 기준·절차·방법·범위와 그 밖에 필요한 사항은 보건복지부령으로 정한다.

(2) 장애인활동 지원급여의 중단

① 특별자치시장·특별자치도지사·시장·군수·구청장은 장애인활동 지원급여를 받고 있거나 받을 수 있는 사람이 거짓이나 그 밖의 부정한 방법으로 수급자로 선정된 경우에는 활동 지원급여를 중단하거나 활동지원기관으로 하여금 제공하지 아니하게 하여야 한다.

② 특별자치시장·특별자치도지사·시장·군수·구청장은 수급자가 타당한 사유 없이 제42조 또는 제43조에 따른 자료의 제출 및 질문·검사 요구를 거부·방해·기피하거나 거짓 자료를 제출한 경우에 활동 지원급여의 전부 또는 일부를 중단하거나 장애인활동 지원기관으로 하여금 제공하지 아니하게 할 수 있다.

③ 특별자치시장·특별자치도지사·시장·군수·구청장은 수급자가 다음의 어느 하나에 해당하는 경우 그 기간 중 장애인활동 지원급여를 중단한다.

가. 「국민기초생활보장법」 제32조에 따른 보장시설에 입소한 경우

나. 금고 이상의 실형을 선고받고 「형의 집행 및 수용자의 처우에 관한 법률」 또는 「치료감호법」에 따른 교정시설 또는 치료감호시설에 수용 중인 경우

다. 그 밖에 장기간의 국외체류 등으로 활동 지원급여를 받는 것이 어려운 경우로서 보건복지부령으로 정하는 경우

4) 장애인활동 지원의 전달체계

(1) 장애인활동지원기관(시설)

① 장애인활동지원기관을 설치·운영하려는 자는 보건복지부령으로 정하는 시설 및 인력 기준을 갖추고 소재지를 관할하는 특별자치시장·특별자치도지사·시장·군수·구청장으로부터 지정받아야 한다.

② 특별자치시장·특별자치도지사·시장·군수·구청장은 활동지원기관의 지역적 분포 및 적정공급 규모, 활동지원급여 대상자 수 등을 고려하여 적정 수의 활동지원기관을 지정하여야 한다.

③ 특별자치시장·특별자치도지사·시장·군수·구청장은 활동지원기관을 지정하였을 때에는 그 지정 내용을 수탁기관에 통보하여야 한다.

④ 장애인활동지원기관은 수급자로부터 활동지원급여 제공을 요청받았을 때에 이를 거부하여서는 아니 된다. 다만, 활동지원인력의 수급이 원활하지 아니한 경우 등 타당한 사유가 있는 경우에는 거부할 수 있다.

⑤ 장애인활동지원기관의 장은 활동 지원급여를 제공한 수급자에게 활동지원급여비용 명세서를 발급하여야 하며, 활동기관에 운영위원회를 두어야 한다.

⑥ 장애인활동지원기관의 장은 활동 지원급여를 제공한 자료를 기록·관리하여야 한다.

⑦ 장애인활동지원기관은 영리를 목적으로 본인부담금을 면제하거나 할인하는 행위, 금품 등을 제공하는 등 수급자를 소개·알선·유인하는 행위 및 이를 조장하는 행위를 하여서는 아니 된다.

⑧ 특별자치시장·특별자치도지사·시장·군수·구청장은 활동지원기관이 다음의 어느 하나에 해당하는 경우에는 6개월의 범위에서 업무를 정지하거나 그 지정을 취소할 수 있다. 다만, 가호 또는 마호에 해당하는 경우에는 지정을 취소하여야 한다.

가. 시설 및 인력 기준 등 지정기준에 맞지 아니하게 된 경우

나. 제22조 제1항을 위반하여 활동 지원급여 제공을 거부한 경우

다. 본인부담금을 면제 또는 할인하거나 수급자를 알선 또는 유인하는 행위를 한 경우

라. 자료의 제출 및 질문·검사 요구를 거부·방해·기피하거나 거짓 자료를 제출한 경우

마. 거짓이나 그 밖의 부정한 방법으로 활동 지원급여비용을 청구한 경우

바. 활동지원인력이나 그 밖의 활동지원기관 종사자가 다음의 어느 하나에 해당하는 행위를 한 경우

- 수급자의 신체에 폭행을 하거나 상해를 입히는 행위
- 수급자에게 성적 수치심을 주는 성폭행·성희롱 등의 행위
- 자신이 활동지원급여를 제공하는 수급자를 내다버리거나 의식주를 포함한 기본적 보호 및 간병 등을 소홀히 하는 행위

(2) 장애인활동지원인력

① 장애인활동 보조급여를 제공하는 장애인활동지원인력(활동지원사)이 되려는 사람은 활동지원사교육기관에서 교육과정을 수료하거나, 대통령령으로 정하는 일정 자격을 갖추어야 한다.

② 활동지원사의 교육과정, 교육내용과 그 밖에 필요한 사항은 보건복지부령으로 정한다.

③ 특별시장·광역시장·도지사 또는 특별자치도지사는 활동지원사의 양성을 위하여 보건복지부령으로 정하는 지정기준에 맞는 시설을 활동보조인교육기관으로 지정하여야 한다.

④ 장애인활동지원인력의 결격 사유는 다음에서와 같다.

가. 「정신건강증진 및 정신질환자 복지서비스 지원에 관한 법률」에 따른 정신질환자. 다만, 전문의가 활동지원인력으로서 적합하다고 인정하는 사람은 제외한다.

나. 마약·대마 또는 향정신성의약품 중독자

다. 피성년후견인·피한정후견인

라. 금고 이상의 형을 선고받고 그 형의 집행이 끝나지 아니하였거나 그 집행을 받지 아니하기로 확정되지 아니한 사람

마. 「성폭력범죄의 처벌 등에 관한 특례법」 제3조부터 제10조까지 및 제14조(같은 법 제3조부터 제9조까지의 미수범으로 한정)에 규정된 죄로 금고 이상

의 형을 선고받은 사람

바. 제30조 제1항 제2호에 해당하여 활동지원인력의 자격이 상실된 날부터 1년이 지나지 아니한 사람

사. 제30조 제1항 제3호부터 제5호까지에 해당하여 활동지원인력의 자격이 취소된 날로부터 2년이 지나지 아니한 사람

4 정신건강증진 및 정신질환자 복지서비스 지원에 관한 법률

1) 정신건강증진 및 정신질환자 복지서비스 지원에 관한 법률의 개관

(1) 법제정 목적

약칭 「정신건강복지법」으로 불리는 현행 법률은 '정신질환의 예방·치료, 정신질환자의 재활·복지·권리보장과 정신건강 친화적인 환경 조성에 필요한 사항을 규정함으로써 국민의 정신건강증진 및 정신질환자의 인간다운 삶을 영위하는 데 이바지함'을 목적으로 한다.

이 법은 당초 정신질환의 예방과 정신질환자의 의료 및 사회복귀에 관하여 필요한 사항을 규정함으로써 국민의 정신건강증진에 이바지함을 목적으로 1995년 12월 30일에 제정되고 1996년 12월 31일부터 시행된 「정신보건법」이 2016년 5월 29일에 「정신건강증진 및 정신질환자 복지서비스 지원에 관한 법률」로 전부 개정되어 2017년 5월 30일부터 시행되고 있다.

개정 이유는 정신질환자의 범위를 중증정신질환자로 축소 정의하고, 전 국민 대상의 정신건강증진의 장을 신설하며, 비자의 입원·퇴원 제도를 개선하고, 정신질환자에 대한 복지서비스 제공을 추가하는 등 기존 법률상 미흡한 점을 개선·보완하려는 것에 있다. 법 개정의 주요 내용을 보면 다음과 같이 정리할 수 있다(법제처 내부자료 재수정).

첫째는 법률의 명칭을 「정신보건법」에서 「정신건강증진 및 정신질환자 복지서비스 지원에 관한 법률」로 변경하였으며, 법 적용 대상인 정신질환자의 정의를 '독립적으로 일상생활을 영위하는 데 중대한 제약이 있는 사람'으로 한정하

고 있다.

둘째는 정신건강증진의 장을 신설하여 일반국민에 대한 정신건강 서비스 제공 근거를 마련하고 있으며, 아울러 복지서비스 개발, 고용 및 직업재활 지원, 평생교육 지원, 문화·예술·여가·체육활동 지원, 지역사회 거주·치료·재활 등 통합지원, 가족에 대한 정보제공과 교육 등 정신질환자에 대한 복지서비스 제공 근거를 마련하고 있다.

셋째는 환자 본인 및 보호의무자의 동의로 입원을 신청하고, 정신과 전문의 진단 결과 환자 치료와 보호필요성이 인정되는 경우 72시간의 범위에서 퇴원을 거부할 수 있는 동의입원 제도를 신설하고 있고, 보호의무자에 의한 입원 시 입원 요건과 절차를 강화하여 진단입원 제도를 도입하고 있다.

넷째는 계속 입원 진단 전문의 수 및 소속을 서로 다른 정신의료기관에 소속된 정신과 전문의 2명 이상(그중 국공립 정신의료기관 또는 보건복지부장관이 지정하는 정신의료기관에 소속된 정신과 전문의가 1명 이상 포함되도록 함)으로 하며, 계속입원의 심사 주기도 단축하고 있다.

다섯째는 각 국립정신병원 및 대통령령으로 정하는 기관 안에 입원적합성심사위원회를 설치하여, 보호의무자 또는 시장·군수·구청장에 의한 입원의 경우 입원사실을 3일 이내에 위 위원회에 신고하도록 하고, 위원회는 입원의 적합성 여부를 1개월 이내에 판단하도록 하는 등 입원 단계 권리구제 절차를 강화하고 있다는 점을 들 수 있다.

(2) 법률용어의 정의

① '정신질환자'란 망상, 환각, 사고(思考)나 기분의 장애 등으로 인하여 독립적으로 일상생활을 영위하는 데 중대한 제약이 있는 사람을 말한다.

② '정신건강증진사업'이란 정신건강 관련 교육·상담, 정신질환의 예방·치료, 정신질환자의 재활, 정신건강에 영향을 미치는 사회복지·교육·주거·근로 환경의 개선 등을 통하여 국민의 정신건강을 증진시키는 사업을 말한다.

③ '정신건강복지센터'란 정신건강증진시설, 「사회복지사업법」에 따른 사회복지시설, 학교 및 사업장과 연계 체계를 구축하여 지역사회에서의 정신

건강증진사업 및 제33조부터 제38조까지의 규정에 따른 정신질환자 복지서비스 지원사업(정신건강증진사업 등)을 하는 다음 각 목의 기관 또는 단체를 말한다.

가. 제15조 제1항부터 제3항까지의 규정에 따라 국가 또는 지방자치단체가 설치·운영하는 기관

나. 제15조 제6항에 따라 국가 또는 지방자치단체로부터 위탁받아 정신건강증진사업 등을 수행하는 기관 또는 단체

④ '정신건강증진시설'이란 정신의료기관, 정신요양시설 및 정신재활시설을 말한다.

⑤ '정신의료기관'이란 주로 정신질환자를 치료할 목적으로 설치된 다음 각 목의 어느 하나에 해당하는 기관을 말한다.

가. 「의료법」에 따른 정신병원

나. 「의료법」에 따른 의료기관 중 제19조제1항 후단에 따른 기준에 적합하게 설치된 의원

다. 「의료법」에 따른 병원급 의료기관에 설치된 정신건강의학과로서 제19조제1항 후단에 따른 기준에 적합한 기관

⑥ '정신요양시설'이란 제22조에 따라 설치된 시설로서 정신질환자를 입소시켜 요양 서비스를 제공하는 시설을 말한다.

⑦ '정신재활시설'이란 제26조에 따라 설치된 시설로서 정신질환자 또는 정신건강상 문제가 있는 사람 중 대통령령으로 정하는 사람(정신질환자 등)의 사회적응을 위한 각종 훈련과 생활지도를 하는 시설을 말한다.

(3) 법률수행의 책임과 범위

① 국가와 지방자치단체는 국민의 정신건강을 증진시키고, 정신질환을 예방·치료하며, 정신질환자의 재활 및 장애극복과 사회적응 촉진을 위한 연구·조사와 지도·상담 등 필요한 조치를 하여야 한다.

② 국가와 지방자치단체는 정신질환의 예방·치료와 정신질환자의 재활을 위하여 정신건강복지센터와 정신건강증진시설, 사회복지시설, 학교 및 사업장 등을 연계하는 정신건강서비스 전달체계를 확립하여야 한다.

③ 국가와 지방자치단체는 정신질환자 등과 그 가족에 대한 권익향상, 인권 보호 및 지원 서비스 등에 관한 종합적인 시책을 수립하고 그 추진을 위하여 노력하여야 한다.

④ 국가와 지방자치단체는 정신질환자 등과 그 가족에 대한 모든 차별 및 편견을 해소하고 차별받은 정신질환자 등과 그 가족의 권리를 구제할 책임이 있으며, 정신질환자 등과 그 가족에 대한 차별 및 편견을 해소하기 위하여 적극적인 조치를 하여야 한다.

⑤ 모든 국민은 정신건강증진을 위하여 국가와 지방자치단체가 실시하는 조사 및 정신건강증진사업 등에 협력하여야 한다.

⑥ 정신건강증진시설의 장은 정신질환자 등이 입원 등을 하거나 사회적응을 위한 훈련을 받으려고 하는 때에는 지체 없이 정신질환자 등과 그 보호의무자에게 이 법 및 다른 법률에 따른 권리 및 권리행사 방법을 알리고, 그 권리행사에 필요한 각종 서류를 정신건강증진시설에 갖추어 두어야 한다.

⑦ 정신건강증진시설의 장은 정신질환자 등의 치료, 보호 및 재활과정에서 정신질환자 등의 의견을 존중하여야 한다.

⑧ 정신건강증진시설의 장은 입원 등 또는 거주 중인 정신질환자 등이 인간으로서의 존엄과 가치를 보장받으며 자유롭게 생활할 수 있도록 노력하여야 한다.

2) 정신건강증진의 조치

(1) 정신건강증진 국가계획 / 지역계획의 수립

① 보건복지부장관은 관계 행정기관의 장과 협의하여 5년마다 정신건강증진 및 정신질환자 복지서비스 지원에 관한 국가의 기본계획을 수립하여야 한다.

② 특별시장·광역시장·특별자치시장·도지사·특별자치도지사는 국가계획에 따라 각각 특별시·광역시·특별자치시·도·특별자치도 단위의 정신건강증진 및 정신질환자 복지서비스 지원에 관한 계획을 수립하여야 한다. 이 경

우 해당 지역계획은 「지역보건법」 제7조에 따른 '지역보건의료계획'과 연계되도록 하여야 한다.

③ 국가계획 또는 지역계획에는 다음의 사항이 포함되어야 한다.

가. 정신질환의 예방, 상담, 조기발견, 치료 및 재활을 위한 활동과 각 활동 상호 간 연계

나. 영·유아, 아동, 청소년, 중·장년, 노인 등 생애주기 및 성별에 따른 정신건강증진사업

다. 정신질환자의 조기퇴원 및 사회적응

라. 적정한 정신건강증진시설의 확보 및 운영

마. 정신질환에 대한 인식개선을 위한 교육·홍보, 정신질환자의 법적 권리보장 및 인권보호 방안

바. 전문인력의 양성 및 관리

사. 정신건강증진을 위한 교육, 주거, 근로환경 등의 개선 및 이와 관련된 부처 또는 기관과의 협력 방안

아. 정신건강 관련 정보체계 구축 및 활용

자. 정신질환자와 그 가족의 지원

차. 정신질환자의 건강, 취업, 교육 및 주거 등 지역사회 재활과 사회참여

카. 정신질환자에 대한 복지서비스의 연구·개발 및 평가에 관한 사항

타. 정신질환자에 대한 복지서비스 제공에 필요한 재원의 조달 및 운용에 관한 사항

파. 그 밖에 보건복지부장관 또는 시·도지사가 정신건강증진을 위하여 필요하다고 인정하는 사항

④ 보건복지부장관과 시·도지사는 국가계획 및 지역계획의 수립·시행에 필요한 자료의 제공 및 협조를 관계 행정기관, 정신건강증진시설 및 관련 기관·단체 등에 요청할 수 있다. 이 경우 요청받은 기관·시설·단체 등은 자료의 제공이 법령에 위반되거나 정상적인 업무수행에 뚜렷한 지장을 초래하는 등의 정당한 사유가 없으면 그 요청에 따라야 한다.

⑤ 국가계획 및 지역계획을 수립할 때는 「장애인복지법」 제10조의2에 따른

장애인정책종합계획과 연계되도록 하여야 한다.

⑥ 보건복지부장관은 5년마다 정신질환자의 인권과 복지증진 추진사항에 관한 백서를 발간하여 공표하여야 한다.

⑦ 보건복지부장관은 국가계획의 수립과 정신건강증진 및 정신질환자 복지서비스 지원체계와 제도의 발전에 관한 사항은「국민건강증진법」 제5조에 따른 국민건강증진정책심의위원회의 심의를 받아야 한다.

⑧ 정신건강의 중요성을 환기하고 정신질환에 대한 편견을 해소하기 위하여 매년 10월 10일을 정신건강의 날로 하고, 정신건강의 날이 포함된 주(週)를 정신건강주간으로 한다.

(2) 정신건강증진 실태조사

① 보건복지부장관은 5년마다 다음의 사항에 관한 실태조사(실태조사)를 하여야 한다. 다만, 정신건강증진 정책을 수립하는 데 필요한 경우 수시로 실태조사를 할 수 있다.

가. 정신질환의 인구학적 분포, 유병률(有病率) 및 유병요인

나. 성별, 연령 등 인구학적 특성에 따른 정신질환의 치료 이력, 정신건강증진시설 이용 현황

다. 정신질환으로 인한 사회적·경제적 손실

라. 정신질환자의 취업·직업훈련·소득·주거·경제상태 및 정신질환자에 대한 복지서비스

마. 정신질환자 가족의 사회·경제적 상황

바. 그 밖에 정신건강증진의 필요사항으로서 보건복지부령으로 정하는 사항

② 실태조사와 정신건강증진 관련 지도업무를 수행하기 위하여 시·도에 담당 공무원을 둘 수 있다.

③ 실태조사는 필요한 경우 「장애인복지법」 제31조에 따른 장애 실태조사와 함께 실시할 수 있다.

④ 실태조사의 시기, 방법 및 절차 등에 관하여 필요한 사항은 보건복지부령으로 정한다.

(3) 정신건강심의위원회 / 정신건강심사위원회 운영

❶ 정신건강심의위원회의 설치·운영

① 시·도지사와 시장·군수·구청장은 정신건강에 관한 중요한 사항을 심의 또는 심사하기 위하여 시·도지사 소속으로 광역정신건강심의위원회를 두고, 시장·군수·구청장 소속으로 기초정신건강심의위원회를 둔다. 다만, 정신의료기관 등이 없는 시·군·구에는 기초정신건강심의위원회를 두지 아니할 수 있다.

② 광역정신건강심의위원회는 다음 각 호의 사항을 심의 또는 심사한다. 다만, 특별자치시 및 특별자치도에 두는 광역정신건강심의위원회에서는 다음 각 호의 사항 외에 제3항 각 호의 사항을 심의 또는 심사한다.

가. 정신건강증진시설에 대한 감독에 관한 사항

나. 제60조에 따른 재심사의 청구

다. 그 밖에 보건복지부령으로 정하는 사항

③ 기초정신건강심의위원회는 다음의 사항을 심의 또는 심사한다.

가. 입원 등 기간 연장의 심사 청구

나. 퇴원 등 또는 처우개선의 심사 청구

다. 입원 기간 연장의 심사

라. 외래치료 명령

마. 그 밖에 보건복지부령으로 정하는 사항

④ 광역정신건강심의위원회는 10명 이상 20명 이내의 위원으로 구성하고, 기초정신건강심의위원회는 6명 이상 12명 이내의 위원으로 구성하며, 위원의 임기는 각각 2년으로 한다.

⑤ 광역정신건강심의위원회 및 기초정신건강심의위원회(정신건강심의위원회)의 위원은 시·도지사 및 시장·군수·구청장이 각각 임명 또는 위촉하되, 다음에 해당하는 사람 중 각각 1명 이상을 포함하여야 한다.

가. 정신건강의학과전문의

나. 판사·검사 또는 변호사의 자격이 있는 사람

다. 정신건강복지센터 소속 정신건강전문요원

라. 정신질환자의 보호와 재활을 위하여 노력한 정신질환자의 가족

마. 다음 각 목의 어느 하나에 해당하는 사람으로서 정신건강에 관한 전문지식과 경험을 가진 사람
- 정신건강증진시설의 설치·운영자
- 「고등교육법」 제2조에 따른 학교에서 심리학·간호학·사회복지학 또는 사회사업학을 가르치는 전임강사 이상의 직에 있는 사람
- 정신질환을 치료하고 회복한 사람
- 그 밖에 정신건강 관계 공무원, 인권전문가 등 정신건강과 인권에 관한 전문지식과 경험이 있다고 인정되는 사람

⑥ 정신건강심의위원회는 정신질환자에 대한 인권침해 행위를 알게 되었을 때에는 국가인권위원회에 조사를 요청할 수 있다.

⑦ 정신건강심의위원회는 심의 또는 심사를 위하여 월 1회 이상 회의를 개최하여야 한다. 다만, 심의 또는 심사 사항이 없는 달에는 그러하지 아니하다.

❷ 정신건강심사위원회의 설치·운영

① 정신건강심의위원회의 업무 중 심사와 관련된 업무를 전문적으로 수행하기 위하여 광역정신건강심의위원회 안에 광역정신건강심사위원회를 두고, 기초정신건강심의위원회 안에 기초정신건강심사위원회를 둔다.

② 광역정신건강심사위원회 및 기초정신건강심사위원회(정신건강심사위원회)는 정신건강심의위원회의 위원 중에서 시·도지사 또는 시장·군수·구청장이 임명한 5명 이상 9명 이내의 위원으로 구성한다.

③ 제57조에 따른 정신건강심사위원회의 입원 등 기간의 연장과 퇴원 등 또는 처우개선의 심사에서 그 사람의 입원 등을 결정하였던 위원과 그 사람이 입원 등을 하고 있는 정신의료기관 등에 소속된 위원은 제척된다.

④ 입원 등 기간의 연장, 퇴원 등 또는 처우개선의 심사를 청구한 자는 정신건강심사위원회의 위원에게 공정한 심사를 기대하기 어려운 사정이 있는 경우에는 위원회에 기피 신청을 할 수 있고, 위원회는 이를 결정한다. 이 경우 기피 신청의 대상인 위원은 그 심사에 참여하지 못한다.

⑤ 정신건강심사위원회는 월 1회 이상 위원회의 회의를 개최하여야 한다.

다만, 심사 사항이 없는 달에는 그러하지 아니하다.

3) 정신건강증진의 급여내용(보호와 치료)

(1) 보호의무자 의무

① 보호의무자는 보호하고 있는 정신질환자가 적절한 치료 및 요양과 사회 적응 훈련을 받을 수 있도록 노력하여야 한다.

② 보호의무자는 보호하고 있는 정신질환자가 정신의료기관 또는 정신요양시설(정신의료기관 등)에 입원 등을 할 필요가 있는 경우에는 정신질환자 본인의 의사를 최대한 존중하여야 하며, 정신건강의학과전문의가 정신의료기관 등에서 정신질환자의 퇴원 등이 가능하다고 진단할 경우에는 퇴원 등에 적극 협조하여야 한다.

③ 보호의무자는 보호하고 있는 정신질환자가 자신이나 다른 사람을 해치지 아니하도록 유의하여야 하며, 정신질환자의 재산상의 이익 등 권리보호를 위하여 노력하여야 한다.

④ 보호의무자는 보호하고 있는 정신질환자를 유기하여서는 아니 된다.

(2) 자의 입원

① 정신질환자나 그 밖에 정신건강상 문제가 있는 사람은 보건복지부령으로 정하는 입원 등 신청서를 정신의료기관 등의 장에게 제출함으로써 그 정신의료기관 등에 자의 입원 등을 할 수 있다.

② 정신의료기관 등의 장은 자의 입원 등을 한 사람이 퇴원 등을 신청한 경우에는 지체 없이 퇴원 등을 시켜야 한다.

③ 정신의료기관 등의 장은 자의 입원 등을 한 사람에 대하여 입원 등을 한 날부터 2개월마다 퇴원 등을 할 의사가 있는지를 확인하여야 한다.

(3) 보호의무자 동의 입원

① 정신질환자는 보호의무자의 동의를 받아 보건복지부령으로 정하는 입원 등 신청서를 정신의료기관 등의 장에게 제출함으로써 그 정신의료기관

등에 입원 등을 할 수 있다.

② 정신의료기관 등의 장은 제1항에 따라 입원 등을 한 정신질환자가 퇴원 등을 신청한 경우에는 지체 없이 퇴원 등을 시켜야 한다. 다만, 정신질환자가 보호의무자의 동의를 받지 아니하고 퇴원 등을 신청한 경우에는 정신건강의학과전문의 진단 결과 환자의 치료와 보호 필요성이 있다고 인정되는 경우에 한정하여 정신의료기관 등의 장은 퇴원 등의 신청을 받은 때부터 72시간까지 퇴원 등을 거부할 수 있고, 퇴원 등을 거부하는 기간 동안 제43조 또는 제44조에 따른 입원 등으로 전환할 수 있다.

③ 정신의료기관 등의 장은 퇴원 등을 거부하는 경우에는 지체 없이 환자 및 보호의무자에게 그 거부 사유 및 제55조에 따라 퇴원 등의 심사를 청구할 수 있음을 서면 또는 전자문서로 통지하여야 한다.

④ 정신의료기관 등의 장은 입원 등을 한 정신질환자에 대하여 입원 등을 한 날부터 2개월마다 퇴원 등을 할 의사가 있는지를 확인하여야 한다.

(4) 보호의무자에 의한 입원

① 정신의료기관 등의 장은 정신질환자의 보호의무자 2명 이상(보호의무자 간 입원 등에 관하여 다툼이 있는 경우에는 제39조 제2항의 순위에 따른 선순위자 2명 이상을 말하며, 보호의무자가 1명만 있는 경우에는 1명으로 함)이 신청한 경우로서, 정신건강의학과전문의가 입원 등이 필요하다고 진단한 경우에만 해당 정신질환자를 입원 등을 시킬 수 있다. 이 경우 정신의료기관 등의 장은 입원 등을 할 때 보호의무자로부터 보건복지부령으로 정하는 바에 따라 입원 등 신청서와 보호의무자임을 확인할 수 있는 서류를 받아야 한다.

② 제1항 전단에 따른 정신건강의학과전문의의 입원 등 필요성에 관한 진단은 해당 정신질환자가 다음 각 호의 모두에 해당하는 경우 그 각각에 관한 진단을 적은 입원 등 권고서를 제1항에 따른 입원 등 신청서에 첨부하는 방법으로 하여야 한다.

가. 정신질환자가 정신의료기관 등에서 입원치료 또는 요양을 받을 만한 정도 또는 성질의 정신질환을 앓고 있는 경우

나. 정신질환자 자신의 건강 또는 안전이나 다른 사람에게 해를 끼칠 위험(보건복지부령으로 정하는 기준에 해당하는 위험을 말한다. 이하 같음)이 있어 입원

등을 할 필요가 있는 경우

다. 정신의료기관 등의 장은 정신건강의학과전문의 진단 결과 정신질환자가 제2항 각 호에 모두 해당하여 입원 등이 필요하다고 진단한 경우 그 증상의 정확한 진단을 위하여 2주의 범위에서 기간을 정하여 입원하게 할 수 있다.

라. 정신의료기관 등의 장은 제3항에 따른 진단 결과 해당 정신질환자에 대하여 계속 입원 등이 필요하다는 서로 다른 정신의료기관 등에 소속된 2명 이상의 정신건강의학과전문의(제21조 또는 제22조에 따른 국립 · 공립의 정신의료기관 등 또는 보건복지부장관이 지정하는 정신의료기관 등에 소속된 정신건강의학과전문의가 1명 이상 포함)의 일치된 소견이 있는 경우에만 해당 정신질환자에 대하여 치료를 위한 입원 등을 하게 할 수 있다.

마. 제4항에 따른 입원 등의 기간은 최초로 입원 등을 한 날부터 3개월 이내로 한다.

③ 정신의료기관 등의 장은 다음 각 호의 모두에 해당하는 경우에만 입원 등 기간의 연장을 할 수 있다. 이 경우 정신의료기관 등의 장은 입원 등 기간을 연장할 때마다 관할 특별자치시장 · 특별자치도지사 · 시장 · 군수 · 구청장에게 대통령령으로 정하는 기간 이내에 그 연장에 대한 심사를 청구하여야 한다.

가. 서로 다른 정신의료기관 등에 소속된 2명 이상의 정신건강의학과전문의(제21조 또는 제22조에 따른 국립 · 공립의 정신의료기관 등 또는 보건복지부장관이 지정하는 정신의료기관 등에 소속된 정신건강의학과전문의가 1명 이상 포함되어야 함)가 입원 등 기간을 연장하여 치료할 필요가 있다고 일치된 진단을 하는 경우

나. 제1항에 따른 보호의무자 2명 이상(제1항에 따른 입원 등 신청 시 신청 보호의무자가 1명만 있었던 경우에는 1명으로 함)이 제5항에 따른 입원 등의 기간 연장에 대한 동의서를 제출한 경우

④ 정신의료기관 등의 장은 제6항에 따른 입원 등 기간 연장의 심사 청구에 대하여 특별자치시장 · 특별자치도지사 · 시장 · 군수 · 구청장으로부터 제59조(제61조 제2항에서 준용하는 경우를 포함)에 따라 퇴원 등 또는 임시 퇴원 등(일시적으로 퇴원 등을 시킨 후 일정 기간이 지난 후 다시 입원 등 여부를 결정하는 조치를 말함. 이하 같음) 명령

의 통지를 받은 경우에는 해당 정신질환자를 지체 없이 퇴원 등 또는 임시 퇴원 등을 시켜야 한다.

⑤ 정신의료기관 등의 장은 입원 등을 한 사람 또는 보호의무자가 퇴원 등을 신청한 경우에는 지체 없이 그 사람을 퇴원 등을 시켜야 한다. 다만, 정신의료기관 등의 장은 그 입원 등을 한 사람이 제2항 각 호에 모두 해당하는 경우에는 퇴원 등을 거부할 수 있다.

(5) 특별자치시장 · 특별자치도지사 · 시장 · 군수 · 구청장에 의한 입원

① 정신건강의학과전문의 또는 정신건강전문요원은 정신질환으로 자신의 건강 또는 안전이나 다른 사람에게 해를 끼칠 위험이 있다고 의심되는 사람을 발견하였을 때에는 특별자치시장·특별자치도지사·시장·군수·구청장에게 대통령령으로 정하는 바에 따라 그 사람에 대한 진단과 보호를 신청할 수 있다.

② 경찰관(「국가공무원법」에 따른 경찰공무원과 「지방공무원법」에 따른 자치경찰공무원을 말함)은 정신질환으로 자신의 건강 또는 안전이나 다른 사람에게 해를 끼칠 위험이 있다고 의심되는 사람을 발견한 경우 정신건강의학과전문의 또는 정신건강전문요원에게 그 사람에 대한 진단과 보호의 신청을 요청할 수 있다.

③ 제1항에 따라 신청받은 특별자치시장·특별자치도지사·시장·군수·구청장은 즉시 그 정신질환자로 의심되는 사람에 대한 진단을 정신건강의학과전문의에게 의뢰하여야 한다.

④ 정신건강의학과전문의가 제3항의 정신질환자로 의심되는 사람에 대하여 자신의 건강 또는 안전이나 다른 사람에게 해를 끼칠 위험이 있어 그 증상의 정확한 진단이 필요하다고 인정한 경우에 특별자치시장·특별자치도지사·시장·군수·구청장은 그 사람을 보건복지부장관이나 지방자치단체의 장이 지정한 정신의료기관(지정정신의료기관)에 2주의 범위에서 기간을 정하여 입원하게 할 수 있다.

⑤ 특별자치시장·특별자치도지사·시장·군수·구청장은 제4항에 따른 입원시켰을 때에는 그 사람의 보호의무자 또는 보호하고 있는 사람에게 지체

없이 입원 사유·기간 및 장소를 서면으로 통지하여야 한다.

⑥ 제4항에 따라 정신질환자로 의심되는 사람을 입원시킨 정신의료기관의 장은 지체 없이 2명 이상의 정신건강의학과전문의에게 그 사람의 증상을 진단하게 하고 그 결과를 특별자치시장·특별자치도지사·시장·군수·구청장에게 서면으로 통지하여야 한다.

⑦ 특별자치시장·특별자치도지사·시장·군수·구청장은 제6항에 따른 진단 결과 그 정신질환자가 계속 입원할 필요가 있다는 2명 이상의 정신건강의학과전문의의 일치된 소견이 있는 경우에만 그 정신질환자에 대하여 지정정신의료기관에 치료를 위한 입원을 의뢰할 수 있다.

⑧ 특별자치시장·특별자치도지사·시장·군수·구청장은 제7항에 따른 입원 의뢰를 한 때에는 보건복지부령으로 정하는 바에 따라 그 정신질환자와 보호의무자 또는 보호를 하고 있는 사람에게 계속하여 입원이 필요한 사유 및 기간, 제55조에 따라 퇴원 등 또는 처우개선의 심사를 청구할 수 있다는 사실 및 그 청구 절차를 지체 없이 서면으로 통지하여야 한다.

4) 정신건강증진기관(시설) / 전문인력

(1) 정신건강복지센터 / 국가트라우마센터

① 보건복지부장관은 필요한 지역에서의 제12조 제1항에 따른 소관 정신건강증진사업 등의 제공 및 연계 사업을 전문적으로 수행하게 하기 위하여 정신건강복지센터를 설치·운영할 수 있다.

② 시·도지사는 관할 구역에서의 제12조 제2항에 따른 소관 정신건강증진사업 등의 제공 및 연계 사업을 전문적으로 수행하기 위하여 '광역정신건강복지센터'를 설치·운영할 수 있다.

③ 시장·군수·구청장은 관할 구역에서의 제12조 제3항에 따른 소관 정신건강증진사업 등의 제공 및 연계 사업을 전문적으로 수행하기 위하여 「지역보건법」에 따른 보건소에 '기초정신건강복지센터'를 설치·운영할 수 있다.

④ 보건복지부장관, 시·도지사 및 시장·군수·구청장은 수시로 신고를 받을

수 있는 정신건강상담용 긴급전화를 설치·운영하여야 한다.

⑤ 정신건강복지센터의 장은 정신건강증진사업 등의 제공 및 연계사업을 수행하기 위하여 정신질환자를 관리하는 경우에 정신질환자 본인이나 제39조에 따른 보호의무자의 동의를 받아야 한다.

⑥ 보건복지부장관은 대통령령으로 정하는 바에 따라, 시·도지사 및 시장·군수·구청장은 조례나 규칙으로 정하는 바에 따라 소관 정신건강증진사업등을 정신건강에 관한 전문성이 있는 기관·단체에 위탁하여 수행할 수 있다.

⑦ 보건복지부장관은 정신건강복지센터의 설치·운영에 필요한 비용 일부를 부담한다.

⑧ 보건복지부장관은 재난이나 그 밖의 사고로 정신적 충격을 받은 트라우마 환자의 심리적 안정과 사회 적응을 지원(심리지원)하기 위하여 '국가트라우마센터'를 설치·운영할 수 있다.

(2) 정신의료기관

① 정신의료기관의 개설은 「의료법」에 따른다. 이 경우 「의료법」 제36조에도 불구하고 정신의료기관의 시설·장비의 기준과 의료인 등 종사자의 수·자격에 관하여 필요한 사항은 정신의료기관의 규모 등을 고려하여 보건복지부령으로 따로 정한다.

② 다음의 어느 하나에 해당하는 행위로 금고 이상의 형을 선고받고 그 형의 집행이 끝나거나 집행을 받지 아니하기로 확정된 후 5년이 지나지 않은 사람 또는 그 사람이 대표자로 있는 법인은 정신의료기관을 개설하거나 설치할 수 없다.

가. 제41조 제2항, 제42조 제2항 본문, 제43조 제7항·제9항 본문, 제47조 제4항 또는 제62조 제1항 후단을 위반하여 정신질환자를 퇴원이나 임시 퇴원을 시키지 아니한 행위

나. 제68조 제1항을 위반하여 정신건강의학과전문의의 대면(對面) 진단에 의하지 아니하고 정신질환자를 정신의료기관에 입원을 시키거나 입원의 기간을 연장한 행위

③ 보건복지부장관은 정신질환자에 대한 지역별 병상 수급 현황 등을 고려하여 정신의료기관이 다음의 어느 하나에 해당하는 경우에 그 정신의료기관의 규모를 제한할 수 있다.

가. 300병상 이상의 정신의료기관을 개설하려는 경우

나. 정신의료기관의 병상 수를 300병상 미만에서 기존의 병상 수를 포함하여 300병상 이상으로 증설하려는 경우

다. 300병상 이상의 정신의료기관을 운영하는 자가 병상 수를 증설하려는 경우

④ 국가와 지방자치단체는 국립 또는 공립의 정신의료기관으로서 정신병원을 설치·운영하여야 한다.

⑤ 국가와 지방자치단체가 정신병원을 설치하는 경우 그 병원이 지역적으로 균형 있게 분포되도록 하여야 하며, 정신질환자가 지역사회 중심으로 관리되도록 하여야 한다.

⑥ 국립 또는 공립의 정신병원은 제12조 제1항부터 제3항까지에 따른 정신건강증진사업을 수행하고 정신건강증진사업 인력에 대한 교육·훈련을 담당한다.

(3) 정신요양시설

① 국가와 지방자치단체는 정신요양시설을 설치·운영할 수 있다.

② 「사회복지사업법」에 따른 사회복지법인과 그 밖의 비영리법인이 정신요양시설을 설치·운영하려는 경우에는 해당 정신요양시설 소재지 관할 특별자치시장·특별자치도지사·시장·군수·구청장 허가를 받아야 한다.

③ 다음의 어느 하나에 해당하는 행위로 금고 이상의 형을 선고받고 그 형의 집행이 끝나거나 집행을 받지 아니하기로 확정된 후 5년이 지나지 아니한 사람 또는 그 사람이 대표자로 있는 법인은 정신요양시설을 설치할 수 없다.

가. 제41조 제2항, 제42조 제2항 본문, 제43조 제7항·제9항 본문, 제47조 제4항을 위반하여 정신질환자를 퇴소나 임시 퇴소를 시키지 아니한 행위

나. 제68조 제1항을 위반하여 정신건강의학과 전문의의 대면 진단에 의하지 아니하고 정신질환자를 정신요양시설에 입소시키거나 입소의 기간을 연장한 행위

④ 제2항에 따라 허가를 받은 자가 허가받은 사항을 변경하려는 경우에는 특별자치시장·특별자치도지사·시장·군수·구청장에게 신고하여야 한다. 다만, 입소 정원을 변경하려는 경우에는 변경허가를 받아야 한다.

(4) 정신재활시설

① 국가 또는 지방자치단체는 정신재활시설을 설치·운영할 수 있다.

② 국가나 지방자치단체 외의 자가 정신재활시설을 설치·운영하려면 해당 정신재활시설 소재지 관할 특별자치시장·특별자치도지사·시장·군수·구청장에게 신고하여야 한다. 신고한 사항 중 보건복지부령으로 정하는 중요한 사항을 변경할 때에도 신고하여야 한다.

③ 국가 또는 지방자치단체는 필요한 경우 정신재활시설을 사회복지법인 또는 비영리법인에 위탁하여 운영할 수 있다.

④ 정신재활시설의 종류는 다음과 같다.

가. 생활시설: 정신질환자 등이 생활할 수 있도록 주로 의식주 서비스를 제공하는 시설

나. 재활훈련시설: 정신질환자 등이 지역사회에서 직업활동과 사회생활을 할 수 있도록 주로 상담·교육·취업·여가·문화·사회참여 등 각종 재활활동을 지원하는 시설

다. 그 밖에 대통령령으로 정하는 시설

(5) 정신건강전문요원

① 보건복지부장관은 정신건강 분야에 관한 전문지식과 기술을 갖추고 보건복지부령으로 정하는 수련기관에서 수련을 받은 사람에게 정신건강전문요원의 자격을 줄 수 있다.

② 제1항에 따른 정신건강전문요원은 그 전문분야에 따라 '정신건강임상심리사', '정신건강간호사', '정신건강사회복지사' 및 '정신건강작업치료사'

로 구분한다.

③ 보건복지부장관은 정신건강전문요원의 자질을 향상시키기 위하여 보수교육을 실시할 수 있다. 보건복지부장관은 제3항에 따른 보수교육을 국립정신병원, 「고등교육법」 제2조에 따른 학교 또는 대통령령으로 정하는 전문기관에 위탁할 수 있다.

④ 보건복지부장관은 정신건강전문요원이 다음의 어느 하나에 해당하는 경우에는 그 자격을 취소하거나 6개월 이내의 기간을 정하여 자격의 정지를 명할 수 있다.

가. 자격을 받은 후 제18조 각 호의 어느 하나에 해당하게 된 경우

나. 거짓이나 그 밖의 부정한 방법으로 자격을 받은 경우

다. 고의 또는 중대한 과실로 제6항에 따라 대통령령으로 정하는 업무의 수행에 중대한 지장이 발생하게 된 경우

Chapter 13

일반사회복지 관련 법제

1 건강가정기본법

1) 건강가정기본법의 개관

(1) 법제정 목적과 개요

2004년에 제정되어 2005년부터 시행된「건강가정기본법」은 건강한 가정생활의 영위와 가족의 유지 및 발전을 위한 국민의 권리·의무와 국가 및 지방자치단체 등의 책임을 명백히 하고, 가정문제의 적절한 해결방안을 강구하며 가족구성원의 복지증진에 이바지할 수 있는 지원정책을 강화함으로써 건강가정 구현에 기여하는 것을 목적으로 한다. 가정은 개인의 기본적인 욕구를 충족시키고 사회통합을 위하여 기능할 수 있도록 유지·발전되어야 한다는 것을 기본이념으로 한다.

이러한 이념에 따라 정부는 가족정책의 추진기반을 조성하고 가족정책의 기본방향을 설정하는 5년 단위의 중·장기 계획인 제1차 건강가정기본계획(2006~2010)에 이어 제2차 건강가정기본계획(2011~2015), 제3차 건강가정기본계획(2016~2020), 제4차 건강가정기본계획(2021~2025)을 중앙건강가정정책위원회의 심의와 국무회의를 거쳐 시행하고 있다.

(2) 법률용어의 정의

① '가족'이라 함은 혼인·혈연·입양으로 이루어진 사회의 기본단위를 말한다.

② '가정'이라 함은 가족구성원이 생계 또는 주거를 함께하는 생활공동체로서 구성원의 일상적인 부양·양육·보호·교육 등이 이루어지는 생활단위를 말한다.

③ '건강가정'이라 함은 가족구성원의 욕구가 충족되고 인간다운 삶이 보장되는 가정을 말한다.

④ '건강가정사업'이라 함은 건강가정을 저해하는 문제의 발생을 예방하고 해결하기 위한 여러 가지 조치와 가족의 부양·양육·보호·교육 등의 가정 기능을 강화하기 위한 사업을 말한다.

(3) 법률수행의 책임과 범위

① 모든 국민은 가정의 구성원으로서 안정되고 인간다운 삶을 유지할 수 있는 가정생활을 영위할 권리를 가진다.

② 국가 및 지방자치단체는 건강가정을 위하여 필요한 제도와 여건을 조성하고 이를 위한 시책을 강구하여 추진하여야 한다.

③ 국가 및 지방자치단체는 시책을 강구함에 있어 가족구성원의 특성과 가정유형을 고려하여야 한다.

④ 국가 및 지방자치단체는 민주적인 가정형성, 가정친화적 환경조성, 양성평등한 가족가치 실현 및 가사노동의 정당한 가치평가를 위하여 노력하여야 한다.

⑤ 가족구성원은 부양·자녀양육·가사노동 등 가정생활의 운영에 함께 참여하여야 하고 서로 존중하며 신뢰하여야 한다.

⑥ 모든 국민은 혼인과 출산의 사회적 중요성을 인식하여야 한다.

⑦ 국가 및 지방자치단체는 출산과 육아에 대한 사회적 책임을 인식하고 모성보호와 태아의 건강보장 등 적절한 출산환경을 조성하기 위하여 적극적으로 지원하여야 한다.

⑧ 가족구성원 모두는 가족해체를 예방하기 위하여 노력하여야 한다.

⑨ 국가 및 지방자치단체는 건강한 가정구현에 기여할 수 있도록 지역사회 자원을 최대한 개발하고 활용하여야 한다.

⑩ 가정의 중요성을 고취하고 건강가정을 위한 개인·가정·사회의 적극적인 참여분위기를 조성하기 위하여 매년 5월을 가정의 달로 하고, 5월 15일을 가정의 날로 한다.

2) 건강가정지원의 조치

(1) 건강가정기본계획의 수립

① 여성가족부장관은 관계중앙행정기관의 장과 협의하여 건강가정기본계획을 5년마다 수립하여야 한다.

② 기본계획에는 다음의 사항이 포함되어야 한다.

가. 가족기능의 강화 및 가정의 잠재력 개발을 통한 가정의 자립증진 대책

나. 사회통합과 문화계승을 위한 가족공동체문화의 조성

다. 다양한 가족의 욕구충족을 통한 건강가정 구현

라. 민주적인 가족관계와 양성평등적인 역할분담

마. 가정친화적인 사회환경의 조성

바. 가족양육·부양 등의 부담완화와 가족해체 예방을 통한 사회비용 절감

사. 위기가족에 대한 긴급지원책

아. 가족의 건강증진을 통한 건강사회 구현

자. 가족지원정책의 추진과 관련한 재정조달 방안

③ 기본계획은 국무회의의 심의를 거쳐 확정한다.

④ 여성가족부장관은 확정된 기본계획을 지체없이 관계중앙행정기관의 장 및 지방자치단체의 장에게 통보하여야 한다.

⑤ 여성가족부장관, 관계중앙행정기관의 장 및 지방자치단체의 장은 매년 기본계획에 따라 건강가정시행계획(연도별 시행계획)을 수립·시행 및 평가하여야 한다. 이 경우 관계중앙행정기관의 장 및 지방자치단체의 장은 그

시행계획 및 추진실적을 매년 여성가족부장관에게 제출하여야 한다.

⑥ 여성가족부장관은 기본계획에 기초하여 시·도별 시행계획을 조정하고 그 이행상황을 점검하여야 한다.

⑦ 여성가족부장관은 시·도별 시행계획이 기본계획 및 중앙행정기관의 시행계획에 위배되는 경우에는 당해 지방자치단체의 장에게 이를 변경하도록 요구할 수 있다.

⑧ 여성가족부장관, 관계중앙행정기관의 장 및 지방자치단체의 장은 기본계획 또는 시행계획의 수립·시행을 위하여 필요한 때에는 관계공공기관·사회단체, 그 밖의 민간기업체의 장에게 협조를 요청할 수 있다.

(2) 가족실태조사

① 국가 및 지방자치단체는 개인과 가족의 생활실태를 파악하고, 건강가정 구현 및 가정문제 예방 등을 위한 서비스의 욕구와 수요를 파악하기 위하여 5년마다 가족실태조사를 실시하고 그 결과를 발표하여야 한다.

② 제1항에 따른 가족실태조사에는 1인가구의 연령별·성별·지역별 현황과 정책 수요 등에 관한 사항이 포함되어야 한다.

③ 제1항의 규정에 의한 가족실태조사를 위하여 필요한 사항은 여성가족부령으로 정한다.

(3) 건강가정교육

① 국가 및 지방자치단체는 건강가정교육을 실시하여야 한다.

② 제1항의 규정에 의한 교육내용에는 다음의 사항이 포함되어야 한다.

가. 결혼준비교육

나. 부모교육

다. 가족윤리교육

라. 가족가치실현 및 가정생활관련 교육 등

③ 제1항 규정에 의한 건강가정교육에 관하여 필요한 사항은 여성가족부령으로 정한다.[6)]

6) 여성가족부장관 및 시·도지사는 법 제32조 제1항의 규정에 의하여 매년 건강가정교육에 관한 계획을 수립·시행하고, 건강가정에 관한 교재·교구 등을 개발·보급하여야 한다.

3) 건강가정지원의 급여내용

(1) 가정에 대한 지원

① 국가 및 지방자치단체는 가정이 원활한 기능을 수행하도록 지원하여야 한다.

② 제1항의 규정에 의하여 지원하여야 할 사항은 다음과 같다.

가. 가족구성원의 정신적·신체적 건강지원

나. 소득보장 등 경제생활의 안정

다. 안정된 주거생활

라. 태아검진 및 출산·양육의 지원

마. 직장과 가정의 양립

바. 음란물·유흥가·폭력 등 위해환경으로부터의 보호

사. 가정폭력으로부터의 보호

아. 가정친화적 사회분위기의 조성

자. 그 밖에 건강한 가정의 기능을 강화·지원할 수 있는 관련 사항

③ 국가 및 지방자치단체는 취업여성의 임신·출산·수유와 관련된 모성보호 및 부성보호를 위한 유급휴가시책이 확산되도록 노력하여야 한다.

④ 국가 및 지방자치단체는 한부모가족, 노인단독가정, 장애인가정, 미혼모가정, 공동생활가정, 자활공동체 등 사회적 보호를 필요로 하는 가정에 대하여 적극적으로 지원하여야 한다.

(2) 자녀양육지원의 강화

① 국가 및 지방자치단체는 자녀를 양육하는 가정에 대하여 자녀양육으로 인한 부담을 완화하고 아동의 행복추구권을 보장하기 위한 보육 및 방과 후 서비스, 양성평등한 육아휴직제 활용을 적극적으로 확대하여 나아가야 한다.

② 국가 및 지방자치단체는 가사노동의 가치에 대한 사회적 인식을 제고하고 이를 관련 법·제도 및 가족정책에 반영하도록 노력하여야 한다.

③ 국가 및 지방자치단체는 다양한 가족형태를 고려하여 아동양육지원시책을 수립·시행하여야 한다.

④ 국가 및 지방자치단체는 아동양육지원사업을 예산의 범위에서 지원할 수 있다.

(3) 위기가족 긴급지원

① 국가와 지방자치단체는 「재난 및 안전관리 기본법」 제3조 제1호에 따른 재난 중 대통령령으로 정하는 재난에 의하여 가족의 부양·양육·보호·교육 등 가족기능이 현저하게 저하된 경우 원활한 가족기능을 수행하는 데에 긴급하게 필요한 범위에서 지원하여야 한다.

② 위기가족 긴급지원의 종류 및 내용은 다음과 같다.

가. 아이돌봄지원, 가사돌봄지원 등 가족돌봄

나. 가족상담, 집단프로그램, 자조모임 운영 등 가족의 심리·정서지원

다. 법률구조, 의료지원, 복지서비스 등 연계

라. 그 밖에 여성가족부장관이 필요하다고 인정하는 지원

③ 제2항의 지원기간은 1년 이내로 한다. 다만, 제2항 제2호의 심리·정서지원의 지원 기간은 3년 이내로 하되, 필요한 경우 1년의 범위에서 한 번 연장할 수 있다.

④ 위기가족긴급지원의 절차 및 방법 등에 필요한 사항은 대통령령으로 정한다.

⑤ 「긴급복지지원법」 등 다른 법률에 따른 이 법의 지원 내용과 동일한 내용의 지원을 받고 있는 경우에는 이 법에 따른 지원을 하지 아니한다.

(4) 가족단위 복지 / 건강증진

① 국가 및 지방자치단체는 사회보험·공공부조 등 사회보장제도의 운용과 관련하여 보험료의 산정·부과, 급여 등을 운용함에 있어서 가족을 지지하는 시책을 개발·추진하여야 한다.

② 국가 및 지방자치단체는 경제·사회, 교육·문화, 체육, 지역사회개발 등 각 분야의 제도·정책 및 사업을 수립·추진함에 있어 가족을 우대하는 방안을 강구하여야 한다.

③ 국가 및 지방자치단체는 영·유아, 아동, 청소년, 중·장년 등 생애주기에

따르는 가족구성원의 종합적인 건강증진대책을 마련하여야 한다.

(5) 가족부양의 지원

① 국가 및 지방자치단체는 영·유아 혹은 노인 등 부양지원을 요하는 가족구성원이 있는 가정에 대하여 부양부담을 완화하기 위한 시책을 적극적으로 강구하여야 한다.

② 국가 및 지방자치단체는 질환이나 장애로 가족 내 수발을 요하는 가족구성원이 있는 가정을 적극 지원하며, 보호시설을 이용할 수 있도록 전문보호시설을 확대하여야 한다.

③ 국가 및 지방자치단체는 가족구성원 중 장기요양을 필요로 하는 질병이나 사고로 간병을 요할 경우 가족간호를 위한 휴가 등의 시책을 마련하여야 한다.

(6) 양성평등한 가족관계의 증진 등

① 국가 및 지방자치단체는 부부 및 세대 간에 가족갈등이 있는 경우 이를 예방·상담하고, 민주적이고 양성평등한 가족관계를 증진시킬 수 있도록 가족지원서비스를 확대하고, 다양한 가족생활교육·부모교육·가족상담·평등가족홍보 등을 추진하여야 한다.

② 국가 및 지방자치단체는 가정폭력이 있는 가정의 경우 가정폭력피해자와 피해자 가족에 대한 개입에 있어 전문가의 체계적인 개입과 서비스가 이루어지도록 노력하여야 한다.

③ 국가 및 지방자치단체는 가족의 결속력과 가족구성원의 발전을 위하여 가족이 시민으로서의 역할을 증진할 수 있는 기회와 서비스를 제공하여야 한다.

(7) 가정생활문화의 발전

① 국가 및 지방자치단체는 건강가정의 생활문화를 고취하고 그에 대한 지원정책을 수립하여야 한다.

② 국가 및 지방자치단체가 지원하여야 하는 건강가정의 생활문화는 다음의

사항을 포함한다.

가. 가족여가문화

나. 양성평등한 가족문화

다. 가족단위 자원봉사활동

라. 건강한 의식주 생활문화

마. 합리적인 소비문화

바. 지역사회 공동체문화

사. 그 밖에 건강가정의 생활문화와 관련된 사항

(8) 가정봉사원 지원

① 국가 및 지방자치단체는 건강한 가정을 유지하기 위하여 필요한 경우에는 가정을 방문하여 가사·육아·산후조리·간병 등을 돕는 가정봉사원을 지원할 수 있다.

② 가정봉사원은 여성가족부령이 정하는 바에 따라 교육을 받아야 한다.

③ 국가 및 지방자치단체는 가정봉사원에게 예산의 범위 안에서 일정금액을 지급할 수 있다.

(9) 이혼예방 및 이혼가정지원

① 국가 및 지방자치단체는 이혼하고자 하는 부부가 이혼 전 상담을 받을 수 있게 하는 등 이혼조정을 내실화할 수 있도록 필요한 조치를 강구하여야 한다.

② 국가 및 지방자치단체는 이혼의 의사가 정해진 가족에 대하여 이들 가족이 자녀양육·재산·정서 등의 제반 문제를 준비할 수 있도록 도움을 주는 지원서비스를 제공하도록 하여야 한다.

③ 국가 및 지방자치단체는 이혼한 가족에 대하여 양육비에 대한 집행력의 실효성을 강화하고 그 적용대상을 확대하도록 하여야 한다.

4) 건강가정지원의 전달체계

(1) 건강가정사업의 전담수행

① 여성가족부 및 지방자치단체는 건강가정사업에 관한 업무를 전담하여 수행할 수 있도록 하여야 한다.

② 국가 및 지방자치단체는 건강가정사업을 수행하는 단체 또는 개인에 대하여 필요한 비용의 전부 또는 일부를 보조하거나 그 업무수행에 필요한 지원을 할 수 있다.

(2) 한국건강가정진흥원

① 다양한 가족의 삶의 질의 제고 및 가족역량 강화를 위한 가족정책을 효율적이고 체계적으로 지원하기 위하여 한국건강가정진흥원을 설립한다.

② 한국건강가정진흥원은 다음의 사업을 한다.

가. 가족상담 및 가족교육 사업

나. 가족친화 사회환경 조성사업

다. 아이돌봄 및 자녀양육지원 사업

라. 「양육비 이행확보 및 지원에 관한 법률」에 따른 양육비 이행 전담기관 운영

마. 다문화가족, 한부모가족, 조손가족 등 취약 가족의 역량강화 지원 사업

바. 다문화가족의 사회통합지원 사업

사. 건강가정지원센터, 「다문화가족지원법」 제12조의 다문화가족지원센터 및 「가족친화 사회환경의 조성 촉진에 관한 법률」 제19조의 가족친화 지원센터의 사업 관리 및 종사자 교육훈련

아. 가족사업 관련 대내외 교류 및 협력사업

자. 가족정책 및 사업개발을 위한 조사, 연구

차. 위의 사업에 부수되는 사업 또는 이와 관련하여 국가기관 등으로부터 위탁받은 사업

카. 그 밖에 진흥원의 목적달성을 위하여 정관으로 정하는 사항

③ 한국건강가정진흥원에 관하여는 이 법에서 규정한 것을 제외하고는 「민법」 중 재단법인에 관한 규정을 준용한다.

(3) 건강가정지원센터 / 건강가정사

① 국가 및 지방자치단체는 가정문제의 예방·상담 및 치료, 건강가정의 유지를 위한 프로그램의 개발, 가족문화운동의 전개, 가정 관련 정보 및 자료제공 등을 위하여 건강가정지원센터를 설치·운영하여야 한다.

② 센터에는 건강가정사업을 수행하기 위하여 관련 분야에 대한 학식과 경험을 가진 전문가(건강가정사)를 두어야 하며, 건강가정사는 다음의 요건을 모두 갖춘 사람이어야 한다.

가. 대학 또는 이와 동등 이상의 학교를 졸업할 것(법령에 따라 이와 같은 수준 이상의 학력이 있다고 인정되는 경우를 포함)

나. 가호에 따른 학력 취득과정이나 그 밖에 여성가족부장관이 인정하는 방법으로 사회복지학·가정학·여성학 등 여성가족부령으로 정하는 관련 교과목을 이수할 것

③ 센터 운영은 여성가족부령이 정하는 바에 의하여 민간 위탁할 수 있다.

2 저출산·고령사회기본법

1) 저출산·고령사회기본법의 개관

(1) 법제정 목적과 기본이념

① 「저출산·고령사회기본법」은 저출산 및 인구의 고령화에 따른 변화에 대응하는 저출산·고령사회정책의 기본방향과 그 수립 및 추진체계에 관한 사항을 규정함으로써 국가의 경쟁력을 높이고 국민의 삶의 질 향상과 국가의 지속적인 발전에 이바지함을 목적으로 2005년 5월 18일에 제정되고 그해 9월 1일부터 시행되었다.

② 「저출산·고령사회기본법」은 국가의 지속적인 발전을 위한 인구 구성의 균형과 질적 향상을 실현하고, 국민이 건강하고 안정된 노후생활을 할 수 있도록 하는 것을 기본이념으로 한다.

③ 저출산·고령사회정책의 추진기반을 조성하고 기본방향을 설정하는 '제1차 저출산·고령사회기본계획(새로마지플랜 2010)'에 이어 '제2차 저출산·고령사회기본계획(새로마지플랜 2015)', '제3차 저출산·고령사회기본계획(새로마지플랜 2020)'을 국무회의 심의·의결을 거쳐 시행하고 있다.

(2) 법률용어의 정의

① '인구의 고령화'라 함은 전체인구에서 노인의 인구비율이 증가하는 현상을 말한다.

② '저출산·고령사회정책'이라 함은 저출산 및 인구의 고령화에 따른 변화에 대응하기 위하여 수립·시행하는 정책을 말한다.

(3) 법률수행의 책임과 범위

① 국가는 종합적인 저출산·고령사회정책을 수립·시행하고, 지방자치단체는 국가의 저출산·고령사회정책에 맞추어 지역의 사회·경제적 실정에 부합하는 저출산·고령사회정책을 수립·시행하여야 한다.

② 국가 및 지방자치단체는 다른 법률의 규정에 의하여 중·장기계획 및 연도별 시행계획 등 주요정책을 수립하는 경우 제20조의 규정에 의한 저출산·고령사회기본계획을 고려하여야 한다.

③ 국민은 출산 및 육아의 사회적 중요성과 인구의 고령화에 따른 변화를 인식하고 국가 및 지방자치단체가 시행하는 저출산·고령사회정책에 적극 참여하고 협력하여야 한다.

④ 국민은 가정 및 지역사회의 일원으로 상호연대를 강화하고 각자의 노후생활을 건강하고 충실하게 영위할 수 있도록 노력하여야 한다.

2) 저출산·고령사회의 대응조치

(1) 저출산 대응조치

❶ 인구정책과 인구교육

① 국가 및 지방자치단체는 적정인구의 구조와 규모를 분석하고 인구변동을 예측하여 국가 및 지방자치단체의 지속적인 성장과 발전을 위한 인구정책을 수립·시행하여야 한다.

② 국가 및 지방자치단체는 국민이 저출산 및 인구의 고령화 문제의 중요성을 이해하고, 결혼·출산 및 가족생활에 대한 합리적인 가치관을 형성할 수 있도록 하는 인구교육을 활성화하여야 하며, 이에 필요한 시책을 강구하여야 한다.

③ 국가 및 지방자치단체는 모든 자녀가 차별받지 아니하고 안전하고 행복한 생활을 영위하며 교육과 인성함양에 도움을 주는 사회환경을 조성하기 위한 시책을 강구하여야 한다.

④ 인구구조 불균형이 초래하는 정치적·경제적·사회적 파급영향에 대하여 국민의 이해와 관심을 높이고, 저출산·고령화 대응에 민간의 참여를 유도하기 위하여 매년 7월 11일을 인구의 날로 정한다.

⑤ 국가와 지방자치단체는 인구의 날 취지에 적합한 행사와 교육·홍보 사업을 실시하도록 노력하여야 한다.

❷ 출산보육과 모자보건증진

① 국가 및 지방자치단체는 자녀를 임신·출산·양육 및 교육하고자 하는 자가 직장생활과 가정생활을 병행할 수 있도록 사회환경을 조성·지원하여야 한다.

② 국가 및 지방자치단체는 자녀를 양육하려는 자에게 양질의 보육서비스를 제공하기 위한 시책을 강구하여야 한다.

③ 국가 및 지방자치단체는 자녀의 임신·출산·양육 및 교육에 소요되는 경제적 부담을 경감하기 위하여 필요한 시책을 강구하여야 한다.

④ 국가 및 지방자치단체는 임산부·태아 및 영유아에 대한 건강진단 등 모자보건의 증진과 태아의 생명존중을 위하여 필요한 시책을 수립·시행하여

야 한다.

⑤ 국가 및 지방자치단체는 임신·출산·양육의 사회적 의미와 생명의 존엄성 및 가족구성원의 협력의 중요성 등에 관한 교육을 실시하여야 한다.

⑥ 국가 및 지방자치단체는 임신·출산 및 양육에 관한 정보의 제공, 교육 및 홍보를 실시하기 위하여 필요한 기관을 설치하거나 그 업무를 관련 기관에 위탁할 수 있다.

❸ 경제적 부담의 경감

① 국가 및 지방자치단체는 자녀의 임신·출산·양육 및 교육에 소요되는 경제적 부담을 경감하기 위하여 필요한 시책을 강구하여야 한다.

② 국가 및 지방자치단체는 자녀의 임신·출산·양육 및 교육에 소요되는 비용의 통계조사를 실시할 수 있다.

(2) 고령화 대응조치

❶ 고용과 소득보장

① 국가 및 지방자치단체는 일할 의욕과 능력이 있는 고령자가 최대한 일할 수 있는 환경을 조성하여야 한다.

② 국가 및 지방자치단체는 연금제도 등 노후소득보장체계를 구축하고 노인에게 적합한 일자리를 창출하는 등 국민이 경제적으로 안정된 노후생활을 할 수 있도록 필요한 조치를 강구하여야 한다.

❷ 건강증진과 안전보장

① 국가 및 지방자치단체는 성별·연령단계별 건강상의 특성과 주요 건강위험요인을 고려하여 국민의 건강증진을 위한 시책을 강구하여야 한다.

② 국가 및 지방자치단체는 노후생활에 필요한 기능과 설비를 갖춘 주거와 이용시설을 마련하고 노인이 안전하고 편리하게 이동할 수 있는 환경을 조성하는 등 쾌적한 노후생활환경을 조성하고 재해와 범죄 등 각종 위험으로부터 노인을 보호하기 위하여 필요한 시책을 강구하여야 한다.

❸ 여가문화와 사회활동 / 평생교육 등

① 국가 및 지방자치단체는 노후의 여가와 문화활동을 장려하고 이를 위한 기반을 조성하여야 한다.

② 국가 및 지방자치단체는 자원봉사 등 노인의 사회활동 참여를 촉진하는 사회적 기반을 조성하여야 한다.

③ 국가 및 지방자치단체는 모든 세대가 평생에 걸쳐 학습하고 능력과 적성에 따라 교육을 받을 수 있도록 교육의 기회를 제공하고, 이를 위한 교육시설의 설치·인력의 양성 및 프로그램의 개발 등 필요한 시책을 강구하여야 한다.

④ 국가 및 지방자치단체는 국민이 행복하고 활기찬 노후생활을 설계하기 위하여 재무, 건강, 여가, 사회참여 등 각 분야에서 적절한 상담과 교육을 받을 수 있도록 필요한 시책을 강구하여야 한다.

❹ 가족관계 / 고령친화산업 등

① 국가 및 지방자치단체는 저출산·고령사회정책을 수립·시행함에 있어서 여성노인·장애노인 등 취약계층의 노인에 대하여 특별한 배려를 하고 도시·농어촌지역 간 격차 등 지역의 특수한 상황을 반영하여야 한다.

② 국가 및 지방자치단체는 효행을 장려함으로써 노인이 가정과 사회에서 공경받을 수 있도록 하고 세대 간 교류의 활성화와 세대 간 이해를 증진함으로써 민주적이고 평등한 가족관계가 형성되도록 필요한 사회환경을 조성하여야 한다.

③ 국가 및 지방자치단체는 인구의 고령화에 따른 경제·산업구조 및 노동환경의 변화에 부응하는 시책을 수립·시행하여야 한다.

④ 국가 및 지방자치단체는 인구의 고령화에 따른 상품 및 서비스 수요의 변화에 대비한 새로운 산업을 육성하기 위한 기반을 구축하여야 한다.

⑤ 국가 및 지방자치단체는 노인에게 필요한 용구와 용품 등의 연구개발·생산 및 보급의 활성화를 위하여 필요한 시책을 강구하여야 한다.

3) 저출산·고령사회의 대응체계

(1) 저출산·고령사회 기본계획 수립·추진

① 정부는 저출산·고령사회 중·장기 정책목표 및 방향을 설정하고, 이에 따른 저출산·고령사회 기본계획을 수립·추진하여야 한다.

② 보건복지부장관은 관계 중앙행정기관의 장과 협의하여 5년마다 기본계획안을 작성하고, 제23조의 규정에 의한 저출산·고령사회위원회 및 국무회의의 심의를 거친 후 대통령의 승인을 얻어 이를 확정한다. 수립된 기본계획을 변경할 때에도 또한 같다.

③ 저출산·고령사회 기본계획에는 다음의 사항이 포함되어야 한다.

가. 저출산·고령사회정책의 기본목표와 추진방향

나. 기간별 주요 추진과제와 그 추진방법

다. 필요한 재원의 규모와 조달방안

라. 그 밖에 저출산·고령사회정책으로 필요하다고 인정되는 사항

(2) 저출산·고령사회 시행계획 수립·추진

① 중앙행정기관의 장은 기본계획에 따라 소관별로 연도별 시행계획을 수립·시행하고, 지방자치단체의 장은 기본계획 및 중앙행정기관의 시행계획에 따라 당해 지방자치단체의 시행계획을 수립·시행하여야 한다.

② 연도별 시행계획의 효율적인 수립·시행을 위하여 보건복지부장관은 시행계획 수립지침을 정하여 이를 관계 중앙행정기관의 장 및 지방자치단체의 장에게 통보하여야 한다.

③ 관계 중앙행정기관의 장 및 지방자치단체의 장은 시행계획수립지침에 따라 소관별로 다음 연도의 시행계획을 수립하여 매년 12월 31일까지 보건복지부장관에게 제출하여야 한다. 이 경우 지방자치단체의 장은 시행계획의 내용에 관하여 보건복지부장관 및 관계 중앙행정기관의 장과 미리 협의하여야 한다.

④ 보건복지부장관은 법 제21조 제3항의 규정에 의하여 시행계획이 위원회의 심의를 거쳐 확정된 경우에는 이를 지체없이 관계 중앙행정기관의 장 및 지방자치단체의 장에게 통보하여야 한다.

⑤ 중앙행정기관의 장은 지방자치단체의 시행계획이 기본계획 및 중앙행정기관의 시행계획에 위반되는 경우에는 당해 지방자치단체의 장에게 이를 변경하도록 요구하고, 지방자치단체의 시행계획의 이행상황을 기본계획에 따라 점검할 수 있다.

⑥ 관계 중앙행정기관의 장 및 지방자치단체의 장은 다음 해의 시행계획 및 지난해의 추진실적을 대통령령이 정하는 바에 따라 보건복지부장관에게 제출하고, 보건복지부장관은 이를 종합하여 제23조의 규정에 의한 저출산·고령사회위원회의 심의를 받아야 한다.

⑦ 국가 및 지방자치단체는 매년 시행계획에 따른 추진실적을 평가하고 그 결과를 저출산·고령사회정책에 반영하여야 한다.

⑧ 국가 및 지방자치단체는 기본계획 및 시행계획의 수립·시행을 위하여 관계 공무원 또는 관계 전문가의 의견을 듣거나 관계 기관 및 단체 등에 필요한 자료제출 등 협조를 요청할 수 있다.

⑨ 보건복지부장관은 기본계획안의 작성을 위하여 관계 중앙행정기관 및 지방자치단체의 장에게 저출산·고령사회 관련 계획 및 정책, 관련 자료 또는 의견의 제출 등 필요한 협조를 요청할 수 있다.

(3) 저출산·고령사회위원회 설치·운영

① 저출산·고령사회정책에 관한 중요사항을 심의하기 위하여 대통령 소속하에 저출산·고령사회위원회를 둔다.

② 저출산·고령사회위원회는 다음의 사항을 심의한다.

가. 저출산 및 인구의 고령화에 대비한 중·장기 인구구조의 분석과 사회경제적 변화 전망에 관한 사항

나. 저출산·고령사회정책의 중·장기 정책목표와 추진방향에 관한 사항

다. 기본계획에 관한 사항

라. 시행계획에 관한 사항

마. 저출산·고령사회정책의 조정 및 평가에 관한 사항

바. 그 밖에 저출산·고령사회정책에 관한 중요사항으로서 간사위원이 부의하는 사항

③ 위원회는 위원장 1인을 포함한 25인 이내의 위원으로 구성한다.

④ 위원장은 대통령이 되고, 위원은 다음의 자가 된다.

가. 대통령령으로 정하는 관계 중앙행정기관의 장

나. 고령화 및 저출산에 관하여 학식과 경험이 풍부한 자 중에서 위원장이 위촉하는 자

⑤ 위원회에 간사위원 2인을 두며, 간사위원은 보건복지부장관과 제4항 제2호의 위원 중 대통령이 지명하는 자가 된다.

3 자원봉사활동기본법 / 재해구호법

1) 자원봉사활동기본법

(1) 자원봉사활동기본법의 개관

❶ 법제정 목적과 기본방향

① 「자원봉사활동기본법」은 2005년 8월에 제정되어 2006년 2월부터 시행된 법률로, 자원봉사활동에 관한 기본적인 사항을 규정함으로써 자원봉사활동을 진흥하고 행복한 공동체 건설에 기여함을 목적으로 한다.

② 자원봉사활동의 진흥을 위한 정책은 다음 사항을 기본방향으로 하여야 한다.

가. 자원봉사활동은 국민의 협동적인 참여능력을 높일 수 있는 방향으로 추진하여야 한다.

나. 자원봉사활동은 무보수성·자발성·공익성·비영리성·비정파성·비종파성의 원칙 아래 수행될 수 있도록 하여야 한다.

다. 모든 국민은 연령·성별·장애·지역·학력 등 사회적 배경에 관계없이 누구든지 자원봉사활동에 참여할 수 있도록 하여야 한다.

라. 자원봉사활동의 진흥을 위한 정책은 민·관 협력의 기본정신을 바탕으로 하여 추진하여야 한다.

❷ 법률용어의 정의

① '자원봉사활동'이라 함은 개인 또는 단체가 지역사회·국가 및 인류사회를 위하여 대가없이 자발적으로 시간과 노력을 제공하는 행위를 말한다.
② '자원봉사자'라 함은 자원봉사활동을 행하는 사람을 말한다.
③ '자원봉사단체'라 함은 자원봉사활동을 주된 사업으로 행하거나 이를 지원하기 위하여 설립된 비영리 법인 또는 단체를 말한다.
④ '자원봉사센터'라 함은 자원봉사활동 개발·장려·연계·협력 등의 사업을 수행하기 위하여 법령과 조례 등에 의하여 설치된 기관·법인·단체 등을 말한다.

❸ 법률수행의 책임과 범위

① 국가와 지방자치단체는 자원봉사활동의 진흥에 관한 시책을 강구하여 국민의 자원봉사활동을 권장·지원하여야 한다.
② 제14조·제18조 및 제19조에 근거하여 지원을 받는 자원봉사단체 및 자원봉사센터는 그 명의 또는 그 대표의 명의로 특정정당 또는 특정인의 선거운동을 하여서는 아니 된다. '선거운동'은 「공직선거법」 제58조 제1항의 규정에 따른다.
③ 누구든지 개인 또는 단체에 대하여 자원봉사활동을 강요하여서는 아니 된다.
④ 「자원봉사활동기본법」의 적용을 받는 자원봉사활동의 범위는 다음과 같다.
가. 사회복지 및 보건 증진에 관한 활동
나. 지역사회개발·발전에 관한 활동
다. 환경보전 및 자연보호에 관한 활동
라. 사회적 취약계층의 권익증진 및 청소년의 육성보호에 관한 활동
마. 교육 및 상담에 관한 활동
바. 인권옹호 및 평화구현에 관한 활동
사. 범죄예방 및 선도에 관한 활동
아. 교통 및 기초질서계도에 관한 활동
자. 재난관리 및 재해구호에 관한 활동

차. 문화·관광·예술 및 체육진흥에 관한 활동

카. 부패방지 및 소비자보호에 관한 활동

타. 공명선거에 관한 활동

파. 국제협력 및 해외봉사활동

하. 공공행정 분야 사무 지원에 관한 활동 및 그 밖에 공익사업의 수행 또는 주민복리의 증진에 필요한 활동

(2) 자원봉사진흥의 조치

❶ 자원봉사진흥위원회 설치

① 자원봉사활동에 관한 주요정책을 심의하기 위하여 국무총리 소속하에 관계부처 및 민간전문가로 구성된 자원봉사진흥위원회를 둔다.

② 자원봉사진흥위원회는 다음 사항을 심의한다.

가. 자원봉사활동의 진흥을 위한 정책방향의 설정 및 협력·조정

나. 자원봉사활동의 진흥을 위한 국가기본계획과 연도별 시행계획에 관한 사항

다. 자원봉사활동의 진흥을 위한 제도 개선에 관한 사항

라. 그 밖에 자원봉사활동의 진흥에 관하여 필요한 사항

③ 제2항의 규정에 의한 심의사항을 미리 검토하고 관계 기관 간의 협의사항을 정리하기 위하여 자원봉사진흥위원회에 실무위원회를 둘 수 있다.

④ 자원봉사진흥위원회 및 실무위원회의 구성·조직 및 운영에 관하여 필요한 사항은 대통령령으로 정한다.

❷ 자원봉사진흥위원회 구성

① 「자원봉사활동기본법」 제8조 제1항의 규정에 의한 자원봉사진흥위원회는 국무총리 소속으로 위원장 1인과 부위원장 2인을 포함하여 30인 이내의 위원으로 구성하되, 위원은 다음의 자로 한다.

가. 당연직 위원 : 기획재정부·교육부장관·법무부장관·보건복지부장관·여성가족부장관 및 국무조정실장

나. 민간위원 : 자원봉사분야에 관한 학식과 경험이 풍부한 자 중에서 제13조의 규정에 의한 한국자원봉사협의회와 교육부장관·보건복지부

장관 또는 여성가족부장관의 추천을 받아 국무총리가 위촉하는 자

② 위원회의 위원장은 국무총리가 되고, 부위원장은 행정안전부장관과 민간위원 중에서 호선한 자 1인이 된다.

③ 위원 중 민간위원이 과반수가 되도록 하여야 한다.

④ 민간위원의 임기는 2년으로 한다.

⑤ 위원장은 위원회를 대표하며, 위원회의 업무를 통할한다.

⑥ 부위원장은 위원장을 보좌하며, 위원장이 부득이한 사유로 직무를 수행할 수 없는 경우 그 직무를 대행하되 행정안전부장관, 민간부위원장 순으로 한다.

❸ 자원봉사활동의 진흥에 관한 국가기본계획의 수립

① 행정안전부장관은 관계중앙행정기관의 장과 협의하여 자원봉사활동의 진흥을 위한 국가기본계획을 5년마다 수립하여야 한다.

② 기본계획에는 다음 사항이 포함되어야 한다.

가. 자원봉사활동의 진흥에 관한 기본방향
나. 자원봉사활동의 진흥에 관한 추진일정
다. 관계 중앙행정기관의 자원봉사 활동에 관한 추진시책
라. 자원봉사활동의 진흥을 위하여 필요한 재원의 조달방법
마. 그 밖에 자원봉사활동의 진흥을 위하여 특히 필요하다고 인정되는 사항

③ 관계 중앙행정기관의 장과 지방자치단체의 장은 기본계획에 따라 연도별 시행계획을 수립·시행하여야 한다.

④ 법 제10조의 규정에 의하여 시장·군수·구청장은 매년 12월 말까지 특별시장·광역시장·도지사에게 다음 연도의 소관 자원봉사활동진흥에 관한 시행계획을 제출하여야 한다.

⑤ 관계 중앙행정기관의 장과 시·도지사는 매년 1월 말까지 당해연도의 소관 자원봉사활동 진흥에 관한 시행계획을 행정안전부장관에게 제출하여야 하며, 행정안전부장관은 이를 종합하여 위원회의 심의를 거쳐 확정한 후 이를 3월말까지 중앙행정기관의 장 및 시·도지사에게 알려야 한다.

❹ 학교 및 직장인의 자원봉사활동 촉진

① 학교는 학생의 자원봉사활동을 권장하고 지도·관리하기 위하여 노력한다.

② 직장은 직장인의 자원봉사활동을 촉진하기 위하여 노력한다.

③ 학교·직장 등의 장은 학생 및 직장인 등의 자원봉사활동에 대하여 그 공헌을 인정하여 줄 수 있다.

❺ 자원봉사자의 날 및 자원봉사자 보호

① 국가는 국민의 자원봉사활동에 대한 참여를 촉진하고 자원봉사자의 사기를 높이기 위하여 매년 12월 5일을 자원봉사자의 날로 하고 자원봉사자의 날부터 1주간을 자원봉사주간으로 설정한다.

② 국가와 지방자치단체는 자원봉사활동이 안전한 환경 속에서 이루어질 수 있도록 노력하여야 한다.

③ 자원봉사자에 대한 보험의 가입 등 보호의 종류[7)]와 내용[8)]에 관하여 필요한 사항은 대통령령으로 정한다.

④ 자원봉사단체 및 자원봉사센터는 자원봉사자에 대한 교육훈련 및 안전대책 등이 체계적으로 관리될 수 있도록 노력하여야 한다.

(3) 자원봉사진흥의 전달체계

❶ 한국자원봉사협의회

① 자원봉사단체는 전국단위의 자원봉사활동을 진흥·촉진하기 위한 다음의 활동을 하기 위하여 한국자원봉사협의회를 설립할 수 있다.

가. 회원단체 간의 협력 및 사업지원

나. 자원봉사활동의 진흥을 위한 대국민 홍보 및 국제교류

다. 자원봉사활동과 관련된 정책의 개발 및 조사·연구

---

7) 자원봉사자에 대한 보호의 종류는 다음과 같다.
① 자원봉사활동 중인 자원봉사자의 신체적 보호
② 자원봉사활동 중에 발생한 자원봉사자의 경제적 손실보호
③ 자원봉사활동 중에 발생한 타인의 신체 또는 재물손괴에 대한 보호

8) 국가 및 지방자치단체는 자원봉사센터 또는 「비영리민간단체 지원법」에 의하여 등록된 단체에 소속한 자원봉사자의 보호를 위하여 보험 또는 공제에 가입할 수 있다. 그리고 지방자치단체는 보험의 가입절차 및 방법 등에 관하여는 조례로 정한다.

라. 자원봉사활동과 관련된 정책의 건의

마. 자원봉사활동과 관련된 정보의 연계 및 지원

바. 그 밖에 자원봉사활동의 진흥과 관련하여 국가 및 지방자치단체로부터 위탁받은 사업

② 한국자원봉사협의회는 법인으로 한다.

③ 한국자원봉사협의회는 정관을 작성하여 행정안전부장관의 인가를 받아 등기함으로써 설립된다.

④ 국가 및 지방자치단체는 자원봉사단체의 활동에 필요한 행정적 지원을 할 수 있으며 「비영리민간단체지원법」에 의한 사업비를 지원할 수 있다.

❷ 자원봉사센터

〈설치·운영〉

① 국가기관 및 지방자치단체는 자원봉사센터를 설치할 수 있다. 이 경우 자원봉사센터를 법인으로 하여 운영하거나 비영리법인에게 위탁 운영하거나 국가기관 및 지방자치단체가 운영할 수 있다.

② 국가는 자원봉사센터의 설치·운영이 활성화될 수 있도록 적극 노력하여야 하며, 지방자치단체는 자원봉사센터의 운영에 필요한 경비를 지원할 수 있다.

③ 자원봉사센터 장의 자격요건[9]과 자원봉사센터의 조직 및 운영 등에 관하여 필요한 사항은 대통령령으로 정한다.

④ 자원봉사단체 및 자원봉사센터가 제5조의 규정에 따른 정치활동 등 금지의무를 위반한 때에는 「공직선거법」 제255조 제1항 제11호의 규정에 따른 벌칙을 적용한다.

⑤ 자원봉사센터의 원활한 운영을 위한 정책결정기구로서 운영위원회를 둔다. 다만, 자원봉사센터를 법인으로 하여 운영하는 경우에는 이사회를

9) 법 제19조의 규정에 의한 자원봉사센터 장의 자격요건은 다음과 같다. 그리고 자원봉사센터 장은 공개경쟁의 방법에 의하여 선임하며, 지방자치단체는 자원봉사센터 장의 선임방법 및 절차 등에 관하여는 조례로 정한다.
① 대학교의 자원봉사 관련 학과에서 조교수 이상의 직에 3년 이상 재직한 자
② 자원봉사단체·자원봉사센터 또는 사회복지기관·시설·학교·기업에서 자원봉사 관리업무에 5년 이상 종사한 자
③ 5급 이상 퇴직공무원으로서 자원봉사업무 또는 사회복지업무에 3년 이상 종사한 자
④ 국가 및 지방자치단체에 등록된 자원봉사 관련 시민사회단체에서 임원으로 10년 이상 활동한 자

둔다.

⑥ 운영위원회는 20인 이하로 하되 자원봉사단체 대표를 과반수 이상으로 구성하고 대표는 민간인으로 한다.

⑦ 지방자치단체는 자원봉사센터의 조직 및 운영에 관한 사항은 조례로 정한다.

〈주요사업〉

① 특별시·광역시·도와 특별자치시·특별자치도 자원봉사센터는 지역 내 자원봉사 활성화를 위하여 다음의 사업을 수행한다.
   가. 특별자치시·특별자치도·특별시·광역시·도 지역의 기관·단체들과의 상시 협력체계 구축
   나. 자원봉사관리자 및 지도자의 교육훈련
   다. 자원봉사프로그램의 개발 및 보급
   라. 자원봉사조사 및 연구
   마. 자원봉사정보자료실 운영
   바. 시·군·자치구 자원봉사센터 간의 정보 및 사업의 협력·조정·지원
   사. 그 외 특별시·광역시·도 지역의 자원봉사진흥에 기여할 수 있는 사업

② 시·군·자치구 자원봉사센터는 지역 내 자원봉사 활성화를 위하여 다음의 사업을 수행한다.
   가. 시·군·자치구 지역의 기관·단체들과의 상시 협력체계 구축
   나. 자원봉사자의 모집 및 교육·홍보
   다. 자원봉사 수요기관 및 단체에 자원봉사자 배치
   라. 자원봉사 프로그램의 개발·보급 및 시범운영
   마. 자원봉사 관련 정보의 수집 및 제공
   바. 그 밖에 시·군·자치구 지역의 자원봉사 진흥에 기여할 수 있는 사업

2) 재해구호법

(1) 재해구호법의 개관

❶ 법제정 목적 및 이념

「재해구호법」은 1962년 3월 20일에 제정·시행된 법률로, 이재민(罹災民)의 구호와 의연금품의 모집절차 및 사용방법 등에 관하여 필요한 사항을 규정함으로써 이재민 보호와 그 생활안정에 이바지함을 목적으로 한다.

❷ 법률용어의 정의

① '이재민'이란 「재난 및 안전관리기본법」 제3조 제1호 가목에 따른 재해로 인하여 피해를 입은 사람을 말한다.

② '일시대피자'란 재해로 인한 피해가 예상되어 일시대피한 사람을 말한다.

③ '구호기관'이란 이재민 및 일시대피자의 거주지를 관할하는 특별시장·광역시장·도지사·특별자치도지사 및 시장·군수·구청장을 말한다.

④ '구호지원기관'이란 구호기관의 업무를 지원하기 위하여 필요한 인력·시설 및 장비를 갖춘 기관 또는 단체로서 「대한적십자사조직법」에 따른 대한적십자사 및 제29조에 따른 전국재해구호협회 등 대통령령으로 정하는 기관 또는 단체를 말한다.

⑤ '의연금품'이란 「기부금품의 모집 및 사용에 관한 법률」 기부금품 중 재해의 구호를 위하여 반대급부 없이 취득하는 금전 또는 물품을 말한다.

⑥ '모집'이란 서신·광고·인터넷 또는 그 밖의 방법으로 의연금품을 내도록 타인에게 의뢰하거나 권유하는 행위를 말한다.

⑦ '모집자'란 의연금품의 모집허가를 받은 자를 말한다.

⑧ '모집종사자'란 모집자로부터 지시·의뢰를 받아 의연금품의 모집에 종사하는 자를 말한다.

(2) 재해구호의 조치

❶ 재해구호계획의 수립

① 행정안전부장관은 매년 시·도지사, 시장·군수·구청장 및 구호지원기관

의 재해구호업무에 관한 계획의 수립지침을 작성하여 시·도지사 등 및 구호지원기관의 장에게 통보하여야 한다.

② 시장·군수·구청장은 제1항에 따라 통보받은 수립지침에 따라 지역실정을 고려하여 매년 시·군·구 재해구호계획을 수립하여 시·도지사에게 제출하여야 한다.

③ 시·도지사는 제1항에 따라 통보받은 수립지침 및 제2항에 따라 제출받은 시·군·구 재해구호계획에 따라 지역실정을 고려하여 매년 특별시·광역시·특별자치시·도·특별자치도 재해구호계획을 수립하여 시장·군수·구청장에게 통보하고 그 결과를 행정안전부장관에게 제출하여야 한다.

④ 구호지원기관의 장은 제1항에 따라 통보받은 수립지침에 따라 해당 구호지원기관의 재해구호계획을 수립하여 행정안전부장관에게 통보하여야 한다.

❷ 재해구호물자 확보 및 보관

① 구호기관은 지역별 재해발생 현황 및 지역실정 등을 고려하여 필요한 재해구호물자를 항상 확보하여 응급 구호할 수 있는 체제를 갖추어야 한다.

② 시장·군수·구청장은 구호활동을 할 때 재해구호물자가 부족하면 시·도지사에게 지원을 요청할 수 있으며, 지원요청을 받은 시·도지사는 그 지원요청에 대한 조치를 충분히 할 수 없는 경우에는 행정안전부장관에게 그 지원을 요청할 수 있다.

③ 제2항에 따라 지원요청을 받은 시·도지사 및 행정안전부장관은 최대한 지원하여야 한다.

④ 행정안전부장관은 구호지원기관이 재해구호물자를 관리하기 위하여 창고를 설치·운영할 경우 지원할 수 있다.

❸ 의연금품의 모집

① 의연금품을 모집하려는 자는 다음의 사항을 적은 모집계획서를 작성하여 행정안전부장관의 허가를 받아야 한다.

가. 모집허가신청자의 성명·주소·주민등록번호 및 연락처(모집허가신청자가 법인이나 단체인 경우에는 그 명칭, 주된 사무소의 소재지, 대표자의 성명·주소·주민등록

번호 및 연락처)

나. 모집목적, 모집금품의 종류 및 모집목표액, 모집지역, 모집방법, 모집기간, 모집금품의 보관방법 등을 구체적으로 밝힌 모집계획. 이 경우 모집기간은 1년 이내로 하여야 한다.

다. 모집비용의 예정액 명세와 조달방법

라. 모집비용을 제외한 모집금의 납입방법과 모집물품의 전달방법 등을 구체적으로 밝힌 전달계획

마. 모집사무소를 두는 경우에는 그 소재지

바. 그 밖에 의연금품 모집에 필요한 사항

② 모집계획서의 내용을 변경하려는 경우에는 모집기간에 행정안전부장관의 변경허가를 받아야 한다.

③ 국가 또는 지방자치단체 및 그 소속 기관과 공무원은 의연금품의 모집 및 접수를 할 수 없다. 다만, 기탁자의 의뢰를 받아 단순히 의연금을 접수하여 모집자에게 전달하는 경우는 제외한다.

④ 지역구호센터의 장은 이재민 구호를 위하여 자발적으로 기탁하는 의연물품을 접수할 수 있다.

⑤ 의연금품은 국가기관, 지방자치단체, 언론기관, 금융기관, 그 밖의 공개된 장소에서 접수하여야 한다.

⑥ 모집자나 모집종사자는 의연금품의 접수 사실을 장부에 기록하고, 기부자에게 영수증을 발급하여야 한다. 다만, 익명(匿名) 기부 등 기부자를 알 수 없는 경우에는 영수증을 발급하지 아니할 수 있다.

(3) 재해구호의 급여대상과 내용

❶ 재해구호의 대상과 방법

① 이 법에 따른 구호는 이재민과 일시대피자, 재해로 인한 심리적 안정과 사회적응 지원이 필요한 사람으로 대통령령으로 정한 사람[10)]을 대상으로 한다.

10) 대통령령으로 정한 사람은 ① 재난을 직접 목격한 사람, ② 재해현장에서 구호·자원봉사 또는 복구활동에 참여한 사람, ③ 재해로 인한 심리적 피해정도 등을 고려하여 행정안전부장관이 고시하여 기준을 갖춘 사람을 말한다.

② 구호기관은 재해로 주거시설을 상실하거나 주거가 사실상 불가능한 상황에 처한 이재민등의 구호를 위하여 다음의 어느 하나에 해당하는 시설을 임시주거시설로 사용할 수 있다.

가. 「정부조직법」에 따른 중앙행정기관이 운영하는 숙박시설 또는 교육훈련시설·연수시설 내의 숙박시설

나. 「정부출연연구기관 등의 설립·운영 및 육성에 관한 법률」에 따른 정부출연연구기관이 운영하는 숙박시설 또는 교육훈련시설·연수시설 내의 숙박시설

다. 「공공기관의 운영에 관한 법률」에 따른 공공기관이 운영하는 숙박시설 또는 교육훈련시설·연수시설 내의 숙박시설

라. 지방자치단체가 운영하는 숙박시설 또는 교육훈련시설·연수시설 내의 숙박시설

마. 「의료법」 제3조 제2항 제3호에 따른 병원급 의료기관의 시설 중 구호기관이 임산부, 중증장애인, 노인 등 대통령령으로 정하는 구호약자의 구호를 위하여 필요하다고 인정하는 시설

바. 그 밖에 대통령령으로 정하는 시설

③ 구호기관은 필요하다고 인정하면 이재민에게 현금을 지급하여 구호할 수 있다.

④ 구호의 한도·방법 및 기간에 관하여 필요한 사항은 대통령령으로 정한다.

❷ 재해구호의 종류(내용)

① 임시주거시설의 제공

② 급식이나 식품·의류·침구 또는 그 밖의 생활필수품 제공

③ 의료서비스의 제공

④ 감염병 예방 및 방역활동

⑤ 위생지도

⑥ 장사(葬事)의 지원

⑦ 심리회복의 지원

⑧ 그 밖에 대통령령으로 정하는 사항

(4) 재해구호의 전달체계

❶ 전국재해구호협회

① 이재민의 구호에 필요한 의연금품의 모집·관리 및 구호활동 등을 위하여 전국재해구호협회를 설립한다.

② 협회는 법인으로 하며, 그 주된 사무소의 소재지에 설립등기를 함으로써 성립한다.

③ 협회는 의연금품의 모집·배분 및 관리를 효율적으로 하기 위하여 이사회를 두며, 이 법에 규정된 것을 제외하고는「민법」중 사단법인에 관한 규정을 준용한다.

④ 협회는 제29조 제1항에 따른 목적을 달성하기 위하여 다음 사업을 수행할 수 있다.

가. 이재민의 구호를 위한 의연금품의 모집·배분 및 관리
나. 재해구호물품세트의 제작·공급 및 구호물자 보관창고의 운영
다. 재해구호에 관한 홍보 및 조사연구 등 재해구호 관련 사업
라. 배분위원회의 설치·운영
마. 재해구호 활동지원, 자원봉사자 및 자원봉사단체 관리·운영지원
바. 그 밖에 대통령령으로 정하는 사업

❷ 지역구호센터

① 구호기관은 구호활동을 효율적으로 하기 위하여 시·도 단위 및 시·군·구에 구호센터를 둔다.

② 지역구호센터의 장은「재난 및 안전관리기본법」제16조에 따른 지역재난안전대책본부의 본부장이 된다.

③ 지역구호센터의 구성 및 운영에 필요한 사항은 총리령으로 정한다.

④ 구호기관은 재해구호를 원활하게 하기 위하여 경찰관서, 소방관서, 군부대와 구호지원기관 등 재해구호 관련 기관과 협조하여야 한다.

⑤ 이재민 및 일시대피자와 그 인근 거주자는 구호기관의 구호업무에 협력하여야 한다.

❸ 재해구호 전문인력의 양성

① 행정안전부장관 및 시·도지사 등은 이재민등의 원활한 구호를 위하여 재해구호 전문인력을 양성하여야 한다.

② 행정안전부장관 및 시·도지사 등은 제1항에 따른 재해구호 전문인력의 양성을 위하여 다음의 어느 하나에 해당하는 기관 또는 단체를 재해구호 전문인력 양성기관으로 지정하여 필요한 교육훈련을 실시하게 할 수 있다.

가. 「고등교육법」 제2조에 따른 학교

나. 제16조의2 제2항에 따른 전문기관

다. 그 밖에 구호활동을 목적으로 설립된 기관 또는 단체

③ 국가와 지방자치단체는 제2항에 따라 지정된 재해구호 전문인력 양성기관에 대하여 교육훈련에 필요한 비용의 전부 또는 일부를 지원할 수 있다.

4 장사 등에 관한 법률

1) 장사 등에 관한 법률의 개관

(1) 법제정 목적

「장사 등에 관한 법률(약칭 장사법)」은 장사(葬事)의 방법과 장사시설의 설치·조성 및 관리 등에 관한 사항을 정하여 보건위생상의 위해(危害)를 방지하고, 국토의 효율적 이용과 공공복리 증진에 이바지하는 것을 목적으로 한다. 이 법은 당초 1961년 12월 5일에 제정되고 1962년 1월 1일부터 시행된 「매장 등 및 묘지 등에 관한 법률」이 1968년 12월 31일에 「매장 및 묘지 등에 관한 법률」로 일부 개정되었다가 2000년 1월 12일에 현행 법률 명칭인 「장사 등에 관한 법률」로 전부 개정이 되었다.

(2) 법률용어의 정의

① '매장'이란 시신(임신 4개월 이후에 죽은 태아를 포함)이나 유골을 땅에 묻어 장사(葬事)하는 것을 말한다.

② '화장'이란 시신이나 유골을 불에 태워 장사하는 것을 말한다.

③ '자연장(自然葬)'이란 화장한 유골의 골분(骨粉)을 수목·화초·잔디 등의 밑이나 주변에 묻어 장사하는 것을 말한다.

④ '개장'이란 매장한 시신이나 유골을 다른 분묘 또는 봉안시설에 옮기거나 화장 또는 자연장하는 것을 말한다.

⑤ '봉안'이란 유골을 봉안시설에 안치하는 것을 말한다.

⑥ '분묘'란 시신이나 유골을 매장하는 시설을 말한다.

⑦ '묘지'란 분묘를 설치하는 구역을 말한다.

⑧ '화장시설'이란 시신이나 유골을 화장하기 위한 화장로 시설(대통령령으로 정하는 부대시설 포함)을 말한다.

⑨ '봉안시설'이란 유골을 안치(매장은 제외)하는 다음 각 목의 시설을 말한다.

가. 분묘의 형태로 된 봉안묘

나. 「건축법」 제2조 제1항 제2호의 건축물인 봉안당

다. 탑의 형태로 된 봉안탑

라. 벽과 담의 형태로 된 봉안담

⑩ '자연장지(自然葬地)'란 자연장으로 장사할 수 있는 구역을 말한다.

⑪ '수목장림'이란 「산림자원의 조성 및 관리에 관한 법률」 제2조 제1호에 따른 산림에 조성하는 자연장지를 말한다.

⑫ '장사시설'이란 묘지·화장시설·봉안시설·자연장지 및 제28조의2·제29조에 따른 장례식장을 말한다.

(3) 법률수행의 책임과 범위

① 국가와 지방자치단체는 묘지 증가에 따른 국토 훼손을 방지하기 위하여 화장·봉안 및 자연장의 장려와 위법한 분묘설치의 방지를 위한 시책을 강구·시행하여야 한다.

② 지방자치단체는 지역주민의 화장에 대한 수요를 충족할 수 있는 화장시

설을 갖추어야 한다.

③ 보건복지부장관은 묘지·화장시설·봉안시설 및 자연장지의 수급에 관한 종합계획을 5년마다 수립하여야 한다.

④ 특별시장·광역시장·특별자치시장·도지사·특별자치도지사와 시장·군수·구청장(자치구의 구청장)은 종합계획에 따라 관할 구역 안의 묘지·화장시설·봉안시설 및 자연장지의 수급(需給)에 관한 지역수급계획을 수립하여야 한다.

⑤ 시·도지사 및 시장·군수·구청장은 지역수급계획의 전부 또는 일부를 다른 시·도지사 또는 시장·군수·구청장과 공동으로 수립할 수 있다.

⑥ 시장·군수·구청장은 지역수급계획을 특별시장·광역시장·도지사에게, 시·도지사는 이를 보건복지부장관에게 각각 보고하여야 한다.

⑦ 보건복지부장관은 보고받은 지역수급계획 중 지역 간 장사시설의 수급조정, 장사시설의 공동설치 및 장사시설에 관한 지역 간 갈등조정 등이 필요한 사항에 대하여는 관계 중앙행정기관의 장과의 협의를 거쳐 이를 확정하여야 한다.

⑧ 보건복지부장관, 시·도지사 또는 시장·군수·구청장은 제5조 제1항에 따른 묘지 등 수급계획의 수립 또는 제28조에 따른 무연분묘(無緣墳墓)의 정리 등을 위하여 필요하다고 인정하면 일정한 기간 및 구역을 정하여 분묘에 대한 일제 조사를 할 수 있다.

⑨ 시장 등은 관할 구역 안에 있는 시신으로서 연고자가 없거나 연고자를 알 수 없는 시신에 대해서는 일정 기간 매장하거나 화장하여 봉안하여야 한다. 다만, 다른 법률에 특별한 규정이 있는 경우에는 그러하지 아니하다.

⑩ 지방자치단체의 장은 다음 각 호의 어느 하나에 해당하는 사람이 사망하여 공설화장시설을 사용하는 경우에는 사용자에게 부과하는 사용료를 전액 면제한다.

가. 「국민기초생활보장법」에 따른 생계급여 수급자 또는 의료급여 수급자

나. 「국가보훈 기본법」에 따른 희생·공헌자

2) 매장·화장·개장 및 자연장의 방법 등

(1) 매장 및 화장 시기와 장소

① 사망 또는 사산한 때부터 24시간이 지난 후가 아니면 매장 또는 화장을 하지 못한다. 다만, 다른 법률에 특별한 규정이 있거나 임신 7개월이 되기 전에 죽은 태아, 그 밖에 대통령령으로 정하는 시신의 경우에는 그러하지 아니하다.

② 누구든지 공설묘지 또는 사설묘지 외의 구역에 매장을 하여서는 아니 된다.

③ 누구든지 화장시설 외의 시설 또는 장소에서 화장을 하여서는 아니 된다.

(2) 매장 및 화장/개장 방법

① 매장하려는 자가 시신에 대하여 약품처리를 하려면 보건복지부령으로 정하는 기준에 따라 위생적으로 처리하여야 한다.

② 매장·화장 및 개장을 하려는 자는 공중위생에 해를 끼치지 아니하도록 하여야 하며, 매장 깊이와 시신이나 유골의 소각 정도 및 종전 분묘의 처리 등 그 구체적인 방법 및 기준에 관하여 필요한 사항은 대통령령으로 정한다.

③ 자연장을 하는 자는 화장한 유골을 묻기에 적합하도록 분골하여야 한다.

④ 유골을 분골하여 용기에 담아 묻는 경우 그 용기는 생화학적으로 분해가 가능한 것이어야 한다. 묻는 방법, 사용하는 용기의 기준 등에 관하여 필요한 사항은 대통령령으로 정한다.

(3) 매장 및 화장/개장 신고

① 매장을 한 자는 매장 후 30일 이내에 매장지를 관할하는 특별자치시장·특별자치도지사·시장·군수·구청장에게 신고하여야 한다.

② 화장을 하려는 자는 화장시설을 관할하는 시장 등에게 신고하여야 한다.

③ 개장을 하려는 자는 다음 각 호의 구분에 따라 시신 또는 유골의 현존지(現存地) 또는 개장지를 관할하는 시장 등에게 각각 신고하여야 한다.

가. 매장한 시신 또는 유골을 다른 분묘로 옮기거나 화장하는 경우 : 시신 또는 유골의 현존지와 개장지

나. 매장한 시신 또는 유골을 봉안하거나 자연장하는 경우 : 시신 또는 유골의 현존지

다. 봉안한 유골을 다른 분묘로 옮기는 경우 : 개장지

④ 공설묘지·공설화장시설·공설봉안시설 또는 공설자연장지를 이용하는 경우에는 해당 공설묘지·공설화장시설·공설봉안시설 또는 공설자연장지를 설치·조성 또는 관리하는 시·도지사 또는 시장·군수·구청장에게 규정에 따른 신고를 하여야 한다.

⑤ 시장 등은 제1항 및 제3항에 따른 신고를 받은 경우 그 내용을 검토하여 이 법에 적합하면 신고를 수리하여야 한다.

3) 장사 등에 관한 서비스 전달체계

(1) 공설 · 사설 장례식장 / 장사지원센터

① 시·도지사 또는 시장·군수·구청장은 장례의식을 하는 장소(장례식장)를 설치·운영할 수 있다.

② 시·도지사 또는 시장·군수·구청장이 아닌 자가 장례식장을 설치·운영하려는 경우에는 대통령령으로 정하는 시설·설비 및 안전기준을 갖추어 보건복지부령으로 정하는 바에 따라 장례식장 소재지를 관할하는 시장 등에게 신고하여야 한다. 신고한 사항을 변경하려는 경우에도 같다.

③ 장례식장영업자는 장례식장 임대료와 장례에 관련된 수수료 및 장례용품의 품목별 가격을 표시한 가격표를 이용자가 보기 쉬운 곳에 게시하여야 하고, 제33조의2 제1항에 따른 장사정보시스템에 등록하여야 한다. 이 경우 임대료는 오전 12시부터 다음 날 오전 12시까지를 1일로 계산하고, 염습실은 1회 사용요금을 기준으로 한다.

④ 장례식장영업자는 다음 각 호의 어느 하나에 해당하는 행위를 하여서는

아니 된다.

가. 게시한 장례식장 임대료·수수료 및 장례용품의 품목별 가격 외의 금품을 받는 것

나. 장례용품의 구매 또는 사용을 강요하는 것

⑤ 보건복지부장관은 장사 등에 관한 다음 각 호의 업무를 수행하는 지원센터[11]를 설치·운영할 수 있다.

가. 장사정보시스템의 운영

나. 국내외 재해·재난 등의 발생 시 사망자 장례지원

다. 장사정책·장례문화의 연구 및 콘텐츠 개발

라. 장사시설 종사인력에 대한 교육

마. 친자연적 장례문화의 교육 및 홍보

바. 장사 등 관련 상담서비스

사. 그 밖에 보건복지부장관이 정하는 장사 등에 관한 업무

(2) 장례지도사

① 시·도지사는 시신의 위생적 관리와 장사업무에 관한 전문지식과 기술을 가진 사람에게 장례지도사 자격을 부여할 수 있다.

② 장례지도사가 되려는 사람은 19세 이상으로서 장례지도사 교육기관에서 교육과정을 마쳐야 한다.

③ 시·도지사는 제2항에 따라 장례지도사 교육과정을 마친 사람에게 장례지도사의 자격을 무시험검정하고 자격증을 교부하여야 한다.

④ 장례지도사의 자격검정 기준, 교육과정 및 자격증 교부 등에 관하여 필요한 사항은 보건복지부령으로 정한다.

⑤ 자격증을 교부받은 사람은 다른 사람에게 그 자격증을 빌려주어서는 아니 되고, 누구든지 그 자격증을 빌려서는 아니 된다.

(3) 공설 장사(복지)시설

① 시·도지사 및 시장·군수·구청장은 공설묘지·공설화장시설·공설봉안시

11) 한국장례문화진흥원에서 위탁받아 장사지원센터 기능을 하고 있다.

설 및 공설자연장지를 설치·조성 및 관리하여야 한다.

② 시·도지사 또는 시장·군수·구청장은 제1항에 따른 공설묘지·공설화장시설·공설봉안시설 및 공설자연장지의 전부 또는 일부를 다른 시·도지사 또는 시장·군수·구청장과 공동으로 설치·조성 및 관리할 수 있다.

③ 산림청장 또는 다른 중앙행정기관의 장은 국유림 등 국유지에 수목장림이나 그 밖의 자연장지를 조성·관리할 수 있다.

④ 산림청장, 다른 중앙행정기관의 장 또는 지방자치단체의 장이 수목장림이나 그 밖의 자연장지를 조성한 때에는 그 명칭, 위치, 지번, 면적 등 대통령령으로 정하는 사항을 고시하여야 한다.

(4) 사설 장사(복지)시설

❶ 사설 화장시설 / 사설 봉안시설

① 시·도지사 또는 시장·군수·구청장이 아닌 자가 화장시설(사설 화장시설) 또는 봉안시설(사설 봉안시설)을 설치·관리하려는 경우에는 보건복지부령으로 정하는 바에 따라 그 사설 화장시설 또는 사설 봉안시설을 관할하는 시장·군수·구청장에게 신고하여야 한다.

② 사설 봉안시설의 시공자는 제1항에 따른 봉안시설 신고 여부를 확인하여야 한다.

③ 유골 500구 이상을 안치할 수 있는 사설 봉안시설을 설치·관리하려는 자는 「민법」에 따라 봉안시설의 설치·관리를 목적으로 하는 재단법인을 설립하여야 한다. 다만, 대통령령으로 정하는 공공법인 또는 종교단체에서 설치·관리하는 경우이거나 「민법」에 따라 친족관계였던 자 또는 종중·문중의 구성원 관계였던 자의 유골만을 안치하는 시설을 설치·관리하는 경우에는 그러하지 아니하다.

④ 사설 화장시설 또는 사설 봉안시설을 설치·관리하는 자는 화장 또는 봉안에 관한 상황을 보건복지부령으로 정하는 바에 따라 기록·보관하여야 한다.

❷ 사설 묘지

① 국가, 시·도지사 또는 시장·군수·구청장이 아닌 자는 다음 각 호의 구분에 따른 묘지(사설 묘지)를 설치·관리할 수 있다.

가. 개인묘지 : 1기의 분묘 또는 해당 분묘에 매장된 자와 배우자 관계였던 자의 분묘를 같은 구역 안에 설치하는 묘지

나. 가족묘지 : 「민법」에 따라 친족관계였던 자의 분묘를 같은 구역 안에 설치하는 묘지

다. 종중·문중묘지 : 종중이나 문중 구성원의 분묘를 같은 구역 안에 설치하는 묘지

라. 법인묘지 : 법인이 불특정다수인의 분묘를 같은 구역 안에 설치하는 묘지

② 개인묘지를 설치한 자는 보건복지부령으로 정하는 바에 따라 묘지를 설치한 후 30일 이내에 해당 묘지를 관할하는 시장 등에게 신고하여야 한다. 신고한 사항 중 대통령령으로 정하는 사항을 변경한 경우에도 또한 같다.

③ 가족묘지, 종중·문중묘지 또는 법인묘지를 설치·관리하려는 자는 보건복지부령으로 정하는 바에 따라 해당 묘지를 관할하는 시장 등의 허가를 받아야 한다. 허가받은 사항 중 대통령령으로 정하는 사항을 변경하려는 경우에도 또한 같다.

④ 시장 등은 묘지의 설치·관리를 목적으로 「민법」에 따라 설립된 재단법인에 한정하여 법인묘지의 설치·관리를 허가할 수 있다.

⑤ 시장 등이 제3항에 따른 가족묘지 또는 종중·문중묘지의 설치·관리를 허가한 때에는 「산지관리법」에 따른 산지전용허가 및 산지전용신고, 산지일시사용허가·신고와 「산림자원의 조성 및 관리에 관한 법률」에 따른 입목벌채 등의 허가·신고가 있는 것으로 본다.

⑥ 시장 등은 가족묘지 또는 종중·문중묘지의 설치·관리를 허가할 때에 그 내용에 제5항에 규정된 산지전용허가·신고, 산지일시사용허가·신고 또는 입목벌채 등의 허가·신고 사항이 포함되어 있는 경우에는 관계 행정기관의 장과 미리 협의하여야 한다.

❸ 사설 자연장지

① 국가, 시·도지사 또는 시장·군수·구청장이 아닌 자는 다음 각 호의 구분에 따라 수목장림이나 그 밖의 자연장지(사설 자연장지)를 조성할 수 있다.

가. 개인·가족자연장지 : 면적이 100제곱미터 미만인 것으로서 1구의 유골을 자연장하거나 「민법」에 따라 친족관계였던 자의 유골을 같은 구역 안에 자연장할 수 있는 구역

나. 종중·문중자연장지 : 종중이나 문중 구성원의 유골을 같은 구역 안에 자연장할 수 있는 구역

다. 법인 등 자연장지 : 법인이나 종교단체가 불특정다수인의 유골을 같은 구역 안에 자연장할 수 있는 구역

② 개인자연장지를 조성한 자는 자연장지의 조성을 마친 후 30일 이내에 보건복지부령으로 정하는 바에 따라 관할 시장 등에게 신고하여야 한다.

③ 가족자연장지 또는 종중·문중자연장지를 조성하려는 자는 보건복지부령으로 정하는 바에 따라 관할 시장 등에게 신고하여야 한다.

④ 법인 등 자연장지를 조성하려는 자는 대통령령으로 정하는 바에 따라 시장 등의 허가를 받아야 한다.

⑤ 시장 등은 다음 각 호의 어느 하나에 해당하는 자에 한하여 법인등 자연장지의 조성을 허가할 수 있다.

가. 자연장지의 조성·관리를 목적으로 「민법」에 따라 설립된 재단법인

나. 대통령령으로 정하는 공공법인 또는 종교단체

⑥ 사설 자연장지를 조성·관리하는 자는 자연장에 관한 상황을 보건복지부령으로 정하는 바에 따라 기록·보관하여야 한다.

⑦ 자연장지에는 사망자 및 연고자의 이름 등을 기록한 표지와 편의시설 외의 시설을 설치하여서는 아니 된다.

⑧ 사설 자연장지의 종류별 면적, 자연장지에 설치하는 표지의 규격, 사설자연장지에 설치가 허용되는 편의시설의 종류 및 설치기준 등에 관하여 필요한 사항은 대통령령으로 정한다.

⑨ 시장 등이 가족수목장림 또는 종중·문중수목장림 조성에 대하여 신고를 수리한 때에는 「산지관리법」에 따른 산지일시사용 신고와 「산림자원의 조

성 및 관리에 관한 법률」에 따른 입목벌채 등의 신고가 있는 것으로 본다. 다만, 대통령령으로 정하는 면적 이상의 수목장림의 경우에는 그러하지 아니하다.

(5) 공설 · 사설 분묘(묘지)의 설치 · 관리

① 공설묘지, 가족묘지, 종중·문중묘지 또는 법인묘지 안의 분묘 1기 및 그 분묘의 상석(床石)·비석 등 시설물을 설치하는 구역의 면적은 10제곱미터(합장하는 경우에는 15제곱미터)를 초과하여서는 아니 된다.

② 개인묘지는 30제곱미터를 초과하여서는 아니 된다.

③ 봉안시설 중 봉안묘의 높이는 70센티미터, 봉안묘의 1기당 면적은 2제곱미터를 초과하여서는 아니 된다.

④ 공설묘지 및 사설묘지에 설치된 분묘의 설치기간은 30년으로 한다. 설치기간이 지난 분묘의 연고자가 시·도지사, 시장·군수·구청장 또는 법인묘지의 설치·관리를 허가받은 자에게 그 설치기간의 연장을 신청하는 경우에는 1회에 한하여 그 설치기간을 30년으로 하여 연장하여야 한다. 다만, 시·도지사 또는 시장·군수·구청장은 관할 구역 안의 묘지 수급을 위하여 필요하다고 인정되면 조례로 정하는 바에 따라 5년 이상 30년 미만의 기간 안에서 제2항에 따른 분묘 설치기간의 연장 기간을 단축할 수 있다.

⑤ 설치기간이 끝난 분묘의 연고자는 설치기간이 끝난 날부터 1년 이내에 해당 분묘에 설치된 시설물을 철거하고 매장된 유골을 화장하거나 봉안하여야 한다.

⑥ 공설묘지를 설치·관리하는 시·도지사와 시장·군수·구청장 또는 사설묘지를 설치·관리하는 자는 매장될 자가 사망하기 전에는 묘지의 매매·양도·임대·사용계약 등을 할 수 없다. 다만, 70세 이상인 자가 사용하기 위하여 매매 등을 요청하는 경우 등 대통령령으로 정하는 경우에는 그러하지 아니하다.

참고문헌

REFERENCE

[국내 문헌]

강희갑(2006), 『사회복지법제』, 경기 : 양서원.

고수현(2011), 『사회복지법제론』, 경기 : 정민사.

고수현(2020), 『사회복지법제와 실천』, 경기 : 정민사.

곽윤직(1990), 『민법총칙』(신정판), 서울 : 박영사.

곽효문(2000), 『사회복지법제론』, 경기 : 법문사.

권영성(2006), 『헌법학개론』, 서울 : 제일법규.

김기원(2004), 『사회복지법제론』, 서울 : 나눔의 집.

김만두(1985), 『사회복지와 법』, 서울 : 홍익재.

김만두(1991), 『사회복지법제론』, 서울 : 홍익재.

김수정(2009), 『사회복지법제 - 사례를 통한 법의 이해』, 서울 : 학지사.

김영준(1995), '법', 『한국세계대백과사전Ⅱ권』, 서울 : 동서문화.

김유성(1997), 『한국사회보장법론』, 경기 : 법문사.

김인재(2002), 『디지털경제시대를 위한 노동법 및 사회보장법의 대응』, 서울 : 한국법제연구원.

김철수(2004), 『헌법학원론』, 서울 : 박영사.

김태성 · 김진수(2007), 『사회보장론』, 서울 : 청목출판사.

김태성 · 성경륭(2000), 『복지국가론』(제2판), 서울 : 나남출판.

모지환 외(2005), 『사회보장론』, 서울 : 학지사.

박석돈(2003), 『사회복지서비스법』, 서울 : 삼영사.

보건복지부(2018), 『보건복지백서(2017)』.

보건복지부(2023), 『보건복지백서(2022)』.

신섭중 외(1999), 『한국사회복지법제개설』, 서울 : 대학출판사.

엄영진(1989), 『법학입문』, 서울 : 대왕사.

우재현 옮김(1982), 九尾直美(1979), 『福祉國家の話』(11판), 대구 : 경진사.

윤찬영(2008), 『사회복지법제론』, 서울 : 나남출판.

이인재 외(2003), 『사회보장론』, 서울 : 나남출판.

장동일(1999),『사회복지법의 이해』, 서울 : 학문사.

전광석(2002), 『한국사회보장법론』, 서울 : 법문사.

하상락 편(1989), 『한국사회복지사론』, 서울 : 박영사.

[국외 문헌]

Borgatta, E., & Borgatta, M. (1992), *Encyclopedia of Sociology*, Macmillan.

Bruce, M. (1961), *The Coming of the Welfare State*, BT Batsford.

Calvert, H. (1978), *Social Security Law*(2nd ed), Sweet & Maxwell.

Carrier, J., & Kendall, I. (1992), "Law and the Social Division of Welfare", *International Journal of the Sociology of Law*, Vol.20.

Ferge, Z. (1989), Social Policy and the Economy, M. Bulmer et al. Eds., *The Goals of Social Policy,* London, Unwin.

Gilbert, N. et al. (1993), *Dimensions of Social Welfare Policy*(3rd ed.), Prentice-Hall.

LaFrance, A. (1979), *Welfare Law : Structure and Entitlement*, West Publishing Co.

Marmor, T., & Mashaw, J. Eds. (1988), *Social Security : Beyond the Rhetoric of Crisis*, Princeton University Press.

Partington, M., & Jowell, J. eds. (1979), *Welfare Law & Policy*, Nicholas Publishing Co, & Frances Printer.

Plant, R. et al. (1980), *Political Philosophy and Social Welfare*, R. K. P.

Ritter, G. A. (1992), *Sozialversicherung in Deutshland und England: Entstehung und grundzuge im vergleich*. 전광석 역, 『복지국가의 기원: 독일과 영국의 사회보험 발달사』, 경기 : 교육과학사.

Robson, P. ed. (1992), *Welfare Law*, New York University Press.

Saltzman, A., & Proch, K. (1990), *Law in Social Work Practice*, Nelson-Hall.

堀勝洋 (1994), 『社會保障法總論』, 東京大學 出版會.

ミネルヴァ書房 編輯部 編 (1992), 『社會福祉小六法』.

법제처 국가법령정보센터(2023). 인터넷사이트(www.law.go.kr)

찾아보기

INDEX

ㄱ

ㄴ

ㄷ

ㄹ

ㅁ

ㅂ

ㅅ

ㅇ

고수현(高洙玄)

〈약력〉
경북대학교 사회복지학과(문학박사)
연세대학교 상담교육학과(교육학석사)
대구대학교 사회복지학과(문학석사)
영남대학교 지역사회개발학과(경제학사)

보건복지부 사회보장실무위원(역임)
보건복지부 사회복지정책 자체평가위원장(역임)
국가·지방공무원시험 출제·검증위원
한국복지행정학회장
한국복지상담교육학회장
금강대학교 사회복지학 교수(대학원장)

〈저서〉
사회복지조사론
지역사회복지론
사회복지사업운영론
100세 시대 노인복지론
사회복지상담론
정신건강론
가족상담 및 가족치료
사회복지윤리와 철학
생명윤리학 외 다수

• 이메일 – ks0945@hanmail.net

사회복지법제와 실천

초판 1쇄 인쇄 / 2020년 8월 25일
초판 1쇄 발행 / 2023년 9월 2일

•

저 자 / 고 수 현
발행인 / 이 중 수
발행처 / **동 문 사**

•

서울특별시 서대문구 홍제원 1길 12
(홍제동 137-8)
Tel: 02)736-3718(대), 736-3710, 3720
Fax: 02)736-3719
등록번호: 1974.04.27. 제9-17호
가격: 26,000원

•

ISBN: 979-11-6328-542-7 (93330)
E-mail: dong736@naver.com
www.dongmunsa.com